Introdução à Linguística Africana

Conselho Acadêmico
Ataliba Teixeira de Castilho
Carlos Eduardo Lins da Silva
Carlos Fico
Jaime Cordeiro
José Luiz Fiorin
Tania Regina de Luca

Proibida a reprodução total ou parcial em qualquer mídia
sem a autorização escrita da editora.
Os infratores estão sujeitos às penas da lei.

A Editora e a Fapesp não são responsáveis pelo conteúdo da Obra, com o qual não necessariamente concordam. A Organizadora e os Autores conhecem os fatos narrados, pelos quais são responsáveis, assim como se responsabilizam pelos juízos emitidos.

Consulte nosso catálogo completo e últimos lançamentos em www.editoracontexto.com.br.

Margarida Petter
(organizadora)

Introdução à Linguística Africana

Copyright © 2015 da Organizadora

Todos os direitos desta edição reservados à
Editora Contexto (Editora Pinsky Ltda.)

Montagem de capa e diagramação
Gustavo S. Vilas Boas

Preparação de textos
Margarida Petter

Revisão
Lilian Aquino

Dados Internacionais de Catalogação na Publicação (CIP)
Angélica Ilacqua CRB-8/7057

Introdução à Linguística Africana / organizado por
Margarida Petter. – 2. ed. – São Paulo : Contexto, 2025.
304 p. : il.

Bibliografia
ISBN 978-85-7244-934-2

1. Línguas africanas 2. Linguística
I. Título II. Petter, Margarida

15-1040	CDD 469.798

Índice para catálogo sistemático:
1. Línguas africanas

2025

EDITORA CONTEXTO
Diretor editorial: *Jaime Pinsky*

Rua Dr. José Elias, 520 – Alto da Lapa
05083-030 – São Paulo – SP
PABX: (11) 3832 5838
contato@editoracontexto.com.br
www.editoracontexto.com.br

Sumário

PREFÁCIO...9
José Luiz Fiorin

INTRODUÇÃO...13
Margarida Petter

LINGUÍSTICA AFRICANA: PASSADO E PRESENTE................................27
Margarida Petter e Paulo P. Araújo

A CLASSIFICAÇÃO DAS LÍNGUAS DA ÁFRICA..................................49
Margarida Petter

FONOLOGIA..87
Francisco da Silva Xavier

MORFOLOGIA..127
Cleonice Candida Gomes e Bruno Okoudowa

SINTAXE E SEMÂNTICA..159
Dayane Cristina Pal e Paulo P. Araújo

AS LÍNGUAS NO CONTEXTO SOCIAL AFRICANO.............................193
Margarida Petter

LÍNGUAS AFRICANAS NO BRASIL..221
Margarida Petter e Ana Stela Cunha

LÍNGUAS AFRICANAS NO CANDOMBLÉ...251
Iya Monadeosi

BIBLIOGRAFIA...281

OS AUTORES..295

Lista de mapas e figuras

Mapa 1   –   Línguas da África: troncos linguísticos
Mapa 2   –   África: grupos linguísticos do tronco linguístico nigero-congolês
Mapa 3   –   Classificação das línguas bantas
Mapa 4   –   África setentrional: grupos linguísticos do tronco afro-asiático
Mapa 5   –   África setentrional: grupos linguísticos do tronco nilo-saariano
Mapa 6   –   África austral: línguas do tronco coissã
Mapa 7   –   As principais línguas veiculares africanas (línguas francas)
Mapa 8   –   Línguas oficiais e dominantes dos países africanos
Mapa 9   –   Principais rotas do tráfico transatlântico
Mapa 10 –   Antigo Reino do Congo: províncias e regiões adjacentes (séc. XVI-XVII)
Mapa 11 –   Golfo do Benim: área iorubá

Figura 1   –   Subdivisões do nigero-congolês
Figura 2   –   Classificação do tronco nilo-saariano

Abreviaturas

1-9	– classes nominais organizadas em gênero		IDEO	– ideofone
			IL	– inversão locativa
ACS	– acusativo		IM	– imediato
ADV	– advérbio		IMP	– imperativo
AFIRM	– afirmativo		IMPF	– imperfectivo
AN	– animado		IND/INDET	– indeterminado
APL	– aplicativo		INF	– infinitivo
ART	– artigo		ING	– ingressivo
ASP	– aspecto		INTER	– interrogativo
AUM	– aumento		IO	– índice objeto
AUX	– auxiliar		IS	– índice sujeito
BEN	– benefactivo		ITER	– iterativo
C	– consoante		LOC	– locativo
CAUS	– causativo		LOG	– logofórico
CL	– classe nominal		M	– masculino
COMPL	– completivo		ME	– marca de expressividade
CON/CONECT	– conectivo		MO	– marca de objeto
COND	– condicional		MP	– marca de predicativo
CONS	– consecutivo		MR	– morfema relacional
COP	– cópula		MS	– marca de sujeito
DEF	– definido		NE/NEUT	– neutro(-passiva)
DEM	– demonstrativo		NEG	– negação
DET	– determinante		NO	– nome
DIR	– diretivo		NOM	– nominativo
ENF	– enfático		O	– objeto
EST	– estativo		OBL	– oblíquo
EXPL	– expletivo		OD	– objeto direto
EXT/DER	– extensões		PA	– prefixo adjetivo
F	– feminino		PAS/PASD	– passado
FOC	– marcador de foco		PASS	– passivo
FUT	– futuro		PFT/PERF	– perfectivo
GEN	– genitivo		PI	– pré-inicial (negação)
HAB	– habitual		PL	– plural
			PN	– prefixo nominal

PP/PPF	– pré-prefixo	REM	– remoto
PREP	– preposição	RES	– resultativo
PRES	– presente	RET	– retórica
PRESD	– presente distante	REV	– reversivo
PROG	– progressivo	S	– sujeito
PRON	– pronome	SG	– singular
RAIZ	– raiz	SUBJ/SBJ	– subjuntivo
REC	– passado recente	T	– tempo
RED	– reduplicativo	TAM	– tempo, aspecto e modo
RECI	– recíproco	TOP	– tópico
REF	– reflexivo	V	– vogal
REL	– relativo	VF	– vogal final

Prefácio

Durante o século XIX, forja-se a nação brasileira, que se tornara independente em 1822. Uma nação é vista como uma comunidade de destino, acima das classes, acima das regiões, acima das raças. Para isso, é preciso adquirir uma consciência de unidade, a identidade, e, ao mesmo tempo, é necessário perceber a diferença em relação aos outros, a alteridade. Os autores românticos estiveram na linha de frente da construção da identidade nacional. *O guarani*, de José de Alencar, por exemplo, erige um mito de origem da nação brasileira, ao determinar seu casal ancestral, e, ao mesmo tempo, mostra a singularidade de sua língua.

O castelo nos trópicos edificado por D. Antônio de Mariz é o símbolo da colonização portuguesa. Está ele assediado por dois inimigos: um externo, os aimorés, e outro interno, o bando de aventureiros cúpidos rebelados por Loredano. D. Antônio de Mariz manda seu filho, D. Diogo, ao Rio de Janeiro em busca de socorro. A ajuda externa, porém, não chega a tempo. D. Antônio espera o ataque final dos aimorés e faz explodir o paiol de pólvora da casa, matando a todos, os aimorés, os aventureiros, mas também a família. É o edifício colonial que foi destruído e com ele seus inimigos externos e internos. Todos estão mortos, resta apenas o casal inicial. Pode-se, então, construir o mito de origem da nacionalidade.

Quando os aimorés puseram fogo na casa, Peri concebe um plano para salvar sua senhora, a fuga de D. Antônio de Mariz com Cecília. O fidalgo português, contudo, rejeita a possibilidade de abandonar os seus. No entanto, diz que, se Peri fosse cristão, confiar-lhe-ia a filha. O índio aceita ser batizado e recebe o nome cristão de Antônio, o mesmo do velho fidalgo. Peri deve levar Cecília até o Rio de Janeiro, à casa de uma irmã de D. Antônio de Mariz. Foge, então, com sua senhora pelo rio Paquequer. Cecília decide não ir para o Rio de Janeiro, mas passar a viver com o índio.

Nuvens negras acumulam-se nas cabeceiras do Paraíba. Pelo barulho das águas, Peri percebe que a chuva vai provocar uma grande inundação. Vai para a margem do rio com Cecília e vê uma grande massa de água precipitar-se pelo Paraíba. Não tem tempo de embrenhar-se na mata. Sobe, então, ao alto de uma palmeira e fica lá com Cecília. A tempestade continua ao longo da cordilheira, a água cresce sempre.

Peri diz que vai salvar Cecília e conta-lhe o mito de Tamandaré, que narra que, tendo havido um dilúvio que cobriu toda a Terra de água e matou todos os homens, Tamandaré e sua mulher escaparam em cima da copa de uma palmeira, pois a água cavara a terra, arrancara a palmeira e esta subira com as águas acima do vale, das árvores, das montanhas. O casal povoou a Terra. Peri abraça-se à palmeira em que está com Cecília, sacode-a, abala suas raízes, que se desprendem da terra já minada profundamente pela torrente. No fim, a cúpula da palmeira resvala pela flor da água, levando o casal que escapara do dilúvio. Os dois beijam-se. E o livro termina da seguinte maneira: "A palmeira arrastada pela torrente impetuosa fugia... E sumiu-se no horizonte". O horizonte onde desaparece a palmeira é o futuro do povo que se constituiria a partir de um casal inicial formado de um índio que aceitara os valores cristãos e de uma portuguesa que acolhera os valores da natureza do Novo Mundo. Essa nação teria um caráter cultural luso-tupi.

Esse excurso por um mito de origem da nação brasileira, que não tem nenhuma relação com a África nem com os africanos, pretende ilustrar o fato de que a africanidade foi silenciada no Brasil. A identidade do povo brasileiro, desde o início, foi construída com o mecanismo semiótico da mistura. O Brasil é a síntese do Velho e do Novo Mundo, isto é, uma mistura luso-tupi. Nele, conservam-se os valores lusitanos, mas modificados pelos da natureza americana, ou seja, pelos valores tupis.

Como diz Alfredo Bosi, em *Dialética da colonização,* os mitos ajudam muito mais a compreender a época em que foram forjados do que o universo remoto que pretendem explicar (1992: 176). O selo de nobreza da nação brasileira é dado pela fusão do sangue português com o sangue tupi. Como se vê, da identidade brasileira está excluído o elemento africano. O Brasil considera-se uma mistura, mas, no interior dela, opera um mecanismo de triagem. Não é qualquer elemento que é aceito na mistura. Africanos não entram nessa mistura, são silenciados.

A língua falada no Brasil estrutura-se (e aí Alencar segue as ideias de Herder) de acordo com a alma da nação brasileira. No Brasil fala-se português, mas um português modificado pela natureza brasileira. A língua falada no novo país é um reflexo, na pronúncia, na sintaxe e no léxico, das suavidades e asperezas da natureza da América. Que é que isso significa exatamente? Que se trata de um português que mescla o idioma luso às línguas do novo mundo, principalmente o tupi. Mais uma vez, não se reconhece nenhum papel às línguas africanas na constituição do português brasileiro.

Talvez tenha sido essa concepção de brasilidade a razão da quase total ausência, até bem pouco tempo, da Linguística Africana nas universidades de nosso país. Enquanto a Linguística Indígena sempre gozou de prestígio acadêmico (lembre-se, por exemplo, de que o Decreto 6.283, de 25 de janeiro de 1934, que criou a Universidade de São Paulo, determina, em seu artigo 9º, que a seção de Letras terá uma cadeira de Língua Tupi-Guarani), a Linguística Africana nunca teve, até recentemente, qualquer *status* oficial nas universidades do Brasil. Até hoje, em muito poucas das nossas universidades, há ensino de línguas africanas e pesquisa sobre elas.

Essa ausência levou a ver, de maneira indiferenciada, o panorama linguístico africano. Quando se trata de explicitar a etimologia de uma palavra, é inconcebível, para qualquer dicionarista dizer, por exemplo, "de origem europeia". Ao contrário, é ponto de honra individualizar de que língua veio uma determinada palavra. No entanto, muitos não se pejam de dizer que um termo qualquer é de origem africana. Ocorre que, na África, desconsideradas as línguas dos antigos colonizadores (inglês, francês, português e espanhol); o africâner, língua originada do holandês; o malgaxe, língua malaio-polinésia e as línguas resultantes de contato (os pidgins e os crioulos), falam-se mais de 2.000 línguas, um terço de todas as línguas existentes no mundo. Essas mais de 2.000 línguas dividem-se em quatro grandes troncos: o nigero-congolês, com 1.524 línguas; o afro-asiático, com 366; o coissã, com 24; o nilo-saariano, com 198. Essa incrível diversidade, essa complexa variedade, essa inigualável heterogeneidade é tratada de maneira indistinta, como um bloco homogêneo. Não reconhecer a identidade do outro é um dos modos mais perversos de discriminação.

Neste livro, que ora publicam, Margarida Maria Taddoni Petter e os outros autores querem alterar esse panorama. Eles resgatam uma dívida histórica e preenchem uma lacuna. De um lado, ao apresentar um livro de introdução ao estudo das línguas africanas, permitem que seu ensino possa espalhar-se pelos diferentes Cursos de Letras do Brasil. Afinal, uma das razões que se apresenta para não ensinar línguas africanas é a inexistência de bibliografia acessível para isso. De outro lado, possibilitam uma visão clara da complexidade linguística africana.

Este livro, já na introdução, começa por eliminar preconceitos ao discutir as noções de língua e dialeto e de oralidade e escrita. No primeiro capítulo, expõe-se o que é a Linguística Africana e a história de sua constituição e, em seguida, mostram-se suas contribuições teóricas para a Linguística Geral. No segundo, depois de discorrer sobre propostas de classificação das línguas africanas, apresenta-se sua mais recente classificação genética. Nos três capítulos seguintes, estudam-se características das línguas africanas em diferentes níveis de análise: a fonologia, a morfologia, a sintaxe e a semântica. No sexto, examinam-se as relações entre língua e sociedade no contexto africano. Nos dois últimos capítulos, trata-se da presença das línguas africanas no Brasil, seja observando, de maneira original, sua influência na constituição do português brasileiro, seja analisando seu emprego como língua ritual nos terreiros de candomblé.

Este é um livro, ao mesmo tempo, acessível e erudito, pois tem origem num desejo firme de acabar com preconceitos, resgatando um dos elementos mais importantes de constituição da nação brasileira, e num estudo exaustivo da Linguística Africana. Com rigor e elegância, revela-se o rico panorama linguístico africano; expõem-se os traços característicos das línguas de África, apresenta-se a complexa relação entre língua e sociedade, mostram-se novas perspectivas para estudar a influência das línguas africanas na constituição do português do Brasil. Ao fazer tudo isso, derrubam-se ideias preconcebidas que aliam à África e a seus idiomas qualificativos como *primitivo, bárbaro, selvagem*. Mia Couto, em *As línguas que não sabemos que sabíamos,* citando o sociólogo indiano André Béteille, escreveu: "Conhecer uma língua nos torna humanos; sentirmo-nos à vontade em mais que uma língua nos torna civilizados" (em *E se Obama fosse africano?: e outras intervenções,* 2011: 23). Como os africanos nasceram numa extremamente complexa realidade linguística, todos falam mais de uma língua africana, além de falarem uma língua europeia, a dos antigos colonizadores. Portanto, vemos, pelos critérios de André Béteille, quanto nossas ideias sobre civilização devem mudar. O conhecimento é um caminho para derrubar preconceitos. Esse é o alcance político deste livro.

Os autores desta obra oferecem um material imperdível não só para os estudantes de Letras, mas também para os especialistas em África e para todos os interessados pela formação da nação brasileira.

São Paulo, numa nubilosa tarde do último mês de 2014.

José Luiz Fiorin (USP)

Introdução

Margarida Petter

Logo após a descoberta progressiva da África, no século XV, as línguas africanas começaram a atrair a atenção dos europeus. A necessidade de estabelecer o contato com os africanos fez os exploradores constatarem as diferenças entre os idiomas falados nos locais onde aportavam e obrigou-os à utilização de estratégias diversas para comunicar-se. Dessa forma, empiricamente, foi descoberta a grande diversidade de línguas faladas no continente africano. A partir do século XVI, a motivação prática foi cedendo espaço para o desejo de conhecer cientificamente essas línguas. Hoje, o estudo das línguas africanas está bastante avançado e encontra-se consolidado numa área de pesquisa específica, a Linguística Africana. É vasta a bibliografia produzida, publicada em inglês, francês, alemão, russo, japonês, entre outros idiomas. É notória, no entanto, a raridade de trabalhos escritos em português ou realizados por pesquisadores portugueses e brasileiros. Essa carência chega a ser incompreensível se levarmos em conta a relação cultural e econômica da África com Portugal e com o Brasil, principalmente, onde os estudos africanos deveriam ser estimulados, sobretudo a partir da Lei 10.639/2003, que instituiu o estudo da história africana e da cultura afro-brasileira no ensino fundamental e médio.

É, portanto, nesse contexto de escassez de fontes de pesquisa em português que se insere esta obra, que pretende oferecer uma visão concisa e atualizada do universo linguístico africano para um público bastante amplo: estudantes de Letras, estudiosos das culturas africanas e interessados pela investigação da presença africana no Brasil.

Após mais de dez anos de ensino de Linguística Africana no Departamento de Linguística da Faculdade de Filosofia, Letras e Ciências Humanas da Universidade de São Paulo – que resultou na formação de mestres e doutores em Linguística Africana – julguei oportuno publicar este livro, em parceria com um grupo de ex-orientandos, hoje doutores, alguns deles professores em nossas universidades públicas. Suas teses trataram de diferentes tópicos dentro das duas vertentes de investigação que desenvolvemos no programa de pós-graduação em Linguística Africana: o estudo da fonologia, morfologia, sintaxe e semântica das línguas africanas e o estudo do contato entre essas línguas e o português no Brasil. São esses os temas que constituem os capítulos deste livro, que serão abordados, evidentemente, com base nas publicações de referência da área, mas com o objetivo de responder a interesses e questionamentos de brasileiros.

Para introduzir o leitor nas questões estudadas nesta obra, esclarecemos, na sequência, alguns conceitos importantes para se entender o tratamento que será dado nesta obra às variedades linguísticas faladas na África. A seguir, tendo em mente a preocupação de aproximar o leitor brasileiro do universo linguístico, apresentamos nossa proposta de grafia dos nomes de línguas africanas em português, atendendo ao objetivo de tratar com igualdade línguas outrora reconhecidas como exóticas, de acordo com as razões explicitadas em Fiorin e Petter (2008: 10-11). Essas denominações são utilizadas também nos gráficos e nos mapas, que, para fornecer informações relevantes ao leitor brasileiro, foram reelaborados em alguns aspectos. Para a confecção dos mapas contamos com a valiosa participação do geógrafo Matheus Menegatto, a quem agradecemos a colaboração competente e generosa.

* * *

As línguas da África foram (são) muitas vezes identificadas, de forma genérica, como dialetos, talvez em razão de se julgar que sejam utilizadas por pequenos grupos de indivíduos, por não serem escritas ou até por preconceito. É com a intenção de dissipar qualquer mal-entendido que o uso da designação "línguas" possa ainda provocar, e para que não se julgue impossível estudar esses "falares" porque eles não dispõem de escrita – são "ágrafos" – que se busca esclarecer logo de início, mesmo que de forma sucinta, a compreensão que se tem hoje dos conceitos de *língua, dialeto, oralidade* e *escrita*, tendo como referência principal o continente africano.

Língua e dialeto

A língua é um sistema de comunicação constituído por sons verbais (a língua oral) ou por sinais (a língua de sinais). Sob esse ponto de vista não há nada que a distinga de dialeto, que é uma forma de expressão regional, utilizada também com a finalidade de estabelecer a comunicação. A distinção entre língua e dialeto vai aparecer quando se observa o caráter oficial da língua e o não oficial do dialeto. É bom lembrar que muitas línguas oficiais hoje, como o italiano, o francês, o espanhol, o catalão, entre outras, foram, no passado, dialetos que, por deterem maior prestígio (terem uma tradição literária, por exemplo) destacaram-se dos demais dialetos falados nos respectivos países, foram padronizados e reconhecidos pelo Estado como idiomas oficiais. Os dialetos são, portanto, variedades regionais que se tornaram ou poderão tornar-se, em razão de algumas circunstâncias sociais e políticas, idiomas oficiais de um país. O caráter oficial e geral da língua, em confronto com o traço local e particular do dialeto, evidencia que é mais político do que linguístico o critério para o reconhecimento de uma língua.

Embora o fato de ser padronizada e oficial confira uma avaliação sociocultural positiva à língua, do ponto de vista linguístico não se estabelece nenhuma distinção de valor entre língua e dialeto. É por isso que se pode afirmar que há 2.146 línguas na África, um terço das línguas faladas no mundo, de acordo com o inventário linguístico mais recente (Lewis et al. 2014). Convém lembrar que esse total exclui as línguas europeias dos antigos colonizadores (o inglês, o francês, o português, o espanhol); o africâner, língua originada do holandês do século XVII; o malgaxe, língua malaio-polinésia, falada em Madagascar, e outras línguas resultantes do contato entre línguas africanas e línguas europeias, como pidgins e crioulos. O universo de mais de 2.000 línguas é constituído apenas pelas línguas nativas do continente, reconhecidas pelos linguistas como membros de um conjunto de línguas geneticamente relacionadas, isto é, variedades linguísticas que devem ter tido no passado uma origem comum, uma protolíngua, da qual teriam derivado todos os idiomas atuais.

O número de línguas apontado na África não é fixo, porque há línguas que estão sendo "descobertas" pela descrição em curso e outras que estão desaparecendo, em consequência de reduzido número de falantes. Nessa identificação desempenha um papel importante a conceituação de *língua* e *dialeto*, pois o avanço dos trabalhos de descrição linguística pode rever antigas classificações, agrupando ou separando falares, anteriormente considerados como línguas distintas ou como dialetos (variedades regionais) de uma mesma língua.

Os conceitos de *língua* – forma padrão de um conjunto de variedades, idioma de uma nação, com muitos falantes, ininteligível para falantes de outras línguas – e *dialetos* – formas intercompreensíveis não padrão de uma língua, utilizados numa localidade, com poucos falantes – nem sempre auxiliam a análise, qualquer que seja o universo linguístico estudado. Por isso, muitos autores preferem adotar, na

16 Introdução à Linguística Africana

situação africana, a designação de *variedades linguísticas* para referir-se a casos em que não está suficientemente clara a distinção entre língua e dialeto (Heine e Nurse, 2000: 2). Nesta obra, utilizaremos as designações de *língua* ou *variedades linguísticas* para todas as formas de expressão identificadas, reservando o termo *dialeto* para os casos em que a análise linguística constatou a relação de proximidade deste com a forma mais geral – a *língua*.

Oralidade e escrita

Todas as sociedades humanas desenvolveram um sistema de comunicação expresso por meio de sons orais e só mais tarde, há cerca de 5 mil anos, esse sistema pôde expressar-se por meio da escrita. Não foi só no processo histórico que a fala antecedeu a escrita, na aquisição de língua também se aprende a falar antes de escrever. Toda língua natural é, prioritariamente, oral,[1] a escrita é uma representação da língua falada. Na comunicação diária, também, a oralidade está mais viva e presente do que a escrita, a tal ponto que algumas sociedades organizaram-se de forma que o conhecimento do grupo pôde transmitir-se oralmente, de geração a geração, sem precisar da escrita. Essa possibilidade levou o sábio malinês Tierno Bokar afirmar:

> A escrita é uma coisa, e o saber, outra. A escrita é a fotografia do saber, mas não o saber em si. O saber é uma luz que existe no homem. A herança de tudo aquilo que nossos ancestrais vieram a conhecer e que se encontra latente em tudo o que nos transmitiram, assim como o baobá já existe em potencial em sua semente.[2] (apud Hampaté Bâ, 2010: 167)

As primeiras manifestações da escrita apareceram há 5 mil anos, na Mesopotâmia (atual Iraque); foi nessa região também que se encontrou a forma mais antiga de representação de palavras escritas, por volta de 3.200 a.C. Chama-se de escrita a representação de palavras, sílabas, sons ou ideias. A escrita constituiu-se como sistema através de uma atividade coletiva e surgiu com a formação das primeiras cidades (Cagliari, 2009: 10-11). Outras regiões, como Egito, China, e América Central também teriam inventado sistemas de escrita. Por volta de 3 mil a.C., os egípcios desenvolveram sua escrita, com o uso de pictogramas (hieróglifos), que representavam basicamente as consoantes. Na África, como em outras regiões do mundo, algumas pessoas inventaram sistemas de escrita. Na Libéria, Bukele, em 1848, criou uma escrita ideográfica para as línguas dos vais, que depois se tornou um silabário. Isman Yusuf inventou o alfabeto somali. Njoya, da República dos

Camarões, criou um sistema de escrita que começou com 510 ideogramas que passaram a ter depois um valor fonográfico (Cagliari, 2009: 12).

Segundo alguns autores, as sociedades africanas serviram-se da oralidade como forma preferencial de aquisição e transmissão de conhecimentos, constituindo-se como povos de "tradição oral". Por isso, a oralidade não pode ser considerada um acaso da história e, qualquer que seja a causa e a consequência, ela é a manifestação de uma relação com o mundo e com a função de comunicação diferente das sociedades de escrita. Se a escrita inscreve a função de comunicação da linguagem numa linearidade que a libera das restrições espaço-temporais, em contrapartida ela exclui todos os fatores diretamente ligados à oralidade – influência da situação de comunicação e do interlocutor – que, por sua presença, torna imediatamente manifesta sua atividade interpretativa (Platiel, 1998:10). A oralidade permite o que a cultura escrita não mais permite: uma inscrição direta do ato de fala no tecido relacional do grupo e da dinâmica do universo cultural e social (Derive, 2006: 266).

Lévi-Strauss vê a oralidade como sinal de autenticidade das relações. Depois de mostrar que todos os qualificativos privativos, como *sem escrita, sem tecnologia* dissimulam, na verdade, uma realidade positiva, escreve:

> Nós somos ligados ao nosso passado não mais por tradição oral, que implica um contato vivido com pessoas – contadores, sacerdotes, sábios, anciãos – mas por livros empilhados na biblioteca, e através dos quais a crítica se aplica – com que dificuldades – a reconstruir a imagem de seus autores. E no plano do presente, nós nos comunicamos com a imensa maioria de nossos contemporâneos por um tipo de intermediários – documentos escritos ou mecanismos administrativos que ampliam, sem dúvida, imensamente nossos contatos, mas conferem-lhes, ao mesmo tempo, um caráter de inautenticidade. Esta se tornou a própria marca das relações entre o cidadão e os poderes. (1958: 400-401)

Por outro lado, o "mito de uma África sem escrita" e, portanto, "sem história, literatura ou cultura" – que serviu ao colonialismo – funda-se na convicção de que *escrita* é a notação gráfica do som desnudo de sentido, como na escrita alfabética latina – modelo ocidental de civilização. Para Battestini, a situação africana deve ser abordada de modo interdisciplinar; assim, os modos de conservação da memória e do pensamento, bem como da transmissão de mensagens codificadas no tempo e no espaço devem ser tratados dentro de uma abordagem semiótica que considere todos os sistemas de escrita, onde escrita remete a textos, não a sons, isoladamente, desprovidos de significado. Para dar conta desse projeto, esse autor propõe uma redefinição do conceito de *escrita,* segundo o qual todo "traço codificado de um texto" seja considerado *escrita* (1997: 21). Dessa forma, uma variedade de suportes poderia remeter a textos, como os pesos de ouro acan,[3] as tampas de panelas de Cabinda,[4] as presas de elefante esculpidas, móveis, objetos rituais, tecidos. Esses

18 Introdução à Linguística Africana

elementos são formas de *escrita,* segundo esse autor, porque remetem a significados textuais nas diferentes sociedades que os produziram.

Mesmo que se considere a escrita em seu sentido estrito – sinais gráficos que traduzem sons da linguagem – a África teve formas reconhecidas como tal, como as escritas egípcia, copta, amárica, núbia e meroíta, presentes em inscrições e textos. Além disso, a escrita árabe foi utilizada para transcrever outras línguas africanas, sendo conhecida como escrita *aljamia* (ortografia árabe usada para escrever línguas africanas ou outras). Com a chegada dos europeus, o alfabeto latino foi empregado desde o século XV para transcrever línguas africanas.

Os hieróglifos egípcios foram utilizados na África subsaariana até uma época tardia. O padre Antonio Cavazzi (1687) afirma que a escrita hieroglífica era utilizada em regiões angolanas. Em 1896 foi descoberta uma inscrição hieroglífica nos rochedos de Tete, em Moçambique, ao longo do rio Zambeze, cujo texto foi publicado na época. Os vais, habitantes da Libéria, utilizaram por muito tempo uma escrita pictográfica em cascas de árvores (Diagne, 2010: 247-282).

A fala precedeu a escrita na África, da mesma maneira como ocorreu em todo o mundo, se por escrita se entender não somente a inscrição de signos (prática que deve ter precedido a linguagem verbal), mas enquanto técnica que permite representar graficamente a linguagem articulada. O fato de que um bom número de pensadores tenha apresentado a passagem à escrita como condição *sine qua non* para alcançar um grau de reflexão elaborado, que permite o recuo em relação ao enunciado e, por conseguinte, a análise, contribuiu para considerar a oralidade como um modo de cultura elementar, menos elaborado, em termos de complexidade de pensamento, que o modo de cultura escrita. Atualmente, esse modo de pensar está superado, pois a oralidade pode ser tão ou mais elaborada e complexa quanto a escrita, como comprovam inúmeros estudos linguísticos dedicados à língua falada (Derive, 2006: 265).

Hoje, não se pode afirmar que a África não possui escrita, seja qual for o sentido em que se tome esse conceito, como também não se pode defender que a presença ou ausência de escrita impeçam o estudo de uma língua, porque o trabalho descritivo e analítico do linguista se faz, prioritariamente, a partir da materialidade sonora da língua, ou seja, da oralidade. A questão que se coloca, agora, no continente africano, é a passagem de suas línguas para o meio escrito e o seu uso sob essa forma de comunicação. Em princípio, todas as línguas que foram objeto de descrição e análise estão escritas e aptas a circular sob esse meio; no entanto, a realidade é bastante diversificada. Para que uma língua já *gramatizada* (Auroux, 1992), isto é, dotada de gramáticas e dicionários, preencha as funções de uma *língua escrita* é necessário que haja condições adequadas para seu uso e difusão, o que implica, principalmente, seu ensino formal. No que se refere à África ao sul do Saara – região de que trata este livro – as condições e a vontade política dos governos nem sempre favoreceram o ensino em língua materna, mas muitos países africanos vêm privilegiando iniciativas de inserção do ensino de/em línguas africanas, pois entendem a importância dessa prática para o desenvolvimento de suas sociedades (cf. nesta obra o capítulo "As línguas no contexto social africano").

Ao coletar textos da tradição oral e produzir estudos sobre as línguas africanas – que são essenciais para a redação de gramáticas e dicionários –, os linguistas contribuem para que os cidadãos africanos tenham garantidos os seus direitos linguísticos de não só falar, mas ler e escrever em suas línguas. Mas a Linguística Africana tem, também, outros propósitos, como se verá no primeiro capítulo, que apresenta os objetivos da Linguística Africana e situa sua importância, tanto para os falantes quanto para a teoria linguística. Nesse capítulo retoma-se a cronologia da constituição dessa área de estudos e destaca-se o conhecimento teórico que o estudo das línguas africanas trouxe para a linguística geral. O segundo capítulo discorre sobre as classificações propostas para as línguas da África e apresenta a classificação genética mais recente das línguas do continente africano. Os quatro capítulos seguintes abordam tópicos de descrição e análise linguística – a fonologia, a morfologia, a sintaxe, a semântica das línguas africanas – e o estudo das relações entre língua e sociedade no continente africano. Os dois últimos capítulos tratam da presença de línguas africanas no Brasil, desde sua participação na constituição do português aqui falado até a sua permanência em cultos afro-brasileiros.

Antes de iniciar esse percurso apresentamos nossa proposta para a escrita dos nomes das línguas da África em português, organizada por Francisco da Silva Xavier, Cleonice Candida Gomes e Margarida Petter.

A grafia dos nomes das línguas africanas

A ausência de publicações especializadas sobre endônimos (nome pelo qual um povo designa sua própria língua) e os entraves de adaptação ortográfica relacionados com as limitações dos sistemas de escrita têm gerado uma série de grafias flutuantes em língua portuguesa de nomes de línguas africanas. É o caso, por exemplo, das representações contemporâneas do nome iorubá, que apresenta as formas concorrentes *yoruba*, *yorubá*, *ioruba* e *iorubá*, embora apenas as duas últimas sejam reconhecidas pelo Vocabulário Ortográfico da Língua Portuguesa – levantamento publicado pela Academia Brasileira de Letras que indica a grafia e a pronúncia das palavras em uso no Brasil. Não raro, seja no meio de expressão acadêmica, seja no meio de expressão popular, alguns autores emprestam, por meio do emprego de

20 Introdução à Linguística Africana

formas alternativas a regras ortográficas, uma nota de exotismo ou de exclusividade às línguas e culturas africanas.

Entretanto, seguindo as ponderações de Fiorin e Petter (2008: 10-11), consideramos que tratar com absoluta igualdade as línguas e culturas africanas também em termos de ortografia vigente, escrevendo seus nomes como qualquer outra palavra existente em português, é demonstrar uma atitude respeitosa com relação a essas línguas e culturas. Desse modo, seguindo a norma corrente, além de propor uma escrita adaptada das designações linguísticas, grafaremos com inicial minúscula tanto os nomes das línguas quanto o dos povos africanos.

A tarefa de adaptação de nomes, contudo, não é das mais fáceis. Se por um lado, a adaptação ideal dos nomes de línguas africanas deveria tomar como ponto de partida o seu endônimo, por outro lado, a denominação nativa nem sempre consta da literatura especializada. É comum também utilizar nomes já consagrados pelo uso, ainda que algumas vezes a designação seja, na origem, pejorativa (como é o caso, por exemplo, de uma língua da Costa do Marfim, o ebriê, cujo significado é 'sujo' – nome dado pelos aburês, povo vizinho – em vez do endônimo chiamã). Há também casos em que o endônimo é conhecido, mas, por força do hábito, emprega-se sua forma reduzida (caso, por exemplo, de suaíli, em vez da forma integral quissuaíli (*kiswahili*). Igualmente concorrente à adaptação ideal dos nomes das línguas africanas é o fato de um dado sistema de escrita não possuir os sons (ou letras) presentes no nome da língua de origem a ser adaptado, caso particularmente visível nos nomes que apresentam consoantes cliques (por exemplo, o nome da língua !xũ:).

Cientes dos entraves citados no parágrafo anterior e da necessidade de uma padronização em nosso trabalho, apresentamos neste documento uma lista de nomes das línguas africanas adaptados ao português. Ela inclui os nomes das línguas, grupos e variedades dialetais citadas e analisadas neste volume, alguns dos quais já registrados em obras lexicográficas de referência em língua portuguesa. Para proceder à adaptação dos nomes de línguas ainda não registrados nessas obras, tomamos como referência as denominações utilizadas em inglês e francês, duas línguas de grande alcance na área de pesquisa sobre línguas e culturas africanas. Em paralelo, analisamos os endônimos disponíveis na literatura a fim de interpretar a pronúncia original que os pesquisadores das duas línguas de referência tentaram representar em seus sistemas de escrita. Sempre que possível, empregamos uma consoante ou vogal do português que apresente características fonéticas e fonológicas semelhantes à consoante ou vogal presente nas duas línguas supracitadas, tomando por base a descrição do modo e do ponto de articulação de uma consoante ou, no caso de uma vogal, a descrição dos traços de anterioridade e de abertura que a compõem. Procedemos a uma comparação de segmentos a fim de abstrair um segmento existente no português que possua semelhança articulatória, por apresentar a maior quantidade de traços em comum, com o segmento da língua que tomamos como referência para a adaptação.

português	inglês	francês	endônimo
!kung, !xuun, ju	!Kung, !Xuun, Ju	!kung	!xũ:
!xóõ, taá, !khong	!Xóõ, Taa, !Khong	!xóõ	k!xóŋ, taa ‡aan
aari, ari, aarai	Aari, Ari, Aarai	aari	ʔa:rí
abrom, abrone, bono, brongue, doma, guiama	Abron, Bono	abron, brong, doma, gyama	
acã, acan, acane, tuí, fante	Akan, Twi, Fante	akan	
adamaua-ubangue	Adamawa-ubangi	adamawa-oubangi	
agau, agueu	Agaw	agew, agaw, agaou	
aguém	Aghem	aghem	àgɛ̃́
assaque, assa	Asax, Asa, Aasax	asax	asax
aujila	Awjilah	awjilah	
aungue	Awngi	awngi	'awŋi
baça	Baka	baka	
bade, bede	Bade, Bede	bade	
baguiro	Bagiro	bagiro	bagiro
balanta, balante, balanta-ganja	Balanta, Balanta-Ganja	balanta, balante	
bambara	Bambara	bambara	bambara
banda-linda, banda	Banda-Linda, Banda	banda-linda, banda	
baraíne, julia, jalquia	Barein, Giulia, Jalkia	baraïn	
baulê, baúle	Baule, Baiule	baoulé	
bedanga	Bedanga	bedanga	
bedaue, beja, hadarebe	Bedawi, Beja, Hadareb	bedawi, beja	tu: beḍa:wje
benche, guimira	Bench, Gimira	bench, gimira	béntṣ, béntṣnón
berbere	Berber	berbère	tæmæ'ziɤt, 'θεqβæjlıθ
betê	Bété	bété	
bilim	Bilin	bilin	
bogom, bogome	Boghom	boghom	
buchongue	Bushoong	bushoong	
burje	Burji	burji	
burungue	Burunge	burunge	
cabile	Kabyle	kabyle	
cado, cadulhe, tuntume	Kadu, Kadugli, Tumtum	kadu, kadougli	
cambata	Kambata	kambata	kambata
câmue, higui	Kamwe, Higgi	kamwe, higgi	
cantanga, agauinha, sintanga, camire, canta	Xamtanga, Agawinya, Simt'anga, Xamir, Xamta	xamtanga	'χamtaŋa
canúri	Kanuri	kanuri	
caro, chere, quere	Karo, Cherre, Kere	karo	
cassim, cassem	Kasem	kasim, kassem	kàsīm
catabaniano, catabanite	Qatabānian	qatabanite	
catla	Katla	katla	ka:lak
chaá, cheá	Chaha, Cheha	chaha, cheha	tʃeha:

22 Introdução à Linguística Africana

chabo, miqueíre	Shabo, Mikeyir	shabo	
chengue	Sheng	sheng	
chere, jibale, cherete	Shehri, Jibbali	sheret, jibbali	dʒibːaɪli
chilungo, lungo, mambue	Chilungo, Lungu	mambwe, lungu	
chua, chuacue	Shua, Shuakhwe	shua	
clao	Klao	klao	
coalibe	Koalib	koalib	
coe, coecoe	Khoe, Khoekhoe	khoĭkhoĭ	
coissã, coisã	Khoisan	khoïsan	
comane	Koman	koman	
come	Komi	komi	
cordofaniano	Kordonafanian	kordofanien	
cossa, issicossa	Xhosa, Isixhosa	xhosa	isiɬhɔ́ːsa
cua, kwa	Kwa	kwa	
cuade, cuadi	Kwadi	kwadi	
cuara, cuarenha	Kwara, Qwareña	kwara	
cua-tsua	Kwa-Tsua	kwa-tsua	
cuê, coe	Khwe, Kxoe, Khoe	kxoe, khoï	
culiaque	Kuliak	kuliak	
cunama	Kunama	kunama	
cuchita	Cushitic	couchitique	
daalo, sanhe	Dahalo	dahalo, sanye	
dangaleate, dangla	Dangaléat, Dangla	dangaléat	dâŋlà
dassanaque, gueluba, dama, marile, rechiate	Daasanach, Gelubba, Dama, Marille, Reshiat	dasenech	
defaca	Defaka	defaka	
deguema	Degema	degema	dɛgɛma
dida	Dida	dida	
dime, dima, dimafe	Dime, Dima	dime, dima	dimaaf
dinca, tuonchangue	Dinka	dinka	tuɔŋɟǎŋ
diola-fonhe, diola, jola	Jola-Fogny, Jola, Diola	diola, diola-fogny, joola	dʒɔːla fɔːɲi
diúla, jula, diulá, julacã	Jula	dioula	jùlakan
dogon, dogone, dogosso	Dogon	dogon	dɔgɔsɔ
dulai, samaco, samai	Dullay, Ts'amakko, Tsamai	dullay, tsamai	
ebriê, chiamã	Ebrié, Kyama, Tsama	ébrié, tchaman	tʃamã, cama
ejagã, ejagame, ecoi	Ejagham, Jagham, Ekoi	ejagham	
fula, fulane, peúle, pular, fulfulde	Fula, Fulani	peul	fulfulde, pulaar, pular
gafate	Gafat	gafat	
gauada, gauata, cauada	Gawwada, Gawata, Kawwada	gawwada	
gbaia, gbaia-bozom, bocoto	Gbaya, Gbaya-Bozom, Bokoto	gbaya, gbaya-bozom, bokoto	gbaja, bòkòtò
gauda	Gawwda	gawwda	

gbanzile	Gbanzili	gbanzili	
guiís	Gi'iz	gi'iz	giſiz
gonga-guimojano	Gonga-Gimojan	gonga-gimojan	
goroua, fiome	Gorowa, Fiome	gorowa	
guangue	Guang	guang	
guem-mina, mina	Gen-Mina	gen-mina, mina	
gurúnsi, gurunse, grunchi	Gurunci, Grunshi	gourounsi	
hadia, adia	Hadiyya, Adiya	hadiyya	
hadrame	Hadrami	hadrami	
hadza	Hadza	hadza	
haca	Haka	haka	
hamer-bana, hamer	Hamer-banna, Hamer	hamer-bana, hamer	
harare	Harari	harari	
harsusse	Harsusi	harsusi	ħarsu:si
hassânia	Hassaniya	hassanya	
hauçá	Hausa	haoussa	hausa
iaco	Yaaku	yaaku	
iao, chiao	Yao	yao	ciao
iéi, chiei	Yeyi	yeyi	ʃjɛj
igbo, ibo	Igbo	igbo	igbo
ijo	Ijo	ijo	ɩʒɔ
iorubá, ioruba	Yoruba	yorouba	jorùbá
ique	Ik	ik	
iraco	Iraqw	iraqw	káŋgw iraqw
izi	Izi		
jibale	Jibbali	jibbali	
kpele, guerze	Kpelle	guerze	kpɛlɛɛ
lamangue	Lamang	lamang	laamaŋg
lembama	Lembaama	lèmbáámá	lèmbáámá
lendo, baleda, baledro	Lendu, Baledru	lendu	ɓālēðà
lingala	Lingala	lingala	liŋgala
londo	Londo	londo	
luba, chiluba	Luba, Tshiluba, Ciluba	tshiluba	ciluba
luganda	Luganda	luganda	luganda
luo, doluo, lango, pare, miro, umiro, locoro	Luo, Dholuo, Lango, Päri, Lokoro	luo, dholuo, lango, päri, lokoro	ɖólúô, laŋgo, miro, umiro, lokoro
maá, mbugo, quimbugo	Ma'a, Mbugu, Kimbugu	ma'a, mbugu	
maba	Maba	maba	
mancanha, mancania	Mankanya	mankañ	
mandinca	Mandinka	mandinka	
mandinga, mandingue	Manding	manding, mandingue	
mande	Mande	mande	
manjaque, manjaco, manjaca, manjiaque, mendiaco, ndiaque, canhope	Mandjak, Mandjaque, Mandyak, Manjaca, Manjaco, Manjaku, Manjiak, Mendyako, Ndyak, Kanyop	manjaque, manjaca, manjiak, mandyak, manjaku, manjack, ndyak, mandyako, kanyop, manjak	

24 Introdução à Linguística Africana

margue	Margi, Marghi	margi	
massaba, lumassaba, guisso, luguisso	Masaba, Gisu, Lugisu	masaba, gisu	lumasaaba, lugisu
massai, olmá, maá, quimassai, lumbua	Maa, Maasai, Masai, Kimaasai, Lumbwa	maa, maasai	ɔl máa, máa
massana, massa	Masana	masana, massa, masa,	
mbai, sara, chara	Mbay, Sara	mbay, sara	sara mbaj, s'ara
mbanja	Mbanja	mbanja	
meém	Me'em		
mende	Mende	mendé	
mere, maré	Mehri, Mahri	mehri, mahri	mɛhri
mescã, mescane, mescano	Mesqan, Mäsqan, Meskan	mäsqan	
moculo, moquilco, dioncor-guera, guerguico	Mokulu, Mokilko, Gergiko, Djonkor Guera	mokulu, guerguiko	
mpiemo, mbiemo, mbimo, bimo	Mpiemo, Bimu	mpiemo, mbyemo	mbimu
mussei	Musey		
nianguiano, nianguia, nianguiã	Nyangiyan, Nyangia, Nyang'I,	nyangiyan, nyang'i	ɲiaŋgi
ndau, chindau, xona, chona, chidanda	Ndau, Chindau, Shona, Chidanda	ndau, shona, chindau, chidanda	cindau
nuê	Nweh		
ngizim	Ngizim	ngizim	
nupe	Nupe	nupe	
oco	Oko	oko	ɔkɔ
oromo, oromô	Oromo	oromo	afaan oromoo
poque, tofoque	Poke, Tofoke		
quadza, ngonvia	Kw'adza, Qwadza, Ngomvia	kwadza, kw'adza, qwadza, ngomvia	
quemante	Kemant, Qimant	kemant	kemantnej
quera	Kera	kéra	kera
quiaca, iaca, liaca	Yaka, Kyaka	yaka, kyaka	kijaka, lijaka
quicongo quissicongo	Kikongo	kikongo	kisikoŋgo, kikoŋgo
quicúria, iguicúria, cúria	Kuria	kuria	igikuria
quifulero, quifuliro	Kifulero, Fuliiru	quifuliro, quifulero	kifuliiru, kifuleru, kifuriiru
quiguiriama, guiriama	Kigiriama, Kigiryama	giriama, kigiriama	kigirjama
quimbundo	Kimbundu	kimbundu	kímbúndù, kìmbùndù, címbúndù
quisetla	Kisetla	kisetla	
quissi	Kisi	kisi	
quizigula, chizigula, zigula, zigua, muchungulo, muchungule	Chizigula, Zigula, Zigua, Mushunguli	zigula, zigua	kizigula, muʃuŋguli, muʃuŋgulu
rendile	Rendille	rendille	

rube	Rub	rub	
sacaia	Sakaya	sakaya	
sandaue	Sandawe	sandawe	sàndàwĕɪkí
sango	Sango	sango	jáŋgá tí sāŋgō
sena, chisena	Sena	chisena, shena	cisena
sérer, serere	Serer	sérère	se:re:r
sessoto, soto	Sesotho, Sotho	sesotho, sotho	su:tu:
setsuana, tsuana	Tswana, Setswana	setswana, tswana	setswana
sidamo	Sidaama	sidama, sidamo	sida:mu afo
silte	Silt'e	silt'e	silt'iɲɲə, jəsilt'e af
siuo, siuosse	Siwu, Siwusi		
socoro	Sokoro	sokoro	
socotre	Soqotri, Socotri	soqotri, socotri	sʌk'ʌt'ri
sodo, castane, quistane	Soddo	soddo, kistane	kəstane
somali	Somali	somali	af so:ma:li
songai	Songai	songai, songhay, songhaï	soŋaj
suaíli, suaíle, quissuaíli, quissuaíle	Swahili/Kiswahili	swahili	kiswahili
sucuma, quissucuma	Sukuma	soukouma, kesukuma, kisukuma	kisukuma
sucure, sucur, adiquimo, guemassacune, guemassacun, sacule, sacul, sugure, sugur	Sukur, Adikimmu Sukur, Gemasakun, Sakul, Sugur	Sucur	
siua, siue, zenate	Siwa, Siwi, Sioua, Zenati	siwi	ʒlan: isiwan
soo	Soo	soo	
supire	Supyre	supyre	
tarifite, rifenho	Tarifit	tarifit, rifain	
tachelite, chila	Tashelhit, Shilha	tachelhit, chleuh	tacelħijt
tamazigte	Tamazight	tamazight	
têmene	Temne	temne	kʌ ţemnɛ
teque, cuê	Teke, Kwe	teke, kwe	
tsoa, tsua, cua, chua, hiechuare, chuao, chirechire, chiua, sarua, sessarua	Tsoa, Tshwa, Kua, Hiechware, Tshwao, Cire Cire, Tyhua, Sarwa, Sesarwa	tsua	
tsicha	Ts'ixa		
tsonga, changana, ronga, chitsonga	Tsonga, Ronga	tsonga, ronga	ʃiroŋga, ʃitsoŋga
tuaregue, tamacheque, tamaaque	Tuareg, Tamasheq, Tamahaq	touareg, tamacheq, tamahaq	

26 Introdução à Linguística Africana

tuma, cadulhe, cado central, crongo-cadulhe	Tumma, Kadugli, Central Kadu	kadu, kadugli, krongo-kadugli, kadougli	
tumaque	Tumak	tumak	
tumbuca, chitumbuca	Tumbuka	tumbuka	citumbuka
turcana	Turkana	turkana	ŋa-tùrkwanà
uale	Wali	wali	
uarje, uarjaua	Warji, Warjawa	warji, warjawa	waali
umbundo	Umbundu	umbundu	úmbúndú
uólofe, uolofe	Wolof	wolof	wolof lak:
vai, galinas	Vai, Gallinas	vai, gallinas	
volaita, velamo	Wolaytta, Wolaitta, Welamo	wolaytta, welamo	
xantanga	Xamtanga	xamtanga	
xona, chona, chichona	Shona, chiShona	shona, chishona	ciʃoːna
zulo, zulu, issizulo	Zulu	zoulou	isizulu
zumaia	Zumaya	zumaya	

Observações

1. Conservam-se as consoantes pré-nasalizadas [mp, nd, ŋg] e as labiovelares [kp, gb] da grafia original. Exemplos: mpiemo; gbaia; kpele.

2. Os nomes de línguas com consoantes cliques [!, ǂ, ǁ] mantêm a grafia integral utilizada na literatura. Exemplos: !xóõ; !kung.

3. Algumas colunas contêm os diversos nomes pelos quais a língua (ou variedade dialetal) é identificada na literatura de referência.

Notas

[1] Ou visuoespacial, no caso das línguas de sinais. Existem formas de registro gráfico das línguas de sinais, dentre as quais a mais conhecida é o *Sign Writing* que, entretanto, não é usado largamente pelos usuários de línguas de sinais (comunicação pessoal do prof. Dr. Felipe Barbosa, a quem agradeço a informação).

[2] Tierno Bokar viveu de 1875 a 1939 em Bandiagara, no Mali. Grande mestre da ordem muçulmana de Tijaniyya e conhecedor das tradições africanas, teve seus ensinamentos divulgados por Hampaté Bâ, sobretudo, na obra *Vie et enseignement de Tierno Bokar: le sage de Bandiagara*, publicada em 1957.

[3] Os pesos acans são feitos a partir de diferentes materiais: cobre, ouro, moeda, pedra, madeira, estanho, bronze. Sobre as peças estão gravados sinais que evocam as mais antigas escritas humanas e também os elementos de base da geometria (cf. www.casadasafricas.org.br).

[4] Sobre as tampas de panela Ngoyo, cf. artigo de Carlos Serrano (1993).

Linguística Africana: passado e presente

Margarida Petter
Paulo P. Araújo

Descrever as línguas do continente ainda é a meta principal da Linguística Africana. Nos últimos trinta anos, um esforço sem precedentes foi feito para descobrir *in loco* (linguística de campo) a singularidade dessas línguas através de materiais de primeira mão, numerosos e diversificados, testemunhas insubstituíveis de um estado de língua e da variedade de seus usos. Muitas línguas foram descritas e passou-se a identificar *Linguística Africana* com *Linguística Descritiva*. Se por um lado se valorizou um aspecto positivo com essa identificação – o trabalho descritivo –, por outro, ficou implícita, por algum tempo, uma crítica ao não comprometimento de alguns trabalhos com a "teoria". A Linguística Africana, hoje, não distingue descrição de teoria, porque considera impossível uma descrição sem teoria; o trabalho descritivo baseia-se numa teoria descritiva já que as "teorias descritivas são teorias sobre como as línguas são" (Dryer, 2006: 207).

Descrever não é enumerar uma lista de fatos, juntar uma série de dados, fazer um exercício. Segundo Hyman (2005), descrição é análise: (i) rigorosa (acurada); (ii) abrangente (deve cobrir um espaço amplo); (iii) rica (deve investigar todos os aspectos possíveis de um fato); (IV) perspicaz (deve esclarecer um fenômeno) e (v) interessante (deve tratar de algo que mereça ser conhecido). Nesse sentido, o conhecimento das línguas africanas vem contribuindo para a teoria linguística ao desvelar traços presentes nessas línguas e, em alguns casos, não encontrados em outras já conhecidas. Fonética, fonologia e morfologia são as áreas em que se produziram mais trabalhos. Na fonologia, podem-se citar, entre outras descobertas: o traço atr[1] (*Advanced Tongue Root*) das vogais como fundamento da harmonia vocálica (Ladefoged, 1964; J.Stewart, 1967); o desenvolvimento da teoria autossegmental (Golsdmith, 1976), feito a partir do estudo dos tons de línguas africanas, sobre os quais foram produzidos outros trabalhos (Clements e Goldsmith, 1984; Hyman e Kisseberth, 1998).

Como toda língua viva é um registro especial da história e da cultura de seus falantes, a descrição e a documentação das línguas africanas podem assumir uma importância sócio-histórica adicional: contribuir para o conhecimento da história da África e, quem sabe, pode ainda trazer algum esclarecimento sobre como a linguagem se desenvolveu e se propagou, se a África for realmente o continente onde a espécie humana apareceu pela primeira vez (Childs, 2003: 8).

O estudo das línguas africanas é importante, ainda, para entender as situações de contatos linguísticos que provocaram o surgimento de pidgins e crioulos. No caso brasileiro, estudar a estrutura das línguas que para cá foram transplantadas pelo tráfico contribui para a compreensão do papel que essas línguas desempenharam na formação do português falado no Brasil.

Este capítulo divide-se em duas partes, para atender seu duplo objetivo: (i) apresentar uma revisão histórica do desenvolvimento dos estudos sobre as línguas do continente africano e (ii) contextualizar a Linguística Africana no âmbito das investigações que se fazem na Linguística Geral.

Apontamentos sobre a história da Linguística Africana

O conhecimento das línguas africanas foi construído num longo percurso histórico, que nos legou uma série de documentos que não foram, ainda, exaustivamente estudados pela historiografia linguística.

O reconhecimento das línguas africanas decorre da descoberta progressiva da África, no século XV, quando a Europa se volta para ela, movida por razões mercantilistas, envolvidas num apostolado missionário. Nesse contexto, o interesse pelas línguas do continente africano esteve associado a um "oportunismo prático, desumano ou temperado de curiosidade, ou a uma vontade de traduzir, superficial ou profunda" (Houis, 1971: 15). O conhecimento linguístico progrediu seguindo o ritmo da exploração sistemática do continente sob formas diversas: escravidão, tráfico e colonização (Bonvini, 2011: 6).

Os documentos africanos mais remotos são as inscrições meroítas, do reino de Méroe, desaparecido no século IV. Os escritos mais antigos, dos séculos VIII e XI, são fragmentos da Bíblia, em núbio, transcritos em caracteres coptas. Um poema suaíli, de 1714, com mil estrofes, escrito em caracteres árabes, é o texto mais antigo. Há também listas de palavras de viajantes árabes, coletadas entre 1100 e 1500, sobre as línguas com que entraram em contato: malinquê, soninquê, songai, fula e suaíli.

Dentre os raros trabalhos historiográficos que abordam o conjunto dos estudos das línguas africanas, localizam-se as publicações seguintes:

- 1971: The history of African Linguistics to 1945, em que seu autor, D. T. Cole, em 29 páginas, apresenta um primeiro estudo panorâmico da história da Linguística Africana.
- 1996: "Repères pour une histoire des connaissances linguistiques des langues africaines. I. Du XVIe au XVIIIe siècle: dans le sillage des explorations", em que E. Bonvini trata da história da abordagem das línguas africanas e da evolução do saber linguístico que se construiu a partir do contato dos europeus com a África.
- 2003: publicação póstuma do livro de Jean Léonce Doneux – Histoire de la linguistique africaine, com apresentação de Véronique Rey. O autor propõe uma história comentada da Linguística Africana, dos primórdios aos anos 1970, destacando a dimensão europeia dessa disciplina.
- 2007: "Interférences anthropologiques dans l'histoire de la linguistique africaine". Nesse artigo, E. Bonvini reflete sobre as referências linguísticas e extralinguísticas que interferiram no trabalho dos primeiros descritores de línguas africanas, até o século XIX.
- 2011: "Les langues d'Afrique et de l'Asie du Su-Ouest" – capítulo introdutório da obra Dictionnaire des langues, obra organizada por Emilio Bonvini, Joëlle Busuttil e Alain Peyraube.

É com base nos trabalhos de Bonvini, sobretudo, que fazemos os apontamentos que seguem,[2] seguindo a periodização proposta por esse autor.

Periodização da história da Linguística Africana: principais obras e autores

Primeiro período: 1440-1600

- A descoberta do continente africano e o choque da diversidade das línguas da África: as línguas africanas como recursos práticos: a procura e a formação de intérpretes

A abordagem do continente pelos portugueses mostrou desde o início a importância das línguas autóctones para o estabelecimento do contato com os povos e do papel dos intérpretes. As primeiras expedições de reconhecimento da costa ocidental da África levavam apenas intérpretes árabes, pois se imaginava que os habitantes mais ao sul da África do norte também pertencessem ao mundo árabe e islâmico. No entanto, em 1441, durante as expedições de Nuno Tristão e Antão Gonçalves, para regiões entre os atuais Marrocos e Senegal, conforme relato de

30 Introdução à Linguística Africana

G. E. de Zurara (1960: 83, apud Bovini, 1996: 130) a comunicação se revelou impossível, pois eles não falavam árabe, mas berbere (identificação que a língua recebeu mais tarde). Depois desse primeiro fracasso, os portugueses promoveram uma verdadeira política linguística, baseada essencialmente no ensino de português aos cativos e numa estrutura permanente de tradução/interpretação. Para tanto, instalou-se em Lisboa uma "estratégia de interpretariado e de ensino do português aos africanos". Na África, a procura de intérpretes foi revelando progressivamente uma "geografia linguística" com base na diversidade das línguas constatada *in loco* e num comparatismo empírico (Bonvini, 1996: 130).

Os intérpretes eram escolhidos entre os escravos de alguns senhores africanos que os emprestavam aos portugueses para que eles aprendessem a língua portuguesa, em seguida eram trocados por um outro escravo que estava no navio; finalmente, eles seriam libertados quando um desses intérpretes conseguisse conquistar outros quatro escravos para os seus senhores. Esses intérpretes foram conhecidos como Negro trusimã (*truchement* em francês, do árabe *tordjiman*) – "mestre de língua" ou simplesmente "(o) língua". Na impossibilidade de encontrar um "trusimã", os negros eram levados à força para Lisboa, onde seriam confrontados com os numerosos intérpretes negros que estavam em Portugal e lhes seria ensinada a língua portuguesa.

Para os europeus, as línguas africanas eram um recurso prático para conquistarem a mão de obra dos africanos. Na África, por outro lado, priorizou-se o levantamento sistemático de listas de palavras que serviriam para a confecção de manuais de navegação e a constituição de pequenos vocabulários sobre algumas línguas da costa, desde a África ocidental até a África austral (Bonvini, 2011: 6-7).

Segundo período: 1600-1800

– O continente africano encarado como potencial de mão de obra e de almas em perigo: as línguas africanas como instrumento de salvação e o latim como modelo de descrição

Para os europeus, os africanos não eram somente mão de obra e mercadoria, mas também almas que poderiam ser salvas pelo cristianismo, por intermédio das línguas africanas, que traduziriam a doutrina para os novos adeptos. Para realização desse propósito foi necessário levar para a África a tecnologia da escrita, apoiada no alfabeto latino. No século XVII, deu-se essa transferência, num espaço limitado ao reino do Congo (Angola), o único – excluindo-se a Etiópia – que foi cristianizado em grande escala durante cerca de duzentos anos a partir de 1491 (Bonvini, 2011: 7). O terreno era propício, pois havia escolas e igrejas em todas as províncias do reino do Congo, além do fato de muitos jovens congoleses já terem ido estudar em Portugal. Duas línguas beneficiaram-se da transferência da escrita, o quicongo, língua principal do antigo reino do Congo – que incluía Cabinda, República Democrática do Congo e norte de Angola – e o quimbundo, língua principal do antigo reino Ndongo, situado no centro e no sudoeste de Angola). O latim oferecia o modelo de descrição linguística para os primeiros vocabulários e gramáticas de línguas africanas, que nem sempre seguiram o molde latino.

Segundo Bonvini (1996: 139-147), é esta a cronologia dos textos publicados na época:

1624: *Dovtrina Christaã. Composta pelo P. Marcos Iorge da Companhia de Iesu Doutor em Theologia. Acrescentada pelo Padre Ignacio Martinz da mesma Companhia Doutor Theologo. De novo traduzida na lingoa do Reyno de Congo por ordem do P. Mattheus Cardoso Theologo, da Companhia de Yesu, natural da cidade de Lisboa. Ao muito poderoso, e catholico Rey de Congo dom Pedro Affonso segundo deste nome. Com todas as licencas necessarias. Lisboa. Por Geraldo da Vinha.* 1624. 14 cm., IV, 134, [3] pp.

1642: *Gentio de Angola sufficientemente instruido nos mysterios de nossa sancta Fé. Obra posthuma, composta pello Padre Francisco Pacconio da Companhia de Iesu. Redusida a methodo mais breve e accomodado á capacidade dos sogeitos que se instruem pello Padre Antonio de Couto da mesma Companhia. Em Lisboa, por Domingos Lopes Rosa, 1642.* 19 cm., [10], 90, [4] ff.

1648: *Vocabularium Latinum, Hispanicum et Congense, ad Usum Missionariorum transmittendorum ad Regni Congi Missiones.*

1650: *Doctrina christiana ad profectum Missionis totius Regni Congi in quatuor linguas per correlativas columnas distincta, et Eminentiss. ac Reverendiss. S.R.E. Cardinalibus Sac. Congregationis de Propaganda Fide exhibita, et dicata a F. Hyacintho Brusciotto a Vetralla Concionatore Capuccino, in Romana Provincia nunc Diffinitore, eiusdemque Missionis Praefecto.* Romae, Typis et sumptibus eiusdem Sacr. Congr. 1650. Superiorum Permissu. 20 cm., [12], 152, [8] pp.

1659: *Regulae quaedam pro difficillimi Congensium idiomatis faciliori captu ad grammaticae normam redactae a F. Hyacintho Brusciotto à Vetralla Concionatore Capuccino Regni Congi Apostolicae Missionis Praefecto.* Romae, Typis S. Congr. de Prop. Fide. Anno 1659. Superiorum Permissu. 17 cm., [8], 98 pp.

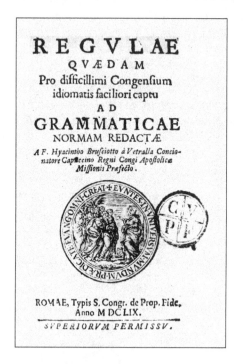

É a primeira gramática impressa da língua quicongo, publicada no ano da morte de Giacinto Brugiotti da Vetralla, que aprendera essa língua durante sua estada de cinco anos no Congo. No século XIX, essa obra foi traduzida primeiro para o inglês: *Grammar of the Congo language as spoken two hundred years ago. Translated from the Latin of Brusciotto.* Edited (with a preface) by H. Grattan Guinness. London, Hodden and Stoughton, [1882], 16cm, XII, 112 pp., depois para o português, pelo bispo de Angola e Congo, D. António Leitão e Castro: *Regras para mais fácil intelligencia do difícil idioma do Congo reduzidas a forma de grammatica por Fr.*

Jacintho Brusciotto de Vetralla Pregador Capuchinho e traduzidas do latim pelo Bispo de Angola e Congo, D. Antonio Thomaz da Silva Leitão e Castro. Seguidas do Diccionario abreviado da lingua congueza. Loanda, Imprensa Nacional, 1886, 28 cm, 178 pp.

1661: *Gentilis Angollae Fidei Mysteriis Lusitano olim idiomate per R. P. Antonium de Coucto Soc. Iesu Theologum; Nunc autem Latino per Fr. Antonium Mariam Prandomontanum, Concionatorem Capucinum, Admod. Rev. Patris Procuratoris Generalis Comissarij Socium, Instructus, atque locupletatus.* Romae, Typis S. Congreg. de Propaganda Fide. 1661. Superiorum permissu. 22,5 cm., [16], 115, [3] pp.

1697: *Arte da lingua de Angola, oeferecida a Virgem Senhora N. do Rosario, Mãy, e Senhora dos mesmos Pretos, pelo P. Pedro Dias da Companhia de Jesu.* Lisboa, na Officina de Miguel Deslandes, Impressor de Sua Magestade. Com todas as licenças necessárias. Anno 1697. 14,5 cm., [4], 48 pp.

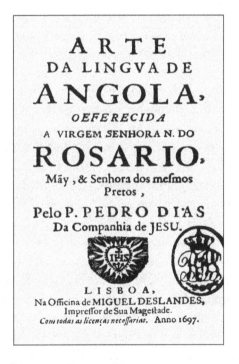

O autor – português, jesuíta, médico e jurista – viveu desde a infância no Brasil. Redigiu a gramática na Bahia, para os jesuítas que iriam cuidar dos escravos originários de Angola, a fim de facilitar-lhes a tarefa de aprendizado da língua, também porque não existia ainda uma gramática do quimbundo. Ignora-se quando ele aprendeu essa língua, mas se sabe que ele já a falava em 1663. A gramática foi acabada em 1694 e foi supervisionada pelo jesuíta Miguel Cardoso, angolano, falante de quimbundo.

34 Introdução à Linguística Africana

Esse trabalho reveste-se de um interesse maior por vários motivos: em primeiro lugar, porque foi escrito no Brasil e testemunha o uso corrente, naquela época, de uma língua africana, o quimbundo, entre os escravizados oriundos de Angola; em segundo lugar, porque, mesmo tomando como modelo o plano de divisão dos conteúdos da gramática tupi do jesuíta José de Anchieta (1595), distingue-se dele por não utilizar o paradigma de declinação do modelo latino. Para a Linguística Africana o trabalho de Dias tem uma grande importância, porque, opondo-se ao modelo latino dos "casos", encerra o debate sobre a interpretação das classes nominais. Ao tratar dos nomes, afirma que não se trata nem de declinação, nem de casos, mas de mudanças de sílabas ou de consoante no início do nome, para formar o singular e o plural (Bonvini, 1996: 145).

Terceiro período: 1800-1900

– A descoberta e a conquista do interior do continente africano: a variedade linguística africana como obstáculo à "civilização" colonizadora e o modelo indo-europeu como referência linguística

Até 1850, quando várias expedições conseguiram desbravar o continente africano, o interior da África era desconhecido, pois havia muitas dificuldades geográficas a vencer: rochas, florestas e desertos. A exploração geográfica do continente, aliada a outros fatores importantes, como abolição do tráfico (1807) e a criação de colônias para escravos libertos (Libéria, 1822), contribuiu para que, na segunda metade do século XIX, houvesse um grande impulso na Linguística Africana, sob a forma de documentos variados, em grande parte produzidos com objetivos de proselitismo religioso (Bonvini, 2007: 114).

No século XIX, os descritores das línguas africanas continuam sendo estrangeiros, alguns deles com formação linguística, que vão se apropriando das línguas com objetivos que vão além das necessidades exclusivamente práticas manifestadas no século anterior. Esses estudiosos surpreendem-se com a diferença, e expressam em seus trabalhos suas impressões sobre a língua ou sobre os falantes (Bonvini, 2007: 115-116).

A primeira metade do século, que coincide com a última fase do tráfico negreiro, é marcada pela intensificação da luta pela abolição da escravidão: abolição do tráfico atlântico pelo congresso de Viena em 1815; na Inglaterra, libertação dos escravos do domínio da Coroa em 1831; abolição da escravidão nas colônias francesas em 1848. É nesse contexto que se situam os trabalhos dos linguistas africanistas desta época que não hesitaram, muitas vezes, em enaltecer as línguas africanas para provar, por meio de argumentos linguísticos, que os africanos eram seres plenamente humanos (Bonvini, 2007: 116). São desse período as obras de:

JEAN DARD (1789-1833)

Funcionário do Estado francês, redigiu uma gramática (1826) e um dicionário do uólofe (1825), inspirando-se nos princípios da gramática geral (Bonvini, 2011: 116)

JACQUES FRANÇOIS ROGER (1779-1849)

Também funcionário do Estado francês, Roger (1829) redigiu outra gramática do uólofe, mas seguindo o modelo da gramática geral de Beauzée e a de Destutt de Tracy.

Na segunda metade do século XIX, avançando um pouco no século seguinte, de 1850 a 1920, inicia-se uma nova etapa na história da Linguística Africana, que se colocará mais em sintonia com os questionamentos linguísticos da época, marcados pelo comparatismo. O contexto histórico desse período é marcado pela instalação progressiva do colonialismo europeu que chegará à partilha quase total do continente (Conferência de Berlim, 1884-1885) (Bonvini, 2007: 118). Trabalhos importantes, que se tornaram referência para os estudos africanistas, foram produzidos nesse período. A cronologia dos textos é a seguinte:

SIGISMUND WILHEM KOELLE (1823-1903)

Polyglotta Africana (1854) é o texto de maior importância escrito pelo missionário e linguista alemão, em que ele compara cerca de trezentos termos e frases comuns a 156 línguas coletados em Freetown (Serra Leoa) junto a escravos libertos (por volta de 70 mil, na época). Ele propõe uma classificação geográfica – línguas do norte e do sul – e tipológica das línguas, a partir de um só critério estrutural: a presença ou ausência de afixos de classes nominais. De acordo com Bonvini (2007: 118), um dos objetivos maiores da pesquisa de Koelle era provar que os negros pertenciam à família humana.

A partir dessa obra surge a noção de unidade linguística da África. Seu autor, utilizando-se de uma metodologia tipológica areal (baseada na proximidade geográfica), fez uma classificação interna das línguas da África ocidental, identificando a presença de prefixos nominais nas línguas estudadas, traço que será preponderante na classificação de línguas proposta no século XX por Greenberg.

WILHEM HEINRICH IMMANUEL BLEEK (1827-1875)

Linguista de formação e discípulo de Lepsius, o estudioso alemão Bleek escreveu vários trabalhos sobre as línguas africanas (1851,1855) antes de sua obra principal: *Comparative grammar* (1862-1869). Nesse estudo, com base no instrumental teórico da gramática comparada, o autor analisa detidamente, nos planos fonético e morfológico, os prefixos nominais das línguas da África austral, que ele designa pelo termo "Bâ-ntu", atualmente *Bantu*, ou 'banto', em português. A inspiração para

36 Introdução à Linguística Africana

a criação desse nome se deveu ao fato de que o autor observou a recorrência da raiz -*ntu* para designar 'ser humano, homem, pessoa' e do prefixo *ba*- para indicar pluralidade nas línguas da região central e sul da África. Essa denominação tem, portanto, uma referência exclusivamente linguística, servindo para identificar hoje as línguas do grupo banto, faladas naquela região do continente africano.

FRIEDRICH MÜLLER (1834-1898)

A obra do linguista austríaco F. Müller (1877) teve grande importância na época, pois tratava das línguas do mundo, em geral, e de seu parentesco genético. Com base em muitos dados linguísticos de diversas línguas e utilizando critérios biológicos, fundados na comparação entre raças e línguas, ele estabeleceu, na parte consagrada às línguas africanas, uma classificação que se afasta da de Bleek, que era tipológica, exclusivamente. Müller reconhece seis grupos de línguas na África (semítico, hamítico (camítico), nuba-fula, negro, banto, hotentote-bosquímano), que não são mais considerados, na atualidade, principalmente pela controvérsia gerada pela aproximação entre povos e línguas. O termo *hamítico* (camítico) – que se referia a línguas não semíticas (berbere, líbico, tchadiano, egípcio-copta) – foi abandonado hoje por ter servido para elaborar a noção de estado original da língua, falado no nordeste da África, e ter levado a interpretações preconceituosas sobre a existência de línguas *puras* e línguas *mistas*, que seriam uma degradação de um estado puro, original (Bonvini, 2007: 129).

LOUIS LEON FAIDHERBE (1818-1889)

O general Faidherbe (1882) fez um estudo comparativo importante das línguas fula e uólofe, que mais tarde serviu de modelo para os estudiosos aproximarem as línguas nuba e fula.

KARL RICHARD LEPSIUS (1810-1884)

Lepsius (1855/1863, 1880) foi um eminente egiptólogo alemão que se interessou também pela transcrição, descrição e classificação das línguas africanas. Sua obra *Standard Alphabet* foi fundamental para a transcrição fonética dessas línguas. Sua gramática do núbio traz na introdução uma visão do conjunto dos povos africanos e apresenta a versão mais atualizada da época sobre as línguas da África, que veio a influenciar muitas classificações propostas posteriormente (Bonvini, 2007: 126).

CARL MEINHOF (1857–1944)

Meinhof (1906, 1915) dedicou seus estudos ao comparatismo banto, que lhe proporcionaram o merecido reconhecimento acadêmico, principalmente pelos seus trabalhos de reconstrução do protobanto (*Uhr-Bantu)*. É também reconhecido por suas posições sobre a classificação das línguas bantas em relação às demais línguas da África (1911, 1912)

MAURICE DELAFOSSE (1870-1926)

Delafosse (1901, 1901a, 1904,1912) foi um africanista e linguista comparatista, além de ter sido administrador colonial francês na região oeste-africana. Seus trabalhos tratam, sobretudo, das línguas faladas nos antigos domínios franceses.

Quarto período: 1900-2000

- A diversidade das línguas e a universalidade da linguagem. Da colonização à descolonização/independência: a variedade das línguas africanas valorizada cientificamente, mas sob a ameaça de extinção: o modelo linguístico indo-europeu em revisão.

O século XX é marcado por dois períodos históricos decisivos: o colonial (1890-1960) e o período após a independência, que ocorre em anos diferentes nos países africanos, sendo a maioria deles em torno de 1960.

Durante o período colonial, o estudo das línguas africanas era feito observando a distribuição política dos territórios coloniais. Dessa forma, cada colonizador estudava as línguas dos países que dominava, como segue:

- alemães: línguas do Togo e da República dos Camarões;
- ingleses: África ocidental: línguas de Gana, Nigéria, África oriental e África do Sul;
- franceses: línguas da África ocidental e central (Senegal, Guiné, Mali, Costa do Marfim, Togo, Benin, Níger, Burkina Fasso, Chade, República dos Camarões, República Centro-Africana, Congo, Gabão);
- belgas: línguas da República Democrática do Congo, do Burundi, de Ruanda;
- portugueses: línguas do Cabo Verde, da Guiné-Bissau, de São Tomé e Príncipe, de Angola, de Moçambique.

Os autores dos estudos linguísticos eram administradores e missionários ou linguistas. Algumas vezes eram administradores e linguistas, como Delafosse. Situam-se entre os linguistas: do lado alemão: Carl Meinhof (1857-1944), Dietrich Westermann (1875-1956), Johannes Lukas; do lado francês: Maurice Delafosse (1870-1926) e do lado inglês: H. H. Johnston e A. N. Tucker.

Período pós-colonial

Este período caracteriza-se pela conexão explícita da Linguística africanista com Linguística geral. Dois períodos podem ser identificados: 1960-1980 e 1980-2000.

Primeiro período: 1960-1980

Neste intervalo foram produzidos trabalhos que tiveram consequências para os estudos linguísticos tanto na África quanto nos antigos países colonizadores. Desenvolve-se uma metodologia de trabalho de campo baseada em questionários de pesquisa linguística, que tinham objetivos tanto comparatistas como descritivistas. Podemos citar nesse grupo:

- os estudos de comparação lexical e gramatical de J. Greenberg, que culminaram com a obra The Languages of Africa (1963), a primeira proposta de classificação das línguas africanas, baseada no pressuposto de que elas são geneticamente relacionadas, ou seja, que tiveram no passado um ancestral comum.
- na França, Luc Bouquiaux e Jacqueline Thomas (1976) publicam um trabalho que se tornará referência para a pesquisa de campo e descrição de línguas – Enquête et description des langues à tradition orale – e que será traduzido para o inglês, em 1992, sob o título de Studying and Describing Unwritten Languages.

Surgem nesse período as escolas linguísticas com mentores nem sempre africanistas, mas linguistas cujas propostas teóricas impulsionaram o desenvolvimento de estudos em línguas africanas. Distinguem-se as seguintes escolas:

Anglo-Americana

O linguista inglês J. R. Firth (1890-1960), estudioso da fonologia e de aspectos gerais das línguas, encorajou muitos estudantes ao estudo de línguas orientais e africanas, principalmente durante sua longa permanência na School of Oriental and African Studies (SOAS). Kay Williamson (1935-2005), linguista inglesa que realizou um importante trabalho sobre as línguas da Nigéria e sobre a classificação das línguas africanas no tronco nigero-congolês pode ser considerada uma de suas discípulas.

K. L. Pike (1912-2000) foi um linguista americano que desenvolveu muitos estudos sobre fonética e fonologia e formou muitos estudantes na descrição e análise de línguas minoritárias da América, mostrando a inter-relação entre a Linguística e a Antropologia. O linguista africanista J. Bendor-Samuel (1929-2011) é um dos herdeiros dos ensinamentos de Pike. Bendor-Samuel foi um membro ativo da SIL (Summer Institute of Linguistics), como seu mentor, encarregando-se de prover a tradução da Bíblia para muitas línguas africanas. Publicou muitos artigos sobre línguas africanas e organizou um livro que se tornou referência sobre as línguas do tronco nigero-congolês (Bendor-Samuel, 1989).

J. Greenberg (1915-2001) foi um importante linguista americano que dedicou grande parte de seu trabalho às línguas africanas e notabilizou-se por apresentar uma classificação genética das línguas do continente na obra *The Languages of Africa* (1963), que se tornou referência para os estudiosos, que a tomam como ponto de partida para novas propostas.

Alemã

D. Westermann (1875-1956), africanista e etnólogo alemão, é considerado um dos fundadores da moderna Linguística Africana. Seu estudo sobre o que denominou de línguas *sudanesas*, faladas no oeste e parte do leste da África, lançou as bases para a classificação de Greenberg e do que hoje é reconhecido como troncos nigero-congolês e nilo-saariano.

Bernd Heine destaca-se entre os linguistas africanistas da escola alemã por seus estudos teóricos na linha da gramaticalização, da linguística cognitiva e da descrição e classificação de línguas africanas. É coautor de dois importantes livros que oferecem uma visão geral sobre as línguas da África: *African Languages: an introduction* (2000) e *A Linguistic Geography of Africa* (2008).

Belga

A. E. Meussen (1912-1978) foi o fundador da área de linguística do *Musée Royal de Tervuren* (Bélgica) e professor de línguas bantas em Louvain (Lovania) e em Leiden. Escreveu vários artigos e seus trabalhos mais extensos são "Bantu grammatical reconstructions" (BLR 1967) e *Bantu lexical reconstruction* (BLR 1969).

O bantuísta André Coupez, também associado ao Museu Real de Tervuren, continuou o trabalho de E. Meussen e produziu vários estudos sobre as línguas bantas (1955, 1960, 1983) e muitos estudos em coautoria sobre reconstruções lexicais bantas.

E. Meussen deixou muitos discípulos até fora da Bégica, como Thilo Schadeberg, africanista e professor da Universidade de Leiden (Holanda), especialista em línguas bantas, com publicações sobre umbundo, suaíli e outras línguas do grupo.

Francesa

André Martinet (1908-1999), seguidor das ideias de Saussure, influenciou com seus trabalhos funcionalistas um grande número de linguistas franceses, entre os quais os africanistas que mencionamos na sequência.

Gabriel Manessy (1923-1996) teve uma formação de etnologia, tornou-se linguista africanista e foi o primeiro diretor do Centro de Linguística Aplicada de Dacar (Senegal). Seus trabalhos se situam em vários domínios, mas é nos estudos de parentesco genealógico e no comparatismo que ele se destaca, com a aplicação do método histórico-comparativo às línguas gurúnsis: *Les langues gurunsi: Essai d'application de la méthode comparative historique à un groupe de langues voltaïques* (1969). Interessou-se também por questões sociolinguísticas que dizem respeito ao contato de línguas: *Créoles, pidgins, variétés vernaculaires: Procès et genèse* (1995) e ao francês na África: *Le français en Afrique noire: Mythe, stratégies, pratiques* (1994).

M. Houis (1923-1990) foi um etnólogo e linguista que se destacou no estudo de muitas línguas africanas e na proposta de uma abordagem teórico-metodológica para a descrição dessas línguas. De sua extensa publicação podem-se mencionar: *Les noms individuels chez les Mosi* (1963); *Aperçu sur les structures grammaticales des langues négro-africaines* (1967); *Anthropologie linguistique de l'Afrique noire* (1971).

Jacqueline M. C. Thomas-Bouquiaux é uma africanista que formou muitos linguistas franceses e influenciou muitos estudiosos de línguas minoritárias e sem tradição escrita, com a publicação do livro *Enquête et description des langues à tradition orale* (1976) em coautoria com Luc Bouquiaux. Nessa obra, os autores apresentam uma introdução ao trabalho de campo e oferecem uma proposta metodológica para abordar a descrição das línguas, desde o nível fonológico até o nível do enunciado.

Segundo período: 1980-2000

Este período caracteriza-se por dois acontecimentos principais: a internacionalização da pesquisa africanista, a reavaliação das pesquisas anteriores e a renovação da abordagem das línguas.

A internacionalização da pesquisa africanista se verifica com a criação de novos polos geoinstitucionais de pesquisa. Não são apenas os ex-colonizadores europeus que vão estudar as línguas da África; vai ocorrer uma formação internacional dos pesquisadores e professores africanos. Pode-se afirmar que todas as grandes universidades africanas dispõem de um departamento de Linguística com uma linha de pesquisa dedicada ao estudo das línguas locais. Verificaremos a importância desse trabalho nos capítulos deste livro, onde vamos citar muitos estudos realizados por linguistas africanos.

O fato de a pesquisa ter-se internacionalizado vai provocar uma reavaliação das pesquisas anteriores e a renovação da abordagem das línguas. Ilustram essa nova realidade o desenvolvimento de várias teorias linguísticas, a partir do estudo de línguas africanas, como o surgimento da fonologia autossegmental (Goldsmith, 1976) e a ênfase, nos estudos da gramática, de uma visão mais complexa da realidade gramatical, principalmente com base na tríade fundamental: semântica (centrada no sentido que se transmite e que liga as frases ao mundo exterior de que elas falam, o referente), (morfo)sintaxe (relacionada ao sistema da língua, ao estudo das relações entre termos e constituintes sintáticos) e pragmática (preocupada com o uso, em que os enunciados são considerados no contexto de fala).

A Linguística Africana hoje

Com todo o percurso histórico da Linguística Africana detalhado na primeira parte deste capítulo,[3] é oportuno traçar, agora, um panorama dos estudos das línguas africanas nas principais linhas de investigação que os linguistas africanistas têm seguido. A Linguística como disciplina apresenta um leque considerável de quadros teóricos (Heine e Narrog, 2010), tornando assim quase impossível tratar a fundo todas as questões relacionadas às línguas africanas com as teorias linguísticas. Com isso em mente, o intuito nesta seção não será o de elencar as teorias em si, mas o de apontar as áreas em que as línguas do continente africano têm figurado de forma proeminente.

A partir dos anos 1960, os linguistas americanos começaram a se interessar de maneira coletiva pelas línguas africanas. Seus representantes principais foram J. Greenberg e W. E. Welmers. O objetivo, de um modo geral, era o de teorizar sobre as línguas africanas, aproximando-as assim do que hoje entendemos como Linguística geral ou teórica. Com efeito, o estudo das línguas africanas, principalmente nas últimas décadas do século xx, foi desenvolvido na perspectiva de uma compreensão melhor das propriedades da linguagem enquanto faculdade humana. Os dados originários da África contribuíram, assim, para corrigir as primeiras teorias linguísticas, muitas vezes eurocêntricas, levando à concepção e ao desenvolvimento de modelos não lineares, dentre os quais a geometria de traços, de modo a descrever apropriadamente os processos de harmonia vocálica e os tons de línguas africanas (cf. o capítulo "Fonologia" neste volume). Mas o tratamento da gramática, entendida como a área da sintaxe ocupada com a relação entre constituintes de uma oração (cf. o capítulo "Sintaxe e Semântica" neste volume), também sofreu uma revisão, de maneira que é hoje possível distinguir, pelo menos, dois tipos de trabalhos: aqueles que enfrentam as línguas africanas para testar a validade de uma perspectiva teórica, e os outros, que utilizam um modelo específico como guia para a descrição de uma língua africana.[4] No primeiro caso, o trabalho é basicamente o de verificar se determinada previsão de uma teoria se aplica a uma língua ou grupo de línguas. No segundo caso, o estudioso não está interessado em aprimorar sua teoria, mas em enquadrar uma língua dentro do quadro geral da sua teoria em particular.

42 Introdução à Linguística Africana

Quando falamos em teoria, pensamos em um conjunto de premissas e hipóteses que buscam explicar a forma e o funcionamento da linguagem humana, mas podemos ter em mente as palavras de Hyman (2005):

> [...] uma teoria pode ajudar a pesquisa em direção a importantes descobertas. Ela pode nos levar a questionamentos que nós poderíamos não ter feito de outra maneira e verificar dados que nós poderíamos não ter considerado de outro modo. Além do mais, ter consciência teórica pode ajudar o pesquisador a ver conexões que de outra forma ele não teria feito, como também se dar conta de problemas que poderiam passar despercebidos.

As línguas africanas, mesmo que não diretamente, têm estado *presentes* na elaboração de diferentes teorias em linguística. É sob o ponto de vista de Hyman (2005) que apresentamos a relação dos estudos descritivos das línguas africanas com as teorias linguísticas. Conforme já mencionamos, não nos ocuparemos de teorias em particular, porém elencaremos algumas que julgamos ser de interesse para um aprofundamento posterior. Achamos por bem organizar as próximas subseções em duas partes. Na primeira, apresentamos as áreas de estudo consideradas mais tradicionais na descrição das línguas: a fonologia e a sintaxe. Junto a elas, tratamos das áreas dos estudos linguísticos menos conhecidas, mas não menos importantes: as pesquisas sobre gramaticalização, linguística de contato e tipologia linguística. A segunda parte é voltada para um breve panorama da Linguística Africana no Brasil no contexto da comunidade científica internacional.

As línguas africanas e as teorias linguísticas

Teorias sintáticas e fonológicas

Já se afirmou antes a aparente pouca representatividade das línguas africanas nas principais questões teóricas das últimas décadas em sintaxe, no entanto, uma análise mais acurada demonstra o contrário (Henderson, 2011). Como já dissemos, a presença das línguas africanas é sentida muito mais na formulação de teorias fonológicas (cf. capítulo "Fonologia" neste volume). Na sintaxe, o melhor exemplo é a elaboração da Gramática Léxico-Funcional (Childs, 2003: 117). Em áreas mais específicas dos estudos da gramática, Henderson (2011) aponta duas grandes áreas da sintaxe para as quais as línguas africanas tiveram um papel crucial nos seus desenvolvimentos ou que ainda estão tendo: a área relacionada às questões das relações gramaticais ou funções gramaticais e as teorias de concordância.

Oliveira (2008: 60-1) menciona em rápidos parágrafos a forma como alguns autores que tomam por base os mesmos fenômenos dos sistemas de classes nominais, principalmente de línguas bantas (cf. capítulo "Morfologia" neste volume), produziram duas correntes teóricas que se opõem de certa forma: as teorias baseadas na Hipótese Lexicalista, defendida por Bresnan e Mchombo (1995) e a Hipótese não lexicalista, defendida por Marantz (1977). Essas duas hipóteses são relacionadas e "formalizadas" em duas teorias. A primeira para a Gramática Lexico-Funcional, a segunda para a Morfologia Distribuída. Portanto, pelo que se vê, é possível que os mesmos pontos descritivos nas gramáticas de línguas africanas sejam utilizados para a defesa de posições opostas, como é o caso das duas teorias supracitadas que competem de alguma forma com a gramática gerativa considerada *mainstream*.

As teorias relacionadas à categoria discursiva de foco são as que mais se beneficiaram com os dados de línguas africanas. Desde Bearth (1999) aos trabalhos de Aboh, Hartmann e Zimmermann (2008) e Fiedler e Schwarz (2010), as teorias que lidam com a estrutura da informação na linguagem humana frequentemente remetem a alguns resultados provindos dos estudos de línguas africanas. Um exemplo é o trabalho de Oliveira (2005) sobre a teoria do tipo oracional, baseada em fenômenos de focalização na língua ibíbio. Dentre algumas contribuições para as teorias sobre foco, talvez a mais citada seja a de Hyman e Watters (1984), sobre foco auxiliar.

É na fonologia que as línguas africanas são responsáveis por uma verdadeira revolução. Sem dúvida alguma, os estudos sobre sistemas tonais são os mais lembrados quando o assunto é a contribuição das línguas africanas para as teorias fonológicas. Antes das línguas africanas, a fonologia tinha como teoria *mainstream* a fonologia gerativa (segmental), iniciada no clássico Chomsky e Halle (1968) no livro *The Sound Pattern of English* (SPE, como é mais conhecido). Foi a tese de doutorado de John Goldsmith (1976) que, a partir dos dados das línguas africanas, captou a independência entre tom e segmento, propiciando uma reformulação na interpretação do nível suprassegmental das línguas naturais.

Teorias da gramaticalização e línguas em contato

O estudo das línguas africanas tem contribuído para o desenvolvimento de vários pressupostos da teoria da gramaticalização, como se o observa no trabalho de Bernd Heine, africanista que sempre recorre a dados de línguas africanas nos seus trabalhos sobre gramaticalização[5] e contato de línguas (Heine; Kuteva, 2005), além de ser autor ou coautor de importantes publicações na área da linguística africana (Heine e Nurse, 2000; 2008).

Devemos mencionar ainda as teorias linguísticas baseadas em modelos biolgicos da evolução que também têm recebido contributo das línguas africanas para o entendimento da mudança linguística (Mufwene, 2013) e como autores brasileiros têm se pautado nesses modelos para elaborar hipóteses do contato do português com línguas africanas (Negrão e Viotti, 2011). Na área da linguística de contato, podemos citar os modelos teóricos desenvolvidos por Myers-Scotton (2002) e associados. A autora trabalhou bastante tempo com o suaíli e o chengue, esta última uma variedade urbana falada no Quênia. Uma aplicação dos modelos teóricos de Myers-Scotton para o caso do português pode ser encontrada em Petter (2008).

Linguística Areal e tipologia linguística

Quanto à tipologia linguística, as cerca de 2.000 línguas do continente africano não poderiam ser desconsideradas. Os estudiosos que se ocupam dessa área estão interessados numa classificação das línguas a partir das formas com que cada língua codifica formalmente uma determinada categoria linguística. Por exemplo, na posse predicativa, aquela em que a expressão de um possessivo é oracional (eu *tenho* uma casa) as línguas do mundo podem ser classificadas em quatro grandes grupos: línguas que fazem uso de construções locativas, existenciais, comitativas e construções transitivas, com um verbo pleno que codifica a relação de possessivo (a exemplo do verbo *ter* do português ou *to have* do inglês). As línguas do grupo banto são as grandes representantes das línguas que usam preferencialmente o comitativo para possessivo, geralmente com uma construção similar à de *estar com* do português (*estou com* um guarda-chuva).

A seguir listamos algumas propriedades tipológicas que são apontadas como restritas à África (Heine e Leyew, 2008: 26-7):[6]

a) cliques;

b) flepes labiais;

c) vários tipos de harmonia vocálica;

d) ideofones para distinção de cor;

e) distinção de caso expressa exclusivamente por tom, normalmente para o nominativo;

f) não obrigatoriedade de concordância de verbos transitivos com seus objetos.

Há também propriedades que são muito mais comuns na África do que em outros continentes:

a) oclusivas labiovelares;
b) implosivas ou oclusivas não obstruintes;
c) harmonia vocálica baseada em ATR;
d) oclusivas pré-nasalizadas no início de palavras;
e) sistemas de classes nominais;
f) sistema de casos nominativos marcados;
g) marcação da negação ao final da sentença;
h) pronomes logofóricos;
i) marcação de foco por meio da flexão verbal;
j) SOVX como ordem de palavras básica.

Qualquer avaliação de traços tipológicos em determinado grupo de línguas ou nas línguas do mundo se mostrará incompleta se for desconsiderado o continente africano, não apenas pelo número das línguas que ele engloba, mas também pela diversidade de traços tipológicos considerados típicos desse continente.

Embora os estudos tipológicos sejam caracterizados por uma busca de descompromisso com uma determinada teoria, é comum que os trabalhos de tipologia sejam utilizados em discussões de cunho estritamente teórico. Para ilustrar esse ponto, o trabalho de Araújo (2013) sobre posse predicativa é um exemplo de como os traços tipológicos das línguas bantas, o uso de comitativos para possessivos, pode contribuir para um debate teórico tanto em linhas formalistas como funcionalistas em linguística.

Na Linguística Areal, aquela que se preocupa na delimitação de áreas linguísticas, onde línguas de diferentes famílias ou de famílias próximas parecem convergir em alguns traços decorrentes de longos períodos de contato, a África mostra-se como um bom exemplo para uma formalização teórica do que vem a ser uma área linguística. Tal discussão mereceu um volume totalmente dedicado ao assunto com Heine e Nurse (2008).

A Linguística Africana no Brasil e no mundo

No Brasil, podemos afirmar que a Linguística Africana tem se consolidado nas duas últimas décadas, com a formação de linguistas no Brasil e fora do Brasil, o aumento de publicações voltadas para as línguas africanas e a realização de pesquisas em nível de mestrado e doutorado. Um evento que marca a presença brasileira num contexto internacional na área foi a realização de uma edição especial do *World Congress of African Linguistics* (WOCAL) 6, em 2008 na Universidade de São Paulo. Nesse evento reuniram-se grandes nomes da Linguística Africana, além de pesquisadores brasileiros interessados nos estudos das línguas africanas.

Um outro acontecimento anterior à realização do WOCAL foi a criação, no ano 2000, de um grupo de pesquisa dedicado exclusivamente ao estudo e à pesquisa das línguas africanas, o Grupo de Estudo de Línguas Africanas (GELA), vinculado ao Programa de Pós-Graduação em Semiótica e Linguística Geral, da Universidade de São Paulo.

De certa forma, o surgimento da Linguística Africana no Brasil está relacionado estreitamente com as questões do contato do português com as línguas africanas (cf. o capítulo "Línguas africanas no Brasil" neste volume). Os dois primeiros títulos dedicados à área (Raimundo, 1933; Mendonça, 1933) mostram o interesse de conhecer as línguas africanas para explicar as origens do português falado no Brasil. Nas décadas seguintes, os trabalhos pioneiros de Yeda Pessoa de Castro (1980; 2001; 2002, entre outros) demonstram também a necessidade de se conhecer a realidade Linguística Africana para entender a configuração dos ditos falares com forte influência africana no Brasil, os falares de comunidades negras rurais e as comunidades religiosas de terreiro (cf. os capítulos "Línguas africanas no Brasil" e "Línguas africanas no candomblé" neste volume).

Apenas com as primeiras teses e dissertações dedicadas exclusivamente à descrição e análise de línguas africanas em universidades brasileiras é que o foco passa a ser não só a relação do português com línguas africanas, mas a inserção do Brasil no cenário mundial dos estudos das línguas africanas, conforme mencionado anteriormente para o período de 1980-2000, caracterizado pela internacionalização dos estudos das línguas africanas.

É desejável ainda a criação, no Brasil, de centros ou institutos de pesquisa voltados exclusivamente para a Linguística Africana, a exemplo dos países que possuem uma longa tradição nos estudos das línguas da África (Alemanha, França, Bélgica etc.). No Brasil, além da Universidade de São Paulo, a Fundação Universidade Federal de Rondônia (Unir) também agrega pesquisadores que têm se dedicado nos últimos anos a consolidar uma linha de pesquisa em Linguística Africana, nomeadamente sob um viés etnolinguístico e lexicográfico, principalmente relacionado ao domínio das línguas bantas.

Passamos agora a relacionar alguns dos principais institutos, eventos e periódicos científicos dedicados à Linguística Africana no mundo. A lista não é exaustiva, mas pretende dar uma visão geral para quem queira se iniciar na área.[7]

Centros de pesquisa, eventos e periódicos científicos

A Linguística Africana encontra-se consolidada como disciplina em diversas universidades, contando atualmente com alguns centros de estudos reconhecidos pela sua excelência. Os Estados Unidos apresentam um grande número de universidades com um centro de estudos africanos, e neles algum departamento que ofereça cursos de Linguística Africana. Precisamos também salientar uma orientação autônoma da pesquisa, representado pelo *Summer Institute of Linguistics* (SIL), com uma produção significativa sobre as línguas africanas.

Na França, foram criados vários organismos especializados na pesquisa científica: IFAN (*Institut Français d'Afrique Noire*), IEC (*Institut d'Etudes Centrafricaines*), ORSTOM (*Office de la Recherche Scientifique et Technique Outre-Mer*) e o CNRS (*Centre National de la Recherche Scientifique*). Estes últimos organismos criaram vários laboratórios especializados, tendo em vista pesquisas planejadas em vários campos temáticos e geográficos. Um desses laboratórios é o LLACAN (*Langage, Langues et Cultures d'Afrique Noire*), vinculado ao CNRS, que participou de projetos de pesquisa do Departamento de Linguística da FFLCH/USP, por meio de vários pesquisadores e, principalmente, de seu fundador, Emilio Bonvini.

Na Bélgica, sob a orientação de A. E. Meeussen, a pesquisa foi principalmente consagrada ao estudo das línguas bantas e se concretizou num programa coletivo chamado *Lolemi*, lançado em 1963, realizado simultaneamente no eixo Tervuren (Bélgica)/Leiden (Holanda). Os resultados foram publicados na prestigiosa coleção *Africana Linguistica*.

Na Alemanha, depois da Segunda Guerra Mundial e em seguida aos trabalhos anteriores de D. Westermann, houve um novo impulso para os estudos das línguas africanas com a criação de um novo centro de pesquisas em Colônia, sob a orientação de Oswin Köhler e do seu discípulo Bernd Heine, o *Institut für Afrikanistik und Ägyptologie*, na *Universität zu Köln*. Atualmente, a *Bayreuth International Graduate School of African Studies* (BIGSAS) tem buscado se consolidar como um dos grandes centros de estudos africanos e de Linguística Africana no mundo.

Ainda do lado da Europa, na Inglaterra, temos a *School of Oriental and African Studies* (SOAS).

Há atualmente dois grandes eventos de Linguística Africana: o *World Congress of African Linguistics* – WOCAL (Congresso Mundial de Linguística Africana), trienal, e o *Annual Conference on African Linguistics* – ACAL (Conferência Anual de Linguística Africana), que se realiza todos os anos.

Os periódicos científicos de maior referência na área são: a revista *Afrique et Langage* (M. Houis e E. Bonvini); o *Journal of African Languages and Linguistics*, publicado pela editora alemã de Gruyter; a *Africana Linguistica*, já mencionada, e a *Studies in African Linguistics*. No Brasil não temos ainda um periódico temático para as línguas africanas, mas boa parte das publicações sobre línguas africanas pode ser encontrada nos principais periódicos de linguística no país: *Revista da Anpoll*; *Revista da Abralin; Revista Estudos Linguísticos do* GEL e *Papia*, revista da Associação Brasileira de Estudos Crioulos e Similares (ABECS).

Conclusão

A história da Linguística Africana mostra-nos que a descrição das línguas africanas é praticamente indissociável da história da colonização da África e que grande parte dos resultados das políticas linguísticas, hoje, está intimamente relacionada a esse passado colonial. Houve um notável desenvolvimento dos estudos das línguas do continente desde os primeiros autores e primeiras obras dedicadas ao conhecimento das línguas africanas até a internacionalização dos estudos dessas mesmas línguas; no entanto ainda há muito a ser feito no que concerne à descrição e à documentação das cerca de 2.000 línguas da África. Este capítulo teve justamente a intenção de oferecer aos nossos leitores um panorama do que foi e do que está sendo a formação e o desenvolvimento da área dos estudos das línguas africanas, de modo que o futuro seja mais promissor no que diz respeito a um alcance maior das línguas da África no cenário das teorias linguísticas e no prestígio que cada língua merece ter, tanto em nível local quanto mundial.

Notas

[1] O estudo desse traço será feito no capítulo "Fonologia".

[2] A periodização e os subtítulos, que sintetizam o conteúdo a ser apresentado, seguem a proposta apresentada por Bonvini no curso "Motivações linguísticas e extralinguísticas em transição: relendo a história da Linguística Africana", ministrado de 24 a 26/08/ 2010, na Faculdade de Filosofia, Letras e Ciências Humanas da Universidade de São Paulo.

[3] Parte das informações desta subseção foram retiradas de uma conferência proferida por Emilio Bonvini no dia 20 de agosto de 2010, na Faculdade de Filosofia, Letras e Ciências Humanas (FFLCH), em comemoração aos dez anos de criação do Grupo de Estudos de Línguas Africanas (GELA).

[4] Vale mencionar, por outro lado, que houve uma revisão completa da classificação das línguas africanas e na organização interna das suas quatro macrofamílias ou 'phyla': nigero-congolês, nilo-saariano, afro-asiático e coissã. Por exemplo, Maho (2003) oferece uma atualização das línguas bantas baseado no trabalho de Guthrie, decorrente de certa forma dos avanços tecnológicos e do conhecimento de outras famílias linguísticas no mundo.

[5] A gramaticalização configura-se como processos nos quais um item lexical vai se tornando mais gramatical. Exemplo bem conhecido é o surgimento de verbos auxiliares a partir de verbos plenos, como *ir* ("eu *vou* pra casa → eu *vou* ficar em casa").

[6] Boa parte desses traços fonológicos e morfossintáticos será tratada nos próximos capítulos dedicados à fonologia, morfologia, sintaxe e semântica.

[7] No final da bibliografia, são indicados os endereços eletrônicos de cada evento, periódico e institutos voltados à Linguística Africana.

A classificação das línguas da África

Margarida Petter

A língua, muitas vezes, é utilizada como um critério para distinguir os povos. Mas haverá, na África, mais de dois mil grupos étnicos, correspondendo ao número de línguas (mais de 2.000)? É possível que tal concordância possa ter havido num passado remoto, conforme assinala Olderogge, ao abordar questões antropológicas e linguísticas relevantes para a história da África (2010: 310). Hoje o que se observa é a dissociação entre povos e línguas, não só porque as línguas mudam, diversificam-se, mas também porque elas conquistam territórios, interagem com as línguas da região dominada, substituem-nas ou desaparecem.

As populações africanas miscigenaram-se em grande escala em toda parte do continente; por razões climáticas, ecológicas e outras, os grupos humanos convergiram, por exemplo, nos vales dos rios e nas bacias lacustres. Em toda parte, os traços biológicos assim diferenciados e fixados eram transmitidos por hereditariedade. Em geral, com numerosas exceções, o africano da floresta é mais baixo e tem a pele mais clara do que o habitante das savanas e do Sahel (faixa de estepes secas ao sul do Saara, zona de transição entre o deserto e a floresta), que é mais esguio e de pele mais escura. A força do meio é tão grande que se podem observar semelhanças entre grupos separados vivendo num mesmo tipo de meio. É o caso dos uólofes, no Senegal, e dos dincas, no Alto Nilo: mesma cor de pele e mesma altura (Olderogge, 2010: 303). A semelhança física, no entanto, não encontra equivalente nas línguas que falam, visto que o dinca e o uólofe pertencem a grupos linguísticos diferentes.

Apesar das restrições apontadas, as tentativas de classificação das línguas africanas contribuem para revelar o parentesco entre os povos e suas relações mútuas nos diversos aspectos de suas culturas. A língua é um fenômeno histórico e um extraordinário veículo de informações de todo gênero, não só de ordem estritamente linguística, mas também de cunho extralinguístico, remetendo ao contexto histórico

50 Introdução à Linguística Africana

mais amplo. Dessa forma, a fragmentação linguística africana deve ser associada a causas históricas que impulsionaram as migrações. No entanto, do ponto de vista da linguística, a classificação das línguas deve fundamentar-se, por princípio, em critérios estritamente linguísticos, como veremos a seguir. Somente depois do estudo linguístico é que as classificações propostas podem ser associadas a elementos de ordem social ou histórica, que poderão confirmar ou não as análises linguísticas efetuadas, indicando, por exemplo, fatos devidos ao contato de populações migrantes.

A classificação das línguas africanas

As línguas podem ser classificadas segundo vários critérios. Elementos estruturais comuns, relação com uma mesma língua de origem e proximidade geográfica são os critérios mais comumente utilizados. Se o agrupamento de línguas for feito a partir de traços linguísticos compartilhados – como, por exemplo, a ordem de constituintes na frase, a obrigatoriedade da presença de um pronome sujeito acompanhando o verbo, morfologia verbal e/ou nominal, ou qualquer outro elemento estrutural selecionado – teremos uma *classificação tipológica*. Por esse critério, com base na obrigatoriedade da presença de um pronome sujeito junto ao verbo, por exemplo, podem estar agrupadas línguas muito distantes, como o inglês e o diúla. A semelhança tipológica não revela, portanto, parentesco entre as línguas. Se, por outro lado, buscar-se colocar num mesmo conjunto de línguas relacionadas em famílias ou grupos, pelo fato de se presumir que tenham derivado historicamente de um ancestral comum, estaremos diante de uma *classificação genética*. Seguindo essa classificação, o português, o espanhol, o francês e o italiano, por exemplo, foram reunidos no grupo neolatino das línguas indo-europeias. As línguas, ainda, podem ser agrupadas pela proximidade geográfica, que pode levar a um compartilhamento de traços linguísticos e não linguísticos, resultantes do contato entre os falantes. Essa situação representa o que se conhece como uma *área linguística*, e a *classificação areal (geográfica)* é aquela que leva em conta essa realidade.

Considerando a configuração geográfica africana, a África poderia ser definida como uma área linguística em relação ao resto do mundo? No passado, alguns estudiosos chegaram a defender essa tese (Greenberg, 1959, 1983; Meeussen, 1967; Gilman, 1986). Recentemente, Heine e Leyew (2008) argumentam, com base em um levantamento de uma lista de 11 propriedades (fonológicas, morfossintáticas e semânticas), que há evidências para definir a África como uma área linguística. Os autores afirmam poder predizer, com alto grau de probabilidade, que deve ser africana a língua que possuir cinco ou mais das propriedades listadas.

Embora sejam relevantes os dados apresentados pela proposta de agrupamentos areais, a relação genética é mais significativa para estabelecer generalizações sobre as línguas. É a classificação genética que permite desvelar o parentesco entre as línguas. A classificação genética se fundamenta em princípios específicos, mas também leva em conta critérios tipológicos e areais, pois as línguas aparentadas devem compartilhar traços estruturais e podem ser faladas em territórios vizinhos. A classificação genética é o único método que tem a propriedade de ser necessariamente *exclusivo* (só uma classificação é possível), *exaustivo* (todas as línguas têm um lugar, mesmo que fiquem isoladas em algum nível) e *não arbitrário* (baseada num desenvolvimento histórico comum) (Childs, 2003: 32). É da classificação genética que trataremos neste capítulo.

A terminologia para descrever os graus de relacionamento entre as línguas não é fixa, mas as designações tendem a ir do mais inclusivo ao mais restrito. Aqui, seguindo a proposta de Heine e Nurse (2000) serão utilizadas as etiquetas: tronco *(phylum)*, para o grupo mais amplo, seguida de família, subfamília, grupo, subgrupo e conjunto dialetal, para as subdivisões menores.

Greenberg (1963) foi o autor que melhor descreveu a metodologia para o estudo das línguas africanas. Os princípios que nortearam sua classificação, e que foram seguidos pelos linguistas que o sucederam, podem ser assim resumidos (cf. Newman, 2000: 260-262):

a) a classificação de línguas deve basear-se exclusivamente em evidências linguísticas e não deve considerar critérios raciais ou culturais;

b) a classificação de línguas deve basear-se em pontos específicos de seme-lhança e não na presença ou ausência de traços gerais de natureza tipológica;

c) o parentesco segue a regra da transitividade, isto é, se A é aparentado a B e B pode ser considerada parente de C, então A é necessariamente aparentada a C;

d) a classificação baseada no vocabulário ou na morfologia e gramática levarão normalmente ao mesmo resultado;

e) a tarefa da linguística comparativa é prover a melhor explicação possível, coerente com os fatos, não sendo necessário que o linguista "prove" que a classificação está absolutamente certa.

Ao retomar de forma resumida a história da Linguística Africana, foram abordadas várias tentativas de classificação das línguas africanas até a proposta de Greenberg (1963), a primeira a considerar todo o continente. Estudaremos, a seguir, a classificação atualmente aceita (Heine e Nurse, 2000), que reconhece quatro grandes troncos, ou *phyla*: nigero-congolês, nilo-saariano, coissã e afro-asiático, que coincidem, em grande parte, com as famílias identificadas por Greenberg (nigero-cordofaniana, nilo-saariana, coissã e afro-asiática), e diferem da proposta desse autor em alguns aspectos da divisão interna dos grupos. O mapa a seguir, adaptado de Heine e Nurse (2000), mostra a distribuição geográfica dos quatro troncos linguísticos.

Mapa 1 – Línguas da África: troncos linguísticos.

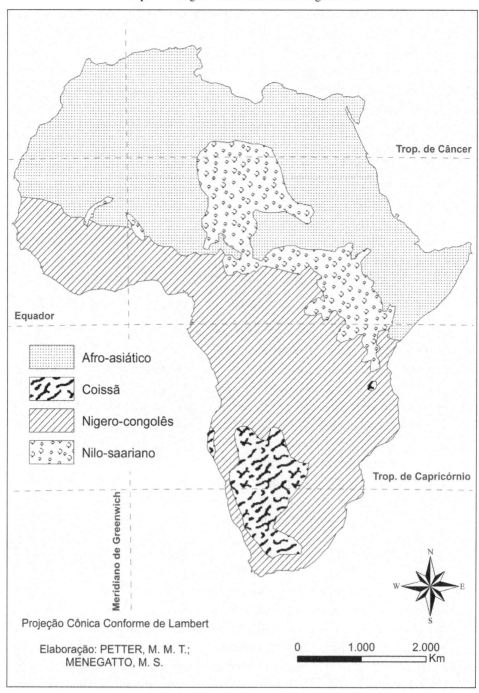

Fonte: Adaptado de Heine e Nurse, 2000: 2.

A classificação das línguas da África **53**

Tentando associar os povos africanos e suas línguas, Sellier (2003: 9) considera que, há dois mil anos atrás, este era o quadro da repartição das populações africanas:

> As populações de língua afro-asiática ocupam o norte e o noroeste do continente. Distinguem-se quatro grandes grupos: egípcio (de língua egípcia antiga), berbere (em toda África do Norte, do oeste do Egito ao Atlântico), cuchita (no maciço etíope do Chifre da África) e chádico (a oeste do lado Chade).
>
> O limite meridional do Saara, do alto e médio vale do Nilo até os meandros do rio Níger, situam-se as populações de línguas nilo-saarianas. Sua distribuição parece resultar, de acordo com algumas hipóteses, de migrações antigas do leste ao oeste. A presença de populações de línguas afro-asiáticas na mesma região (a oeste do lago Chade) pede uma explicação. O Saara teve um período muito úmido a partir de 8.000 a.C., antes de se tornar um deserto, entre 2.500 e 2.000 a.C. Durante esse período, populações de línguas afro-asiáticas ocupavam o centro do Saara. A desertificação expulsou uma parte para o sul.
>
> Presume-se que as línguas nigero-congolesas tiveram por berço a região do alto Senegal e do alto Níger. As populações falantes dessas línguas teriam atingido a atual República dos Camarões durante o segundo milênio a.C.. A expansão prosseguiu gradativamente para o leste e sudeste, para tornar-se um fenômeno maior: a expansão dos bantos.
>
> Alguns bantos avançaram pela margem norte da floresta equatorial e atingiram a região dos Grandes Lagos, por volta do primeiro milênio a.C. ou até antes dessa época. A expansão na floresta parece ter seguido os cursos d'água: os bantos teriam descido os afluentes da margem direita do rio Congo, depois subido este rio e seus afluentes da margem esquerda antes de atingir as savanas ao sul da floresta. A partir dessa região e a partir da África oriental, a expansão prosseguiu para o sul: os bantos chegaram ao sul do Zambeze no século IV e ao Limpopo, no século seguinte.
>
> Os pigmeus eram os únicos habitantes da floresta equatorial antes da chegada dos bantos. A África oriental e austral era o domínio de populações bastante disseminadas de línguas coissãs. Durante a expansão, os bantos as absorveram, restringindo o domínio de falantes dessas línguas ao extremo sul e sudoeste do continente africano.

Os movimentos populacionais explicam a separação e a continuidade das línguas. Cumpre, agora, estudar cada tronco linguístico separadamente, expondo suas características e a história de sua identificação. A exposição que se fará a seguir baseia-se nos trabalhos de Heine e Nurse (2000: 11-122), Childs (2003: 19-53), Dimmendaal (2011), Creissels (2011: 13-19), Boyeldieu (2011: 185-189), Güldemann (2011: 225-228) e Vanhove (2011: 237-242).

As línguas nigero-congolesas

O tronco Nigero-congolês, o maior do mundo, conta com 1.524 línguas, de acordo com a estimativa de Lewis et al. (2014). Estende-se por grande parte da África ao sul

54 Introdução à Linguística Africana

do Saara, inclui quase toda a África ocidental, central, oriental e meridional. Possui por volta de 470.000.000 usuários, entre os quais estão os falantes de línguas majoritárias da África, como o uólofe, a língua mais falada no Senegal; o fula, falado na região central e ocidental do continente; todas as variedades de mandinga – bambara, a língua nacional do Mali, e diúla, língua de comerciantes, disseminada na África ocidental; acan, a língua mais falada em Gana; iorubá e ibo, línguas majoritárias da Nigéria; sango, a língua veicular da República Centro-Africana; as línguas do grupo banto, tais como lingala, quimbundo, suaíli, setsuana, quicongo, umbundo, zulu, entre outras (Williamson e Blench, 2000: 11). Apesar de não ter sido feita ainda uma reconstituição do tronco como um todo, os especialistas dedicados ao seu estudo acreditam que se trata de uma verdadeira unidade genética e não apenas uma reunião de coincidências de traços tipológicos.

Um sistema de classe nominal (primeira pista utilizada para argumentar em favor de uma relação genética), extensões verbais e um léxico básico caracterizam o nigero-congolês. O sistema de classes nominais marca o singular e o plural dos nomes por meio da alternância de afixos (frequentemente prefixos, às vezes sufixos; ocasionalmente, infixos), que podem exigir concordância de outros termos que estejam regidos pelo nome. Esse sistema é um elemento central na identificação das línguas do tronco nigero-congolês, embora se deva notar que outras línguas da África e fora desse continente, como na Austrália, apresentem sistemas de classificação nominal. Em algumas famílias ou ramos do nigero-congolês, o sistema foi reformulado ou perdido, sem deixar marcas; em outras, no entanto, ele foi conservado e é bastante produtivo, como nas línguas bantas.

A classificação nominal envolve muitas oposições semânticas: humanos, animais, líquidos, nomes abstratos etc. No entanto, esse sistema se gramaticalizou e apagou essas distinções semânticas originais, servindo, hoje, para distribuir os nomes em grupos de concordância, com base na presença de afixos que se organizam aos pares, um para o singular e outro para o plural. Nas línguas mais conservadoras, os afixos podem chegar a vinte, sendo a metade para o singular e a outra para o plural.[1]

As extensões verbais são sufixos que frequentemente se acrescentam aos verbos, alterando seu significado e sua valência, criando verbos causativos, recíprocos etc. Alguns desses sufixos puderam ser reconstruídos no nível do nigero-congolês, o que constitui uma evidência para provar a unidade genética do tronco.

Há uma grande semelhança de som e de sentido em certos morfemas gramaticais e no vocabulário básico, o que leva a crer que essas recorrências não sejam devidas a coincidências ou a empréstimos.

Para algumas famílias e grupos do nigero-congolês as reconstruções foram feitas, abrindo o caminho para a reconstrução em grande escala do Protonigero-congolês (Williamson e Blench, 2000: 14). A seguir, será retomada em grandes linhas a história da classificação do grupo e na sequência serão apresentadas as famílias, com um sumário sobre seus traços linguísticos.

A classificação das línguas da África 55

Mapa 2 – África: grupos linguísticos do tronco nigero-congolês

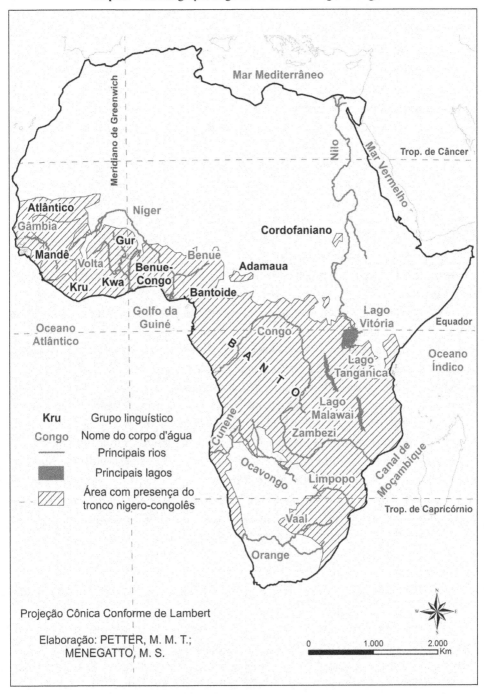

Fonte: Adaptado de Heine e Nurse, 2000: 12 e Dimmendaal, 2011: 321.

56 Introdução à Linguística Africana

O grupo banto é o maior e o mais conhecido conjunto linguístico do nigero-congolês. As línguas desse grupo ocupam uma extensa área. Segundo os critérios estritos de Guthrie (1948), elas se estendem do Atlântico ao Oceano Índico, ao sul de uma linha – *Bantu-Line* – que vai, *grosso modo*, do monte Camarões (4° N) até a embocadura do Tana (2° S) com alguns enclaves de línguas não bantas, na África oriental e meridional. As línguas do grupo são fortemente relacionadas, principalmente pela presença de um sistema bem preservado de classes nominais, que atraiu muitos estudiosos no século XIX. O parentesco entre essas línguas foi reconhecido muito cedo, e Meinhof realizou a reconstrução do protobanto. Koelle e Bleek notaram que muitas línguas da África ocidental também exibiam prefixos marcadores de classes nominais, o que levou Bleek, mais tarde, a incluir uma divisão oeste-africana na família denominada *Bantu*. O trabalho de Meinhof caminhou numa direção diferente: ele observou línguas sem classes nominais (eve, mas também incluindo muitas línguas nilo-saarianas) considerando-as um tipo que denominou sudanês (*Sudanic*). Considerou como semibantas as línguas com semelhanças lexicais e com sistema de classes nominais. Esses dados considerados nos primeiros trabalhos sobre o grupo nos levam a concluir que essas primeiras classificações eram mais tipológicas do que realmente genéticas.

Westermann, um discípulo de Meinhof, empreendeu a tarefa de reconstruir o grupo sudanês. Em suas obras (1911, 1927), propôs um grande número de reconstruções, frequentemente de sílabas de estrutura CV (consoante-vogal), que comparou com as reconstruções do protobanto de Meinhof, que apresentavam, geralmente, o padrão silábico CVCV. Talvez por respeito ao seu professor, ele não explicitou claramente a conclusão evidente, que *West Sudanic* e *Bantu* pertenciam ao mesmo tronco (Williamson e Blench, 2000: 14-15).

Greenberg, conhecedor dos trabalhos de Westermann, lançou um olhar novo para a classificação das línguas africanas numa série de artigos publicados entre 1950 e 1954, que mais tarde tomaram a forma de um livro (1963). Reuniu *West Sudanic* e *Bantu* num tronco que denominou *niger-congo*, a que associou, posteriormente, o cordofaniano, alterando o nome do conjunto para *niger-cordofanian*. Tratou o grupo *east sudanic* como um tronco diferente, redenominado nilo-saariano. Fez algumas modificações nos subgrupos de Westermann, como, por exemplo, redenominou os grupos *mandingo* e *benue-cross*, como mandê e benue-congo; integrou o grupo banto como um subgrupo do benue-congo.

Greenberg criticou o uso de critérios tipológicos e não linguísticos para a classificação genética das línguas africanas. Comparou correspondências de som e de sentido em classes particulares de afixos, mostrando, por exemplo, que um prefixo determinado ocorria em várias línguas diante de raízes com o mesmo significado. Utilizando-se do princípio de *mass comparison* ('comparação global, multilateral'), Greenberg confrontou 730 línguas africanas, observando semelhanças nos planos fonético e semântico de uma centena de palavras que indicariam noções fundamentais que toda língua deveria conter, sem precisar recorrer a empréstimos. O fato de comparar palavras do vocabulário básico – composto de noções simples e fundamentais, normalmente expresso numa só palavra na maioria das línguas, como partes do corpo e verbos como 'beber' e 'comer', por exemplo – reduz a interferência de similaridades acidentais ou empréstimos. Além disso, a comparação multilateral envolve um grande número de línguas e um amplo número de palavras, o que diminui o papel do acaso nas semelhanças encontradas. Por esse critério identificou quatro grandes famílias de línguas: congo-cordofaniana, nilo-saariana, afro-asiática e coissã.

O trabalho de Greenberg, de início bastante criticado, gradualmente foi sendo aceito pelos especialistas. No entanto, algumas modificações foram propostas. Mukarowsky (1976-1977) aceitou a inclusão do banto no Nigero-congolês, apoiado em extensa lista lexical, mas não usou evidências do cordofaniano, mandê, do grupo uólofe-serer-fula e Adamaua oriental. Compilou dados para ilustrar a relação de línguas remanescentes, que denominou *West Nigritic*. Seu trabalho é interessante, apesar da ausência de algumas famílias e da exclusão de raízes que não pudessem ser associadas a um cognato banto (Heine e Nurse, 2000:15).

A maior reclassificação do nigero-congolês foi proposta por Bennet e Sterk (1977). Baseados em critérios lexicoestatísticos,[2] demonstraram que o cordofaniano, por ter relativamente poucos cognatos, e o mandê, por ter perdido totalmente o sistema de classes nominais, deveriam ser tratados como as primeiras famílias a se separarem do restante do grupo. Propuseram outras subdivisões, sendo que a sugestão de redenominar o grupo como nigero-congolês (*niger-congo*) foi aceita como identificação de todo o tronco.

A proposta de combinar o nigero-congolês ao nilo-saariano foi apresentada primeiramente por Westermann (1911). Gregersen (1972), Creissels (1981) e Blench (1995) questionaram a divisão desses grupos, com base em semelhanças morfológicas e lexicais que justificariam um macro-tronco. No entanto, a reunião desses troncos ainda não foi totalmente aceita.

A configuração atual do tronco nigero-congolês, ainda com algumas interrogações, é apresentada abaixo:

Figura 1 – Subdivisões do nigero-congolês (Williamsom, 1989: 21)

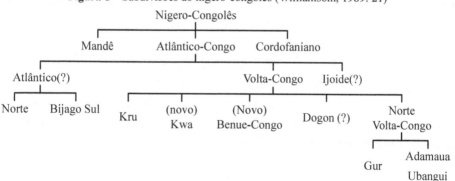

As famílias nigero-congolesas

Cordofaniana

Esta pequena família possui por volta de 20 línguas, que são faladas nas Montanhas Nuba, no Sudão, por mais de 250 mil pessoas.

Mandê

As línguas mandê, cerca de 40, estendem-se por quase toda a África ocidental. Seus falantes, por volta de 20 milhões, formam uma larga parcela da população da Costa do Marfim, do Mali, da Guiné, de Serra Leoa e da Libéria. Essas línguas também são encontradas no Burkina Fasso, no Senegal, na Gâmbia e na Guiné-Bissau. As línguas mais faladas são as variedades do mandinga: bambara, diúla e mandinca. *Mandén.[g]ka* foi a primeira denominação para esse conjunto de línguas, proposta por Koelle (1854), a partir do nome dado pelos seus falantes – *manden* = 'região do Mali, de onde a população seria originária' + *ka* = 'habitante'. Atualmente, mandinga é o nome do conjunto dialetal (bambara, diúla e mandinca) e mandê identifica a família. A maior parte das modernas classificações internas do mandê foi feita baseada na lexicoestatística, mas sua afiliação ao tronco nigero-congolês tem sido contestada, principalmente pelo fato de as línguas do grupo mandê não apresentarem vestígios de um sistema de classificação nominal.

Atlântica

As línguas atlânticas (por volta de 45) são faladas ao longo do Atlântico, na costa ocidental da África, desde a embocadura do rio Senegal até a Libéria, por mais de 30 milhões de falantes. As línguas mais faladas são: fula, que se espalha até a parte centro-oeste da África; uólofe, que é falado no Senegal e na Gâmbia; diola, que é um conjunto de falares da província de Casamansa, no Senegal; sérer, falado no Senegal e têmene, em Serra Leoa.

Ijoide

É uma pequena família, falada somente no delta do Níger, na Nigéria, com duas línguas: defaca, uma língua minoritária em perigo de extinção, e ijo, com cerca de 2 milhões de falantes. Embora as línguas desse conjunto sejam bem próximas, elas são muito distintas de todas as outras famílias do nigero-congolês.

Dogon

Os falantes de dogon, cerca de 600 mil, vivem no Mali e no Burkina Fasso. Embora possa referir-se frequentemente a uma só língua, Calame-Griaule (1978) demonstrou sua considerável diversidade, com o trabalho em que identificou cinco grupos de dialetos, além de alguns pequenos falares não incluídos em nenhum conjunto.

Kru

As línguas kru, por volta de 25, possuem quase três milhões de falantes, no sudoeste da Costa do Marfim e em grande parte da Libéria. O nome kru, segundo Westermann (1927:52, apud Williamson e Blench, 2000: 24), deveu-se a uma confusão que os europeus fizeram com o nome 'klao' e o termo inglês 'krew' e os 'Kroomen' que antes do século XX trabalhavam como marinheiros nos navios europeus.

Gur (voltaica)

É uma grande família, com cerca de 85 línguas, falada na faixa da savana, estendendo-se do sul do Mali, norte da Costa do Marfim, Gana, Togo, Benim, na maior parte do Burkina Fasso, chegando até a Nigéria. O nome gur foi proposto a partir de nomes de línguas como gurma e gurunsi. O nome voltaico baseia-se no rio Volta e é geralmente usado por pesquisadores franceses (*voltaïque*). Possui cerca de 20 milhões de falantes.

Adamaua-ubangui

As línguas dessa família distribuem-se em vários países: noroeste da Nigéria, norte da República dos Camarões, sul do Chade, República Centro-Africana, norte do Gabão, Congo, República Democrática do Congo e sudoeste do Sudão. Reunindo estimativas de falantes das várias línguas da família pode-se considerar que atinjam oito milhões. As línguas adamaua são pouco conhecidas e são faladas por populações pouco numerosas. Há cerca de 40 línguas ubanguianas (sango, banda, gbaia etc.).

Kwa (cua)

As línguas conhecidas pelo nome desse grupo, por volta de 45, são faladas ao longo da costa atlântica da África ocidental, desde o sudeste da Costa do Marfim até o extremo sudoeste da Nigéria. Possuem cerca de 20 milhões de falantes. O nome kwa foi proposto por Krause (1885) e, segundo Westermann (1952), deriva da palavra *kwa*, 'gente', em muitas dessas línguas.

Benue-congo

As línguas dessa família – por volta de 900, com mais de 500 milhões de falantes – ocupam uma área bastante extensa: aproximadamente dois terços do sul da Nigéria e da República dos Camarões, a parte sul da República Centro-Africana e do Congo, grande parte da República Democrática do Congo, Tanzânia, Uganda, Quênia, Ilhas Comores, Moçambique, Angola, Ruanda, Burundi, Namíbia, Zâmbia, Maláui, Zimbábue, Botsuana, Suazilândia, África do Sul, Lesoto, Guiné Equatorial e Gabão, assim como uma pequena parte da Somália.

Há duas grandes subdivisões nesse grupo:

- Benue-congo oriental – corresponde ao antigo kwa oriental de Greenberg. É falado em sua maior parte no sul da Nigéria, estende-se ao norte, leste e oeste, chegando ao Benim (Heine e Nurse, 2000: 31). Compreende vários grupos, dentre os quais o defoide, que reúne os falares iorubás, designados no Brasil pelo termo nagô-queto;
- Benue-congo ocidental – corresponde ao benue-congo de Greenberg, grupo a que pertencem as línguas bantas que, por sua vez, constituem uma subdivisão do grupo bantoide. As línguas do grupo banto estrito (narrow bantu) foram objeto de uma classificação geográfica por parte de Guthrie (1948, 1971), que as identificou por meio de uma letra e um número: assim, A é uma zona, A70 é um grupo, A71 é uma língua que constitui um grupo dialetal (Heine e Nurse, 2000: 34). Essa designação tornou-se referência para todas as línguas bantas. Recentemente, Maho (2003: 639-651) completou a lista de Guthrie acrescentando duzentas novas línguas, usando o mesmo código de seu criador. Assim, por exemplo: G40 - grupo suaíli; G42d - unguja. O grupo a que pertence o quimbundo, por exemplo, tem a seguinte classificação (Maho, 2003: 647):
  H20 Grupo Quimbundo
  H21 Grupo mbundo, quimbundo
  H21a mbundo, ngola
  H21b mbamba, njinga
  H22 sama
  H23 bolo, haca
  H24 songo

O mapa a seguir indica as subdivisões do grupo banto propostas por Guthrie, com as alterações incluídas por Maho (2003).

Mapa 3 – Classificação das línguas bantas

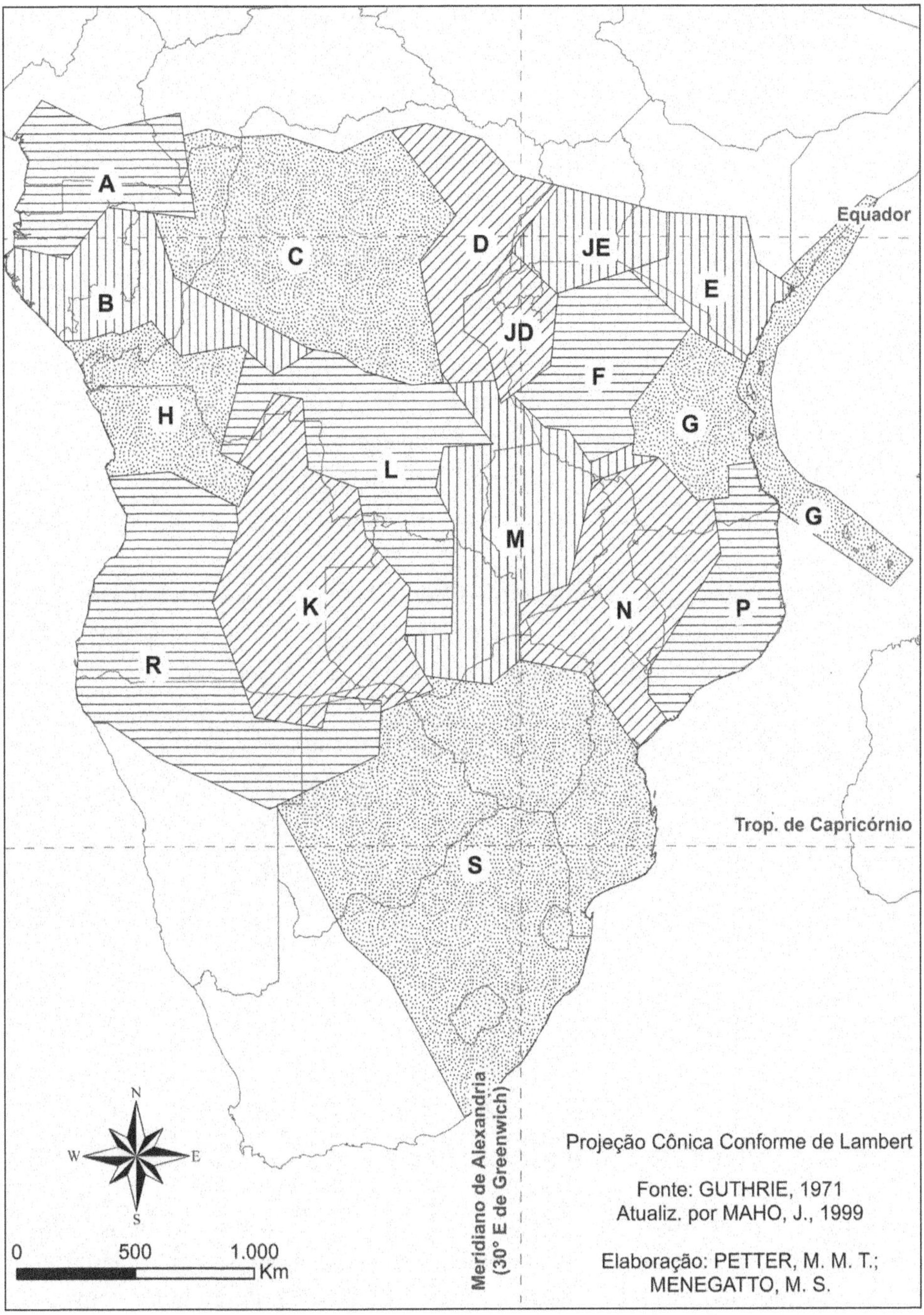

Fonte: Subdivisão do grupo Banto, Guthrie, com alterações de Jouni Maho. Disponível em: http://www.africanlanguages.org/bantu.html. Acesso em 13/05/2013.

62 Introdução à Linguística Africana

As línguas bantas constituem a maior parte da família benue-congolesa. Entre as línguas não bantas mais importantes da família benue-congolesa podem-se citar o iorubá e o igbo, que deixaram de pertencer às línguas do grupo kwa oriental na proposta de Greenberg.

Línguas não classificadas

Há algumas línguas, no domínio nigero-congolês, cuja afiliação ainda está para ser determinada; algumas aparentemente pertencem a esse tronco, outras têm uma classificação incerta:

- Bɛrɛ = Pre. As línguas pre, faladas no norte da Costa do Marfim, identificadas por Creissels (s.d.), apesar de apresentarem empréstimos do Mandê, parecem estar mais próximas das línguas kru.
- Mpre – é uma língua falada em Gana, não aparentada ao pre, que apresenta numerais parecidos aos das línguas *guangue*, e um vocabulário difícil de reconhecer.
- Laal – falada na região centro-sul do Chade, foi descrita por Boyeldieu (1977) e possui elementos substanciais das línguas chádicas e adamaua, mas apresenta um vocabulário básico de proveniência desconhecida.

Traços linguísticos comuns ao nigero-congolês

A classificação das línguas nigero-congolesas levou em consideração a existência de (i) traços linguísticos comuns nos níveis fonológico, morfológico, sintático e (ii) um vocabulário comum. Destacaremos alguns desses traços, que serão estudados em maior profundidade nesta obra nos capítulos dedicados à fonologia, morfologia e sintaxe.

Fonética/Fonologia

Vogais: Como a maior parte das línguas do mundo, as línguas nigero-congolesas possuem cinco vogais [*i, e, a, o, u*] ou sete vogais [i, e, ɛ, a, ɔ, o, u]. Não são raros sistemas com maior número de vogais, em função, muitas vezes, de harmonia vocálica controlada pelo avanço ou recuo da raiz da língua [ATR] (Advanced Tongue Root). Num sistema em que há um uso amplo desse traço, é comum encontrar línguas com dez vogais, em que as vogais pronunciadas com avanço da língua, ou seja, [+ATR] são: [i, e, a, o, u]; e as pronunciadas com recuo da língua, ou seja, [-ATR] são: [ɪ, ɛ, a, ɔ, ʊ]. Alguns sistemas possuem apenas vogais orais, outros, vogais orais e nasais.

Tons: Excetuando-se algumas línguas bantas (suaíli, entre outras) e atlânticas (uólofe, entre outras), as línguas nigero-congolesas são tonais, isto é, todas as sílabas das palavras são portadoras de uma altura melódica, que pode distinguir significado, como no par de palavras do diúla (nigero-congolês, mandê) *kàn* [tom baixo] *'sobre'/ kán* [tom alto] *'pescoço'*, ou indicar um valor gramatical, como em maconde (nigero-congolês, banto, P23), em que o tom alto na primeira sílaba da forma verbal *ápàlì*, indica negação, *'ele não está'*, em oposição a àpàlì *'[ele]está'* (Ngunga, 2004: 92).

Estrutura silábica: Muitas línguas apresentam restrições às sílabas fechadas (CVC), e são poucas as consoantes que podem assumir a posição de coda (final da sílaba). Na posição de ataque (início da sílaba), muitas línguas só admitem, além de uma só consoante, ataques complexos de tipo NC [nasal, consoante] (*mb, nd* etc). É frequente nesse tronco linguístico a presença de nasais silábicas, segmentos consonantais nasais com estatuto de sílaba (Creissels, 2011: 16).

Consoantes: as consoantes típicas do nigero-congolês possuem cinco pontos de articulação: bilabial, dental/alveolar, palatal (incluindo pós-alveolar), velar e labiovelar (*kp, gb*). As labiovelares são raras em cordofaniano e em banto, mas ausentes em dogon e atlântico. O cordofaniano possui a articulação lâmino-dental contrastando com a ápico-alveolar/retroflexa. São frequentes as oclusivas e fricativas vozeadas e não vozeadas; usualmente há implosivas vozeadas, exceto em cordofaniano, dogon e parte do benue-congo, e ocasionalmente algumas não vozeadas. Frequentemente ocorre a labialização como uma articulação secundária, menos comum é a palatalização e muito raramente a velarização; /m/ às vezes /n, ŋ, ŋm, ɲ/; frequentemente há oclusivas vozeadas pré-nasalizadas; ocasionalmente, também, pode haver não vozeadas. São frequentes sistemas com as fricativas /f, s/ e mais raros sistemas com /v, z/, às vezes /h/ ou outras fricativas. É comum a presença de /l, r, j, w/. Uma particularidade deste tronco é a presença de línguas com consoantes foneticamente nasalizadas por formarem sílaba com vogais nasais.

Morfologia

Entre as línguas nigero-congolesas é comum a morfologia nominal com predominância de prefixos. A flexão prefixal se manifesta, sobretudo, pelos morfemas de classes nominais, em que os adjetivos, demonstrativos, ou qualquer outro elemento modificador do nome (substantivo) apresenta afixos de concordância. O protonigero-congolês deve ter tido um sistema de classes nominais já gramaticalizado, porque todas as famílias mostram algum traço desse sistema. Embora o mandê seja citado

64 Introdução à Linguística Africana

como uma exceção, a mutação da consoante inicial nos nomes, comparada com os outros ramos, sugere um condicionamento por prefixos mais antigos.

Na morfologia verbal, as línguas nigero-congolesas tendem a apresentar um sistema de flexão bastante diferenciado, excetuando-se as línguas da família mandê, em que as distinções de tempo, aspecto e modo tendem a manifestar-se por meio de morfemas independentes, que se colocam entre o sujeito e o objeto. Um fato a ser notado no tronco nigero-congolês é o papel do tom na morfologia verbal. Encontram-se, nessas línguas, morfemas que codificam operações sobre a valência verbal, os sufixos, ou *extensões verbais*. Nas línguas atlânticas, há morfemas que indicam, no verbo, estatuto discursivo, como a focalização do sujeito, do complemento ou do próprio verbo (Creissels, 2011: 17).

Sintaxe

Há nesse tronco uma tendência à ordem rígida da frase svox (sujeito, verbo, objeto e oblíquos [complementos adverbiais]). Poucas são as línguas nigero-congolesas que possuem a ordem sov.

Vocabulário básico

A reconstrução do "West Sudanic" de Westermann corresponde essencialmente ao protomandê-congo na terminologia atual. Embora essas fontes de dados excluam o cordofaniano, ijo, dogon e adamaua-ubangui, é possível encontrar cognatos nesses grupos para muitos dos itens reconstruídos. Os cognatos do cordofaniano representam evidência de que um item lexical específico pode trazer de volta a protolíngua do nigero-congolês.

Apesar da extensão e da importância do tronco nigero-congolês, ainda restam lacunas de dados que dificultam sua reconstrução em larga escala. No entanto, os fragmentos das evidências morfológicas e lexicais deveriam esclarecer a unidade genética do nigero-congolês, segundo Williamson e Blench (2000: 41).[3]

As línguas afro-asiáticas

Provavelmente o afro-asiático seja o tronco menos controverso dentre os quatro propostos por Greenberg. O conceito de afro-asiático é reconhecido há tempos e não há questionamentos sobre sua existência, muito embora não haja unanimidade quanto ao agrupamento de todas as línguas do grupo. A afinidade entre hebraico, árabe e aramaico há séculos foi reconhecida por hebreus e especialistas islâmicos. Postel publicou este fato na Europa ocidental muito cedo, em 1538 (Dimmendaal, 2011: 4). Uma característica específica do Afro-asiático é o fato de incluir línguas que são faladas exclusivamente fora da África. Outro traço também particular ao grupo é a antiguidade das línguas. Diakonoff (1988: 25, apud Hayward, 2000: 75) propõe que a protolíngua do afro-asiático é anterior a 8 mil a.C.

A divisão mais comum reconhece seis grandes ramos, normalmente chamados de famílias afro-asiáticas: chádico, berbere, egípcio, semítico, cuchita e omótico. Alguns autores defendem a exclusão de alguns ramos, outros propõem a inclusão de mais ramos. Em geral, todos concordam que o chádico, o berbere, o egípcio e o semítico são entidades distintas, mas ainda há muita discussão sobre o cuchita. Hayward (2000) admite a posição convencional das seis famílias independentes.

O mapa mostra as línguas afro-asiáticas e sua continuidade na Ásia. Não inclui o árabe na África, para demonstrar melhor a localização das seis famílias desse continente, mas registra o egípcio, língua extinta e corrente há 5 mil anos, ao lado de cinco famílias faladas na atualidade.

66 Introdução à Linguística Africana

Mapa 4 – África setentrional: grupos linguísticos do tronco afro-asiático

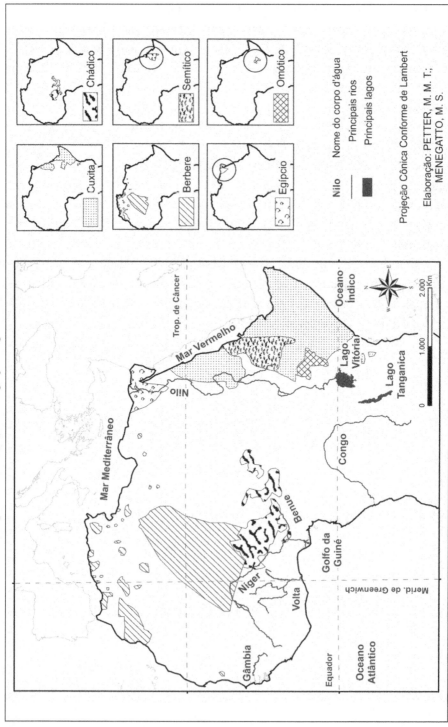

Fonte: Adaptado de Dimmendaal (2011: 209).

O tronco afro-asiático possui 366 variedades linguísticas vivas, de acordo com Lewis et al. (2014), sem contar as línguas extintas de que temos conhecimento. Distribui-se em seis famílias, conforme indicado abaixo:

Berbere

Não há profundas diferenças entre o berbere e outras famílias do afro-asiático. Os especialistas reconhecem quatro grupos de línguas e conjuntos dialetais, que representam mais uma distribuição dialetal do que uma divisão por critérios estritamente linguísticos. As comunidades berberes tendem a ser muito dispersas e isoladas umas das outras. Os quatro grupos são:

- variedades faladas no noroeste de Marrocos, do norte da Argélia e Tunísia até a Líbia. Incluem: tachelite, tamazigte, tarifite e cabile;
- variedades isoladas faladas no leste da Líbia e no Oásis Siwa, no Egito. Incluem: aujila e siua;
- variedades saara-sahelianas faladas por comunidades espalhadas por um largo território do deserto, tomando algumas partes da Argélia, Níger, Mali e Burkina Fasso. Incluem a língua dos tuaregues, conhecida como tamaaque no norte do domínio e tamaxeque, mais ao sul;
- uma variedade bem distinta falada pelos azenegues que moram no sudoeste da área dos berberes e em partes da Mauritânia.

Acrescenta-se, normalmente, a essas variedades vivas um ramo extinto do antigo líbio, uma língua (ou línguas) atestadas nas inscrições que datam do século II a.C., encontradas na Argélia, Tunísia e Marrocos.

Chádico

De acordo com Newman (1992: 253, apud Hayward, 2000), há aproximadamente 140 línguas chádicas. Espalham-se em três direções, a partir do lago Chade, local de onde se originou a família, e são faladas em partes da Nigéria, Chade, Camarões, República Centro-Africana e Níger. A língua mais conhecida e mais falada dessa família, não só como primeira, mas também como segunda língua, é o hauçá. Aqui se apresenta a subdivisão feita por Newman em 1992.

- Línguas chádicas ocidentais: todas faladas na Nigéria, com dois subgrupos. O primeiro contém as línguas: hauçá, bole, angas e ron. O segundo: bade, ngizim, uarjei e bogom;

68 Introdução à Linguística Africana

- Línguas biu-mandara, faladas numa área que ultrapassa o norte da República dos Camarões, o nordeste da Nigéria e do Chade. Apresenta três subgrupos: o primeiro compreende as línguas: tera, bura, câmue, lamangue, mafa, sucur, daba e bachama-bata. O segundo envolve as línguas: buduma e musgu. A terceira subdivisão é representada por uma só língua, o gidar;
- Línguas chádicas orientais: faladas no sul do Chade e regiões vizinhas da República dos Camarões e da República Centro-Africana. Compreende dois subgrupos, cada um com três subdivisões. O subgrupo A contém um conjunto de variedades chamadas tumaque, e as línguas nancere e quera. O subgrupo B inclui dangaleate, moculo e socoro;
- Masa é um ramo independente e possui nove variedades faladas no sudoeste do Chade e no norte da República dos Camarões. Inclui massana, mussei e zumaia, uma língua em extinção.

Egípcio

Essa língua apresenta uma situação excepcional em relação às precedentes, principalmente por contar com quatro milênios e meio de registros escritos, o que permite reconstruir sua história até sua morte, no século XIV. É por essa continuidade no tempo que se pode falar de uma "única" língua que, como qualquer outra, está submetida à mudança linguística. Convém esclarecer que, quando se trata essa língua como variedades distintas, leva-se em conta a variação no tempo. Além disso, designações encontradas na literatura, como egípcio antigo (3100-2000 a.C.), egípcio médio (2000-1300 a.C.), egípcio tardio, hierático, demótico, copta etc., remetem a materiais literários e gráficos, preferencialmente, sem considerar os traços linguísticos que, no entanto, existem.

Semítico

O ramo semítico é o mais estudado e mais bem compreendido dentro das línguas afro-asiáticas, apesar de incluir algumas línguas pouco conhecidas. Compreende línguas vivas e línguas desaparecidas (conhecidas), perfazendo um total de cinquenta variedades distintas. Em razão de sua origem, mais de uma dezena delas poderiam ser classificadas como "árabe", mesmo não havendo intercompreensão entre elas.

A maioria dos especialistas concorda com a tríplice divisão nas subfamílias: Nordeste, Noroeste e Sul. Há discordância quanto à inclusão do árabe na subfamília Noroeste ou Sul. Segue-se, aqui (cf. Hayward, 2000), a proposta de Hetzron (1972), que defende a primeira hipótese:

- **Nordeste:** constituída pelo acadiano, a língua extinta das antigas civilizações assírias e babilônias. O acadiano foi usado de modo contínuo durante dois milênios e meio, até a época de Cristo.
- **Noroeste:** compreendendo um ramo central e outro centro-sul. O primeiro inclui o aramaico, antigo e moderno. Algumas variedades do aramaico foram faladas desde o décimo século a.C.; o aramaico foi a língua dominante do Oriente Próximo durante os seis primeiros séculos da era cristã. Na época moderna subsistiram descendentes desses primeiros falares aramaicos, enquanto algumas comunidades de falantes se dispersaram de forma extrema no mundo. O neoaramaico ocidental de Ma'lula, de Turoyo, e uma língua denominada assírio pelos seus falantes, representam três desses descendentes. O ramo centro-sul comporta uma seção cananeia (de Canaã) que representa um grupo importante de línguas do Oriente Próximo desaparecidas, como o fenício e o hebraico (bíblico). O fenício, originalmente falado na região do Líbano, propagou-se mais tarde, graças aos colonos que o falavam, até tornar-se a língua de Cartago, conhecida sob o nome de púnica. A língua hebraica moderna de Israel, regenerada e inteiramente renovada, está certamente incluída nesse grupo.

O outro ramo do semítico central do sul é constituído pelo árabe. A língua clássica do Alcorão, que não é mais falada, é atestada desde o século IV d.C., mesmo se suas origens remontam ao século V a.C. Existem, hoje, numerosas variedades regionais de árabe, faladas no Oriente Médio e na África do Norte. Na África, devem-se distinguir as seguintes variedades: o egípcio; o hassânia, falado na Mauritânia e partes do Mali, Senegal e Níger; o marroquino; o chua, falado nas regiões do Chade, República dos Camarões, Nigéria e Níger; o sudanês, falado principalmente no norte do Sudão, mas com falantes no Egito e na Eritreia; o falar argelino, utilizado também na Tunísia, e o sulaimitiano, falado nas regiões da Líbia e do Egito. O árabe moderno, padrão ou literário, distingue-se de todas essas formas regionais. A língua da educação, da administração e da comunicação mais ampla baseia-se no árabe clássico. Ela é aprendida como segunda língua por muitos que têm uma dessas variedades como primeira língua. Foi essa forma particular de bilinguismo árabe que inspirou a primeira descrição de diglossia (Ferguson 1959). O maltês, falado na ilha de Malta e em outras regiões, é, em sua base, uma forma de árabe norte-africano fortemente influenciada pelo italiano.

- **Sul-semítico:** compreende o sul-arábico e o étio-semítico. O primeiro inclui variedades desaparecidas, como o hadrame, o mineano, o catabaniano e o sabeano, conhecidas somente por inscrições do sudoeste da Arábia, do século

VIII a.C., e o sul-arábico moderno: o socotre, o mere, o jibale e o harsusse, se bem que nem todos os especialistas aceitem esse agrupamento.

O étio-semítico é constituído do ramo do etíope do norte, que inclui uma língua exclusivamente literária e litúrgica, o giís, o tigré e o tigrínia, e o ramo do etíope do sul, com divisões transversais e periféricas. O amárico, língua nacional e oficial da Etiópia, pertence ao ramo etíope do norte, da mesma forma que o harare, falado na cidade de Harar. O grupo periférico é formado pelo gafate, hoje desaparecido, variedades de gurage setentrional, como o sodo, assim como um grupo central do oeste, com os falantes de chaá, mescã etc. Uma variedade de gurage, que inclui o silte, é justamente classificada no grupo transversal. São dados importantes, já que o gurage tem sido frequentemente apresentado como uma única língua (Hayward, 2000: 79-80).

Cuchita

Se considerarmos como cuchita uma única família deveremos colocar juntos seis grupos de línguas que incluem variedades muito distintas em que uma apresenta um número de subgrupos internos consideravelmente diferentes. Deve-se incluir, ainda, a língua iaco, praticamente desaparecida, falada por idosos, pertencentes ao grupo de caçadores-coletores do Quênia. Os seis grupos são, em geral, classificados segundo critérios geográficos:

- **Cuchita setentrional:** contém uma só língua, o bedaue ou beja, falada numa área que se estende pelo Sudão, Egito e Eritreia.
- **Cuchita central:** refere-se às línguas agau, grupo bem definido de variedades faladas ao nordeste da Etiópia e da Eritreia. Compreende variedades vivas, como o bilim, o quemante e o cuara, o xantanga, o aungue e algumas variedades desaparecidas.
- **Cuchita oriental:** conjunto bastante homogêneo, excetuando-se, talvez, o burje. Seus falantes vivem na região montanhosa fértil da Etiópia meridional. Compreende as variedades: burje, sidamo, cambata, hadia.
- **Cuchita oriental das terras baixas:** engloba três subgrupos: o setentrional, o oromoide e o omo-tana. Este último se subdivide em oriental e ocidental. O primeiro compreende o rendile do Quênia setentrional e o boni, bem como numerosas variedades de somali, faladas na Somália, no Djibuti, no leste da Etiópia e nordeste do Quênia. A subdivisão ocidental é constituída pelo dassanaque, o arbore e a língua elmolo, provavelmente desaparecida.

- **Dulai:** designa um continuum linguístico, na proximidade de Wäyt'o, a oeste de Konsoid. Possui uma variedade distinta, o samai, e um grupo mais próximo, denominado gauda.
- **Línguas cuchitas meridionais da Tanzânia, representadas pelo grupo iraco:** iraco, goroua, o burungue e pelo mbugu ou maá – frequentemente citado como um exemplo autêntico de língua mista (Thomason e Kaufman, 1988) – o assaque, desaparecido, e o quadza, provavelmente desaparecido. Daalo é uma língua não tanzaniana, falada perto da embocadura do rio Tana, no Quênia.

Omótico

Reconhecem-se dois grupos principais de línguas: omótico do norte e do sul. O omótico do sul compreende o aari, o hamer-bana e as variedades caro e dime. O omótico do norte tem duas divisões principais: o dizoide e o gonga-guimojano.

O conceito de afro-asiático

A história da evolução da hipótese afro-asiática (denominada de forma variada) é relativamente longa. Começou pelo reconhecimento precoce dos laços que unem as línguas semíticas; desenvolveu-se progressivamente por mais de um século, concedendo o estatuto de "parentes pobres" do semítico a diversas línguas ou grupos de línguas africanas. Como os critérios de integração eram geralmente determinados em referência aos traços comuns do semítico, a concepção da natureza do ancestral linguístico original era inevitavelmente enviesada. Além disso, o processo foi, por muito tempo, ofuscado por preconceitos raciais e racistas, e por algumas concepções linguísticas errôneas da época. O rápido esboço apresentado a seguir busca identificar alguns acontecimentos e mudanças nas ideias que forjaram a hipótese do "afro-asiático" (Hayward, 2000: 83-86).

A denominação "semítico", derivada do nome do filho mais velho de Noé, Sem (Gênese 7, 10), foi cunhada por Von Schlözer, em 1781, para designar as línguas como o aramaico, o hebraico e o árabe. Convém lembrar que os sábios judeus já tinham consciência dessa afinidade há mais de um milênio, da mesma forma que os sábios europeus, que não só haviam reconhecido a relação bem antes de 1781 (como Postel, em 1538), como também a tinham estendido a línguas etíopes como o amárico e o gueze.

A decifração dos hieróglifos por Champollion, nos anos 1829, mostrou muitas semelhanças entre o egípcio e as línguas semíticas antigas. Atribui-se a Renan (1855) a paternidade do termo "camítico" (derivado do nome do segundo filho de

Noé, Cam). Este autor considerava as línguas como o gala (oromo) ou afar-saho como sendo "sub-semítica".

Desde 1877, Müller, na sua dicotomia "camito-semítica", havia acrescentado o berbere e as línguas cuchitas então conhecidas. Não incluiu o hauçá, mas admitia semelhanças com o camítico. Lepsius (1880) estava convencido da existência de uma filiação particular entre o hauçá e o berbere, por isso incorporou o grupo berbere-hauçá à família camítica.

Todas essas primeiras classificações incorporavam, além de comparações propriamente linguísticas, traços da antropologia física e critérios da tipologia linguística para formular seus julgamentos. Essa tendência metodológica persistiu. Cust (1883) acrescentou um critério geográfico, de modo que as línguas deveriam estar localizadas no norte, o que lhe permitiu excluir as línguas coissãs, introduzidas por Lepsius, e incluir algumas línguas nilo-saarianas.

Em 1912, Meinhof escreveu *Die Sprachen der Hamiten*, onde empregava uma classificação baseada numa mistura de critérios genéticos, tipológicos e antropológicos. Na ausência de traços tipológicos, como gênero, apofonia e alguns traços fonéticos e morfológicos particulares, o critério racial prevalecia. Como consequência, o camítico acabou por englobar representantes de todos os troncos da África.

Esse debate se sustentava pela suposição implícita de que a dicotomia do camito-semítico representava duas entidades comparáveis. O contrário teria sido muito evidente aos estudiosos do semítico que examinassem o camítico. Uma vez abandonada a medida do semítico e a hipótese de uma dicotomia, apareceu a verdadeira natureza do problema: era preciso explicar o fato de que várias famílias linguísticas distintas (o semítico era apenas uma delas) compartilhavam traços linguísticos comuns e reconhecidos. Nessa linha de pensamento, Delafosse (1914) apresentou sua classificação interna do afro-asiático sob a forma de várias linhagens de descendentes coordenados. M. Cohen (1924) colaborou decisivamente para essa reestruturação. Infelizmente, o "camito-semítico" de M. Cohen, bem como o conservadorismo de sua nomenclatura, que caracterizou muitos autores que o sucederam, fez muito para salvaguardar um nome potencialmente enganador.

Greenberg (1950) fez avançar o estudo introduzindo um tronco afro-asiático com cinco ramos. A aplicação geral de sua comparação lexical (*mass comparison)* revelou a verdadeira filiação de línguas, como o massai e o fula, e deixou clara a divisão do tronco em famílias. O fato mais importante foi o de mostrar sem ambiguidade a inclusão do chádico no afro-asiático.

Seguiram-se muitos trabalhos, a maior parte deles tratando de uma reavaliação do cuchita, apoiados em gramáticas descritivas e materiais lexicais. No entanto, os problemas de classificação não estão terminados, e ainda resta muito a fazer.

Localização da origem

Além das incursões semíticas na África, a distribuição atual das seis famílias afro-asiáticas não mudou de modo significativo durante o período histórico conhecido. Toda discussão sobre o centro de origem desse tronco acarreta especulações sobre acontecimentos pré-históricos. Dois candidatos inegáveis são a África e o sudoeste asiático.

Considerando-se que cinco famílias de línguas, hoje muito distintas umas das outras, se encontram exclusivamente na África, é mais fácil imaginar que o epicentro original se situaria nesse continente. Num primeiro trabalho, Diakonoff (1988) havia localizado o centro no que é hoje o sudeste do Saara. Pensava-se, na época, que a migração para o nordeste que conduziu para a Ásia falantes ancestrais do semítico teria ocorrido há 9 mil anos. Recentemente, Diakonoff reviu sua hipótese, colocando os protossemitas muito cedo entre a Palestina e o delta do Nilo, onde eles teriam entrado em contato com os berbero-líbios e os falantes do protobedaue/beja (1998, apud Hayward, 2000).

Traços linguísticos

Foi Greenberg quem estabeleceu o afro-asiático canônico, baseado na comparação global, não no método comparativo. Mesmo que tenha evitado fundamentar-se em traços tipológicos e tenha chegado a conclusões exatas (na opinião de Hayward, 2000), um método que não pode prever com base em princípios rigorosos (como o da correspondência fonética, do método comparativo) vale como um procedimento heurístico. Cabe ao linguista comparatista e ao especialista da história das línguas examinar os detalhes.

Há consenso quanto ao fato de que uma morfologia comum é a prova mais segura de um parentesco genético. Os pronomes pessoais, também, fornecem uma das provas mais sólidas da hipótese genética. Excetuando-se o omótico e o chádico, parece ter havido uma série de pronomes "independentes" que tinham um papel comparável ao dos pronomes tópicos e que acabaram por assumir a função de sujeito, munidos de marcas casuais (cf. Hayward, 2000: 87-90).

A conjugação verbal prefixal, difundida graças ao imperfectivo (ação em curso ou inacabada) da maioria das línguas semíticas modernas, caracteriza-se por esquemas de concordância com o sujeito prefixado. Esse tipo é ilustrado pelo paradigma (simplificado) do imperfectivo do verbo árabe que significa "escrever" (M = masculino; F = feminino): 1SG: *ʔ-aktub-u* 'eu estou escrevendo'; 2M.SG: *t-aktub-u* 'você está escrevendo', 3M.SG: *y-aktub-u* 'ele está escrevendo', 3F.SG:

t-aktub-u 'ela está escrevendo', 1PL.: *n-aktub-u* 'nós estamos escrevendo', etc (Hayward, 2000: 90).

A conjugação prefixal não é atestada em egípcio e a interpretação dada para essa lacuna, seja como perda, seja como inovação, incide no modo de tratar as relações internas do tronco afro-asiático.

As formações múltiplas de plural caracterizam as línguas afro-asiáticas. Elas são tão difundidas que é possível reconhecê-las como pertencendo ao protoafro-asiático. Uma vez mais, foi Greenberg (1955) que demonstrou a existência provável de um esquema de plural utilizando a apofonia (alternância vocálica) em *a*, habitualmente na última sílaba do tema do nome. O procedimento pode ser acompanhado de reduplicação ou provoca dissimilações e assimilações nas outras vogais do tema. Observem-se os exemplos:

Proto-hebraico: **malk / *malak* 'rei, reis';
Acadiano: šam-u/ šamam-u 'céu/céus';
Kabyle: a-mqərqur/i-mqərqar 'sapo/ sapos' (Hayward, 2000: 92)

A marcação de gênero (marculino/feminino) é um traço característico do tronco afro-asiático que o distingue dos demais troncos linguísticos africanos. Newman (1980:17 e ss.) mostra uma notável constância do gênero nominal através de cinco famílias afro-asiáticas, mesmo quando os nomes em questão não são formas aparentadas. Um marcador de gênero feminino – (*a*)*t*, é comumente notado na literatura para o semítico, o egípcio, o berbere, o cuchita e o chádico. Para o sul-omótico e norte-omótico foi levantada uma forma *aari* (Hayward, 1989, 1998). Mesmo que atualmente Newman não considere o omótico uma língua pertencente ao tronco afro-asiático, por ter abandonado o gênero gramatical, as terceiras pessoas do verbo (ele/ela) mantêm indicação de gênero (Hayward, 2000: 98).

As línguas nilo-saarianas

Dentre os quatro troncos propostos por Greenberg (1963), este é o que provoca maiores controvérsias entre os especialistas.[4] Bender (1996-7: 20-37) faz uma revisão da lista de línguas nilo-saarianas, modificando a listagem de Greenberg, de oeste – para leste –, utilizando as letras A-L para os níveis mais altos das famílias. O mapa a seguir mostra a distribuição dessas línguas no continente africano.

A classificação das línguas da África 75

Mapa 5 – África setentrional: grupos linguísticos do tronco nilo-saariano

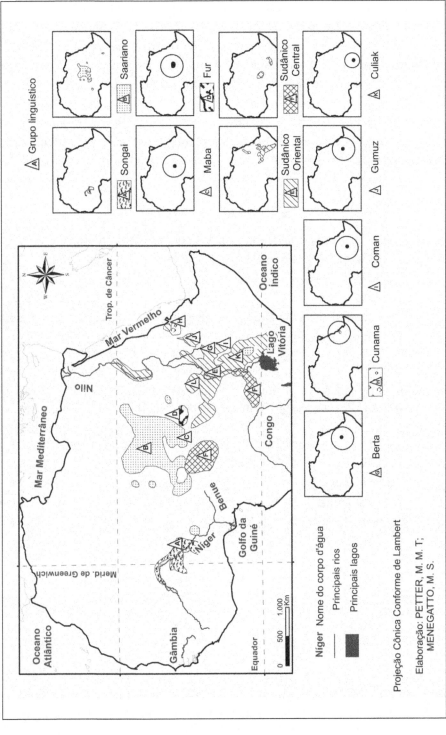

Fonte: Línguas nilo-saarianas, adaptado de M. Lionel Bender (2000: 44)

76 Introdução à Linguística Africana

As línguas nilo-saarianas são faladas em 15 países, com significativo número de falantes: Eritreia, Etiópia, Quênia, Tanzânia, República Democrática do Congo, Uganda, Sudão, Egito, Chade, República Centro-Africana, Nigéria, Níger, Benim, Burkina Fasso, Mali e algumas regiões da Argélia, Líbia e na República dos Camarões. A maior variedade de agrupamentos genéticos se encontra no Chade, Sudão e Etiópia. É uma questão complexa indicar quantas línguas há nesse grupo, porque tudo depende de como se separa língua de dialeto. Bender (2000: 51) reúne livremente os dialetos e chega a contar 198 línguas; Lewis et al. (2014) consideram 195 línguas nilo-saarianas.

História da classificação do nilo-saariano

Há duas fases na história da classificação do nilo-saariano, que está ligada à classificação geral das línguas da África: antes e depois da classificação para todas as línguas africanas proposta por Greenberg nos anos 1950 e concluída na obra publicada em 1963.

Nos artigos publicados em 1955, Greenberg identificou dezesseis unidades na classificação geral das línguas do continente africano (Bender, 2000: 52):

1- Nigero-congolês; 2- Songai; 3- Sudânico central; 4- Saariano central; 5- Sudânico Oriental; 6- Afro-asiático; 7- Clique; 8- Maban; 9- Mimi; 10- Fur; 11- Temainian; 12- Cordofaniano; 13- Comane 2; 14- Berta; 15- Cunama; 16- Nianguiano.

Excetuando-se os grupos 1, 6, 7 e 12, todos os demais são hoje considerados nilo-saarianos. No livro de 1963, Greenberg coordenou o cordofaniano ao nigero-congolês e fez uma leve alteração do sudânico, redenominando-o de chari-nilo, de acordo com uma sugestão de Welmers. Dessa forma, criava-se o tronco nilo-saariano, com a seguinte configuração:

A- Songai	F- Chari-nilo
B- Saariano	1- Sudânico oriental
C- Maban	2- Sudânico central
D- Fur	3- Berta
E- Comane	4- Cunama (Bender, 2000: 53)

O nilo-saariano é o tronco menos avançado no trabalho de classificação. Várias razões podem explicar essa situação. De acordo com Ruhlen (1987: 107-9, apud Bender, 2000: 53), seriam estas algumas das razões: o contato mais tardio com os europeus e a existência de poucos trabalhos descritivos. O fato de possuir um número menor de línguas, comparado ao nigero-congolês e ao afro-asiático, não simplifica a tarefa da classificação, porque, além da grande heterogeneidade interna, existem grupos pequenos e isolados.

Depois do trabalho de Greenberg, houve várias sugestões de refinamento da classificação das línguas africanas, entre elas algumas propostas radicais envolvendo as relações entre o nilo-saariano, o nigero-congolês e o afro-asiático, poucas referindo-se ao tronco coissã. A classificação de Bender (1989, 1991, 1996-1997) fundamenta-se num levantamento do léxico, da fonologia segmental e dos morfemas gramaticais das línguas bem documentadas do nilo-saariano. O autor enfatiza o estágio preliminar de seu trabalho (2000: 54), mas acredita estar na boa direção. A metodologia empregada é a da linguística histórico-comparativa, que se baseia no princípio de que a melhor evidência para agrupar as línguas é seu compartilhamento de *inovações*, isto é, itens que foram inovados num período comum de desenvolvimento, não itens *retidos* de um ancestral comum. A figura 2 a seguir apresenta a classificação genética de Bender para o tronco nilo-saariano.

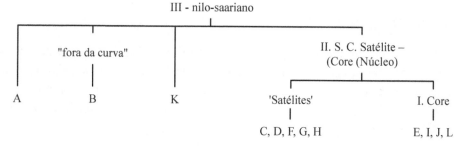

Figura 2 – Classificação do tronco nilo-saariano (adaptado de Bender, 2000: 55)

A, B e K (songai, saariano e culiaque, respectivamente) são ramos independentes do nilo-saariano; S-C (*Satellite-Core*, 'satélite-núcleo') são o quarto ramo. No S-C há seis ramos independentes, C, D, F, G, H Núcleo (maban, fur, sudânico central, berta, cunama e núcleo). O Núcleo é formado por quatro famílias: E, I, J, L (sudânico oriental, coman, gumuz e cado).

Talvez o songai seja o elemento mais controverso nessa classificação, devido à separação geográfica das demais línguas do tronco e da forte influência das línguas mandê, do tronco nigero-congolês, e do berbere, do tronco afro-asiático. Dentre as várias tentativas para demonstrar essas influências, destaca-se a tese de Robert Nicolaï (1990), segundo a qual o songai seria um pós-crioulo de base berbere. Outros estudiosos, sobretudo Creissels e Mukarovsky, defendem um antigo argumento de

78 Introdução à Linguística Africana

Delafosse, que classificaria o songai entre as línguas Mandê (Bender, 2000: 54-55). Dimmendaal (2011: 326), no entanto, considera o songai como um grupo isolado.

Há algumas línguas, ainda não suficientemente descritas, que poderiam ser classificadas dentro do tronco nilo-saariano, como o meroíta, língua já extinta do antigo Império de Méroe, da região de Cartum, no Sudão, que se encontra preservada em alguns documentos escritos. Para Bender (2000: 56), o meroíta deve ter influenciado as línguas da fronteira entre o Sudão e a Etiópia, mas não pode, ainda, ser associado geneticamente a nenhuma outra língua.

Vários autores já levantaram a hipótese de que o tronco nilo-saariano seja uma parte de um tronco maior. As semelhanças com o nigero-congolês foram frequentemente notadas. Gregersen (1972) foi o primeiro a apresentar sistematicamente essa hipótese. Mais recentemente, Blench (1995) sugeriu que o nigero-congolês pode ser um ramo do nilo-saariano, coordenado com o sudânico central, baseado em suas observações a respeito de sistemas de harmonia vocálica, consoantes labiovelares, algumas isoglossas lexicais e remanescentes de sistemas de classes nominais no nilo-saariano. Muitos autores concordam com o fato de que nigero-congolês e nilo-saariano constituam um só tronco, mas nem todos aceitam a associação do nigero-congolês ao ramo sudânico central.

Traços linguísticos

Mais do que traços tipológicos, como monossilabismo e sistema tonal, as línguas nilo-saarianas compartilham um número importante de morfemas lexicais e gramaticais, associados, pelo método comparativo, a um ancestral comum. Bender (2000: 43-73) apresenta em detalhes reconstruções da fonologia, morfologia e léxico do nilo-saariano.

As línguas do tronco coissã

O grupo de línguas denominadas de coissã (*khoisan*), outrora chamadas de línguas de bosquímanos e hotentotes, é o menor dos quatro troncos linguísticos da África. No passado, poderiam ter sido uma centena, mas hoje são 24 línguas (Lewis et al., 2014). São faladas na maior parte do Botsuana e da Namíbia. Também há alguns enclaves nos países vizinhos: sul de Angola e da Zâmbia, oeste do Zimbábue e norte da África do Sul. É provável que outrora a maior parte da África do Sul falasse línguas coissãs. Na Tanzânia, são faladas duas línguas isoladas, consideradas parte desse tronco.

A classificação das línguas da África 79

Mapa 6 – África austral: línguas do tronco coissã

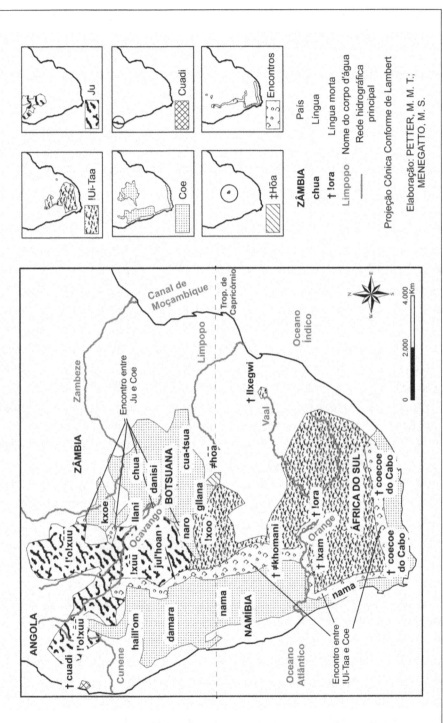

Fonte: Adaptado de línguas nilo-saarianas, adaptado de M. Lionel Bender (2000: 44).

80 Introdução à Linguística Africana

Segundo Güldemann et al (2000: 99-122), cujo estudo aqui resumimos, deve-se ao antropólogo físico Leonardt Schulze a "criação" do nome *khoisan*, composto das palavras hotentotes *khoi,* 'pessoa humana', e *san,* 'ceifadores', para indicar um conjunto de traços somáticos e raciais comuns aos hotentotes e bosquímanos. Schapera (1930) estendeu essa denominação à unidade cultural, racial e linguística representada por esses povos. Foi Greenberg quem divulgou essa designação, apesar de não agradar a todos os linguistas africanistas, por não apresentar uma justificativa linguística concreta e destoar das demais denominações dos troncos linguísticos, que privilegiam uma referência geográfica, não antropológica.

História da classificação das línguas coissãs

Greenberg formulou a hipótese da existência do macro-coissã a partir de comparações lexicais fundadas no critério de semelhança de forma e de sentido, resultando na seguinte classificação interna: primeiramente, uma linha de divisão separa o coissã da África austral (CAA) das duas línguas isoladas da África do leste, o hadza e o sandaue. O CAA divide-se em três ramos principais, um ramo norte, um centro e um sul. O coissã do norte constitui um conjunto dialetal com alto grau de intercompreensão. O ramo central possui por volta de vinte línguas e dialetos diferentes, enquanto o ramo do sul só tem um representante, o grupo dialetal *!xõõ.* As línguas desaparecidas da África austral deveriam ter pertencido a esse último ramo; haveria ainda uma língua cuja posição no CAA não é muito clara.

É muito problemática a demonstração de uma relação genética entre os ramos do coissã, embora ela possa ser evidente no interior dos três ramos do CAA. Quando se tenta ir além da comparação lexical, as semelhanças parecem ser apenas fonológicas: presença dos cliques, estrutura lexical com predominância CVCV, CVV e CVN e uma distribuição característica de consoantes, em que as oclusivas só aparecem como c_1. No nível segmental, entretanto, há grandes diferenças na morfologia e na estrutura sintática.

Apesar das críticas dos linguistas à hipótese do macro-coissã, deve-se reconhecer o mérito de Greenberg ter-se fundamentado apenas em critérios linguísticos, deixando de lado uma prática de quase dois séculos, baseada em fatores extralinguísticos, de ordem antropológica, sobretudo.

Atualmente, identificam-se duas posições principais: *grosso modo,* uma posição "sintetista" e outra "divisionista". Os adeptos da posição "sintetista" acreditam na existência de profundas relações no seio do tronco coissã; os "divisionistas" ficam numa posição mais conservadora. Há ainda um terceiro grupo de especialistas, do qual fazem parte os autores aqui resenhados, que decidiram utilizar o termo coissã para referir-se a todas as línguas com cliques não bantas e não cuchitas da África oriental e austral, sem atribuir explicitamente implicações genéticas. De acordo com os poucos especialistas desse tronco, coissã é mais um agrupamento areal do que um grupo genético (Dimmendaal, 2011: 330).

Segundo Güldemann e Vossen (2000: 102), orientados por considerações pragmáticas, podem-se reconhecer os seguintes agrupamentos:

(1) Não-Coe
    (1.1) ju (*Norte*)(!'O) !xũũ, ǁx'auǁ'e, juǁ'hoan   (GD)
    (1.2) !ui-Taa (*Sul*)
        (1.2.1) !Ui   ǂǀxam, †ǀ'auni, †ǂkhomani, ǂ ǁxegwi, etc.
        (1.2.2) taa   !xõõ (GD); ǂkakia
    (1.3) ǂ hõã ǂhõã (língua isolada)
(2) Coe (*Centro*)
    (2.1) coecoe
        (2.1.1) Norte   nama/damara, haiǁ'om, ǂ aakhoe   (GD)
        (2.1.2) Sul   †!ora; †dialetos coecoe do Cabo (GD)
    (2.2) coe do Calaari
        (2.2.1) Oeste   cuê, buga, ǁani (GD); naro (GD);
                           gǁana, guǀi, ǂ haba (GD)
        (2.2.2) Leste   chua, tsicha, danisi, ǀxaise, †deti;
                           cua-tsua (GD)
(3) Sandaue   sandaue (língua isolada)
(4) cuadi   † cuadi (indeterminado)
(5) *Hadza*   hadza (língua isolada)

Legenda:

GD grupo dialetal
† língua presumidamente desaparecida
ǂ clique palato-alveolar; ǁ clique lateral-alveolar; ! clique pós-alveolar; ǀ clique dental
Nomes em itálico = ramos principais de Greenberg

O termo "Não coe" inclui dois grupos de línguas CAA cuja relação genética não se pode provar até hoje, mas que têm em comum, no entanto, um número considerável de traços linguísticos, sendo que alguns deles são raros do ponto de vista tipológico. Trata-se do grupo de línguas !Ui-Taa, o conjunto dialetal Ju e a língua ǂ hõã, ainda não classificada do ponto de vista genético.

Estado da documentação

Há uma parca documentação linguística sobre as línguas coissãs. As variedades hadza e sandaue (consideradas isoladas por alguns especialistas) são as mais estudadas, com teses sobre a fonologia e alguns estudos sobre o léxico, gramática e texto. A maior parte dos estudos restringe-se a análises fonético-fonológicas recentes. Por outro lado, há raros estudos sobre a gramática e a análise do discurso. Pode-se afirmar que há três línguas descritas em documentos facilmente acessíveis: (i) coecoe padrão (também chamada *nama/damara*); (ii) coe; (iii) ju|'hoan. Para Güldemann e Vossen (2000: 104), tal situação é lamentável, tendo em vista que "as línguas desse tronco acrescentam facetas novas e fascinantes ao nosso conhecimento geral das línguas naturais".

Situação sociolinguística

Hoje, da mesma forma que no passado, ainda é difícil determinar o número de falantes do tronco coissã; as estimativas estão vencidas e os recenseamentos atuais não especificam língua nem etnia das populações. *Grosso modo*, pode-se afirmar que os falantes são por volta de 200 mil; incluindo nessa cifra os mais de 100 mil falantes do grupo coecoe, que representa a maior comunidade linguística coissã e a única que é oficialmente reconhecida. Em segundo lugar está o sandaue da Tanzânia, que conta com uma dezena de milhares de falantes. Para as outras comunidades linguísticas o número de falantes é bem inferior, distribuem-se em algumas centenas (ǂhõã, hadza, tsicha) ou vários milhares (jul'hoan, !xõõ, naro, cuê). Se do passado se tem notícia do desaparecimento de numerosas línguas, no presente sabemos que alguns dos menores grupos de falantes do coissã estão seriamente ameaçados de extinção. De modo geral, há poucas chances de sobrevivência, devido às rápidas mudanças sociais, políticas e econômicas em curso, que acompanham o processo de construção nacional (Barnard, 1992; Batibo, 1998, apud Güldemann e Vossen, 2000).

Historicamente, pode-se afirmar que a situação sociolinguística atual começou gradualmente há mais ou menos 2.000 anos ou mais, desde as primeiras ondas de imigrantes bantos, vindos do norte. Na África austral, essas incursões iniciaram uma enorme expansão de falantes de línguas bantas, que desencadearam destruição parcial, deslocamento ou absorção da população autóctone de línguas coissãs. A chegada de europeus no século XVII agravou esses acontecimentos. Atualmente, essas minorias linguísticas se caracterizam pela estigmatização social. No Botsuana, por exemplo, "basarwa" designa ao mesmo tempo o estatuto social baixo e uma insignificância política, referindo-se, em sentido restrito, aos falantes de línguas coissãs. Observa-se, no entanto, o início de uma mudança de mentalidade tanto na Namíbia quanto no Botsuana, acompanhada de um progresso na consciência política crescente nas populações de falantes coissãs (Vossen, 1997, apud Güldemann e Vossen, 2000: 105).

Traços linguísticos

Pode-se afirmar sem risco de engano que sistemas fonéticos coissãs estão entre os mais complexos do mundo e que são exclusivos da África; não só pela presença única dos cliques, mas pela presença de raros traços tipológicos que se acrescentam a uma grande variedade fonológica.

Os cliques são consoantes injetivas (cf. o capítulo "Fonologia"). Para produzir o mecanismo de "sucção, a língua se coloca contra o véu palatino, criando assim um fechamento na cavidade bucal. A parte média da língua está então abaixada, enquanto o dorso e a parte posterior da língua mantêm o fechamento. Desse modo, a pressão de ar aprisionado na cavidade diminui. Em seguida, o fechamento anterior é relaxado, e o ar que entra produz um forte ruído característico dos cliques. Dependendo do modo como é acionada a parte anterior da língua depende também do influxo do clique. São reconhecidos cinco tipos, simbolizados habitualmente como: ʘ bilabial; ǀ dental; ! alveolar; ǂ palatal e ǁ lateral.

Os sons ejetivos são os seguintes: labiais, alveolares, palatais, laterais, velares, uvulares e glotais. As oclusivas formam a ossatura do sistema, enquanto as contínuas, fricativas e nasais representam um papel menor. As consoantes são normalmente sonoras, glotalizadas ou aspiradas.

Há uma grande diversidade nos sistemas vocálicos. As vogais podem ser nasalizadas, glotalizadas, desvozeadas e faringalizadas. O tom é um traço distintivo importante nas línguas coissãs.

Gramaticalmente, as línguas "não coe" apresentam um tipo estrutural particular, sem que seja resultado de uma origem genética comum. Distinguem-se das outras línguas coissãs pela ordem da sentença svo e pelo sintagma nominal em que o determinado precede o determinante. As línguas "não coe" possuem uma morfologia flexional restrita; uma palavra fonológica é na maior parte do tempo constituída de um tema lexical sem qualquer outro morfema gramatical. Somente as línguas !xõõ apresentam alternâncias morfológicas motivadas pela concordância de classes nominais.

A atribuição de gênero a um número considerável de itens lexicais é imprevisível a partir do significado e da forma fonética. Entretanto, os índices semânticos que se pode reconhecer distinguem claramente os sistemas "não coe" dos que se encontram em outras línguas coissãs. Os traços semânticos que se podem depreender nas línguas "não coe" são o caráter animado e, em "Ju", também a forma, as características alimentares ou as partes do corpo. A categoria do número – que é um outro traço que separa o "não coe" das outras línguas coissãs – é ligeiramente integrada nesses sistemas para a maior parte dos nomes inanimados.

As línguas coes apresentam uma morfologia rica. Derivação e flexão regem os processos de formação de palavras; a sufixação é o processo mais utilizado. A palavra é identificada como nome quando é marcada por um sufixo de pessoa-gênero-número, que indica uma terceira pessoa (em coecoe, mesmo uma primeira e uma segunda pessoas), em combinação com o gênero e número. Em princípio, o sistema de classes nominais do coe segue uma orientação sexual; entretanto, outras conotações semânticas são possíveis, como tamanho, forma, coletivo, ou associação metonímica.

Conclusão

Muito embora os estudos sobre a classificação genética de línguas africanas estejam avançados, ainda há algumas controvérsias sobre as grandes divisões em troncos. Dimmendaal apresenta uma crítica relevante à divisão em quatro troncos (2011: 326-329); afirma que, ainda que falte uma aplicação mais rígida do método comparativo para as famílias linguísticas africanas bem estabelecidas, pode-se reconhecer a existência de três troncos linguísticos: afro-asiático, nigero-congolês e nilo-saariano (os dois últimos com algumas modificações). Além desses, o autor reconhece as seguintes famílias ou troncos: coissã do norte, coissã central mais sandaue (e a língua extinta cuadi), coissã do sul, mandê, songai, ubanguiano, cado e o grupo de línguas comane e gumuz. Segundo o mesmo autor, o quadro das famílias linguísticas e isolados linguísticos da África é o seguinte (Dimmendaal, 2011: 328):

1. Afro-asiático	2. Bangi-me
3. Coissã central	4. Comane
5. Dogon	6. Dompo
7. Gumuz	8. Hadza
9. Ijo e defaca	10. Jalaa
11. Cado	12. Culiaque
13. Laal	14. Mandê
15. Mpra	16. Nigero-congolês
17. Nilo-saariano	18. Coissã do norte
19. Ongota	20. Chabo
21. Songai	22. Coissã do sul
23. Ubanguiano	

Notas

[1] O sistema de classificação nominal será abordado com mais detalhes no capítulo "Morfologia".

[2] A lexicoestatística foi uma metodologia desenvolvida pelo linguista antropólogo americano M. Swadesh (1950) para datar o surgimento das línguas e o tempo em que elas se separaram das línguas aparentadas. A comparação baseava-se na taxa de retenção de termos do vocabulário básico.

[3] Maiores informações sobre a reconstrução das línguas do nigero-congolês podem ser encontradas em Williamson (1989: 3-40) e Williamson e Blench (2000: 37-41).

[4] Para este estudo tomamos como referência o trabalho de Bender (2000: 43-73).

Fonologia

Francisco da Silva Xavier

A Fonologia é a área da Linguística que estuda as propriedades distintivas dos sistemas fonológicos. Correspondendo-se com a Fonética, que descreve os elementos psicofísicos dos sons da fala, a Fonologia descreve a função dos sons da língua, interpretados como categorias mentais, isto é, unidades abstratas, discretas e invariáveis, que são pertinentes para a distinção de significado e, portanto, para o funcionamento geral de uma língua.[1] No campo dos estudos fonológicos, os especialistas desenvolvem também modelos que buscam representar o conhecimento internalizado pelos falantes sobre a organização, o funcionamento e as regras de utilização dos sons das línguas.

Neste capítulo, examinamos a fonologia de línguas africanas a partir da descrição e análise de componentes e fenômenos observáveis nos níveis segmental e suprassegmental. Dentre os elementos do nível segmental, descrevemos os traços constitutivos das vogais e das consoantes, a harmonia vocálica por altura e por ATR e a harmonia consonantal de longa distância. Com relação aos inventários das consoantes, descrevemos as implosivas, as ejetivas, os cliques, as labiovelares e as pré-nasalizadas. Quanto ao nível suprassegmental, investigamos a tonologia, a mobilidade e a operação de propagação de traços tonais, o rebaixamento tonal (*downstep* e *downdrift*), o acento e a estrutura silábica de línguas africanas.[2]

Frente ao expressivo número de línguas nativas do continente africano, selecionamos os componentes e fenômenos fonológicos que têm recebido maior atenção dos especialistas na atualidade. Procedendo a esse critério de seleção, buscamos fornecer ao leitor uma compreensão panorâmica e ao mesmo tempo sólida das propriedades fonológicas das línguas africanas, que têm nos revelado aspectos interessantes para o estudo do funcionamento da linguagem humana.

É importante assinalar que a descrição do panorama fonológico que realizamos aqui não deve ser tomada como um vetor de interpretação preconcebida de uma suposta exclusividade linguística. Com efeito, tal interpretação leva não raro à utilização do qualificativo "tipicamente africano", que carrega uma opinião enviesada que reforça via senso comum a crença de que a África é um mundo linguístico à parte, repleto de elementos gramaticais "típicos" e "exóticos". Embora algumas propriedades linguísticas aí existentes sejam pouco ou raramente atestadas em outras regiões do globo, o que se observa é que certos elementos da estrutura fonológica de uma língua não recobrem o continente africano como um todo, nem mesmo a região subsaariana, onde se localiza a superfamília nigero-congolesa, com mais de 1500 línguas. Componentes fonológicos extensamente identificados nas línguas africanas, como as oclusivas surdas e a preferência pela sílaba aberta, são na verdade traços tipologicamente não marcados existentes em todas as línguas do mundo, ao passo que componentes fonológicos exclusivamente encontrados em línguas africanas (por exemplo, as consoantes cliques) são pouco abrangentes, só emergindo quando se consideram zonas particulares da África.[3]

A mútua influência entre línguas africanas e teoria linguística

A diversidade das propriedades sonoras das línguas africanas estimulou o avanço e a busca de aperfeiçoamento das teorias fonológicas nas últimas décadas. Com o impulso dado pelos trabalhos de descrição de valor científico sobre as línguas do continente africano realizados na primeira metade do século XX, os especialistas de vários ramos da Linguística se interessaram cada vez mais em olhá-las de perto, dando então a elas maior visibilidade nos estudos científicos da linguagem.

No campo da Fonologia, à medida que fenômenos até então desconhecidos transpareciam em novos trabalhos de descrição, as teorias e os modelos tiveram que passar por diversas revisões e reformulações a fim de refletirem coerentemente as propriedades fonológicas das línguas africanas e, portanto, o componente fonológico das línguas humanas. Duas propriedades fonológicas podem ser citadas nesse contexto: a harmonia vocálica, que levou à concepção do conceito de harmonia por ATR nos estudos de fonologia, e a mobilidade tonal, um fato complexo presente na maior parte das línguas africanas. Esta última propriedade foi a que teve maior impacto nos estudos relativos à estrutura e aos traços prosódicos, resultando o aperfeiçoamento dos modelos fonológicos que captam o fato de que tom e segmento são duas entidades independentes nas línguas naturais.

Vogais

As línguas africanas apresentam uma alta gama de contrastes vocálicos. Considerando-se a frequência e a distribuição de suas vogais nos diversos sistemas fonológicos africanos, podemos organizá-las em três tendências de inventários:

(1) (I) cinco vogais   (II) sete vogais   (III) nove vogais

i	u	i	u	i	u
e	o	e	o	ɪ	ʊ
a		ɛ	ɔ	e	o
		a		ɛ	ɔ
				a	

Os três sistemas acima se distribuem em duas ordens de vogais: anteriores não labializadas e posteriores labializadas. O sistema vocálico (II) é o mais atestado nas línguas africanas: três vogais anteriores não labializadas, /i/, /e/, /ɛ/, que se opõem paralelamente a três vogais posteriores labializadas, /u/, /o/, /ɔ/, e uma vogal de abertura máxima, a central baixa /a/. Dentre as línguas que privilegiam o sistema (I), estão as afro-asiáticas e as coissãs. Os sistemas (II) e (III) são amplamente atestados nas línguas nilo-saarianas e nigero-congolesas. As línguas bantas, que fazem parte das línguas nigero-congolesas, utilizam principalmente o sistema de cinco vogais, ainda que historicamente sejam provenientes do sistema de sete vogais.

As propriedades que compõem os fonemas, sejam vogais, sejam consoantes, denominam-se *traços distintivos*,[4] que são tomados como primitivos teóricos e se constituem como unidades de análise dentro da Fonologia contemporânea. Todo sistema fonológico organiza seus componentes a partir de um número mínimo de traços distintivos que permite criar um número máximo de segmentos, o que define o *Princípio de economia*, de Clements (2003).

O conceito de traço distintivo está ligado aos movimentos fisiológicos envolvidos na produção dos sons da fala humana. Por exemplo, as vogais são produzidas pela projeção da língua em direção aos lábios (vogal denominada *anterior*) ou pela sua retração

90 Introdução à Linguística Africana

em direção à faringe (vogal denominada *posterior*). Esses dois traços, em combinação com traços de altura, são de importância fundamental para os estudos fonológicos, não apenas para a classificação de um dado segmento vocálico, mas também para a descrição de diversos fenômenos ligados à harmonia vocálica nas línguas africanas.

Uma propriedade importante das vogais africanas, visível nos três conjuntos anteriores em (I), (II) e (III), é a sua simetria: cada um dos inventários apresenta uma quantidade idêntica de altura das vogais em relação aos traços [anterior] e [posterior]. Essa simetria, que transparece em diversas línguas do mundo, revela que os segmentos (vogais ou consoantes) podem ser agrupados em um mesmo conjunto por compartilharem de um ou de vários traços distintivos. Assim, se as vogais apresentam certos traços em comum, elas são afetadas de uma mesma maneira em um dado ambiente fonético. É essa uniformidade de traços distintivos que permite integrar um dado grupo de vogais no que denominamos *classes naturais*.

Para reagrupar as vogais de línguas africanas em classes naturais, podemos recorrer ao critério de identidade de traços distintivos que compõem cada segmento. Isso quer dizer que as vogais apresentadas no sistema (III), que engloba os outros dois sistemas (I e II), podem se distinguir uma das outras por meio da utilização de traços distintivos:

(2)   vogais anteriores   vogais posteriores

	i	ɪ	e	ɛ		a	ɔ	o	ʊ	u
[alto]	+	+	-	-		-	-	-	+	+
[baixo]	-	-	-	+		+	-	-	-	-
[recuado]	-	-	-	-		+	+	+	+	+
[ATR]	+	-	+	-		-	-	+	-	+

A matriz acima mostra os traços relativos ao tipo de movimento do corpo da língua em relação a sua posição de repouso (também chamada *neutra*) que promove uma determinada configuração da boca durante a produção de uma dada vogal e que são os mais importantes para a descrição fonológica da harmonia vocálica em línguas africanas.[5]

Harmonia vocálica

Dentre os processos de alternância que afetam as vogais ao nível da gramática e da fonologia em diversas línguas do mundo está a harmonia vocálica. O fenômeno resulta da modificação no timbre das vogais de modo a permitir a perfeita realização de uma palavra no nível fonético. Do ponto de vista fonológico, a harmonia vocálica se define pela concordância de traços distintivos que se estabelece entre vogais não contíguas, isto é, separadas por uma ou mais consoantes.

Atestada em trabalhos antigos sobre línguas africanas, a harmonia vocálica é conhecida por seus principais troncos linguísticos e é amplamente difundida nas línguas nigero-congolesas e nilo-saarianas, onde a aplicação do processo se dá no domínio da palavra, especificamente no domínio das raízes e dos afixos. É correto, então, dizer que a harmonia se dá por meio de um processo assimilatório envolvendo a interação da fonologia com a morfologia flexional ou derivacional, pois um determinado traço fonológico da vogal da raiz deve aparecer na vogal dos afixos. É o que se observa nos dois tipos de harmonia vocálica existentes nas línguas africanas: a harmonia por traços de altura e a harmonia por traço ATR, assunto dos dois subitens a seguir.

Harmonia vocálica por altura

O continente africano apresenta o maior número de sistemas com harmonia vocálica com base na altura da língua. Esse tipo de harmonia se define como o resultado da assimilação de traços de *altura das vogais*. O fenômeno também pode ser definido em termos de assimilação de traços de *abertura das vogais*, conforme a linha de pesquisa adotada pelo analista. Seja qual for o caso, o processo ocorre via propagação e assimilação de traços vocálicos: ou é a vogal do sufixo que recebe os traços da raiz nominal ou verbal, ou é a vogal da raiz que se modifica em função dos traços da vogal do sufixo. As línguas africanas que apresentam esse tipo de harmonia são principalmente as línguas bantas, como ilustraremos logo adiante por meio da observação dos derivativos verbais de alguns desses sistemas.[6]

É importante observar que dependendo da língua em questão a harmonia vocálica se caracteriza por uma direção específica. Assim, se a harmonia é ativada a partir da raiz do verbo em direção ao sufixo, dizemos que a harmonia é *progressiva*. Se a ativação se dá em direção oposta, isto é, do sufixo em direção à raiz do verbo, estamos diante da harmonia *regressiva*.

Para exemplificar esses dois tipos de direção, vejamos o comportamento da harmonia por altura nas formas dos derivativos aplicativos[7] em quimbundo e em quicúria.

O fenômeno de harmonia vocálica em quimbundo, falado em Angola, se restringe ao nível da morfologia verbal (Xavier, 2012):

(3) /-lámb-él-à/ → [-lámb-él-à] 'cozinhar para'
    /-bék-él-à/ → [-bék-él-à] 'trazer para'
    /-súmb-él-à/ → [-súmb-íl-à] 'comprar para'
    /-ʒík-él-à/ → [-ʒík-íl-à] 'fechar para'
    /-bóŋg-él-à/ → [-bóŋg-ól-à] 'juntar para'

O timbre da vogal do aplicativo *-él-* se modifica em função da vogal presente na raiz do verbo. Se o traço da vogal for [+alto], a forma fonética do derivativo será *-íl-* (cf. *súmbílà, ʒíkílà*.). Do contrário, se o traço for [-alto], a vogal da forma subjacente e a da forma fonética do derivativo compartilham do mesmo traço (cf. *lámbélà, békélà, bóŋgólà*). O traço da vogal da raiz se espraia da esquerda para a direita, caracterizando a harmonia progressiva em quimbundo:[8]

(4)

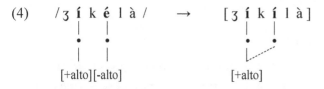

Em quicúria (Chacha e Odden, 1998), falado no Quênia e na Tanzânia, a raiz de vogal alta é realizada com uma vogal mais baixa de modo a se harmonizar com a vogal do aplicativo *-ér-*, como se observa nos dados da coluna à direita:

(5) -síík-á 'fechar' → -séék-ér-á 'fechar para'
    -síínd-á 'vencer' → -séénd-ér-á 'vencer para'
    -rúg-a 'cozinhar' → -róg-ér-a 'cozinhar para'
    -súk-a 'trançar cabelo' → -sók-ér-ă 'trançar cabelo para'

À diferença de seu congênere banto, a direção da harmonia vocálica em quicúria parte das formas do aplicativo em direção à vogal da raiz, que se modifica em função da altura da vogal presente no sufixo. A harmonia é, portanto, regressiva:

(6)

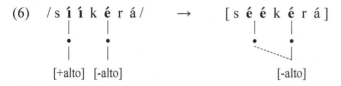

O tipo de direção da harmonia vocálica por altura observada em quimbundo e quicúria revela um dos aspectos importantes da fonologia das línguas africanas apontados inicialmente: a diversidade de suas propriedades fonológicas, mesmo entre línguas geneticamente relacionadas.

Harmonia vocálica por ATR

A maior parte das línguas africanas apresenta a harmonia vocálica que opera com base no traço [ATR]. O fenômeno é atestado em diversas línguas nigero-congolesas, nas línguas nilo-saarianas e em algumas línguas afro-asiáticas.

Nas línguas africanas onde o traço ATR possui função distintiva, encontramos uma extensa gama de sistemas vocálicos. Por exemplo, o betê, falado na Costa do Marfim, exibe o maior número de contrastes por ATR já encontrado nos sistemas fonológicos africanos, com 13 vogais (i ɯ u ɪ ʉ ʊ e ɤ o ɛ ʌ ɔ a).

O traço ATR foi concebido inicialmente no âmbito dos estudos das línguas africanas e passou a ser amplamente aplicado na descrição de sistemas de harmonia vocálica em línguas de outros continentes. O termo foi proposto por Stewart (1967) em seu artigo sobre a harmonia vocálica do acã, falado em Gana e na Costa do Marfim. Em seu trabalho, o autor descreve a articulação de duas séries de vogais: a série [i u e o ə], que se produz pelo avanço da raiz da língua, e a série [ɪ ʊ ɛ ɔ a], que não implica o movimento tensivo de avanço raiz da língua.[9] Stewart observa que as línguas que apresentam harmonia vocálica por [ATR] em geral possuem cinco distinções posicionais e que estas se dividem em dois conjuntos bem definidos, totalizando dez vogais fonológicas:

(7) [+ATR]   [-ATR]
    i   u   ɪ   ʊ
    e   o   ɛ   ɔ
       a   ɑ

O sistema de dez vogais forma um inventário [ATR] completo, mas poucas línguas africanas utilizam inventários que distinguem as vogais baixas (a/ɑ), e muitas delas apresentam a fusão das vogais altas: /i/ com /ɪ/; /u/ com /ʊ/. No primeiro caso, criam-se sistemas de 9 vogais, e no segundo criam-se sistemas de 7 vogais. Esses dois sistemas são frequentes em línguas africanas que exibem o fenômeno da harmonia vocálica por ATR, ainda que cada sistema possa se comportar de maneira bastante imprevisível quanto aos elementos que a provocam, o alvo da assimilação do traço ATR e a direção do processo de harmonia.

Vejamos exemplos da língua acã (Berry, 1957), que comporta o inventário de dez vogais. Como ocorre em diversas línguas da África ocidental, o sistema de harmonia vocálica do acã está ancorado no contraste entre o traço [+ATR] e o traço [-ATR], pois as vogais altas, médias e baixas contrastam fonologicamente em termos de [+/-ATR], e não de [+/- baixo], e é justamente o sistema de harmonia que revela esse fato. Em termos de previsibilidade, a raiz de nomes e verbos sempre comporta o mesmo tipo de vogal, que será [+ATR] ou [-ATR], excluindo, portanto, outra possibilidade combinatória:

94 Introdução à Linguística Africana

(8) [+ATR]   [-ATR]
biri   'preto'   bɪrɪ   'vermelho'
firi   'emprestar'   fɪrɪ   'faltar'

A harmonia vocálica por ATR também se observa ao nível da morfossintaxe: o traço ATR das vogais dos afixos deve concordar com o das vogais da raiz:

(9) /mɪ-bɛ-firi-ɪ/   [mibefirii]   'vou tomá-lo emprestado'
     1SG-FUT-emprestar-o

     /mɪ-bɛ-fɪrɪ-ɪ/   [mɪbɛfɪrɪɪ]   'vou sentir falta (de algo)'
     1SG-FUT-faltar-o

     /ɔ-biri/   [obiri]   'isso é preto'
     3SG-preto

     /ɔ-bɪrɪ/   [ɔbɪrɪ]   'isso é vermelho'
     3SG-vermelho

A harmonia vocálica em acã é deflagrada pela vogal da raiz da sílaba inicial da palavra, afetando as vogais dos prefixos e sufixos que concordam em traço ATR ao longo da sentença. Além de revelar o amplo escopo do processo, por atingir todos os elementos em torno do núcleo do sintagma nominal e verbal, os dados mostram um dos aspectos da harmonia vocálica ativos em diversas línguas africanas: a bidirecionalidade, que cobre simultaneamente os elementos à direita e à esquerda da raiz.

A harmonia vocálica por ATR pode se realizar em função da categoria gramatical que constitui o núcleo de um sintagma. Em deguema (Kari, 2007), falado na Nigéria, o possessivo seleciona vogais com a mesma propriedade ATR do núcleo do sintagma nominal, se o possessivo atende o critério semântico de número e pessoa:

(10) ʊɓi mɛ́ɛ́   úbi méé
     livro-1SG   dendê-1 SG
     'meu livro'   'meu dendê (semente comestível)'

     ɔsama wɔ́ɔ   úgbo wóɔ
     camisa-2SG   graveto-2SG
     'tua camisa'   'teu graveto (mastigável)'

     aβɪ nɔ́ɔŋʷ   esen nóɔŋʷ
     perna-3SG   peixe-3SG
     'sua perna'   'seu peixe'

εɓʊɲ néni   íɓə néni
bode-1PL   ostras-1PL
'nosso bode'   'nossas ostras'

ʊtɔ máaɲ   ətonw mɔ́əɲ
terra-2PL   embrulho-2PL
'sua terra'   'seus embrulhos'

εfεn ɓáaw   ímo ɓɔ́əw
pássaro-3PL   filhos-3PL
'seu pássaro' 'seus filhos'

Línguas como o deguema revelam um tipo de harmonia vocálica que está atrelado à seleção de uma categoria número-pessoal específica. Como mostram os exemplos anteriores, somente os possessivos de 1ª do singular e 2ª e 3ª do plural alteram as vogais no nível fonético em função do traço ATR da vogal no núcleo do sintagma nominal.

Vogais nasais e vogais nasalizadas

A nasalidade vocálica de línguas africanas apresenta um quadro bastante variado e revela padrões incomuns em comparação à nasalidade de línguas europeias e asiáticas e, por isso, é um dos assuntos mais complexos já examinados pelos especialistas.

Um estudo realizado por Clements e Rialland (2008) revela que 26% das línguas africanas apresentam vogais nasais, a maioria delas presentes na faixa que engloba línguas nigero-congolesas da África ocidental até a parte sul do Sudão. As vogais nasais também são comuns no tronco coissã e são raras nos troncos nilo-saariano e afro-asiático. Entre as línguas nigero-congolesas, pouquíssimas línguas bantas exibem vogais nasais.

Como ocorre nas outras línguas do mundo, o número de vogais nasais em línguas africanas tende a ser menor que o de vogais orais, mas, novamente, o número de contrastes deve ser observado em cada língua. Em mandinga, falado na Gâmbia, todas as vogais orais possuem um correspondente nasal:

(11) 7 vogais orais   7 vogais nasais

i		u	ĩ		ũ
e		o	ẽ		õ
ε		ɔ	ε̃		ɔ̃
	a			ã	

96 Introdução à Linguística Africana

Em iorubá, falado na Nigéria, no Benim e no Togo, todas as vogais apresentam sua contraparte nasal, exceto no nível das vogais médias, isto é, /e/ e /o/, que são sempre orais:

(12) 7 vogais orais   5 vogais nasais

i	u	ĩ	ũ
e	o		
ɛ	ɔ	ɛ̃	ɔ̃
	a		ã

Por sua vez, o maba, falado no Chade, apresenta 11 vogais orais (i u ɪ e o ə ɛ ʌ ɔ æ a), mas exclusivamente uma única vogal nasal /ũ/.

É importante assinalar que, embora uma determinada língua possa revelar pares mínimos por meio do contraste oral/nasal em vogais, uma análise posterior deve ser realizada a fim de verificar o seu estatuto fonológico. A ocorrência de pares mínimos é apenas um critério complementar à observação do ambiente fonético onde ocorre a contraparte nasalizada de uma vogal oral.

Além da quantificação dos contrastes entre vogais orais e nasais em línguas africanas, há também fenômenos particulares em uma dada língua que devem ser explicados. Assim, antes de examinarmos o comportamento da nasalidade vocálica, convém esclarecer que uma vogal pode ser nasalizada devido ao contato com uma consoante nasal. Esse contato pode ser observado sincronicamente, isto é, a consoante responsável pela nasalização vocálica ainda é pronunciada no estágio atual de uma dada língua, ou diacronicamente, isto é, a consoante nasal desapareceu ao longo da história da língua, mas permanece ativa em nível subjacente, emergindo em casos de composição e formação de sintagmas. Neste último caso, uma vogal nasalizada (ṽ) é resultado de um acréscimo do traço [nasal] a uma vogal oral (v) contígua à consoante nasal (N) que, em posição final de sílaba, perde força e é apagada do nível segmental: $VN \rightarrow \tilde{v}N \rightarrow \tilde{v}$. Outra proposta igualmente aceita é aquela que argumenta em defesa do esquema CNV, em que uma nasal (N) que se encontrava entre uma consoante (C) e uma vogal (v) não é mais especificada no nível fonético, portanto $CNV \rightarrow C\tilde{v}$.

Vejamos exemplos do oco (Atóyèbí, 2009), falado na Nigéria, em que a consoante nasal reaparece no nível fonético, em fronteira de morfemas e de palavras:

(13) [ígbè̄] + [ɔ́dɔ́rɛ̀] → [ígbè̄nɔ́dɔ́rɛ̀]
     nádegas   buraco   ânus

     [óbĩ́] + [utù] → [óbĩ́nutù]
     rei   moradia   palácio

     útṹ # [àjɛ] → [útṹm àjɛ]
     trabalho   DEF.SG   o trabalho

     [fɔ́] # [ɪ̀gɪ̀là] → [fɔ́m ɪ̀gɪ̀là]
     batata-doce bater   bater batata-doce

Os dados mostram que uma consoante nasal [n] ou [m] é articulada em palavras compostas e em sintagmas. Isso revela que a nasalidade é condicionada pelo contexto e, portanto, as vogais nasalizadas são alofones, isto é, uma variação fonética das vogais orais da língua.

Como no caso da harmonia vocálica, a nasalização pode ser progressiva, regressiva ou bidirecional. A nasalidade também pode ser espontânea, isto é, produzindo-se sem a participação de consoantes nasais. Este último caso se encontra no igbo, falado na Nigéria, que exibe vogais nasalizadas somente precedidas da fricativa glotal sonora ɦ:

(14) òhá   'mentira'   òɦá̃   'pente'
      í'dó̃   'vestir-se'   í'dɦṍ   'costurar'
      í'tó̃   'lançar'   í'tɦṍ   'classificar'

Especialmente em línguas da África ocidental, as vogais nasais têm efeito direto sobre consoantes orais, que passam a se realizar como consoantes nasalizadas, levando a casos de alofonia. O ebriê (Bole-Richard, 1985), falado na Costa do Marfim e em Gana, ilustra o fato:

(15) á-ɓɛ́   'corda'   ɛ̃́-mɛ́   'cordas'
      á-já   'árvore'   ɛ̃́-ɲá   'árvores'
      á-lɛ́   'língua'   ɛ̃́-nɛ́   'línguas'
(16) mɛ̃̀mà   'eu vim'   lò ɓà   'nós viemos'
      ɛ̀ ɓà   'você veio'   hɔ̃́ mà   'vocês vieram'
      ɛ̃́ mà   'ele veio'   wò ɓà   'eles vieram'

As consoantes [m, ɲ, n] são realizações fonéticas das consoantes orais /ɓ, j, l/ tanto nos nomes (em 15) quanto ao nível da conjugação verbal (em 16). O primeiro grupo de consoantes só ocorre por influência de vogal nasal (p.e., *ɛ̃́mɛ́*; 'cordas'; *ɛ̃́mà*, 'ele veio');

o segundo, em contexto de vogal oral (p.e., *ábé* 'corda'; *èbà* 'você veio'). A alternância oral/nasal de um mesmo fonema revela que as duas realizações estão em distribuição complementar, isto é, cada qual ocorre em um ambiente fonético exclusivo. Trata-se de um fenômeno amplamente conhecido pelas línguas nigero-congolesas, que ao longo de sua história eliminaram o traço de nasalidade consonantal em contexto de vogais orais.

Apesar da estreita relação genética de muitas línguas africanas pertencentes ao mesmo grupo, a ausência de consoante nasal em algumas línguas e a ausência de vogal nasal em outras é um dos pontos mais desconcertantes para os especialistas.

Consoantes

Do ponto de vista da produção, as consoantes das línguas africanas, como nas demais línguas do mundo, podem ser *desvozeadas*, produzidas com a abertura das pregas vocais, e *vozeadas*, produzidas com o fechamento das pregas vocais. Quanto ao mecanismo de corrente de ar, as consoantes podem ser *pulmônicas*, em que o ar é expelido pelos pulmões, e *não pulmônicas*, produzidas pelo ar que se forma na glote (caso das consoantes *glotálicas*) ou diretamente na cavidade oral por meio da sucção simultânea à soltura do ar (caso das consoantes *veláricas*).

O quadro geral das consoantes mais atestadas nas línguas africanas aparece em (17), onde cada símbolo deve ser interpretado como um tipo de fonema que representa um grupo de segmentos. Por exemplo, o fonema /c/ inclui toda oclusiva pós-alveolar surda, como [tʃ] e [ç]. Outro critério utilizado na concepção do quadro é a exclusão de elementos marcados, isto é, no sentido de serem mais complexos do ponto de vista articulatório, refletindo, desse modo, o princípio concorrente do Princípio de Economia: o *Princípio de Marcação*.[10] É por isso que, por exemplo, a fricativa sonora /ʒ/, mais complexa que a sua contraparte surda /ʃ/, tende a ser menos representada nos sistemas fonológicos e, assim, está ausente do quadro geral das consoantes das línguas africanas (Clements, 2000):

(17) Quadro Geral das Consoantes das Línguas Africanas

labial	*dental/alveolar*	*pós-alveolar*	*velar*
p	t	c	k
b	d	ɟ	g
m	n	ɲ	ŋ
f	s	ʃ	h
	z		
	l		
ʋ	r	j	

As consoantes oclusivas orais e nasais (posição vertical) apresentam quatro pontos de articulação (horizontal): labial, dental/alveolar, pós-alveolar e velar. É importante notar que nem todos os elementos anteriores fazem parte de um dado sistema fonológico. Este, por sua vez, pode apresentar fonemas específicos que não constam do quadro geral. De fato, uma determinada língua africana pode apresentar fonemas raramente atestados em outras línguas do mundo. É o caso de consoantes implosivas, como /ɓ/ e /ɗ/, labiovelares, como /kp/ e /gb/, pré-nasalizadas, como /mb/ e /nd/, e cliques, como /!/ e /ǂ/. Os três primeiros tipos são facilmente encontrados em línguas africanas, enquanto o último tipo é atestado apenas em línguas do tronco coissã, que o utilizam como verdadeira unidade distintiva.

É um fato conhecido nas pesquisas de fonologia que os maiores inventários de consoantes existentes se encontram principalmente nas línguas africanas localizadas ao sul da linha do Equador. Mas é importante esclarecer que o espectro de possibilidades quantitativas é bastante variado quando observamos os sistemas fonológicos africanos. Podemos encontrar, por exemplo, línguas africanas com inventários relativamente pequenos, como o clao, falado na Libéria e em Serra Leoa, que conta com 12 consoantes, e inventários fonológicos maiores como o da língua !xóõ, falada em Botsuana e na Namíbia, com mais de 100 consoantes.

Muitos trabalhos questionam a precisão quantitativa dos sistemas consonantais de algumas línguas africanas, pois muitas vezes um dado segmento fonológico que apresenta elementos sucessivos é interpretado como uma unidade distintiva. Por exemplo, em uma dada língua, sequências pré-nasalizadas como [mb], labializadas como [kw], palatalizadas como [tʃ] etc. são consideradas unidades sucessivas em certas análises, e unidades simultâneas em outras.

Consoantes glotálicas

As consoantes glotálicas podem ser *implosivas*, envolvendo um movimento descendente da laringe concomitante à sucção do ar glotálico, ou *ejetivas*, que se realizam mediante o alçamento da laringe concomitante à expulsão do ar glotálico.

Implosivas

As consoantes implosivas se encontram em toda a África, em especial nas línguas da Nigéria, Chade e Camarões. Relacionadas ou não relacionadas geneticamente, essas línguas de modo geral possuem apenas uma consoante implosiva, sendo a de articulação bilabial, representada como /ɓ/, a mais frequente. Algumas línguas utilizam também a alveolar /ɗ/, relativamente comum nas línguas do continente, em comparação com os outros dois tipos mais raros de implosiva, a palatal

100 Introdução à Linguística Africana

/ʃ/ e a velar /ɠ/. Clements (2000) indica raros casos de oposição entre glotalizadas surdas e sonoras dentro de uma mesma língua, como em igbo (variedade uere), em lendo, falado no Congo-Quinxassa, e em serer, falado no Senegal e em Gâmbia, que apresentam a bilabial surda /ɓ̥/.

No hauçá, falado principalmente no Níger e na Nigéria (exemplos 18), e no margue, falado na Nigéria (exemplos 19), as implosivas /ɓ/ e /ɗ/ são unidades distintivas, utilizadas por seus falantes para estabelecer a diferença semântica entre palavras, como demonstram os pares a seguir (Ladefoged e Maddieson, 1996):

(18) ɓabe	'separação'	babe	'gafanhoto'
ɗàka	'dentro de casa'	daka	'pancada'
(19) ɓabal	'duro'	babal	'espaço aberto'
ɗidi	'terra'	didi	'câimbra'

As implosivas são igualmente atestadas em línguas de outras regiões do continente africano. É o caso do baguiro (Boyeldieu, 2000), falado na República Centro-Africana e no Congo-Quinxassa. Nessa língua, a utilização da implosiva alveolar /ɗ/ é pertinente para a função distintiva em seu sistema fonológico:

(20) ɗù	'ele fura'	lù	'ele é preto'
ɗùà	'ele está longe'	luà	'ele envia'
ɗɛ̃dɛ̃	'armadilha sp'	lɛ́lɛ̃	'melão'
àɗɔ̃	'ele se agacha'	àlɔ̃	'ele (ultra)passa'
fĩɗĩ	'ele encontra'	fĩlĩ	'lar'
w-òɗĩ	'ele cava'	w-òĩ̃	'ele engole'

As consoantes implosivas são amplamente atestadas em línguas bantas, seja como unidades alofônicas, seja como consoantes independentes, servindo à função distintiva dentro de um sistema fonológico. Nos dois casos, as implosivas são o reflexo de implosivas com valor distintivo em protobanto, portanto, um traço antigo das línguas desse grupo.

Dentre as línguas que ainda conservam a oposição entre consoantes pulmônicas e implosivas está o zulu. Nesta língua, a bilabial /ɓ/ se opõe à sua equivalente pulmônica /b/:

(21) ɓiːza	'chamar'	biːza	'preocupar-se'
ɓuːza	'perguntar'	buːza	'zumbido'

Em outras línguas bantas, como o mpiemo, falado na República Centro-Africana, as implosivas [ɓ] e [ɗ] são alofones, de acordo com análises mais recentes de Thornell e Nagano-Madsen (2004), pois elas são realizações fonéticas de suas contrapartes pulmônicas, respectivamente /b/ e /d/. Estas duas últimas aparecem em início de radical se a vogal seguinte contém o traço [+alto], como as vogais *i* e *u* em *dìβí*, 'abrir', *dúlí*, 'seguir'; as implosivas aparecem nos outros contextos, isto é, se a vogal do radical contém o traço [-alto], como em *aɓogi*, 'florestas', *dèlí*, 'enterrar', *dáyí*, 'levantar'.

Em massai (Tucker e Mpaayei, 1955), falado no Quênia e na Tanzânia, há quatro implosivas com estatuto de fonemas: *ɓ, ɗ, ʄ,* e *ɠ.* Os pares mínimos a seguir demonstram a função distintiva da bilabial no primeiro par e da velar no segundo:

(22) imbok 'você limpa' ímɓòk 'você detém'
  eŋgo: 'aconselhe-o' eŋɠo: 'torso (diminutivo)'

Ao estudarmos esse tipo de consoante em línguas africanas, um fato interessante que se apresenta ao fonólogo é que a série de implosivas de uma dada língua é geralmente incompleta. Essa assimetria se deve à complexidade articulatória das implosivas. Assim, a implosiva bilabial se produz mais facilmente que uma implosiva velar, o que explicaria a raridade desta última nos sistemas linguísticos.

Ejetivas

As consoantes ejetivas, representadas no alfabeto fonético internacional com um apóstrofo à direita de uma dada consoante, se atestam como fonemas sobretudo nas línguas do tronco afro-asiático, basicamente nas línguas cuchitas e chádicas.

Em línguas bantas, como o setsuana, falado em Botsuana e na África do Sul, as ejetivas são na verdade a realização fonética, portanto não obrigatórias, de fonemas aspirados. Duas línguas do tronco coissã, o !kung, falado na Namíbia, em Botsuana e em Angola, e o !xóõ, falado principalmente em Botsuana, opõem ejetivas surdas e sonoras, /dz'/ vs /ts'/, uma oposição rara nas línguas do mundo. Em oromo (Omar, 1988), falado na Etiópia, as ejetivas /p'/, /t'/, /c'/ e /k'/, com exceção da bilabial /p'/, se opõem a uma correspondente pulmônica, isto é, /t/, /c/, /k/. Com efeito, o traço [ejetivo] é fonologicamente pertinente, como prova o par mínimo *məka*, 'mistura', e *mək'a*, 'nome'.

O hauçá também é uma língua em que as ejetivas /k'/ e /s'/ têm estatuto fonológico. Como mostram os seguintes pares mínimos, elas se opõem às suas correspondentes pulmônicas /k/ e /s/, respectivamente:

(23) ka:rà: 'pôr perto'   k'a:rà: 'aumentar'
     kʷa:rà: 'despejar'   kʷ'a:rà: 'semente de carité sp'
     sa:rà: 'cortar'   s'a:rà: 'arrumar'

Consoantes veláricas: os cliques

As consoantes veláricas são conhecidas como *cliques*. Eles soam como um estalido, produzido pela sucção e expulsão súbita da corrente de ar armazenada entre duas oclusões na cavidade oral, sendo a principal oclusão aquela do véu palatino. Há cinco tipos básicos de cliques: ʘ (bilabial), ǀ (dental), ǃ (alveolar), ǂ (palatal) e ǁ (lateral), isto é, todos em referência a cinco pontos de articulação.

Apesar de sua saliência perceptual e da facilidade com que podem ser pronunciados, os cliques são extremamente raros, ocorrendo somente em algumas poucas línguas africanas. Os cliques não dispõem de um conjunto unificado de traços distintivos dentro dos estudos fonológicos. Uma das propostas utilizadas para a representação dos cliques, especificados pelos traços [+consonantal], [-contínuo], [+lingual], juntamente com os traços [anterior], [coronal], [alto], [posterior] e [soltura retardada] é a seguinte:

(24)

	[ant]	[cor]	[alto]	[post]	[solt ret]
ʘ	+	-	-	+	+
ǀ	+	+	+	-	+
ǃ	+	+	-	+	-
ǂ	-	-	+	-	-
ǁ	+	+	-	+	+

Como unidades distintivas, os cliques ocorrem apenas em algumas línguas africanas, principalmente nas do tronco coissã, como é o caso do !xóõ, falado na Namíbia e Botsuana:

(25) ʘʔôo   'ficar enroscado'
     kǀʔâa   'morrer'
     kǃʔáã   'estar sentado'
     kǂʔãa   'atirar em você'
     kǁʔàa   'não ser'

Para além do domínio coissã, atestam-se cliques em daalo, língua cuchita do tronco afro-asiático, em hadza, língua isolada falada na Tanzânia, e em línguas bantas, como o zulu, o sessoto, o chiei e o cossa. Em línguas bantas, os cliques foram incorporados ao seu sistema fonológico via contato linguístico, como é o caso do cossa, falado na África do Sul:

(26) ukúk|ola   'moer'
    ukúk!oɓa   'quebrar pedras'
    úk‖olo   'paz'

Os cliques são um tipo de segmento bastante versátil do ponto de vista articulatório, ajustando-se facilmente aos traços de modo (nasal, aspirado e glotalizado), de fonação (surdo e sonoro) e de contorno (pré-nasalizado, africado e ejetivo) de segmentos adjacentes com os quais se unem. Não raro essa versatilidade leva a um aumento do número dos cliques e, em consequência, a uma expansão do inventário de consoantes das línguas coissãs.

Apesar desse potencial reprodutivo, caracterizado pela versatilidade articulatória e relativa facilidade com que podem ser aprendidos, nota-se igualmente uma rápida substituição dos cliques por segmentos pulmônicos no sistema fonológico das línguas do tronco coissã. Por essa razão, dois pontos de investigação estão na agenda das pesquisas atuais: 1) estabelecer critérios precisos de interpretação dos cliques como uma sequência de segmentos ou como um segmento único do ponto de vista fonológico, e 2) explicar sua gradual substituição por segmentos pulmônicos ao mesmo tempo em que evidências linguísticas mostram a expansão do número de cliques em línguas do grupo coissã.

Consoantes labiovelares

Raras em línguas de outros continentes, as consoantes labiovelares, que se pronunciam pela articulação simultânea dos lábios e do véu palatino, são atestadas em diversas línguas africanas, principalmente no cinturão sudânico, ou seja, na faixa atlântico ocidental que se estende até a divisa dos rios Nilo e Congo. Esporadicamente, para além dessa faixa e dentro do tronco nigero-congolês, podemos encontrá-las em catla, língua cordofaniana falada no Sudão, praticamente extinta, e em quiguiriama, língua banta falada no Quênia. Nos troncos afro-asiático e nilo-saariano, as labiovelares são menos frequentes, limitando-se, respectivamente, aos ramos chádico e sudânico central, onde elas são inovações fonológicas motivadas por contato com línguas da região, e são inexistentes nas línguas do tronco coissã.

Do ponto de vista fonético, as labiovelares apresentam a articulação simultânea de uma oclusiva velar com uma oclusiva labial seguida de um relaxamento quase simultâneo das duas oclusões. As mais comuns são as sonoras /gb/, /ŋm/ e /Ngb/, esta última realizada como [ŋgb] ou [ŋmgb], e a surda /kp/. Todas as labiovelares se definem pelos traços [labial] e [dorsal].

Um ponto nem sempre pacífico nas discussões sobre o número preciso de consoantes em um dado sistema fonológico de línguas africanas gira em torno da

104 Introdução à Linguística Africana

correta caracterização de uma labiovelar como unidade independente (/gb/) ou como bifonemática (/g/ + /b/). Para ilustrar esse ponto de debate, vejamos o caso da língua baguiro, na qual as labiovelares surda /kp/, sonora /gb/ e pré-nasalizada /ŋgb/ são bem atestadas (o ponto indica fronteira silábica):

(27) kpā   'canto (musical)'
    gbɔ̀   'ele lava'
    tɔ́.ŋgbɔ́   'ele adiciona (líquido)'
    ti.kpī   'intestinos'
    ké.gbē   'ratinho'

Porém, o estatuto de *kp* em baguiro é ainda incerto, pois o segmento se alterna com *p* em palavras de origem estrangeira, apesar de o modelo original comportar uma labiovelar (cf. *kpélá ~ pélá*, 'celofane sp', empréstimo do banda-linda, e *kpīlī ~ pīlī*, 'flecha', empréstimo do mbanja ou do gbanzile).

Vejamos o caso da autonomia das labiovelares como unidades monofonemáticas em coalibe, falado no Sudão (Quint, 2006). Os dados mostram que as labiovelares /kkw/, /kw/, /ŋkw/, /ŋw/ e /w/ ocupam a posição inicial de palavra. Essa restrição de posição se reserva exclusivamente às labiovelares, pois o coalibe desconhece outro grupo consonantal em posição inicial absoluta de palavra:

(28) kkwôn-kkwɔ̀n   'outrora'
    kwân   'píton'
    kwór ŋkwó   'este homem'
    ŋwàarò   'sono'
    wàèr   'cunhado', 'cunhada'

O sistema fonológico de uma dada língua pode impor fortes restrições que impedem que as condições de separabilidade e de composicionalidade das labiovelares sejam satisfeitas. As condições de separabilidade permitem a inserção de segmento entre duas consoantes. Por sua vez, as condições de composicionalidade permitem que cada um dos dois segmentos que compõem a labiovelar ocorra como consoantes independentes no início de sílaba. Essa condição não é satisfeita no caso de verdadeiras labiovelares. Assim, além de sua presença em posição inicial de palavra, outro argumento em favor da interpretação monofonemática da labiovelar de línguas africanas é sua natureza indivisível, pois, apesar de sua natureza coarticulatória, ela não permite a inserção de material epentético entre as duas articulações que a constituem.

Consoantes pré-nasalizadas

As consoantes pré-nasalizadas em línguas africanas são encontradas especialmente na região subsaariana. Como em termos articulatórios elas se compõem de duas articulações, seu estatuto monofonemático ou bifonemático é muito discutido pelos especialistas. As consoantes pré-nasalizadas são produzidas com o véu palatino abaixado – portanto, a cavidade nasal permanece aberta – até certo momento durante a produção da oclusiva oral que segue a oclusão nasal. A fonologia as representa como NC, ou seja, uma consoante nasal seguida de uma obstruinte, observando-se o fato de poderem contrastar com uma consoante nasal simples e uma consoante oral simples.

Vejamos alguns desses contrastes em quimbundo, que utiliza /mb/, /nd/, /mv/, /nz/ e /nʒ/ como monossegmentos, ou seja, como unidades distintivas elementares (Xavier, 2012). Os pontos indicam fronteira silábica:

(29)
mbú.ndà	'nádegas'	vs	bú.ndà	'misturar'
bá.ndà	'subir'	vs	bá.nà	'dar'
mvú.là	'cozinha'	vs	vú.là	'aumentar'
bá.nzà	'pensar'	vs	bá.zà	'estalar; disparar'
nʒí.là	'caminho'	vs	ʒí.là	'jejuar'

O argumento fonológico mais importante para uma análise monossegmental reside no fato da existência de tais segmentos em início absoluto de palavra (*nzúmbì*, 'espírito', *ndákálè*, 'fruto sp'). De fato, o quimbundo não permite grupos de consoantes em posição inicial, exceto as sequências de tipo NC apresentadas acima. Essa aparente exceção revela que outras sequências atestadas na língua nunca se apresentam em posição inicial sem que tenha ocorrido uma derivação de natureza fonética:

(30)
mútù	→ m̩tù	'pessoa'
mùkáʒì	→ m̩káʒì	'esposa'
mùndélè	→ m̩ndélè	'homem branco'

Os dados mostram a realização de algumas pré-nasalizadas sem estatuto fonológico em quimbundo. A palavra *mútù*, 'pessoa', é pronunciada [m̩tù], pois o prefixo nominal *mú-* pode se realizar como uma consoante silábica [m̩] diante da consoante da raiz nominal, -*tù*. No caso de *mùndélè*, após a queda da vogal /u/ do prefixo, a pré-nasalizada da raiz -*ndélè* permanece intacta, produzindo-se então a sequência [mnd]. Este último exemplo reforça o argumento da existência das pré-nasalizadas como unidades distintivas em quimbundo, pois o segmento nasal que

106 Introdução à Linguística Africana

compõe o fonema /nd/ não é apagado, o que significa tratar-se de um único fonema mantendo-se em sua forma integral.

Experimentos acústicos comparando sequências NC com consoantes simples do quissuaíli (Welmers, 1973), falado no Quênia e na Tanzânia, revelam que os dois tipos de segmentos apresentam a mesma duração fonética, o que favorece a interpretação monossegmental das NC. Outro argumento utilizado pelos linguistas se baseia na evidência de que o núcleo da sílaba carrega o elemento mais sonoro numa escala de sonoridade, condição a que as NC atendem, se ocupam o ataque silábico, isto é, a posição reservada à consoante que inicia a sílaba. Como a nasal é mais sonora que a oclusiva que a segue, ela deve estar mais próxima do núcleo, correspondendo-se perfeitamente com a sílaba canônica CV (consoante-vogal) em línguas bantas:

(31) [ⁿd a], e não *[n d a]
    1 2   1 2 3

A escala 1-2-3 para [n d a] é agramatical, pois [n] é mais sonoro que [d] e, por essa razão, deve ocupar a posição mais interna da sílaba, o que só é possível por meio da interpretação monossegmental de [nd], que recebe adequadamente a escala 1-2.

Outro critério que favorece a interpretação monossegmental de uma pré-nasalizada é a intuição fonológica do falante que o orienta a realizar tarefas meta-linguísticas, como as que podemos observar em luganda, falado em Uganda:

(32) a. lú.gà.ndá   'luganda'
          mù.ntú   'ser humano'
          ljè.mvû   'banana madura'

     b. mukóno   →   nokómu   'braço'
          muvúbúká →   kabúvúmú 'menino'
          mubínikilo →   lokínibimu 'funil'
          bágeenda   →   ndágeeba   'eles vão'

A divisão silábica em 32a (Herbert, 1975) e o jogo popular de inversão de palavras (cf. o que resulta da palavra *bágeenda* em 32b, nos exemplos indicados em Clements, 2000), foram realizados por falantes nativos e revelam que as sequências NC pertencem ao ataque silábico e são, portanto, entidades segmentais unitárias da língua.

Harmonia consonantal

A harmonia consonantal de línguas africanas trouxe importantes elementos para os estudos dos padrões gerais dos processos de assimilação de traços fonológicos. O fenômeno tem recebido atenção dos especialistas quanto à localidade de interação entre os segmentos envolvidos, a transparência ou o bloqueio em casos de assimilação de longa distância e a direção do processo de assimilação de propriedades acústicas e articulatórias entre duas ou mais consoantes não adjacentes. O que se observa em todos os casos de harmonia consonantal é que os segmentos que se encontram entre os segmentos que serão harmonizados não são afetados por propriedades assimilatórias.

Os tipos de harmonia consonantal existentes em línguas africanas serão descritos a seguir.

Harmonia laringal

Em algumas línguas africanas, a harmonia laringal (concordância de aspiração, corrente de ar glotálico ou ainda de vozeamento entre consoantes) pode envolver alternância de morfemas ou pode ocorrer em função de uma restrição da estrutura de morfemas, isto é, em que as consoantes no interior de uma raiz devem compartilhar as mesmas propriedades. É o caso do ngizim (Schuh, 1997), falado na Nigéria, em que as raízes que apresentam obstruintes não implosivas têm a mesma propriedade de vozeamento, exceto se a ordem linear das obstruintes for *vozeado...desvozeado*:

(33) a. kùtə́r 'rabo'   b. bàkú 'assar'
     tàsáu 'encontrar'   gùmtʃí 'queixo'
     zə̀dù 'seis'
     gâazá 'frango'

O ngizim não permite raízes com sequência *desvozeado* (por exemplo, k, t, s, tʃ) e *vozeado* (por exemplo, b, d, g, m, z). A natureza assimétrica dessa restrição revela um processo harmônico regressivo, em que as consoantes desvozeadas assimilam os traços das vozeadas (33a), mas não vice-versa (33b).

Em chea (Banksira, 2000), falado na Etiópia, a concordância laringal é obrigatória entre oclusivas adjacentes no interior de raiz:

108 Introdução à Linguística Africana

(34) a. ji-t'ək'ir   'ele esconde'
       ji-t'ərk'   'está seco'
    b. ji-gədir   'ele põe para dormir (por meio de drogas)'
       ji-gəda   'ele extrai líquido'

As oclusivas não diferem quanto à especificação laringal: elas são ejetivas (t', k') em 34a e vozeadas (d, g) em 34b. As consoantes interagentes de cada série são coronais e velares, indicando que a harmonia laringal em chea ocorre geralmente entre consoantes heterorgânicas, o que se explica pela restrição imposta pela morfologia das línguas semíticas, que evitam a coocorrência de consoantes de mesmo ponto de articulação no interior de raízes.

Em quera (Ebert, 1979), falado no Chade e em Camarões, a concordância de vozeamento provoca alterações em afixos nominais:

(35) a. /k+sír+kí/   → kīsírkí   'preto'
        /k+sár+káŋ/   → kəsárkáŋ   'preto (coletivo)'
        /k+dʒìr+kí/   → gìdʒìrgí   'colorido'
        /k+dʒàr+káŋ/ → gədʒàrgáŋ 'colorido (coletivo)'
    b. /k+ta:tá+w/   → kətā:táw   'panelas'
        /k+dàjgá+w/   → gədájgáw   'jarras'
        /k+dʒà:ŋà+w/ → gədʒà:ŋáw 'apoios para os pés'

A harmonia laringal que promove o vozeamento dos afixos em quera é condicionada pelas oclusivas ou africadas vozeadas do radical (cf. *kəsárkáŋ* e *gədʒàrgáŋ*).

Em zulu (Khumalo, 1987), a harmonia laringal ocorre em raízes dissilábicas, desde que estas não comportem consoantes veláricas:

(36) ukú-peta   'desenterrar'
     úku-pʰátʰa   'segurar'
     uku-guba   'cavar'
     í-kʰôtʰo   'tribunal'
     um-bídi   'condutor'

A harmonia laringal em zulu é, portanto, tripartite: 1) concordância entre consoantes desvozeadas em *peta*; 2) concordância de consoantes vozeadas em *guba* e *bídi*; 3) concordância de traços de aspiração em *pʰátʰa* e *kʰôtʰo*.

Os exemplos das línguas africanas acima revelam que a harmonia laringal se relaciona com as propriedades fonéticas de aspiração, corrente de ar glotálico e vozeamento.

Harmonia coronal

Há três tipos de harmonia envolvendo consoantes coronais em línguas africanas: a sibilante, a dental e a retroflexa.

A *harmonia sibilante* é a concordância que se estabelece entre coronais fricativas e africadas, que se produzem com a ponta ou a lâmina da língua. Esta é a mais comum entre as harmonias consonantais das línguas africanas, particularmente as dos grupos banto, berbere, cuchito e omótico.

Vejamos exemplos de duas línguas cuchitas da Etiópia: o samai (Savà, 2005) e o sidamo (Kawachi, 2007). Em samai, o sufixo causativo /-as/ (37a) se realiza [aʃ] quando fricativas alveolares ou africadas aparecem no radical (37b):

(37) a. ɓaɗ   'esconder'   →   ɓaɗ-as   'fazer esconder'
         ɠabb   'pegar'   →   ɠabb-as   'fazer pegar'
         bas   'fazer'   →   bas-as   'fazer fazer'
     b. tʃ'ur   'arremessar'   →   tʃ'ur-aʃ   'fazer arremessar'
         ʃukuj   'assustar-se'   →   ʃukuj-aʃ   'assustar'

Em sidamo, o sufixo causativo /-is/ (38a) aparece no nível fonético como [-iʃ] (38b), harmonizando-se com a sibilante do radical:

(38) a. dirr-is   'fazer descer'   b. miʃ-iʃ   'fazer desprezar'
         hank'is   'enraivecer'   ʃalak-iʃ   'fazer escorregar'
         ra²-is   'fazer ficar cozido'   tʃ'uf-iʃ   'fazer fechar'

Nas duas línguas, a harmonia sibilante se apresenta de modo uniforme: os traços da sibilante atravessam vogais, não sibilantes e outras coronais, que não bloqueiam nem participam da harmonia. Esta é progressiva, isto é, parte da esquerda da palavra, onde está o segmento detonador (a palatoalveolar), para a direita, onde está o alvo (a alveolar).

A *harmonia dental*, concordância de traços entre oclusivas dentais e alveolares, é atestada em línguas nilóticas do tronco nilo-saariano. Em pare (Andersen, 1988), falado no Sudão do Sul, o fenômeno atinge as oclusivas em final de raízes. Os segmentos coronais dentalizados dos exemplos a seguir são [t̪], [n̪] e [d̪]. Em *n̪ɔt̪* (39a), notamos a aplicação da harmonia dental em respeito à presença do segmento dentalizado na raiz. Em *t̪ùon̪d̪-á* (39b), as oclusivas finais [n̪] e [d̪] da raiz, elas mesmas resultantes de um processo fonético motivado pelo sufixo -*a*, se harmonizam com a oclusiva dentalizada [t̪] do início da raiz:

(39) a. n̩ɔt̩ 'sugando'
   àtwá:t̩' 'elefante macho adulto'
 b. dè:l 'pele' → dè:nd-á 'minha pele'
   t̩ùol 'cobra' → t̩ùon̩d-á 'minha cobra'

O último tipo de harmonia coronal identificado em línguas africanas, particularmente nas do tronco afro-asiático, é a *harmonia retroflexa*, em que as sibilantes coronais de raízes combinam em retroflexão, como se nota em benche (Breeze, 1990), falado na Etiópia, onde o causativo /-s/ se harmoniza com a retroflexa da raiz. Os números indicam níveis tonais:

(40) a. mak [2] 'dizer' → mas [2] 'fazer dizer'
   dub [4] 'dançar' → dus [4] 'fazer dançar'
 b. zert [1] 'ser vermelho' → zerʂ [1] 'avermelhar'
   tʂ'ud' 'cuspir' → tʂ'uʂ' 'fazer cuspir'

Harmonia líquida

O massaba (Odden, 1994), falado no Quênia e em Uganda, ilustra o caso de harmonia líquida, que é a alternância em termos de concordância de traços entre as consoantes líquidas /r/ e /l/. Os exemplos (41b) mostram que o aplicativo /-il-/ é pronunciado [-ir-] se o radical apresenta a líquida [r]:

(41) a. te:x-el-a 'cozinhar para' b. re:b-er-a 'pedir por'
   lim-il-a 'cultivar para'   kar-ir-a 'torcer'
   i:l-il-a 'enviar coisa'   resj-er-a 'retirar por'

Harmonia nasal de longa distância

Este tipo de harmonia é recorrente principalmente em línguas bantas. Por meio dela, uma oclusiva vozeada (/d/ ou /l/) do sufixo gramatical se harmoniza com a oclusiva nasal da raiz do verbo. Ao contrário da harmonia vocálica, que exige uma interação local entre os segmentos, a assimilação do traço [+nasal] que se observa na harmonia nasal atinge as consoantes localizadas "do lado de fora" da raiz, isto é, à distância da consoante que compõe a raiz verbal, com vogais ou consoantes existentes entre os dois segmentos que se harmonizam. É o que se observa em quimbundo (Xavier, 2012), onde a consoante /l/ do perfectivo *-ílè* se transforma em [n] se a raiz do verbo contém uma oclusiva nasal (42b):

(42) a. -túnd-ílè 'sair' b. -kín-ínè 'dançar'
   -tólól-élè 'vencer'   -ʃikám-énè 'sentar'

O mesmo se constata em quiaca (Ruttenberg, 1970), falado no Congo-Quinxassa: a terminação do perfectivo é *-idi*, se a consoante que a precede é oral, e *-ini* (43b), se a consoante que a precedente é nasal:

(43) a. tsúb-idi 'vagar'   b. tsúm-ini 'costurar'
     kúd-idi 'expulsar alguém'   kún-ini 'plantar'

Como podemos notar pelos exemplos das duas línguas, há uma alteração das consoantes /l/ e /d/: elas se transformam em [n] em função da harmonia estabelecida no domínio morfofonológico, isto é, entre uma consoante nasal da raiz e uma vogal de um sufixo gramatical. Além da distância existente entre as consoantes envolvidas no processo de harmonia, observa-se que a nasalidade é assimilada somente por segmentos consonânticos que contenham o traço [+sonoro]. Segmentos presentes entre duas consoantes que se harmonizam são denominados *transparentes*, pois não bloqueiam nem são influenciados pelo traço [+nasal]. Para visualizar o efeito de transparência, vejamos o seguinte esquema aplicado a um exemplo do quimbundo. Por meio dessa representação, podemos observar o processo de harmonia nasal de longa distância bem como a integridade dos segmentos que se encontram entre o detonador e o alvo:

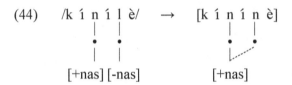

Cabe mencionar que a harmonia nasal à distância apresenta um quadro mais complexo do que se pode imaginar, mesmo em línguas pertencentes a uma mesma família, como é o caso do grupo banto. Assim, se por um lado, em línguas como o quimbundo e o quiaca, tanto as vogais quanto as consoantes (inclusive as consoantes pré-nasalizadas) são transparentes, por outro lado, em línguas como o lamba, o herero, o bemba e o ndonga, as vogais são transparentes, mas as consoantes intervenientes bloqueiam o processo de harmonia nasal à distância.

Tons

O tom é o contraste de alturas da voz captado pelo ouvido e que deriva da velocidade do movimento das pregas vocais. Assim, *alto* é um tom produzido por meio da vibração mais rápida das pregas vocais que a de um tom *baixo*.[11] Na representação fonológica, o tom (A: *alto*; B: *baixo*; M: *médio*) vem associado obrigatoriamente a uma *unidade portadora de tom* ou TBU.[12]

Em línguas africanas, o número de contraste de alturas tonais é variado, sendo os sistemas que opõem dois ou três tons os mais usuais, mas a existência de sistemas com quatro ou cinco, ainda que bastante discutida pelos especialistas, se atesta em alguns trabalhos. O fato é que em línguas tonais africanas esse contraste é sempre pertinente ao nível paradigmático, isto é, os tons são utilizados para distinguir o significado não apenas de frases, mas também de palavras, tanto ao nível do léxico quanto ao nível da gramática, como ilustram os exemplos a seguir: (45a) do quifulero (Jouannet, 1981), falado no Congo-Quinxassa, (45b) do gbaia-bozom (Moñino, 1981), falado na República Centro-Africana, (45c) do bambara (Creissels, 1994), falado no Mali, e (45d) do cassim (Bonvini, 1974), falado em Burkina Fasso. O diacrítico agudo marca o tom alto; o grave marca o tom baixo; o traço horizontal sobre a vogal marca o tom médio:

(45) a. kúhámà   'engordar'
       kúhàmà   'mudar de casa'
   b. bé né **bú** ná   'não é o vento'
       bé né **bù** ná   'não é a cinza'
   c. à já **cí** kúnùŋ   'ele o enviou ontem'
       à já **cì** kúnùŋ   'ele o despedaçou ontem'
   d. ɲí   'apoiar parte do corpo'
      ɲī   'proibir'
      ɲì   'fazer beber'

Os casos acima representam a maioria das línguas tonais africanas, onde a oposição de segmentos idênticos se manifesta de maneira estável, isto é, independente de eventuais fenômenos entoacionais, por meio da diferença de altura da sílaba que representa a unidade que dá lugar à comutação.

Tons pontuais e tons modulados

As línguas tonais africanas utilizam tons *pontuais*, isto é, tons de altura constante e fixa, e tons *modulados*, de altura ascendente e descendente (por isso também chamados *contornais*) que resultam numa curva contornal, embora estes, ao contrário do que ocorre nas línguas tonais asiáticas, não sejam unidades fonológicas distintivas, porque resultam de derivação fonética dos tons pontuais. Por exemplo, o guem-mina (Bole-Richard, 1983), falado no Togo e no Benim, utiliza três realizações tonais: alto, baixo e ascendente, sendo este último uma composição dos dois primeiros:

(46) àkpá 'lado'   vs àkpà 'envelope'
      épá̰ 'peixe sp'   vs èpà̰ 'ronco'
      àfó 'idiota'   vs àfò 'vento de agosto'
      àlɔ́ 'bochecha'   vs àlɔ̀ 'mão'
      èjé 'larva'   vs èjè 'aranha'
      èwí 'espada'   vs èwì 'vinte'
      ègà 'ferro'   vs ègǎ 'chefe'
      èvì 'planta sp'   vs èvǐ 'filho'
      àʑḭ́ 'ovo'   vs àʑḭ̌ 'planta do amendoim'
      àgbá̰ 'bagagem'   vs àgbǎ̰ 'prato'
      àʥì 'jogo sp'   vs àʥǐ 'sabão'

Os dados mostram que não há oposição entre os tons alto e ascendente (grafado com o circunflexo de ponta-cabeça), indicando uma distribuição complementar, isto é, cada qual ocorre em ambiente fonético exclusivo: o tom modulado ascendente só ocorre após consoante sonora, e o tom alto, por sua vez, tem distribuição mais ampla, ocorrendo com consoante surda e soante. Portanto, o tom modulado, resultando da transformação do tom alto, não é uma unidade fonológica de base, mas sim derivada.

Vejamos outras evidências de que a modulação tonal de línguas africanas pode ser decomposta, utilizando agora o caso do mende (Leben, 1978), falado em Serra Leoa, onde o tom da raiz nominal é copiado por monossílabos atonais, como o locativo *hu*, 'em' (47a), mas somente a parte final do tom modulado (47b) é resgatada pela posposição:

(47) a. kɔ́   'guerra' → kɔ́hú
         pélé   'casa'   → péléhú
         bèlè   'calça'   → bèlèhù
      b. mbǎ   'arroz'   → mbǎhú
         mbû   'coruja' → mbûhù

Os dados revelam que o tom final é uma entidade independente e que, portanto, os tons modulados devem ser interpretados como B+A (baixo-alto) e A+B (alto-baixo), respectivamente.

Tom lexical e tom gramatical

Na maioria das línguas africanas, o tom é decisivo para a distinção do significado de palavras, como vimos em (46). Mais alguns exemplos:

114 Introdução à Linguística Africana

(48) Nupe (Nigéria)
bé   'vir'
bē   'acrescentar'
bè   'juntar'

(49) Sango (Rep. Centro-Africana)
wá   'fogo'
wā   'conselheiro'
wà   'mestre'

(50) Quimbundo (Angola)
nʒílà   'caminho'
nʒílá   'pássaro'

(51) Abrom (Costa do Marfim)
bòmò   'borboleta'
bòmó   'cobertor'

Além dos tons lexicais, as línguas africanas apresentam formativos gramaticais cuja substância fonológica é tonal. Por exemplo, em setsuana (Creissels, 1998), o tom possui função gramatical por distinguir as categorias de número e pessoa. Em 52a, o morfema *ò* de tom baixo indica a 2SG; em 52b, o morfema *ó* de tom alto indica a 3SG:

(52) a. òrátá χòtshámî:kà

ò   ráta   χòtshámíkà
2SG   gostar   brincar
'Você gosta de brincar'

b. órátá χòtshámî:kà

ó   rátá   χòtshámíka
3sG   gostar   brincar
'Ele(a) gosta de brincar'

Tom flutuante

O tom flutuante, um dos fatos de fonologia mais frequentes em línguas africanas, é o tom que não possui suporte segmental já na estrutura profunda e, por isso, ele é uma categoria gramatical com uma entrada independente no léxico da língua. Por exemplo, em bambara (Rialland e Sangaré, 1989), o tom baixo é o morfema, de definido:

(53) bá ` → bâ 'o rio'

A palavra *bá*, 'rio', pronunciada isoladamente possui tom alto. Com a intervenção do tom baixo flutuante que se aloja na vogal precedente, forma-se *bâ*, 'o rio', realizado com tom modulado alto-baixo.

Em igbo (Green e Igwe, 1963), um tom alto sem suporte segmental possui a função gramatical associativa:

(54) àgbà ´ èŋwe → àgbá èŋwè 'maxilar de macaco'

No exemplo acima, *àgbà*, 'maxilar', e *èŋwè*, 'macaco', são pronunciados B-B (baixo-baixo) em isolação, mas, na construção associativa, o morfema tonal A (alto) se aloja na TBU precedente, por meio de assimilação regressiva.

O tom flutuante pode ser também aquele que perdeu o suporte segmental devido a uma transformação fonética realizada pela vogal. Vejamos como isso ocorre em margue (Hoffmann, 1963), a partir da observação do sufixo -*árì*, indicador de definitude:

(55) tî → tjǎrì 'manhã'
hù → hwǎrì 'sepultura'
úʔù → úʔwǎrì 'fogo'

Após vogal de tom baixo em posição final de radical, o tom baixo perde seu suporte segmental porque a vogal que o carrega se transforma em semivogal.

Seja uma unidade fonológica como em bambara e igbo, seja uma unidade derivada de um processo fonético como em margue, o tom flutuante deve ser pronunciado e, para isso, ele vai se associar a outro segmento, geralmente uma vogal. Por exemplo, em margue, somente as vogais são TBU, o que explica a ancoragem do tom baixo flutuante (representado dentro de um círculo) à vogal de tom alto do sufixo, resultando em modulação tonal BA (baixo-alto). Utilizando-se o modelo de representação autossegmental,[13] temos:

(56) /ú ʔ ù + á r ì/ → /ú ʔ w + á r ì/ → [ú ʔ w + ǎ r ì]
  | | | | | ⌐⌐| | | ╱| |
  A B A B   A Ⓑ A B   A   B A B

O tom flutuante das línguas africanas é uma importante evidência da mobilidade tonal e da independência entre tom e segmento, o que levou a importantes mudanças e avanços nas teorias e modelos de representação de processos fonológicos nas línguas naturais. Veremos o fenômeno na mobilidade tonal em línguas africanas a seguir.

Mobilidade tonal

A independência entre o tom e o seu segmento encontra evidência na capacidade do tom de se movimentar, "descolando-se" de seu morfema de origem, realizando-se em outro que, por vezes, se encontra à grande distância. Essa propriedade é amplamente atestada em línguas africanas de morfologia aglutinante, como é o caso das línguas bantas. Vejamos a mobilidade tonal em quizigula (Kenstowicz e Kisseberth, 1990), falada na Tanzânia:

116 Introdução à Linguística Africana

(57) *Verbo de tom baixo*   *Verbo de tom alto*

kù-dàmàɲ-à   'fazer'   kù-lò**mbé**z-à   'pedir'

kù-dàmàɲ-ìz-à   'fazer para'   kù-lòmbèz-**éz**-à   'pedir para'

kù-dàmàɲ-ìz-àn-à 'fazer um ao outro'   kù-lòmbèz-èz-**án**-à 'pedir um ao outro'

Os dados acima mostram palavras em quizigula que apresentam raízes de tom baixo no nível lexical, como se observa nas várias formas do verbo *-dàmàɲ-*, 'fazer'; outras apresentam uma sílaba com tom alto, como na raíz *-lòmbéz-*, 'pedir', mas o mesmo tom alto migra da raiz invariavelmente para a penúltima sílaba da forma verbal derivada (cf. *kùlòmbèzézà, kùlòmbèzèzánà*). Note-se que o tom alto não se origina nos derivativos *-ìz-* (aplicativo) e *-àn-* (recíproco), pois os mesmos morfemas são desprovidos de tom alto no verbo 'fazer'.

O alvo do tom alto varia de língua para língua. Por exemplo, em sucuma, outra língua banta falada da Tanzânia (Sietsema, 1989), o tom alto se move a partir de sua sílaba de origem (sublinhada abaixo) invariavelmente para a segunda sílaba à direita (em negrito nos exemplos):

(58) àkàbónànìʒà   →   à.kà.bò.nà.**ní**.ʒà   'ele viu ao mesmo tempo'

     kùtónòlà   →   kù.tò.nò.**lá**   'arrancar'

     túkùsòlà   →   tu.kù.**só**.là   'nós escolheremos'

     àkùbásòlà   →   à.kù.bà.sò.**lá**   'ele os escolherá'

Em outras línguas africanas, como o somali (Banti, 1988), o tom alto seleciona como alvo a segunda sílaba do sintagma ocupando a posição final:

(59) a.   ʃálej   b-úu   tuké   arkej   'ontem ele viu um corvo'

        ontem   FOC-ele   corvo   viu

     b.   ʃálej   b-úu   arkej   túke   'ontem ele viu um corvo'

        ontem   FOC-ele   viu   corvo

Em somali, as duas possibilidades no ordenamento das sentenças acima são possíveis, mas a escolha pela segunda impõe a retração do tom alto lexical de *tuké*, 'corvo', para a penúltima sílaba da palavra, resultando *túke*.

Espraiamento tonal

Contrariamente ao fenômeno da mobilidade, o espraiamento tonal se define pelo envio de traços tonais diretamente do morfema de origem a outros. O fenômeno é amplamente atestado em línguas africanas.

Em chilungo (Bickmore, 1996), falado na Tanzânia, o tom do prefixo espraia seu traço alto (A) para todas as sílabas exceto a última, que receberá um tom baixo (B) por *default*:[14]

(60) kú-soobolol-a → kúsóóbólólà   'solucionar; organizar'

Em vai (Welmers, 1976), falado na Libéria, o tom baixo se espraia para uma sílaba à direita. Esta apaga o seu tom subjacente a fim de poder receber o traço B da primeira:

(61) mùsú náánì → mùsù náánì   'quatro mulheres'

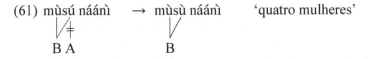

Em bade (Schuh, 1978), falado na Nigéria, é o tom alto que se espraia para até uma sílaba à direita, que apaga o tom subjacente, resultando em um sintagma verbal de melodia A:

(62) nán kàtáw → nán kátáw   'eu retornei'

Em quimbundo (Xavier, 2012), um tom alto que segue uma palavra espraia o traço A sobre a última vogal da sílaba da palavra lexical imediatamente à esquerda, elevando o registro tonal subjacente de uma sílaba de tom baixo. O movimento de propagação neste caso se faz da direita para a esquerda:

(63) kúdjà kwámì → kúdjá kwámì   'minha comida'

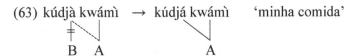

Rebaixamento tonal: *downstep* e *downdrift*

O *downstep* e o *downdrift*, representados com uma flecha em queda ↓, referem-se ao rebaixamento tonal. Ambos coexistem na maioria das línguas africanas, são previsíveis, por operarem no nível fonético, e são desencadeados por influência de um tom baixo (flutuante ou não: ABA → AB↓A) ou pela dissimilação entre dois tons altos contíguos (AA → A↓A). Os dois fenômenos se relacionam, mas o segundo atua ao nível do enunciado ou sintagma e sempre resulta do primeiro.

118 Introdução à Linguística Africana

Vejamos um exemplo de *downdrift* em igbo (Pulleyblank, 1986). O esquema a seguir nos permite visualizar seis níveis de altura, onde o rebaixamento dos tons altos (visível na pauta) se deve à influência dos tons baixos que os precedem:

(64) A B B B A B A B

ó nwèrè àkó nà ùtʃe

'Ela era inteligente e sensata'

Note-se que o *downdrift* é um rebaixamento gradual, realizado passo a passo, de modo a não impedir o contraste tonal da língua. Na figura acima temos a sequência ABBBABAB mostrando um maior intervalo da queda dos tons A até o tom B que os segue do que o intervalo do salto entre tons B até o tom A seguinte. Dessa maneira, preserva-se a distinção fonológica entre os tons A e B, pois a identidade de cada um deles se determina em relação ao tom precedente: um tom A ou B estará sempre ocupando uma posição mais alta ou mais baixa em relação ao tom A ou B precedente.

No caso do *downstep*, temos o rebaixamento individual de um tom alto por influência de outro tom alto que o precede, sem a ocorrência de um tom baixo interveniente, tanto em sintagmas (cf. *mónà wé → món↓é*, 'teu filho', em quimbundo) como em enunciados mais longos, onde o processo é iterativo, aplicando-se nas sílabas subsequentes:

(65) A A A A A A A A B

ŋgándálá kúmóná nʒílámì

'Quero ver meu pássaro'

Toda a sequência de tons altos acima na frase em quimbundo é realizada num registro ligeiramente mais baixo que o primeiro presente na sílaba *ŋgá*. Trata-se de um abaixamento tonal pontual que leva a um abaixamento tonal cumulativo (*downdrift*) ao longo do enunciado.

Acento

O acento em línguas africanas é um dos assuntos mais complexos e interessantes nos estudos atuais de Fonologia. Alguns sistemas fonológicos revelam uma estreita relação do fenômeno com a morfologia e a sintaxe, outros utilizam o acento em interação com o tom, o que em termos prosódicos torna a classificação de uma língua algo problemática para os especialistas.

De fato, além de tonais, as línguas africanas podem ser acentuais, acento-tonais, ou ainda apresentar um sistema misto, onde acento e tons não recaem na mesma sílaba.[15]

Uma língua é *acentual* quando utiliza apenas uma proeminência por palavra ou morfema. Vejamos o caso emblemático do quissuaíli, em que a posição do acento é previsível, por recair sempre na penúltima sílaba. A posição relativa do acento é fixa mesmo quando a palavra recebe afixos:

(66) 'pi.ga   'bater'
   pi.'ga.na   'bater um no outro'
   pi.ga.'ni.ʃa   'fazer bater'
   tu.ta.wa.'pi.ga   'nós bateremos neles'
   tu.ta.wa.pi.ga.'ni.ʃa   'nós os faremos bater um no outro'

Como se observa em línguas de outros continentes, as regras de atribuição de acento em línguas africanas podem ser determinadas ou pela morfologia ou pela fonologia. Por exemplo, em diola-fonhe (Sapir, 1965), falado no Senegal e Gâmbia, a atribuição do acento é imposta pela morfologia:

(67) ɛ-{'ja-mɛn   'bode'
   ɛ-{'ja-mɛ'nej   'o bode'
   ɛ-{'ja-mɛn-nɔm   'meu bode'
   pa-ni-{'ka-'tɔ   'eu vou deixá-lo'
   ni-tɛ-{'tɛk   'eu bato'
   ni-{'ka-nɔ   'eu me visto'
   ni-{'ka-'nɔ   'eu o visto'

A primeira sílaba de uma raiz presa, cuja fronteira é indicada pela chave aberta "{", recebe o acento primário. Os clíticos finais, como os possessivos, marcadores de definitude e a partícula de objeto da 3SG, também o recebem, resultando dois acentos primários adjacentes.

120 Introdução à Linguística Africana

Em uólofe, o acento é determinado pela fonologia, atribuído à sílaba inicial de palavra ou à sílaba pesada, isto é, sílabas que apresentam vogais longas ou podem ser fechadas por uma consoante, próxima da inicial:

(68) 'wo.ne.wu   'ostentar-se'
te'raa.ŋga   'hospitalidade'
'jum.tu.kaaj 'ferramenta'

As línguas africanas que utilizam o acento em conjunção com um tom alto (cuja existência se prova pelo constraste melódico alto vs baixo de monossílabos ou certos morfemas) são classificadas como *acento-tonais* ou de *pitch-accent*, como é o caso do volaita (Amha, 1996), falado na Etiópia:

(69) za'**ré**   'lagarto'
'**zá**re   'parente'
'**zí**giret:a 'fofocar'
k'a:re'**t:á** 'descobrir'

O volaita atribui um acento-tonal por palavra. Em casos de composição, porém, a proeminência do *pitch-accent* recai invariavelmente no primeiro elemento do composto (p.e., *haj'tːá*, 'folha', + *tukːé*, 'café', → *haj'tːá tukːe*, 'café condimentado feito das folhas do café').

Alguns sistemas prosódicos africanos são descritos como *tonais e acentuais*, por utilizarem tom e acento ao mesmo tempo, cada qual podendo ocupar sílabas diferentes em uma mesma palavra. Essa compatibilidade prosódica, caracterizada pela coexistência dos dois traços suprassegmentais, se observa em lango (Noonan, 1992), falado em Uganda:

(70) a. à + 'bòlò   'banana-da-terra'   vs 'màkâc 'tesoura'
b. pígá + 'bólò 'suco de banana-da-terra'

Em termos de previsibilidade, o acento é atribuído à vogal em início de raiz (70a), e, em compostos, o acento primário recai no lado direito da palavra (70b).

Os dados acima mostram que o local onde o acento recai é determinado pela morfologia, e não pela fonologia. Esse fato também se observa em doluo (Tucker, 1993), falado no Quênia e na Tanzânia, onde o acento é atribuído à vogal de início de radical:

(71) a. ra + '**hî**   'cobra'   vs '**ra**wo   'hipopótamo'
b. ra + '**hí** + nì 'esta cobra' vs '**ra**wo + ni 'este hipopótamo'

Uma vez que o acento é determinado pela morfologia, palavras de tamanho idêntico com estrutura morfológica diferente são acentuadas em sílabas diferentes (cf. *ra+ 'hî* vs *'rawo*, em 71a). Observe-se também que a aposição de sufixos não altera a posição do acento da vogal do radical (cf. *ra 'híni* e *'rawoni* , em 71b).

Vejamos o comportamento do acento em iraco (Mous, 1993), língua cuchita da Tanzânia, a partir dos seguintes dados:

(72) ba.'ʔee.so   'antílope sp'
    'hloo.ró   'gafanhoto'
    mu.'gúl   'clavícula'
    'wa.wit.mo   'rei'
    'bá.sa   'sul'

Em iraco, portanto, atribui-se o acento à sílaba de vogal longa (cf. *ba 'ʔeeso* e *'hlooró*); à sílaba final de tom alto, se a penúltima não possui vogal longa (cf. *mu 'gúl*); à primeira sílaba se ausentes as condições anteriores (cf. *'wawitmo* e *'bása*).

Como ocorre com a análise acento-tonal (*pitch-accent*), a coexistência de tom e acento em línguas africanas é um ponto bastante controvertido na literatura, especialmente em trabalhos sobre a fonologia das línguas tonais nigero-congolesas, como os sistemas chádicos e bantos. Com efeito, estudos complementares de fonética aos de interpretação fonológica ainda devem ser realizados a fim de resolver a questão da identidade prosódica de línguas africanas.

Sílaba

A sílaba (σ) é a unidade prosódica por excelência, por carregar os traços rítmicos e melódicos, confinados ao seu núcleo, pertinentes para a distinção do significado.

Na representação fonológica, a sílaba é composta por um *ataque* (At) e um *núcleo* (Nu) e consiste de um *esqueleto* ao qual se associam unidades que integram uma respectiva camada: a silábica (que define uma sequência temporal "x"), a segmental e a tonal, o que capta coerentemente a independência entre tom e segmento das línguas africanas.

Na maioria das línguas africanas, a sílaba compreende uma vogal que ocupa a posição nuclear, acompanhada ou não de uma consoante em posição de *ataque*, isto é, à esquerda do núcleo. Ataques com duas consoantes são raros, geralmente são o resultado de derivação fonética via elisão vocálica, como se nota em lembama (Okoudowa, 2005), falado no Gabão:

(73) /mpə̀.rì/ → [mprì] 'letra'
/bə̀.rá/ → [brá] 'arrancar'

Línguas africanas que admitem sílabas fechadas (CVC) impõem fortes restrições quanto às consoantes que podem figurar na posição de *coda*, isto é, à direita do núcleo. Este é o caso do zarma (Oumarou Yaro, 1993), falado no Níger, que em coda em posição final absoluta de palavra admite somente consoantes não obstruintes (j, w, r, l, m, n, ŋ):

(74) kój   'chefe'
háw   'vaca'
fàr   'arar'
ɟáŋgàl   'imposto'
hâm   'carne'
tŭn   'lavar-se'
cǎŋ   'ratinho'

Em posição interna de palavra o zarma permite outras consoantes, sejam elas simples ou geminadas (cf. *kŏptò*, 'folha', *làbtándá*, 'abóbora', *wáddè*, 'camarada', *hàggôj*, 'vigiar', *hánná*, 'pernoitar').

Em outras línguas, como o sosso (Touré, 1989), falado na Guiné, em Serra Leoa e na Guiné-Bissau, a posição de coda se reserva apenas a uma nasal que, em posição interna de palavra, adquire o mesmo ponto de articulação da consoante que ocupa o ataque da sílaba seguinte (cf. *kán.tá*, 'guardar') e a [ŋ] em posição final absoluta (*χé.béŋ*, 'tábua').

Afora casos excepcionais, a sílaba canônica de línguas africanas é sempre aberta, nunca termina em consoante. Essa propriedade se encontra no sistema fonológico do quimbundo, que fornece uma boa amostra da estrutura silábica das línguas do tronco nigero-congolês, particularmente as do domínio banto:

(75) à.kó.ŋgò   'caçadores'
dì.hó.nʒò   'banana'
nʒí.lá   'pássaro'
mù.ká.ndà   'papel; livro'
kú.sú.mbà   'comprar'
mbá.mbì   'cervo sp'

De fato, todas as palavras da língua podem ser divididas exaustivamente em uma sequência de sílabas, em que suas unidades contêm uma proeminência 'v' (vogal, semivogal ou, no caso de derivação fonética, uma consoante silábica) seguida ou não por uma margem menos proeminente 'c' (consoante). Os prefixos de classe têm tipicamente a forma cv-, raízes -cvc-, elementos derivacionais (extensões e sufixos) -vc- e um sufixo obrigatório em -v. Uma sílaba bem-formada em quimbundo é o resultado da posição da estrutura silábica dentro de uma palavra ou constituinte maior, como um sintagma nominal, permitindo, assim, que qualquer palavra da língua seja composta por uma sequência de sílabas abertas. Nesse caso, qualquer palavra em quimbundo com o formato CV+CVC+VC+V, por exemplo, *ŋgásúmbísà*, 'vendi', possui quatro sílabas: *ŋgá.sú.mbí.sà*, ou seja, CV.CV.CV.CV, formalizadas da seguinte maneira:

(76)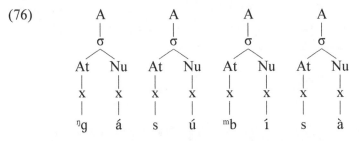

Diversos processos fonológicos identificados em línguas africanas dependem do peso da sílaba. Sílabas pesadas são aquelas que apresentam vogais longas, representadas por ':' ou podem ser fechadas por uma consoante. Por exemplo, em bole (Newman, 1972), falado na Nigéria, o padrão tonal de verbos terminados em -*u* depende do peso da primeira sílaba:

(77) a. ràːmu 'consertar'   b. tónú 'afiar'
     sòːrú 'cair'   ʃírú 'roubar'
     mòjːú 'esperar por'   mójú 'ver'
     ɓòltú 'quebrar (intrans.)'   ɓólú 'quebrar (intrans.)

As sílabas pesadas sempre carregam tom baixo, como vemos nos exemplos (a); as sílabas leves, isto é, sílabas de vogais breves e abertas, carregam tom alto, como mostram os exemplos (b).

Conclusão

Apesar do grande número de línguas e divergências envolvidas na interpretação de certos fenômenos, podemos discernir certos padrões e categorias fonológicas bem definidas de línguas africanas. No nível segmental, destacam-se as consoantes implosivas, oclusivas labiovelares, pré-nasalizadas e cliques e o sistema de harmonia vocálica por altura e por ATR. No nível suprassegmental, destacam-se os tons pontuais, o movimento e a propagação de traços tonais, o tom flutuante, o acento (sua interação ou independência em relação ao tom) e a sílaba CV. O capítulo também destaca a importância das línguas africanas nos estudos científicos que perpassam a linguagem. De fato, elas têm trazido elementos para o desenvolvimento de pesquisas que permitem abrir caminhos para a compreensão de línguas pouco conhecidas, a revitalização de tantas outras em risco de extinção e a obtenção de evidências para os estudos da origem e do espectro de possibilidades da linguagem humana.

Notas

[1] A Fonologia investiga também as línguas de sinais utilizadas pelos surdos, tendo como objeto de análise os padrões de imagens visuais que substituem os padrões sonoros.

[2] Na transcrição dos segmentos e suprassegmentos utilizamos os símbolos da Associação Internacional de Fonética. Alguns dados emprestados da literatura não apresentam marcação de tons porque seus autores não os registraram nos originais.

[3] Para uma visão crítica sobre a uniformidade fonológica africana e para um estudo areal dos sistemas fonológicos africanos, ver Clements e Rialland (2008).

[4] Concebida pelos linguistas da Escola de Praga, dentre os quais Trubetzkoy (1939), a ideia de *traços distintivos* foi posteriormente aperfeiçoada por Jakobson, Fant e Halle (1952). Os traços distintivos são as propriedades mínimas, de natureza acústico-articulatória, que compõem o fonema.

[5] Os termos *alto, baixo* e *recuado* referem-se aos traços distintivos e descrevem sons produzidos respectivamente com uma elevação, abaixamento e retração do corpo da língua acima da posição de repouso durante a sua produção. *ATR* é a abreviatura em inglês de 'Advanced Tongue Root', termo referente ao fenômeno de avanço e recuo da raiz da língua na produção de certas vogais.

[6] O verbo nas línguas bantas é um complexo de marcas situadas à esquerda e à direita da raiz. A raiz é o elemento lexical irredutível do qual se estende o radical. O radical, por sua vez, é a união da raiz com os sufixos não obrigatórios e a vogal final (cf. o capítulo sobre a morfologia de línguas africanas neste volume).

[7] Presente na maioria das línguas bantas, o *aplicativo* é um morfema derivativo que estende o valor semântico de uma raiz verbal, expressando benefício, prejuízo, causa, instrumento ou o modo pelo qual um evento se realiza.

[8] As representações dos movimentos de traços segmentais ao longo deste capítulo tomam por base a proposta original de Clements (1985), a *geometria para os traços distintivos*, por meio da qual os traços podem se estender sobre domínios maiores que o do segmento.

[9] Posteriormente, Lindau (1975) chamou a atenção para o fato de que outro movimento articulatório entra simultaneamente em jogo na produção das vogais do acã: o abaixamento da laringe, que, por efeito, causa o aumento de volume da cavidade faringal, fato que se confirmou em trabalhos sobre outras línguas africanas.

[10] Para uma análise crítica sobre as diferentes definições e utilizações do conceito de 'marcação', confira Hume (2011).

[11] O termo "altura" é a tradução que utilizo para *pitch*, pelo qual o tom e a entoação se manifestam nas línguas. Trata-se de uma propriedade auditiva, algo que percebemos pelo ouvido. Seu correlato acústico é a frequência fundamental (F_0) do som que percebemos e, nesse sentido físico, pode ser medida em Hz.

[12] A abreviatura TBU, do inglês 'Tone Bearing Unit', é a mais utilizada nos estudos de fonologia. Dependendo da linha de pesquisa do analista, a TBU é o núcleo da sílaba (Pike, 1948) ou o morfema (Welmers, 1959).

[13] A premissa básica da fonologia autossegmental (Goldsmith, 1976) é a de que os tons são representados em uma camada (ou 'tier') paralela à das consoantes e das vogais, sincronizadas com as unidades (sílabas ou moras) portadoras daqueles por meio de linhas de associação, como podemos observar nos esquemas ao longo desta seção.

[14] O tom *default* é um tom inerte na estrutura profunda que é atribuído a uma TBU a fim de permitir que toda sílaba carregue um tom no nível fonético. Em línguas africanas de dois tons, o tom *default* é sempre baixo.

[15] Utilizo o termo 'acento' (marcado nos dados pelo diacrítico ' ' ' à esquerda da sílaba acentuada) a fim de traduzir 'stress' e o termo 'acento-tonal' para traduzir 'pitch-accent' (marcado pelo acento agudo). Em pesquisas de fonética, o correlato acústico do acento são principalmente a duração (medida em milissegundos) e a amplitude (medida em decibéis), parâmetros que são levados em conta em trabalhos complementares aos de interpretação fonológica.

Morfologia

Cleonice Candida Gomes
Bruno Okoudowa

A Morfologia é o estudo da estrutura interna das palavras. Estas são compostas de sequências de sons (segmentos fonológicos), que não possuem um significado específico, mas apenas valor contrastivo. Assim como a fonologia, a morfologia estuda a estrutura interna das palavras, mas com o objetivo de identificar os constituintes significativos das palavras – os *morfemas*. Assim, a morfologia pode ser definida como o estudo da combinação dos morfemas que estruturam as palavras da linguagem humana.

Este capítulo apresenta a estrutura morfológica das palavras em línguas africanas a partir de dados extraídos das análises de Fernando (2008), Haspelmath (2002), Katamba (1993, 2003), Dimmendaal (2000), Spencer (1991), Ngunga (2004), Gomes (2008), Richards (1981), Elson e Pickett (1978), Hyman (1979), Bonvini (1996), Xavier (2012), Okoudowa (2005), Ndonga (1995), Welmers (1973), Nurse (2008), Meewis (1998) e Kanu (2004) sobre as línguas quicongo (quissicongo), iorubá, suaíli, hauçá, diola, fula, sérer, luganda, somali, mbai, changana (ronga), iao, balanta, zulu, uale, banda-linda, turcana, dulai, aguém, quimbundo, lingala, lembama, buchongue, londo, kpele, sena, ndau, têmine e tumbuca.

O capítulo apresenta a segmentação das palavras e a identificação dos morfemas de línguas africanas, bem como os desafios que subjazem à tarefa dos especialistas: os processos de alomorfia, a composição, a flexão e a derivação, e a morfologia dos nomes e dos verbos nas línguas africanas.

128 Introdução à Linguística Africana

A segmentação das palavras

A Morfologia estuda a estrutura dos *morfemas*, isto é, as unidades mínimas significativas das quais as palavras se compõem. A possibilidade de se dividir uma palavra em segmentos gramaticais é uma questão de grau: há palavras que são facilmente segmentáveis em suas partes constitutivas, mas há outras que são apenas parcialmente segmentáveis. Segundo esse aspecto é que, seguindo a tradição surgida no século XIX, dividem-se as línguas em tipos estruturais: isolante, aglutinante, flexional e polissintética, conforme o grau de segmentação. Essa classificação tradicional é referida dentro da literatura descritiva, mas sabemos que essa distinção não é estanque, porque, nas línguas em geral, observa-se que há um *continuum* ao invés de quatro tipos discretos.

Em quicongo (Fernando, 2008: 15), vários conceitos são expressos por meio de morfemas distintos que apresentam alto grau de segmentação.

No dado abaixo, a noção de 'número' é expressa por meio de afixos prefixados ao nome, marcadores de classe nominal, *di-* 'singular' e *ma-* 'plural', e as noções de 'pessoa' e 'tempo' são expressas por meio de afixos anexados ao verbo: o verbo *-veen-* 'dar' tem afixado a ele os morfemas de 'primeira pessoa do singular sujeito', representado pelo prefixo *i-*, 'terceira pessoa do singular objeto', representado pelo prefixo *n-*, e 'tempo passado', representado pelo sufixo *-e*:

(1) Quicongo (nigero-congolês, benue-congolês, banto)
     a. di-ŋkondo / ma-ŋkondo   'banana (SG/PL)'
     b. ma-ŋkondo   i-   n- veen   -e   mo
        PL-banana   1 SG - 3 SG - dar- PAS eles/elas
        'eu dei bananas para ele/ela (lit.: bananas eu para ele/ela dei elas (bananas))'

Uma das línguas africanas que apresenta alto grau de segmentação em morfemas é o iorubá, língua falada na Nigéria, no Benin e no Togo, que, diferentemente do quicongo, designa alguns conceitos, que corriqueiramente são expressos por meio de morfemas, por meio de palavras. Em iorubá (Rowlands, 1969: 93; apud Haspelmath, 2002: 4), a morfologia tem um papel relativamente modesto; o que é expresso em quicongo por meio do morfema de 'plural' e por afixos de tempo e aspecto é expresso em iorubá por meio de uma palavra isolada, como *àwɔn* 'plural', *ó* 'futuro' e *maa* 'progressivo':

(2) Iorubá (nigero-congolês, benue-congolês, defoide)
     a. ɔkùnrin '(o) homem'   àwɔn ɔkùnrin   'os homens'
     b. nwɔn ó   maa   gbà   pónùn méwă lɔ́ɔ̀ɔ̀sè
        eles FUT PROG receber libra dez semanalmente
        'eles estarão recebendo 10 libras por semana'

Línguas como o iorubá e o suaíli podem apresentar uma única forma – *morfe* – para designar dois conceitos. Vejamos alguns exemplos do suaíli (Katamba, 1993: 63) a fim de depreendermos o paradigma dos morfemas que marcam pessoa:

(3) Suaíli (nigero-congolês, benue-congolês, banto)

nilipata	'eu peguei'	niliwapiga	'eu bati neles'
walipata	'eles pegaram'	walitupiga	'eles bateram em nós'
nilikipata	'eu o (coisa) peguei'	utatupiga	'você baterá em nós'
ulikipata	'você o (coisa) pegou'	ulipiga	'você bateu'
nitakipata	'você o (coisa) pegará'	watakupiga	'eles baterão em você'
ulipata	'você pegou'	ulitupiga	'você bateu em nós'
nitakupata	'eu pegarei você'	watakipiga	'eles baterão nele (coisa)'

A partir dos dados acima, podemos depreender os seguintes morfemas, cada qual com um significado e uma função sintática:

(4)

Prefixos			Raízes
Sujeito	Tempo	Objeto	Verbo
ni- '1SG'	*li-* 'passado'	*ki-* '3SG (coisa)'	*-pata* 'pegar'
wa- '3PL'	*ta-* 'futuro'	*wa-* '3PL'	*-piga* 'bater'
u- '2SG'		*tu-* '1PL'	
		u- '2SG'	

Como se observa em (4), o objeto de 2SG é expresso pelo morfema *u*. Porém, em suaíli, acrescenta-se a este mesmo morfema o segmento *k* a fim de se evitarem hiatos. Dessa maneira, por exemplo, /uataupiga/ se realiza como *watakupiga*. Trata-se, portanto, de um caso de alomorfia, isto é, uma variação de um mesmo morfema em que suas diversas formas apresentam o mesmo significado:

(5) wata**ku**piga
    ua- ta- u- piga
    3PL- FUT- 2SG- bater
    'eles baterão em você'

As línguas bantas, como vimos em suaíli e em quicongo, apresentam um alto grau de segmentação. Outras línguas apresentam menor grau de segmentação em constituintes, como é o caso do hauçá (Dimmendaal, 2000: 163):

130 Introdução à Linguística Africana

(6) Hauçá (afro-asiático, chádica)

   a. táá   kòòjí   háúsá

      3SG.F.PFT   aprender   hauçá

      'ela aprendeu o hauçá'

   b. tá-nàà   kòòjó-n   háúsá

      3SG.F.IMPF   aprender-M.GEN   hauçá

      'ela aprende o hauçá'

O que se verifica, ao compararmos o hauçá ao quicongo ou ao suaíli, é que em hauçá não é fácil determinar onde se encontra o limite ou a juntura entre dois morfemas. O quicongo e o suaíli têm marcas distintas para os morfemas de tempo e para os morfemas de pessoa e número. Com relação aos morfemas de tempo, o quicongo e o suaíli apresentam formas diferentes para os morfemas de 'passado' e 'futuro'. Em quicongo, *-e*, para o 'passado'; em suaíli, *li-*, para o 'passado', *ta-*, para o 'futuro'. Com relação aos morfemas de pessoa e número, o quicongo e o suaíli também apresentam formas diferentes para esses morfemas. Em quicongo *i-*, para a 'primeira pessoa do singular'; em suaíli, *ni-*, para a 'primeira pessoa do singular', *tu-*, para a 'primeira pessoa do plural'. Isso não ocorre em hauçá. As noções de 'aspecto', 'pessoa' e 'número' não são representadas por formas distintas, mas uma única forma condensa todas essas informações e, juntamente com elas, a informação de 'gênero', representadas na forma *táá* 'terceira pessoa do singular, feminino, perfectivo' e na forma *-n* 'masculino, genitivo'.

As línguas em geral podem empregar diferentes estratégias para exprimir relações conceituais; elas podem fazer o uso de palavras distintas, de afixação, de modificação interna (por exemplo, por meio de tons, cf. capítulo de fonologia), de reduplicação ou de composição. Às vezes, um segmento pode ser deslocado dentro da palavra e esse deslocamento ter uma função, ou seja, equivaler a um procedimento flexional ou derivacional, uma estratégia denominada metátese. As línguas tendem a envolver uma maior ou menor mistura de diferentes estratégias.

As unidades de análise em morfes

Nos dados apresentados até o momento, encontramos marcadores que exprimem pessoa, número, aspecto e modo. Esses morfemas funcionais apareceram atados a raízes verbais, ora precedendo a raiz, os chamados prefixos, ora seguindo a raiz, os chamados sufixos. Além dos prefixos e dos sufixos, podem-se enumerar outros tipos de afixos: os circunfixos, os infixos e os suprafixos (ou morfemas suprassegmentais).

Circunfixos são afixos descontínuos, em que uma parte do morfema se encontra antes da raiz e a outra depois da raiz. Esse tipo de afixo também é atestado em línguas africanas.

Morfemas descontínuos são comuns às línguas atlânticas. Dados de Sapir (1965) sobre o diola-fonhe e de Mukarovsky (1983) sobre o fula e o sérer (Dimmendaal, 2000: 165) mostram que o sérer, na afixação de classe nominal – representada na glosa por CL –, apresentam morfema descontínuo:

(7) Diola, fula e sérer (nigero-congolês, atlântica)
 a. Diola   a-ʒɔla   'um/uma diola'
              CL-diola
 b. Fula   gor-ko   'um homem'
              homem- CL

 c. Sérer   o-kor-oχa   'um homem'
              CL -homem- CL

Alternativamente, as línguas podem fazer o uso de infixos, como ocorre em hauçá (Newman, 1990; apud Dimmendaal, 2000: 165), em que a marca de 'plural' é expressa na língua pelo infixo -*a*-. Além da infixação, há mudança na altura da última vogal da raiz, de alta à média (i → e):

(8) Hauçá (afro-asiático, chádica)
 a. gúlbíí / gúl-àà-béé   'riacho (SG/PL)'
 b. wúríí / wúr-àà-réé   'lugar (SG/PL)'

As línguas bantas são tonais e geralmente apresentam afixos superpostos aos segmentos, os chamados morfemas suprassegmentais, realizados por meio de marcas tonais, como ocorre em luganda (Hyman, 1975; Katamba, 1989; Pike, 1948; apud Katamba, 1993: 29):

(9) Luganda (nigero-congolês, banto)
 ǹjálá   'fome'   ǹjálà   'unhas'
 mwèèzí 'vassoura'   mwêêzí 'lua'
 bùsá   'nu'   bùsâ   'esterco'
 bùggyâ   'novidade'   búggyà   'inveja'
 àléétá   'ele(a) compra' àléétâ   'aquele(a) que compra'
 àsîíká   'ele(a) frita'   àsîíkâ   'aquele(a) que frita
 àsómá   'ele(a) lê'   àsòmâ   'aquele(a) que lê'
 àgóbá   'ele(a) caça'   àgòbâ   'aquele(a) que caça'

132 Introdução à Linguística Africana

Em luganda, o tom é usado para fazer diferença entre palavras, como se verifica nos quatro primeiros dados, mas o tom também tem função gramatical, como se verifica nos demais dados. O tom faz distinção entre orações simples e orações relativas: o padrão tonal baixo-alto-baixo-alto das orações simples corresponde ao padrão tonal baixo-alto-alto-descendente das orações relativas e o padrão baixo-alto-alto das orações simples corresponde ao padrão tonal baixo-baixo-descendente das orações relativas.

As línguas usam morfemas afixais para acrescentar ou alterar em maior ou menor grau o sentido da raiz. Enumeramos anteriormente os seguintes afixos: prefixos, sufixos, circunfixos, infixos e suprafixos. As línguas também podem utilizar outros mecanismos ou processos para acrescentar ou alterar em maior ou menor grau o sentido da raiz.

Um dos processos comum às línguas é a reduplicação com valor morfológico. Processos de reduplicação são recorrentes nas línguas africanas e podem apresentar valores distintos: (i) nominalização, (ii) marcação de número, (iii) reiteração/intensificação com valor adverbial, (iv) causativo.

Em iorubá (Marantz, 1982: 449; apud Spencer, 1991: 151), por exemplo, a reduplicação pode ser aplicada a verbos a fim de derivar nomes:

(10) Iorubá (nigero-congolês, benue-congolês, defoide)
    a. lɔ ‘ir’   → lilɔ ‘ida’
    b. dùn ‘ser/estar gostoso’ → dídùn ‘gosto’

Em somali (Berchem, 1991: 102; apud Haspelmath, 2002: 24), a reduplicação é usada no sintagma nominal para marcar número, fazendo a distinção entre singular e plural. O plural é realizado por meio do afixo -*a* mais a reduplicação da última consoante da palavra:

(11) Somali (afro-asiático, cuchita)
    a. buug ‘livro’   buug-ag ‘livros’
    b. fool ‘face’   fool-al ‘faces’
    c. koob ‘xícara’ koob-ab ‘xícaras’
    d. jid ‘rua’   jid-ad ‘ruas’
    e. miis ‘mesa’   miis-as ‘mesas’
    f. beed ‘ovo’   beed-ad ‘ovos’

Em mbai (Keegan, 1997: 40; apud Haspelmath, 2002: 37), uma língua do Chade, e em ronga e em iao (Ngunga, 2004: 190-191), línguas faladas em Moçambique, a reduplicação indica um tipo de reiteração/intensificação com valor adverbial:

(12) Mbai (nilo-saariano, sudânica central)
 a. tétǝ 'quebrar' → tétā 'quebrar várias vezes'
 b. ɓìndā 'embrulhar' → ɓíndā 'embrulhar várias vezes'
 c. rījā 'dividir' → ríjā 'dividir várias vezes'
(13) Changana (nigero-congolês, banto)
 a. -detete-a 'comer repetidamente'
 b. -tetetel-a 'vir repetidamente'
(14) Iao (nigero-congolês, banto)
 a. swaaswaaswa 'entardecer muitas vezes'
 b. vaavaava 'ser/estar muitas vezes

Em balanta (Gomes, 2008: 77-78), ocorre reduplicação em alguns verbos com valor causativo, por exemplo, tem-se a forma *baaj* 'jogar/brincar' e a forma *baajbaaj* 'tocar/fazer soar', a forma *sɔl* 'secar' e *sɔlsɔl* 'fazer secar', a forma *jɔɔf* 'ser/estar maior, mais velho, ultrapassar' e a forma *jɔɔfjɔɔf* 'fazer crescer':

(15) Balanta (nigero-congolês, atlântica)
 a. ɲi jɔɔf mamadu
  1SG ser/estar maior Mamadou
  'eu sou mais velho que Mamadou'
 b. a-jɔɔfjɔɔf-na
  IS.3SG-ser/estar maior-IO.2SG
  'ele (o leite) te fez crescer'

Variantes de morfemas

Assim como existem os alofones na fonologia, isto é, duas ou mais realizações de um mesmo fonema, existem os alormorfes na morfologia, que são duas ou mais formas representativas de um mesmo morfema, cujas formas são condicionadas fonologicamente. A alomorfia pode ser parcial ou completa. O hauçá (Richards, 1981: 20; Elson e Pickett, 1978: 58), por exemplo, apresenta alomorfia completa no sintagma nominal abaixo:

(16) Hauçá (afro-asiático, chádica)
 ʔjákkà 'sua irmã (de você, masc.)' gídáŋkà 'sua casa (de você, masc.)'
 ʔjákkì 'sua irmã (de você, fem.)' gídáŋkì 'sua casa (de você, masc.)'
 ʔjássà 'irmã dele' gídánsà 'casa dele'
 ʔjáttà 'irmã dela' gídántà 'casa dela'

ʔjámmù	'nossa irmã'	gídámmù	'nossa casa'
ʔjákkù	'irmã de vocês'	gídáŋkù	'casa de vocês'
ʔjássù	'irmã deles'	gídánsù	'casa deles'
ʔùbaŋkà	'pai de você'	ʔùwakkà	'mãe de você'
ʔùbaŋkì	'pai de você (fem.)'	ʔùwakkì	'mãe de você (fem.)'
ʔùbanʃì	'pai dele'	ʔùwaʃʃì	'mãe dele'
ʔùbantà	'pai dela'	ʔùwattà	'mãe dela'
ʔùbammù	'nosso pai'	ʔùwammù	'nossa mãe'
ʔùbaŋkù	'pai de vocês'	ʔùwakkù	'mãe de vocês'
ʔùbansù	'pai deles'	ʔùwassù	'mãe deles'

O hauçá apresenta um tipo de alomorfia que engloba modo de articulação, ponto e sonoridade, isto é, alomorfia completa. As raízes que aparecem nos dados acima são *ʔják* 'irmã', *gídán* 'casa', *ʔùban* 'pai' e *ʔùwak* 'mãe', e os sufixos indicadores de posse são -*kà* 'segunda singular masculino', -*kì* 'segunda singular feminino', -*sà* 'terceira singular masculino', -*tà* 'terceira singular feminino', -*mù* 'primeira plural', -*kù* 'segunda plural', -*sù* 'terceira plural'. O processo de alomorfia ocorre na raiz pelo contato do sufixo de posse com a última consoante da raiz. Assim, *ʔják* 'irmã' se realiza como *ʔjás*, *ʔját* e *ʔjám*; *ʔùwak* 'mãe' se realiza como *ʔùwaʃ*, *ʔùwat*, *ʔùwam* e *ʔùwas*. Nesses casos, a última consoante da raiz adquire todos os traços da consoante do sufixo. Nos casos de *gídán-* 'casa', que se realiza como *gídám*, e *ʔùban* 'pai', que se realiza como *ʔùbam*, a última consoante da raiz adquire apenas o traço bilabial da consoante do sufixo.

Às vezes, juntamente com os processos de alomorfia, pode ocorrer também o apagamento de algum segmento dentro da palavra. O zulu (Ziervogel et al., 1981: 64; apud Haspelmath, 2002: 190) possui um locativo que é formado pelo sufixo -*ini* (-*eni* /-*ni*), com a colocação de uma vogal no início do nome. A anexação desse morfema à palavra desencadeia não apenas alomorfia, mas também o apagamento de parte do sufixo em alguns casos:

(17) Zulu (nigero-congolês, benue-congolês, banto)
a. umuthi   'árvore'   e-muthi-ni   'junto à árvore'
b. indlebe   'ouvido'   e-ndlebe-ni   'no ouvido'
c. intaba   'montanha'   e-ntabe-ni   'junto à montanha'
d. into   'coisa'   e-ntw-eni   'junto à coisa'
e. iŋkukhu   'ave'   e-ŋkukhw-ini   'junto à ave'

Em uale (Richards, 1981: 42), uma língua de Gana, há alomorfia de 'plural' e de 'singular' – considerada alomorfia condicionada morfologicamente –, em que a marcação de número pode ser realizada em uma ou em outra subclasse:

(18) Uale (nigero-congolês, gur)

gbɛbiri	'dedo do pé'	daa	'mercado'
gbɛbiɛ	'dedos do pé'	daahi	'mercados'
libiri	'moeda'	lumbiri	'laranja'
libiɛ	'moedas'	lumbiɛ	'laranjas'
nuɔ	'ave'	kpakpani	'braço'
nuɔhi	'aves'	kpakpama	'braços'
nɔgbani	'lábio'	wɔɔ	'batata-doce'
nɔgbama	'lábios'	wɔɔhi	'batatas-doces'
dzɛla	'ovo'	nubiri	'dedo da mão'
dzɛlii	'ovos'	nubiɛ	'dedos das mãos'
na	'vaca'	dau	'homem'
nii	'vacas'	dauba	'homens'
biɛ	'criança'	poɣa	'mulher'
biɛhi	'crianças'	poɣaba	'mulheres'
wadzɛ	'pano'	nimbiri	'olho'
wadzɛhi	'panos'	nimbiɛ	'olhos'

Observa-se nos dados acima que a categoria de número recebe marcas tanto no singular quanto no plural e que ainda há subclasses, em que a categoria singular determina uma categoria plural ou vice-versa. Encontramos quatro subclasses de singular: *-ri*, *-Ø*, *-ni*, *-a*; e quatro de plural: *-ɛ*, *-hi* se alternando com *-ii*, *-ma*, *-ba*. Podemos determinar as seguintes correspondências: *-ri* 'singular' *versus* *-ɛ* 'plural', *-Ø* 'singular' *versus* *-hi* 'plural', *-ni* 'singular' *versus* *-ma* 'plural', *-a* 'singular' *versus* *-ii* 'plural', *-Ø* 'singular' *versus* *-ba*. Nesse agrupamento, considera-se haver alomorfia entre *-hi* e *-ii* 'plural', em que a primeira forma ocorre com vogal simples e a segunda com vogais alongadas.

Com relação aos morfemas, podemos encontrar uma forma para um significado; duas ou mais formas para um mesmo significado, os chamados *alomorfes* de um mesmo morfema. No primeiro caso, apenas identificamos os morfemas; no segundo caso, identificamos os morfemas e, quando possível, explicamos as alterações de uma forma por meio de razões fonológicas, morfológicas ou sintáticas, mas há casos em que a língua apresenta uma única forma para dois ou mais sentidos. Assim, como na semântica, é difícil dizer se se trata de polissemia ou homonímia – uma forma que recobre dois sentidos ligados entre si ou sentidos diferentes que possuem uma mesma forma –, na morfologia, o caso não é diferente. Segundo Dimmendaal (2000: 166), em regra geral, podem-se tomar como base dois princípios gerais para resolver esse problema de análise: (i) a proximidade do sentido e (ii) a proximidade da função morfossintática. Nos casos em que os dois marcadores idênticos formalmente têm sentido diametralmente opostos, um exprimindo, por exemplo, uma forma de singular definido e outra de plural indefinido; deve-se, então, tratá-los como morfemas distintos.

A composição

Há unidades gramaticais que contêm duas ou mais raízes lexicais que funcionam gramaticalmente como uma única palavra, ainda que tenham ocorrência independente.

Em hauçá (Newman, 2000a; apud Dimmendaal, 2000: 167), a palavra para 'gás lacrimogênio' é composta:

(19) Hauçá (afro-asiático, chádica)
    bàr̃kòònó-n   tsóóhúwáá
    pimenta-M:GEN   mulher idosa → 'gás lacrimogênio'

A tradução literal para a palavra 'gás lacrimogênio' em hauçá é '(a) pimenta da mulher idosa'. Os componentes dessa palavra aparecem separadamente com seus valores independentes.

Na composição, o sentido da nova palavra, às vezes, pode ser deduzido a partir do sentido de seus elementos composicionais; mas, outras vezes, a palavra resultante deve ser apreendida enquanto tal, porque perde esse vínculo com os seus elementos composicionais. Em banda-linda (Cloarec-Heiss, 1986: 132-53; apud Dimmendaal, 2000: 168), por exemplo, a palavra para 'cabelo' mantém vínculo de sentido com os elementos da composição; já a palavra para 'colocasia, *sp.* (planta)' não apresenta esse vínculo:

(20) Banda-linda (nigero-congolês, adamaua-ubanguiana)
    a. sù-kūmù 'pilosidade-cabeça' → 'cabelo'
    b. tū-mbλlà 'orelha-elefante'   → 'colocasia *sp.*, (planta)'

A composição pode se dar entre dois núcleos sem que haja entre eles uma relação do tipo núcleo-modificador. Em turcana, por exemplo, dois adjetivos compõem a palavra para a cor 'laranja': *-ɲáɲá-rèŋám(ì)* 'laranja (lit. amarelo-vermelho)'.

A composição pode conter um elemento derivado que não necessariamente tem ocorrência independente. Isso se dá especialmente dentro do discurso narrativo, em que os locutores fazem o uso criativo de perífrases para se referir aos personagens animados, por exemplo, no lugar de *ékósòwánì* 'búfalo', pode-se empregar *lódjóŋàráb à èkúmè ló* 'aquele que é rugoso de nariz' (Dimmendaal, 2000: 168):

(21) Turcana (nilo-saariano, nilótica)
ló-djó-ŋàráb   à   èkúmè   ló
REL-um pouco-rugoso   de   nariz:GEN   aquele
'aquele que é rugoso de nariz'

Há composições que se encontram na fronteira entre a morfologia e a sintaxe, como as que ocorrem em hauçá (Newman, 2000; apud Dimmendaal, 2000: 169):

(22) Hauçá (afro-asiático, chádica)
háálí-n   kààkàà-ní-kàà-jí
condição-M:GEN   como-1SG-RET-fazer
'dilema, tempos difíceis (lit. uma condição de como eu vou agir)'

A composição pode envolver uma base verbal (desprovida de afixos) e o complemento do verbo. Vejamos alguns exemplos do dulai (Sasse, 1994; apud Dimmendaal, 2000: 169). Em (a), o verbo aparece desprovido de afixos acompanhado do seu complemento, formando a expressão 'guardião do campo':

(23) Dulai (afro-asiático, cuchita)
    a. an-woʃo   tajad'a
       FOC:1SG-campo   guardar: IMPF:1SG
       'eu sou o guardião do campo, encarregado da guarda do campo'
    b. woʃo   an-tajad'a
       campo   FOC:1SG -guardar:IMPF:1SG
       'eu guardo um campo (particular)'

A composição pode envolver uma base nominal e seu complemento. Essas construções implicam, em geral, subdivisões semânticas como as relações entre a parte e o todo, os termos de parentesco ou a nomenclatura das partes do corpo. Esse tipo de composição pode ou não conter um elemento de ligação equivalente à preposição 'de' em português.

Muitas línguas africanas têm uma construção particular significando 'propriedade de' que associa um possuidor a uma forma eventual, por exemplo, 'chefe', 'pai', 'mãe', acompanhado de um item possuído (dentro de uma ou outra ordem). Assim, em luba oriental *mfùmwá bàànà* 'alguém que tem crianças' está associado à palavra *mfùmù* 'chefe' (Meeussen, 1975: 2; apud Dimmendaal, 2000: 170).

138 Introdução à Linguística Africana

Flexão e derivação

Em morfologia, estabelecem-se em geral diferenças entre composição, flexão e derivação. Na composição, formam-se novas palavras a partir de palavras independentes ou formas livres (cf. seção anterior). Na derivação, formam-se novas palavras a partir de um radical ao qual se articulam formas presas ou afixos. Na flexão, não há formação de novas palavras, mas somente informações adicionais que são acrescentadas a um radical. A composição implica morfemas independentes, com o estatuto de palavras, chamados *lexemas*, ao passo que a flexão e a derivação implicam morfemas funcionais.

Não é difícil diferenciar composição de derivação e flexão, mas há dificuldade em se determinar se um morfema específico dentro de uma língua pertence a um sistema flexional ou derivacional. Para isso, são observados alguns critérios: (i) mudança de classe de palavra, (ii) produtividade, (iii) regularidade, (IV) ordem dos morfemas dentro da palavra.

Na derivação ocorre a adaptação de unidades a novas funções sintáticas. Assim, as operações morfológicas implicam mudança de classe da palavra, como se observa em hauçá (Dimmendaal, 2000: 171), em que a partir do verbo se produz um nome:

(24) Hauçá (afro-asiático, chádica)

Verbo		*Nome derivado*	
hàìfáá	'dar à luz'	má-háíf-áá	'lugar de nascença'
búúdèè	'abrir'	má-búúd-íí	'chave'
nóómàà	'cultivar'	má-nòòm-íí	'lavrador'

Os procedimentos derivacionais alteram a classe da palavra, mas os procedimentos flexionais não alteram a classe da palavra e são mais produtivos e regulares que o processo de derivação. Na flexão, o sentido entre a forma de base e a forma resultante é previsível.

Com relação à ordem dentro da palavra, os morfemas derivacionais ocorrem mais internamente enquanto os morfemas flexionais se localizam após os morfemas derivacionais, ocupando uma posição mais externa com relação à raiz. Isso se verifica nos dados do suaíli (Dimmendaal, 2000: 171) em que os sufixos de derivação, neutro e causativo, precedem a vogal final nos verbos:

(25) Suaíli (nigero-congolês, benue-congolês, banto)

a. -som-a	b. -som-ek-a	c. -som-eʃ-a
ler-VF	ensinar-NE- VF	ensinar-CAUS-VF
'ler, estudar'	'ser decifrável'	'ensinar, enviar à escola'

As propriedades flexionais dos verbos compreendem marcas de tempo, aspecto, modo ou modalidade, voz (diátese), polaridade (negação), pessoa e número. As propriedades flexionais dos nomes compreendem marcas de caso, definitude, gênero e número. Os adjetivos apresentam marcas de grau.

Muitas línguas africanas, como se observa em diversas línguas de outros continentes, como o japonês, o coreano, o chinês e o mandarim, não possuem adjetivo como uma categoria independente. Assim, em línguas africanas, propriedades, como 'careca', 'velho', 'bom' são expressas sob formas dos nomes ou dos verbos.

Em aguém (Hyman, 1979: 32), por exemplo, "vermelho" é tratado como um verbo:

(26) Aguém (nigero-congolês, benue-congolês, banto)
nwín ꞌfí-báŋà nò
pássaro CL1-vermelho:PRS:IMPF FOC
'o pássaro é vermelho'

Segundo Dimmendaal (2000), pelo fato de terem poucos adjetivos formando uma categoria sintática distinta, muitas línguas africanas tendem a exprimir os comparativos por meio do verbo 'ultrapassar'. Isso ocorre em balanta (Gomes, 2008: 78) com o verbo *jɔɔf* 'ser/estar maior, mais velho, ultrapassar':

(27) Balanta (nigero-congolês, atlântica)
bâanma jɔɔf-ndɛ sembe
1PL.ENF ser/estar maior CL6b.força
'(entre nós) nós não temos a mesma força (que vocês têm)'

Com relação aos verbos nas línguas africanas, as marcas de pessoa e número nos paradigmas verbais são obrigatórias. As marcas de concordância do verbo com o pronome sujeito (ou com o pronome objeto) são recorrentes nas línguas africanas e, às vezes, acumulam categorias de número e pessoa ('nós inclusivo/exclusivo', 'dual' e 'trial').

Frequentemente, alguns elementos do paradigma verbal não são marcados (ou marcados por morfema zero). É o caso, por exemplo, da terceira pessoa, por oposição à primeira e à segunda. Do mesmo modo, as formas verbais do imperativo (por oposição ao modo indicativo) têm a tendência de serem despidas de propriedades flexionais como as marcas de tempo e de pessoa, ao menos no singular. Em balanta (Gomes, 2008: 46-7), o imperativo singular é uma forma nua, despida de marcas de tempo e pessoa, enquanto o imperativo plural apresenta ao menos a marca do imperativo, homônima a *-na* 'segunda singular':

(28) Balanta (nigero-congolês, atlântica)
a. jizi-ma
deixar-IO.3SG
'largue-o'
b. jizi-dɛ-na
deixar-RECI-IMP.PL
'separem-se'

As classes nominais

Afixos de classe nominal são comuns às línguas africanas, em especial às pertencentes ao grupo banto, e apresentam valor morfológico, semântico e sintático: morfologicamente distinguem 'singular' ou 'plural'; semanticamente distinguem 'animado' ou 'inanimado', 'humano' ou 'não humano', por exemplo – o que leva a várias classes nominais –; e sintaticamente marcam a concordância dentro do sintagma nominal e verbal. Vejamos o caso do quimbundo (Pedro, 1993; apud Bonvini, 1996: 81):

(29) Quimbundo (nigero-congolês, benue-congolês, banto)

mùtù	úmòʃì		wádíkwàmà				
mù-	tù	ú-	mòʃì	ù-	á-	dí-	kwàmà
CL1	pessoa	PP	um	IsCL1	PAS	REF	bater

'uma (só) pessoa se feriu'

Como se observa, o prefixo, além de marcar a classe nominal 1 'humano', define as marcas de concordância no numeral e no verbo – *mùtù* 'pessoa', *úmòʃì* 'um' e *kwàmà* 'bater'.

Nas línguas nigero-congolesas, esse fato se percebe tanto como um processo derivacional quanto como um processo flexional, porque as classes nominais são um mecanismo morfológico, que classifica o substantivo em função de sua marca de classe, mas também são um processo que opera no nível do sintagma nominal e no nível da frase, marcando a concordância entre constituintes.

(30) Lingala (nigero-congolês, benue-congolês, banto)
a. Ø-mpáŋgi 'parente' → **ki**-mpáŋgi 'parentesco'
b. mu-kóŋgo 'congolês' → **ki**-kóŋgo 'congo (língua), quicongo'

Todos os nomes estão associados a uma classe, havendo em cada classe um prefixo distinto para cada nome, que se agrupam aos pares, numa oposição binária, indicando, quase sempre, o número: singular *versus* plural. Alguns itens lexicais, contudo, não participam desse emparelhamento. Por exemplo, em quimbundo, língua falada em Angola, *mòŋgwà* 'sal', pertencente à classe 3, e *kàlùŋgà* 'mar', pertencente à classe 12, só têm a forma singular; *màʒì* 'óleo' e *màvù* 'areia' (nomes não contáveis da classe 6) só possuem a forma plural, e os locativos das classes 16, 17 e 18 só possuem a forma singular.

Em outras línguas africanas, alguns itens lexicais podem apresentar uma alternância trial: singular, plural e coletivo, como a que ocorre em turcana, língua nilo-saariana: *í-twáán(ì)* 'pessoa', *ŋí-tóŋá* 'pessoas', *ŋ(ì)-tóŋà-sínéí* 'a humanidade'; em limba, língua atlântica: hú-bínì '(um) seio', má-bíní '(um par de) seios', má-bíníìnì 'seios (em geral)' (Dimmendaal, 2000: 190).

No conjunto das línguas nigero-congolesas, o grupo banto conservou um sistema complexo de classificação nominal, que originalmente talvez tivesse como papel principal a derivação. Vejamos as classes nominais do quimbundo com seus respectivos prefixos de concordância (adaptado de Bonvini, 1996):

(31)

CLASSES	IS	CON	Valor	EXEMPLOS SG/PL
1-2 *mu/a*	*u/a*	*wa/a*	humano	*mútù/átù* 'pessoa'
3-4 *mu/mi*	*u/i*	*wa/ja*	planta	*múʃì/míʃì* 'árvore'
5-6 *di/ma*	*di/ma*	*dja/ma*	corpo	*dízwì/mázwì* 'língua'
7-8 *ki/i*	*ki/i*	*kja/ja*	fabricado	*kínù/ínù* 'pilão'
9-10 *Ø; i/ʒi*	*i/ʒi*	*ja/ʒja*	animal	*hómbò/ʒìhómbò* 'cabra'
11-6 *lu/ma*	*lu/ma*	*lu/lwa*	objeto	*lúmbù/màlúmbù* 'muro'
12-13 *ka/tu*	*ka/tu*	*ka/tu*	diminutivo	kámbwà / túmbwà 'cãozinho'
14-6 *u/ma*	*u/ma*	*wa/ma*	abstração	*ùkámbà/mákámbà* 'amizade'
15-6 *ku/ma*	*ku/ma*	*kwa/ma*	infinitivo	*kújà/mákújà* 'ir', 'ida'
16 *bu*			em cima de	*búlú* 'no céu'
17 *ku*			junto a	*kúkù* 'por aqui'
18 *mu*			dentro de	*mùbátà* 'na casa'

Vale mencionar que, além dos prefixos das 18 classes nominais acima, a língua possui 4 prefixos pronominais referentes às pessoas do discurso, que são *ŋgì-* e *tù* (1SG/1PL), *ù-* (*kù-*, por alomorfia) e *nù* (2SG/2PL), e um prefixo invariável *di-* indicador de reflexidade e reciprocidade. É importante salientar que todas as raízes nominais em quimbundo são obrigatoriamente precedidas por um dos 18 prefixos de classe que desencadeiam o mecanismo morfossintático de concordância. Igualmente, cada prefixo (nominal e pronominal) se corresponde com um prefixo específico com função de objeto. Três classes são locativas (16, 17, 18), que são unitárias, como se observa no quadro. Como aponta Xavier (2012: 125), estas, como qualquer nome em posição de sujeito, também desencadeiam o mecanismo de concordância morfossintático da língua: *mùbátà mùálá dìkámbá dìámì* 'em casa está meu amigo'. Se por um lado o mecanismo de concordância desencadeado pelos prefixos é bem estruturado, seus valores semânticos são menos precisos e, por isso, eles não são o critério principal para a atribuição de classe ao nome, pois há, em todas as classes, nomes que não coincidem com o valor semântico predominante. Em quimbundo (Xavier, 2012: 126), por exemplo, sabe-se que um nome pertence à classe 5, porque ele faz a concordância com os morfemas da classe 5:

(32) Quimbundo (nigero-congolês, benue-congolês, banto)

dìálá	dìámí	dìáʃíkì	nì	dìákíni
dì-álà	dì-á-mì	dì-áʃíkì	nì	dì-ákínì
CL5-homem	CL5-de-mim	CL5-cantou	e	CL5-dançou

'meu marido cantou e dançou'

De fato, todo prefixo nominal em línguas bantas possui um prefixo correspondente com o qual opera concordância morfossintática. Por exemplo, o lembama (Okoudowa, 2005: 32-39), língua falada no Gabão, apresenta 12 classes nominais e 9 gêneros: gênero I – classes 1 e 2: deuses, humanos, animais, fenômenos naturais; gênero II – classes 3 e 4: plantas, animais, objetos e partes do corpo; gênero III – classes 5 e 6: partes do corpo; gênero IV – classes 7 e 8: lugares, líquidos, objetos e animais; gênero V - classe 9: partes do corpo, plantas, animais, objetos e classe 8; gênero VI – classe 10: partes do corpo, plantas, animais e classe 9; gênero VII – classes 7 e 4; gênero VIII – classe 11: substantivos abstratos e classe 4; gênero IX – classe 12: infinitivos, objetos, adjetivos, substantivados e classe 4. Algumas dessas classes se dividem em subclasses: a classe 1 se divide em 1a, 1b e 1c; a classe 2 em 2a e 2b; a classe 9 em 9a e 9b. Cada uma dessas classes possui prefixos específicos:

(33) Lembama (nigero-congolês, benue-congolês, banto)

a.
mù-áná	à-	mè	ó-káásí	ò	mì	jà	bíílá	ndé
CL1-criança	CON-de	1SG	PA-mulher	CL1-ela	PAS	chegar	IMP. SG chamar	CL1-a

'A minha filha chegou. Chame-a!'

b.
bá-áná	à-	mɛ	má-káásí	à	mì	jà	bíílá	bò
CL2-crianças	CON-de	1SG	PA-mulheres	CL2-elas	PAS	chegar	IMP. SG chamar	CL2-as

'As minhas filhas chegaram. Chame-as!'

Morfologia 143

No conjunto das línguas nigero-congolesas, a família atlântica, à exceção do fula, apresenta um número menor de classes nominais, diferentemente do grupo banto.

Em balanta, por exemplo, na classificação apresentada por N'Diaye-Correard (1970: 20), com base em princípios semânticos subjacentes ao sistema, aparecem 7 classes nominais. Na tabela de classes, a autora divide os nomes em sete classes nominais, com uma subdivisão nas classes seis e sete. Assim, temos 1: humanos, singular, marcada por *ha-*, 2: humanos, plural, marcada por *bə-*, 3: inanimados, singular, marcada por *b-*, 4: inanimados, singular, marcada por *gə-*, 5: inanimados, singular, marcada por *f-*, 6a: animados, singular, marcada por *Ø-*, 6b: inanimados, singular e plural, marcada por *Ø-*, 7a: animados, plural, marcada por *g-*, 7b: inanimados, plural, marcada por *g-*. Todas com problema de alternância consonantal decorrentes do contato prefixo de classe nominal e raiz/palavra.

Em balanta, as raízes são verbo-nominais e, dependendo da classe nominal anexada à raiz, tem-se um nome ou um verbo. Isso faz com que as classes nominais na língua tenham função classificatória, derivacional e sintática. As classes nominais se inserem na derivação, quando se trata de formar um verbo ou um nome. Por outro lado, as classes nominais se inserem na flexão, pois, em muitos contextos, a alternância de classe não implica a mudança de categoria gramatical da palavra.

A função classificatória diz respeito à oposição de classe entre os nomes. As classes nominais marcam as oposições 'humano/não humano', 'animado/inanimado', contrastando, ainda, 'singular/plural' (Gomes, 2002: 65):

(34) Balanta (nigero-congolês, atlântica)
- a. (h)a-fula   bi-fula   'moça/moças'
      CL 1-moça   CL 2-moça
- b. p-cete   Ø-jete   'volta/voltas'
      CL 3-volta   CL 6b-volta

A função derivacional diz respeito ao fato de as raízes em balanta serem verbo-nominais. Assim, dependendo do prefixo de classe anexado à raiz, o item lexical será um nome ou um verbo (Gomes, 2002: 65):

(35) Balanta (nigero-congolês, atlântica)
- a. gi-rɪɪj   rɪɪj   'choro/chorar'
      CL 4-choro   CL 6b.chorar

      vjeeŋ(de)   jeeŋ(de)   'casamento/casar'
      CL 5-casamento   CL 6b.casar(-se)
- b. bi-zagi   sag   'solicitantes/pedir'
      CL 2-solicitante   CL 6b.pedir

144 Introdução à Linguística Africana

Além do fato de as classes nominais distinguirem um verbo de um nome, a partir de uma mesma raiz verbo-nominal, pode-se obter, apenas anexando à raiz um prefixo de classe, o nome de uma árvore e o seu produto; um nome e uma espécie de pronome interrogativo 'tipo de'; um nome e a noção de conjunto (coletivo) ou, de outro modo, a parte de um todo (metonímia) ou, às vezes, uma relação metafórica entre dois itens lexicais, como mostra o exemplo a seguir (Gomes, 2002: 66):

(36) Balanta (nigero-congolês, atlântica)
v-leej   Ø-leej   'dia/sol'
CL 5-dia   CL 6b-sol

A função sintática se manifesta na concordância nominal e verbal. Dentro do sintagma nominal, todos os elementos relacionados ao núcleo recebem o mesmo prefixo, exceto o marcador de definitude, que é colocado logo após o nome, cuja forma é invariável *ma*. Na concordância verbal, o verbo recebe o prefixo de classe do núcleo do sintagma nominal a que se refere (Gomes, 2002: 66):

(37) Balanta (nigero-congolês, atlântica)
a. f-θεrε   v-jɔlɔ
   CL5-cesto   CL5-velho
   'um cesto velho'
b. f-ndel   ma   gɔb   ɓalε   ma   katʊ   f-ki-ge   f-ndaŋ
   CL5-vento DET derrubar CL5-casa DET pois CL5-COP-PAS.REC CL5-grande
   'o vento derrubou a casa, pois era forte'

Em muitas línguas do grupo banto, o prefixo pode ser precedido de um *aumento* ou *pré-prefixo*. O aumento varia tanto na forma quanto na função. Hyman (1991) e Hyaman; Katamba (1993) mostraram que em luganda o aumento pode servir para várias funções, que não se reduzem à de determinante. Ele pode representar um papel pragmático de indicar definitude, especificidade ou foco e pode, ainda, estar relacionado à estrutura sintática da sentença (oração principal ou subordinada, afirmação ou negação).

Em quicongo (quissicongo) (Ndonga, 2002: 177), a ausência do aumento (no exemplo abaixo expresso pela forma *é-*) pode indicar, às vezes, a focalização do nominal:

(38) Quicongo (quissicongo) (nigero-congolês, benue-congolês, banto)
a. é-n-zò   jì-ví-ìdì
   AUM-CL9-casa   ela-IM-queimar-PFT
   'a casa queimou'
b. n-zò[FOC]   jí-vì-ìdì
   CL9-casa   ela- IM-queimar- PFT
   'foi uma casa[FOC] que queimou'

Em variedades pidginizadas das línguas bantas, somente as classes 1 e 2, que marcam o gênero que contém seres humanos, permanecem, os demais nomes se tornam invariáveis (Heine, 1973: 225; apud Dimmendaal, 2000: 189). Com relação aos empréstimos, as línguas bantas definirão a colocação dos novos termos sobre bases fonológicas ou os colocarão em uma classe *default* (escolhida na falta de outra) (Nurse e Hinnesbusch, 1993: 351-355; apud Dimmendaal, 2000: 189).

As abordagens semânticas mais recentes sobre as classes nominais têm proposto um tipo de análise um pouco mais simples do que a existente em termos de distinções binárias, tais como concreto/abstrato, humano/não humano, animado/ inanimado. As abordagens atuais têm apelado para denominadores comuns mais abstratos como 'compacto', 'discreto', 'denso'.

Breedveld (1995: 400; apud Dimmendaal, 2000: 190) propõe a existência de protótipos semânticos em fula, língua atlântica, que possui mais de vinte marcadores de classes nominais e um sistema complexo de alternâncias morfológicas ou de gradação consonantal em posição inicial de palavra, acompanhando os prefixos de classes nominais. O morfema -*ki*, que apresenta as variantes (-*ci* e -*wi*), quase sempre terminadas por vogal anterior alta, contém itens mais difusos como nomes de árvores, termos de partes do corpo como 'asa' e palavras como 'bondade':

(39) Fula (nigero-congolês, atlântica)
    a. lekki   'árvore, medicamento'
    b. keeci   'o baixo das costas (=lombar)'
    c. ʔoroowi 'baobá'
    d. mojjuki 'bondade'

Assim, Breedveld argumenta, baseando-se em empréstimos e nas variações dialetais do fula, que esses termos e outros pertencem à mesma classe, e têm em comum um domínio da experiência, mantendo entre si conexões associativas; por exemplo, partes do corpo sobre as quais uma criança é carregada (como um fruto sobre a árvore) e qualidade tais como 'bondade' (que pode ser alcançada graças a um medicamento derivado de uma árvore).

Segundo Katamba (2003), baseando-se na análise semântica das classes nominais de Creider (1975) e Denny e Creider (1976) para o grupo banto, Contini-Morava (1997) e Moxley (1998) utilizam o esboço da gramática cognitiva de Langacker (1987) e de Lakoff (1987) para a análise das classes nominais do suaíli. Segundo a gramática cognitiva, relações de membresia podem ser justificadas sobre a base de múltiplos critérios, incluindo semelhanças familiares, metafóricas, metonímicas etc.

146 Introdução à Linguística Africana

Em um estudo sobre os nomes do suaíli, Contini-Morava (1997) focaliza sobre as classes 3, 7, 5, 9 e 11 e providencia uma rede semântica cognitiva de cada classe, mostrando as relações de instanciação, extensão metafórica e metonímica dentro das classes. Para a classe 3, o esquema mostra que o mais típico da classe são entidades com vitalidade que não são nem humanos nem animais prototípicos (Katamba, 2003: 117, 118):

(40) Suaíli (nigero-congolês, benue-congolês, banto)

Subtipos	Exemplo	
Fenômeno sobrenatural	mzimu	'espírito da pessoa morta ou ancestral'
Fenômeno natural	mto	'rio'
Plantas	mkindu	'palmeira'
Partes do corpo ativas	moyo	'coração'
Animais exóticos	mchumbururu	'peixe espada'
Coletividades humanas	mji	'cidade'
Objetos feitos de plantas	mkeka	'esteira'
Coisas poderosas	mkuyati	'afrodisíaco'
Coisas ativas	mshale	'seta'
Partes do corpo estendidas	mguu	'perna'
Coisas estendidas	mkanda	'cinta'
Partes de coisas estendidas	mwanba	'cumeeira do telhado'
Revestimentos do corpo estendidos	mfuria	'casaco solto'

Moxley (1998), para a análise das classes nominais do suaíli, baseia-se no tratamento do *dyirbal* por Dixon (1982) e na reinterpretação da classificação nominal do *dyirbal* na abordagem cognitiva de Lakoff (1987). A abordagem cognitiva de Lakoff habilita o linguista a "mostrar a validade das redes semânticas estruturadas por extensões motivadas através do estabelecimento de dispositivos conceituais que estruturam a realidade cultural refletida no aspecto da linguagem" (Moxley, 1998: 229; apud Katamba, 2003: 118). Na gramática cognitiva, cada membro da classe tem uma base semântica clara que oferece a forma de olhar a semântica da classe nominal.

Para as classes 3 e 4, Moxley observa que esse gênero contém a maioria dos nomes referentes a árvores e plantas (Katamba, 2003: 118):

(41) Suaíli (nigero-congolês, benue-congolês, banto)
Plantas, partes de plantas, feitos de plantas

Classe 3	Classe 4

a. Plantas

mti	miti	'árvore'
mkindu	mikindu	'palmeira'
mpingo	mipingo	'ébano'

b. Partes de plantas

mzizi	mizizi	'raiz'
mbegu	mibegu	'semente'

c. Feito de plantas

mkeka	mikeka	'esteira (normalmemte feita de folhas de palmeira)'
mkate	mikate	'pão'

Moxley propôs que existiriam alguns outros fios de significado nesse gênero. Um fio consiste de objetos que são longos, finos ou alargados em forma, outro se baseia na metáfora da jornada (Katamba, 2003: 118, 119):

(42) Suaíli (nigero-congolês, benue-congolês, banto)
Forma: longo, fino ou alargado

mguu	miguu	'perna'
mkia	mikia	'cauda'
mto	mito	'rio'
mshale	mishale	'seta'
mpini	mipini	'pilão'

(43) Suaíli (nigero-congolês, benue-congolês, banto)
Metáfora da jornada, viagem, trajetória no tempo

mwaka	myaka	'ano'
mwendo	myendo	'jornada'
mwisho	miisho	'fim'

Ela argumenta que existe uma progressão por extensão semântica do núcleo mais básico de significado relacionando plantas a outros significados.

Segundo Katamba (2003:119), ainda existe um número substancial de nomes na classe 3 que parece ser uma coleção casual de nomes concretos, nomes abstratos, várias nominalizações etc., representados no quadro abaixo:

148 Introdução à Linguística Africana

(44) Suaíli (nigero-congolês, benue-congolês, banto)

mbwoji	'nascente d'água'	mgota	'espancamento, golpe'
mchangangiko	'mistura'	mguno	'resmungo, murmúrio, grunhido'
mcheche	'faísca, pequena queda'	mgamio	'latido (do cachorro)'
mchijo	'ato (lugar, maneira etc. de matar)'	mwaka	'ano'
mchuzi	'molho de carne'	mwangwi	'eco'
mdaawa	'processo legal'	mwezi	'mês'
mdahalo	'debate, discussão'	mwanya	'lacuna, buraco'
mgango	'tempo (método, meios etc. de curar)'	mwongo	'número, conta'
mgororo	'obstáculo, dificuldade, estorvo'	mjengo	'ato (processo, estilo, método de edificação, arquitetura)'
mgono	'tipo de armadilha para peixes'		

Segundo Katamba (2003), as tentativas de explicitar os princípios semânticos subjacentes para alocar os nomes nas várias classes nominais têm esclarecido algumas questões, embora problemas reais permaneçam insolúveis.

Morfologia verbal

Segundo Welmers (1973: 343), a fórmula P-C-V-A: pronome, marcador de construção, base verbal, afixo com base verbal, é válida para muitos sistemas verbais de numerosas línguas nigero-congolesas, como atestam os dados do suaíli e do kpele:

(45) Suaíli (nigero-congolês, benue-congolês, banto)
tukisema
tu-ki-sem-a
1PL-COND-falar-VF
'se nós falarmos'

(46) Kpele (nigero-congolês, mandê)
kwá   lòno
1PL-COND   falar. VF
'se nós falarmos'

Cada uma dessas sentenças contém quatro morfemas. Em suaíli, o primeiro morfema *tu*- é um 'pronome'; o segundo *ki*- marca o que chamamos 'condicional'; o terceiro é a raiz verbal *-sem*- 'falar'; o quarto é o morfema *-a*, vogal final que aparece nas construções 'condicionais' e em algumas outras. Em kpele, o encadeamento é semelhante, embora menos aparente. O primeiro morfema *kwá*- 'pronome' que se combina com o segundo morfema *à*- 'condicional'; a raiz verbal *lòno* 'falar', forma básica com tom alto; o quarto morfema: um tom baixo {`} que se coloca sobre a raiz verbal *lóno* 'falar', levando-a a se realizar como *lòno*. Esse tom aparece no 'condicional' e em algumas outras construções.

Entre as línguas nigero-congolesas, as línguas bantas são classificadas como aglutinantes, em que os verbos têm uma morfologia elaborada de afixos e os nomes participam de um sistema de flexão prefixal e derivação sufixal. Tais sistemas são denominados *verby*, isto é, o verbo não é só o centro organizador da sentença, mas também codifica mais informações do que qualquer outra classe de palavras. Os elementos associados ao verbo podem expressar negação, relativização, tempo, aspecto, sujeito, objeto, foco, extensão derivacional, modo.

A estrutura do verbo nas línguas bantas, baseando-se na estrutura hierárquica de Ngunga (2004: 148), é a seguinte:[1]

(47) Estrutura do verbo nas línguas bantas
Verbo = (PI) – IS – T + (IO) + **Raiz** + (EXT) + VF

Essa estrutura, considerando-se apenas os elementos obrigatórios em negrito, equivale à apresentada por Welmers (1973), na fórmula P-C-V-A, em que P (pronome marcador de construção) equivale a IS (índice de sujeito), C (marcador de construção) ao T (marca de tempo), V (base verbal) à raiz e A (afixo com base verbal) à VF (vogal final). Os elementos não obrigatórios em Ngunga (2004) são PI (marca de negação), IO (índice de objeto) e EXT (extensão verbal). Observa-se essa estrutura no exemplo do quimbundo Pedro (1993: 272):

(48) Quimbundo (nigero-congolês, benue-congolês, banto)
ŋgáȝìkúlá ó dìbìtù
ŋg-á-ȝìk-úl-á   ó dìbìtù
IS-T-RAIZ-DER-ASP   AUM-CL5-NO
eu-PAS.-fechar-reversivo-acabado   a porta
'eu abri a porta'

O dado anterior nos mostra que a mesma raiz *-ʒìk-* 'fechar', é usada para designar seu sentido contrário, isto é, *-ʒìkúl-*. 'abrir', a partir do acréscimo do sufixo derivacional 'reversivo' *-úl-*.

Como se verifica, os principais morfemas que aparecem afixados aos verbos nas línguas bantas são: índice de sujeito, marcas de tempo – morfemas prefixais – e vogal final – morfema sufixal. Os demais morfemas, em especial, os ilustrados com os exemplos do quimbundo, são negação, índice de objeto – morfemas prefixais – e extensões verbais – morfema sufixal.

Índice de sujeito

As línguas africanas, em geral, apresentam marca de sujeito no verbo. Em balanta (Gomes, 2002: 70), ocorre um fenômeno interessante com relação à presença de marcas de sujeito no verbo. Em orações afirmativas, a marca de concordância no verbo não ocorre quando o sujeito está expresso na proposição, seja na forma de um sintagma nominal pleno, seja na forma de um pronome pessoal. É obrigatória, porém, quando o sujeito não figura na proposição. A presença do sujeito, seja na forma de um sintagma nominal pleno, seja na forma de um pronome pessoal em orações afirmativas, mais marca de concordância no verbo, coloca em relevo o sujeito (N'Diaye-Corréard, 1970; Gomes, 2002):

(49) Balanta (nigero-congolês, atlântica)

    a. a-fula ma   n-tɔ
       CL1-moça DET   IMPF-ir
       'a moça vai'

    b. hima   n-tɔ
       3SG   IMPF-ir
       'ele/ela vai'

    c. a-n-tɔ
       3SG-IMPF-ir
       '(ele/ela) vai'

    d. a-fula ma   a-n-tɔ
       CL 1-moça DET   3SG- IMPF-ir
       'a moça vai'

Negação

Diferentemente das línguas indo-europeias, em algumas línguas africanas, a negação pode ser expressa por meio de afixos verbais, que podem ocorrer na primeira ou na segunda posição (PI, cf. Ngunga, 2004). No caso da língua buchongue (Nurse, 2008: 32), o morfema de negação ocorre na primeira posição e, no caso do londo (Nurse, 2008: 34), na segunda posição.

(50) Buchongue (nigero-congolês, benue-congolês, banto)
    a. Frase afirmativa
      tabók ɲam

t-	-a-	bók	ɲam
1PL	PFT	fuzilar	animal

      'nós fuzilamos o animal'
    b. Frase negativa
      katabók ɲam

ka-	t-	-a-	bók	ɲam
NEG	1 PL	PFT	fuzilar	animal

      'nós não fuzilamos o animal'

(51) Londo (nigero-congolês, benue-congolês, banto)
    a. Frase afirmativa
      amosaká

a-	mo-	sak-	á
3SG	PAS-	procurar	VF

      'ele procurou'
    b. Frase negativa
      asimosaká

a-	si-mo-	sak-	á
3SG	NEG	PAS procurar	VF

      'ele não procurou'

Aspecto Verbal

Em geral, nas línguas africanas, uma forma verbal é minimamente constituída de três elementos: um índice sujeito, uma marca aspectual e uma base verbal. O índice sujeito é um índice pessoal ou uma marca de concordância de classe; o índice de aspecto apresenta o perfectivo ou o imperfectivo que são afixados ao verbo (em muitas línguas, em especial as da família atlântica, a marca de aspecto é prefixada ao verbo após o índice sujeito e a ele amalgamada, com o índice sujeito servindo de suporte para o índice aspectual).[2]

As línguas africanas são conhecidas como línguas aspectuais pelo fato de o aspecto se sobrepor ao tempo ou ao modo verbal. Meewis (1998: 28-34), para o lingala, faz uma divisão entre os tipos de verbos: verbos que denotam um estado

152 Introdução à Linguística Africana

de coisas, tais como *<ser>*, *<gostar>*, *<pensar>* e verbos que denotam ações ou eventos, tais como *<comer>*, *<bater>*, em que os primeiros são conceptualizados como imperfectivos e os demais como perfectivos em especial no tempo presente.

No imperfectivo, verbos de ação ou evento no presente denotam estados que são esperados, verdadeiros ou válidos no momento da fala, numa porção não especificada da zona de tempo que precede e segue o momento da fala, como, exemplo, o habitual, em que se tem o aspecto iterativo referido como um hábito (*<eu sempre trabalho>*). Diferentemente do habitual, o presente contínuo é ligado a uma porção de tempo, e, embora com aspecto durativo que o caracteriza como um tipo de habitual, é um hábito que não se estende indefinidamente ao passado e não persite indefinidamente no futuro (*<eu estou trabalhando>*), como revelam os seguintes dados (Meewis, 1998: 34):

(52) Lingala (nigero-congolês, benue-congolês, banto)

a. nasálaka	b. nazali kosála
na-sál-aka	na-zal-i ko-sál-a
1SG.AN-trabalhar-HAB	1SG.AN -estar-PRES INF-trabalhar-VF
'eu sempre trabalho'	'eu estou trabalhando'

No perfectivo, verbos de ação ou evento no presente denotam a conclusão recente da ação ou do evento e os seus efeitos prolongados (como, por exemplo, *<ela tem trabalhado>*) ou a ocorrência de estado (como, por exemplo, *<ela trabalha>*) no momento da fala numa porção indefinida de tempo antes e depois desse momento; ou, ainda, ações ou eventos completos em um passado – não especificado ou mais distante e indefinido – com efeito prolongado até o presente (*<eu tenho trabalhado desde muito tempo>*), conforme se nota nos dados de Meewis (1998: 29-30):

(53) Lingala (nigero-congolês, benue-congolês, banto)

a. leló asálí na Londres

    leló a-sál-í   na Londres

    hoje 3SG.AN -trabalhar-PRES   em Londres

    'hoje, ela está trabalhando em Londres'

b. asálí na Londres

    a-sál-í   na Londres

    3SG.AN -trabalhar-PRES   em Londres

    'ela trabalha em Londres'

c. nasálá

    na-sál-á

    1 SG -trabalhar-PRESD

    'eu tenho trabalhado (desde muito tempo)'

Tempo

Com relação ao tempo, em algumas línguas africanas, o 'presente' é expresso por meio do 'progressivo', que ocorre, também, com outros tempos verbais. Neste caso, a oração tem o acréscimo de um complemento adverbial ou um auxiliar para expressar a ideia de 'hábito', como demonstram os dados do iorubá (Welmers, 1973: 345):

(54) Iorubá (nigero-congolês, benue-congolês, defoide)

    a. ó   ń   ʃiʃέ
       3SG   PROG   trabalhar
      'ele está trabalhando/ele trabalha'

    b. ó   ń   ʃiʃέ   lánă
       3SG   PROG   trabalhar ontem
      'ele estava trabalhando ontem'

Outro fato relacionado ao tempo verbal é que a distinção entre verbos de 'estado' e verbos de 'ação' é neutralizada no paradigma do 'presente' e do 'passado' em algumas línguas africanas, isto é, tanto um verbo de 'estado' quanto um verbo de 'ação' têm a mesma forma para esses dois tempos, como ocorre em iorubá (Welmers, 1973: 347):

(55) a. ó   lɔ
       3SG   ir
      'ele foi'

    b. ó   fέ   owó
       3SG   querer dinheiro
      'ele quer dinheiro'

    c. ó   fɛ   owó   lánă
       3SG   querer dinheiro ontem
      'ele quis dinheiro ontem'

    d. ó   dára
       3SG   ser bom
      'isso é bom'

Observa-se nesses dados que os verbos de 'estado' *fέ* 'querer' e *dára* 'ser/estar bom' no 'presente' apresentam a mesma forma que o verbo de 'ação' *lo* 'ir' no 'passado'

Os tempos 'passado' e 'futuro (ou tempo potencial)' em muitas línguas africanas marcam 'metricidade', isto é, a distinção de um acontecimento recente, um acontecimento remoto ou um acontecimento em um tempo indeterminado. Com relação ao tempo passado, em muitas línguas bantas são encontrados três tipos de passado: passado

154 Introdução à Linguística Africana

recente, passado remoto e um passado geral. A noção de futuro nas línguas africanas é dada por meio do tempo potencial. Como no passado, o futuro também apresenta graus de distância temporal. Em quicongo (Welmers, 1973: 355), há *sì-* antes do índice de sujeito e tom alto sobre a primeira vogal do verbo para marcar 'futuro próximo'; *sì-* antes do índice de sujeito e a construção é marcada com *-á-* depois do pronome e tom baixo sobre a primeira vogal do verbo para marcar 'futuro remoto'; um marcador de construção *-ená-* e a primeira vogal do verbo tem tom alto para marcar 'futuro indeterminado'.

(56) Quicongo (nigero-congolês, benue-congolês, banto)
    a. situsúumba ŋkóombo
       si-tu-súumb-a   ŋkóombo
       FUT-1PL-comprar-VF   barco
       'nós compraremos um barco (= estamos prestes a comprar um barco)'
    b. sitwásúumba ŋkóombo
       si-tw-á-súumb-a   ŋkóombo
       FUT-1PL-REM-comprar-VF barco
       'nós compraremos um barco (mais tarde)'
    c. twenásúumba ŋkóombo
       tw-ená-súumb-a   ŋkóombo
       1PL-FUT.IND-comprar-VF barco
       'nós compraremos um barco (algum dia)'

Extensões verbais

Segundo Ngunga (2004:174), "as extensões verbais são morfemas derivacionais que se acrescentam ao radical verbal para lhe modificar o sentido, a morfologia e, geralmente, alterar-lhe as relações de transitividade (o número inerente de argumentos internos)". Existem extensões verbais que são mais comuns e há outras que são restritas a algumas línguas.[3]

Algumas extensões verbais são enumeradas no quadro abaixo com dados do changana e do iao (Ngunga, 2004:175):

(57) Changana (nigero-congolês, benue-congolês, bantoide)
    -von   'ver'
    -von-**el**- 'olhar por alguém'   extensão aplicativa (benefactiva)
    -von-**is**- 'fazer ver'   extensão causativa
    -von-**na**- 'ver-se mutuamente'   extensão recíproca
    -von-**iu**- 'ser visto'   extensão passiva
    -von-**isis**- 'ver intensamente'   extensão intensiva
    -von-**ek**- 'ser visível'   extensão estativa (pseudopassiva)
    -von-**etel**- 'ver repetidamente'   extensão frequentativa

(58) Iao (nigero-congolês, benue-congolês, banto)
-velek-   'pôr às costas'
-velek-**ul**- 'tirar das costas'   extensão reversiva
-iim-   'levantar-se'
-iim-**ik**-   'pôr em posição vertical' extensão impositiva

As extensões têm caráter semântico, morfofonológico e sintático. A extensão 'reversiva', por exemplo, é usada para criar uma relação de antonímia entre a palavra derivada e o radical verbal, desde que a semântica dos verbos envolvidos aceite tal operação. Vejamos alguns dados do sena (Ngunga, 2004: 175), que revelam a inversão da ação expressa pelo verbo:

(59) Sena (nigero-congolês, benue-congolês, bantoide)
a. -fuŋg- 'fechar'   → -fuŋg-**ul**- 'abrir'
b. -fuk- 'enterrar' → -fuk-**ul**- 'desenterrar'
c. -tumb- 'inchar'   → -tumb-**ul**- 'desinchar'

Há extensões verbais que apresentam alomorfia por razões fonológicas. É o caso do changana (Ngunga, 2004: 175), em que o radical precisa ser ao menos monossilábico para receber a extensão verbal, de modo que a extensão verbal *-an-* 'recíproca' tem duas realizações: *-an-* e *-anan-*:

(60) Changana (nigero-congolês, benue-congolês, bantoide)
a. -von- 'ver'   → -von-**an**- 'ver-se mutuamente'
b. -b-   'bater' → -b-**anan**- 'bater-se reciprocamente'

O número de argumentos internos selecionados pelo verbo determina a extensão que pode ser afixada a ele. Há extensões que aumentam o número de argumentos do verbo (aplicativa, causativa e impositiva), há extensões que mantêm o número de argumentos do verbo (frequentativa, perfectiva, intensiva, reversiva) e há extensões verbais que reduzem o número de argumentos do verbo (estativa, passiva, recíproca) (Guthrie, 1962; apud Ngunga, 2004: 176). Em princípio, os verbos inerentemente transitivos não apresentam restrição sintática na seleção de extensão:

(61) Ndau (nigero-congolês, benue-congolês, bantoide)
-suk-   'lavar'
-suk-**il**-   'lavar para alguém'
-suk-**is**-   'fazer lavar'
-suk-**iu**-   'ser lavado'
-sik-**ik**-   'ser lavável'
-suk-**an**-   'lavar-se mutuamente'
-suk-**isis**- 'lavar muito'

156 Introdução à Linguística Africana

Muitas dessas extensões podem ocorrer simultaneamente. Quando isso acontece, elas tendem a fazê-lo respeitando certa ordem canônica: causativo, aplicativo, recíproco, passivo. Os dados do têmine (Kanu, 2004: 23-24) e do quimbundo (Xavier, 2012: 34;78) exemplificam a coocorrência de algumas extensões verbais:

(62) Têmine (nigero-congolês, atlântica)
- a. tanjaŋ ŋa suleŋ aŋ ləməsóránɛjɛ másapɔ
  tanjaŋ ŋa suleŋ aŋ   ləm- əs- ər- ánɛ- jɛ másapɔ
  Tanya e Sullay elas jogar-ITER-DIR-RECI-NEG a-chave
  'Tanya e Sullay não jogam repetidamente o molho de chaves uma à outra'
- b. ɔwaθ ɔ lákɔsɔránɛjɛ mákánd rosəŋ
  ɔwaθ ɔ lák- əs- ər- á- nɛ- jɛ mákánd   rosəŋ
  a-criança ela arremessar-ITER-DIR-BEN-REF-NEG o-amendoim boca
  'a criança não arremessa repetidamente o amendoim dentro de sua boca'

(63) Quimbundo (nigero-congolês, benue-congolês, banto)
- a. kúʒíkúísílà
  kú-ʒík-**úl -és -él** -à
  15fechar-REV-CAUS-APL-VF
  'fazer abrir para'
- b. kúmónékésà
  kú- món **-ék -és** -à
  15- ver -EST-CAUS-VF
  'fazer ver (mostrar)'
- c. kúmónékésénà
  kú- món **-ék -és -él** -à
  15- ver - EST -CAUS -APL -VF
  'fazer-se ver (mostrar-se) para'

Vogal final

Na posição final, nas línguas bantas, são encontradas algumas vogais, em especial a vogal -*a*, que é 'neutra'. Em línguas do grupo banto, elas expressam o aspecto e o modo. Nurse (2008: 38) apresenta exemplos de vogais finais em tumbuca, com seus respectivos valores: aspecto perfectivo, modo subjuntivo e aspecto imperfectivo:

(64) Tumbuca (nigero-congolês, benue-congolês, banto)
- a. tjatimba
  t(i)-a-timb-**a**
  1PL-PAS1-grudar-PFT
  'grudamos (hoje)'

b. tikatole
ti-(ka)-tol-**e**
1PL-(itivo)-pegar-SBJ
'vamos (ir e) pegar'
c. tjatimbaŋga
ti-a-timb-aŋg-**a**
1PL-PAS1-atacar-IMPF
'estávamos atacando (hoje)'

Conclusão

A morfologia de línguas africanas é um interessante campo de pesquisa, pois ela traz elementos reveladores sobre a estrutura e as complexas regras de formação de palavras da linguagem humana. De fato, como ocorre em qualquer língua humana, decompor palavras de línguas africanas em suas unidades mínimas não é tarefa fácil: há línguas que não apresentam uma fronteira clara entre os morfemas e muitas vezes há processos de alomorfia que fazem que uma forma tenha duas ou mais realizações fonéticas. Vimos, também, que não é possível tratar como formas estanques a flexão e a derivação, porque há, especialmente nas línguas africanas, classes nominais que, embora sejam consideradas morfemas flexionais, desempenham papel relevante no processo de derivação. Além dos morfemas flexionais de tempo, modo, aspecto, número e pessoa, algumas línguas africanas apresentam morfemas derivacionais que se acrescentam à raiz verbal, alterando-lhe a transitividade ou o sentido. No mais, deparamo-nos com uma organização do tempo dentro do paradigma verbal distinta da organização do tempo nas línguas indo-europeias.

Notas

[1] PS na fórmula de Ngunga (2004: 169) – verbo = (PI) – IS – PS + (IO) + Raiz + (EXT) + VF – está sendo substituída pelos autores por T, ficando a fórmula da seguinte maneira: verbo = (PI) – IS – T + (IO) + Raiz + (EXT) + VF.

[2] Os termos perfectivo e imperfectivo se referem à construção temporal interna do processo verbal. O perfectivo indica que a ação verbal foi iniciada e acabada e o imperfectivo indica que a ação verbal se encontra em processo. O prefectivo pode ser exemplificado pelo pretérito perfeito do português em que se se observa claramente o início e o fechamento do processo verbal e imperfectivo pelo presente progressivo em que se observa o início do processo, mas não o fechamento do processo verbal.

[3] A literatura bantuísta chama os "morfemas derivativos" de "extensão".

Sintaxe e Semântica

Dayane Cristina Pal
Paulo P. Araújo

A Sintaxe é a área dos estudos linguísticos que lida com a organização das palavras em enunciados simples ou complexos a partir de "blocos" chamados de constituintes. Conhecer a sintaxe das línguas é, portanto, conhecer as diversas formas como as categorias gramaticais se comportam em diferentes tipos de orações.

Neste capítulo, apresentaremos ao leitor algumas particularidades da sintaxe e da semântica das línguas africanas. Pela abrangência dos temas e a impossibilidade de abarcar todos os assuntos referentes à sintaxe/semântica, faz-se necessário selecionar aqueles frequentemente tratados em manuais e textos voltados para as línguas africanas (Creissels et al., 2008; Watters, 2000; Childs, 2003; Bearth, 2003). Com isso em mente, foram selecionados seis temas: questões de ordem de palavras; tópico/foco; negação; construções verbais seriais, logoforicidade e ideofones. Dentro do primeiro tema, o da ordem de palavras, achamos por bem tocar em outros tópicos direta ou indiretamente relacionados a ele, o caso da inversão locativa em línguas bantas. Ainda nesse primeiro momento, tratamos rapidamente de algumas estratégias de passivização encontradas nas línguas da África.

Mesmo abordando temas considerados sintáticos em sua maioria, chamamos a atenção para o fato de que, a depender da inclinação de cada estudioso, os tópicos deste capítulo são geralmente tratados sob um viés morfossintático, muito mais do que numa perspectiva mais semântica. Por outro lado, atentar para a semântica nos permite uma maior flexibilidade para abordarmos os temas supracitados de uma forma mais abrangente, em seus aspectos não apenas estruturais. Um exemplo disso

160 Introdução à Linguística Africana

é a categoria ideofone para a qual um tratamento estritamente sintático não é dos mais fáceis e deixaria de fora o significado social que essa categoria gramatical tem nas línguas.

Organizamos as próximas seções na sequência em que apresentamos os seis tópicos apontados: primeiramente, tratamos dos fenômenos mais relacionados à ordem de palavras e, em seguida, dos processos de topicalização e focalização. Após as questões relativas à ordem de palavras, são apresentadas as principais estratégias de negação. Os três últimos temas são tipicamente relacionados às línguas africanas, e mesmo que ocorram fora da África, as línguas africanas são geralmente apontadas como exemplos dessas construções. As construções seriais e os ideofones também ocorrem em línguas asiáticas ou australianas, enquanto a logoforicidade é considerada um traço tipicamente africano (Heine e Leyew, 2008).

Construção da sentença e ordem de palavras

As palavras nas frases em línguas africanas, de maneira geral, obedecem à ordem SVO, sendo s o sujeito, v o verbo e o objeto. Essa organização é a mais comumente identificada na maioria das línguas do mundo. Sentenças em que o verbo precede o sujeito e o objeto (VSO ou VOS) são menos comuns, e aquelas com o objeto no início (OSV ou OVS) são ainda mais raras.

> As línguas africanas confirmam a forte predominância da ordem de sujeito no início das orações (SOV e SVO) e a proporção de línguas africanas verbo-inicial é, *grosso modo*, comparável ao observado ao nível mundial. Porém, de alguma forma, a ordem de constituintes na oração é um domínio no qual a diversidade observada no nível do continente africano difere daquele observado no nível das línguas do mundo. (Creissels et al., 2008: 127)

Reiterando as palavras de Creissels e colaboradores, as línguas africanas mostram uma diversidade maior na configuração de ordem de palavras dentro do continente africano, se comparado com o restante das línguas fora da África. Dizendo de outra forma, uma tipologia da ordem de palavras das línguas africanas é uma tarefa gigantesca.[1]

Apesar de existirem variações entre as línguas africanas, de acordo com Heine e Nurse (2000) há três grandes grupos que determinam a ordem das palavras e nos quais se encaixam a maioria das línguas desse continente. A ordem mais comum é SVO, na qual são incluídas línguas de todos os grupos, principalmente as afro-asiáticas e quase todas as línguas do nigero-congolês. Creissels et al. (2008) acrescentam que línguas desse grupo têm preposições e todos os modificadores em uma frase nominal após o nome (núcleo).

O segundo grupo mais comum entre as línguas africanas tem como característica principal a presença de posposições. Compreende principalmente a ordem SOV, mas admite também casos de SVO em que o genitivo precede o nome e os demais modificadores ficam após o nome. Esse grupo é amplamente encontrado nas línguas africanas, porém é raro fora desse continente. Heine e Nurse (2008) incluem nesse grupo algumas línguas afro-asiáticas; o senufo, as línguas do grupo mandê e o ijo, do nigero-congolês; diversas línguas nilo-saarianas e o subgrupo coe das línguas coissãs. Exemplo de língua com ordem SOV:

(1) Supire (nigero-congolês, gur, senufo) (Watters, 2000: 198)
    --S-- --O--   --V--
    Kile ù kùni   pwɔ̀
    Deus 3SG caminho.DEF SBJ.limpar
    'Se Deus pudesse limpar o caminho!'

O terceiro grupo segue a ordem VSO e é raramente atestado nas línguas africanas. Tal estrutura é muito semelhante à estrutura SVO, na medida em que, em ambas, a posição de preposições e modificadores é atestada antes do nome. A diferença encontra-se na posição do sujeito após o verbo nas sequências VSO, e não mais no início da estrutura. Como exemplo, temos:

(2) Massai (nilo-saariana, sudânica do leste) (Watters, 2000: 198)
    --V--   --S--   --O--
    édɔ̃l   ɔltóŋání   eŋkolií
    ver   pessoa.NOM gazela.ACT
    'A pessoa vê uma gazela.'

De forma geral, a presença dos auxiliares pode servir para marcar tempo, modo ou aspecto e para indicar uma circunstância adverbial. O comportamento desses auxiliares em muitas línguas SVO pode variar em: S AUX OV ou S O AUX V, ou seja, no primeiro caso, o auxiliar vem imediatamente após o sujeito e antes do objeto; no segundo caso, o auxiliar sucede o objeto. Há línguas, no entanto, como as afro-asiáticas, que colocam o auxiliar após o verbo, no final da sentença (S O V AUX).

Vejamos o exemplo a seguir da língua atlântica quissi:

162 Introdução à Linguística Africana

(3) Quissi (nigero-congolês, atlântico) (Creissels, 2005: 46)

a. Ò   ké   yá   tòòlúláŋ

   3SG.F dar   1S   suporte

   'Ela me deu suporte'

b. À   wá   ndú   kòówáŋ kìóó

   3PL MP   3S   remédio dar

   'Eles estavam dando a ele remédio'

O objeto indireto e as construções com dois objetos

Muitas línguas africanas compõem-se de verbos que não trazem em si a propriedade de introduzir o argumento conhecido como objeto indireto (caso dativo). A presença de um terceiro argumento nem sempre permite a clara distinção de caso, ou seja, a distinção entre o que chamamos de objeto direto e objeto indireto. Por outro lado, línguas africanas identificam mais claramente os papéis de sujeito e objeto quando há apenas dois argumentos. A introdução do terceiro argumento causa a necessidade de uma marca morfológica ou de verbos que apontem ao interlocutor qual argumento é o objeto indireto ou dativo.

Para distinguir os verbos que pertencem a um ou a outro caso, designou-se uma divisão em dois grupos: verbos primários e verbos secundários. Verbos primários são os que introduzem o beneficiário, receptor, sem a utilização de marcas morfológicas ou a adição de um verbo; verbos secundários, em uma construção de três argumentos, necessitam de um recurso morfológico para a introdução do objeto indireto/dativo. É preciso acrescentar, no entanto, que é pequena a incidência de verbos primários em línguas africanas (Creissels et al., 2008: 98), o que contribui para a ampla utilização de morfemas aplicativos ou perífrases aplicativas, que formam as construções seriais, das quais trataremos mais adiante.

Para que o leitor compreenda, façamos um paralelo com o verbo ESCREVER. Considere que esse verbo traga em si a ideia de que alguém escreveu algo; para que seja incluído o argumento que represente quem recebeu essa carta, é necessário inserir um morfema ou um verbo cujo significado seja DAR, ENTREGAR. Originalmente, o verbo ESCREVER é um verbo de dois argumentos (sujeito e objeto direto) e a introdução do terceiro argumento (objeto indireto) só é realizada pelo mecanismo citado. Em tsuana, observa-se um morfema aplicativo indicando o destinatário da ação verbal:

(4) Tsuana (nigero-congolês, banto) (s31) (Creissels et al., 2008: 98)
a. kì-kwálá lòkwálɔ̀
 s1SG-escrever.TAM 11.carta
 'Eu estou escrevendo uma carta'
b. kì-kwálɛ́lá màlʊ́mɛ́ lòwálɔ̀
 s1SG-escrever.APL.TAM 1.tio.1SG 11.carta
 'Estou escrevendo uma carta para meu tio'

Operações de mudança de ordem das palavras

Tratamos até agora de questões relacionadas à ordem de palavras consideradas em suas formas prototípicas, ou seja, construções gramaticais nas quais a ordem seguida é a esperada pelas línguas. No entanto, sabemos que as línguas têm uma certa liberdade de reorganizar os constituintes de uma frase com fins específicos. Nas próximas subseções, discutimos algumas particularidades das línguas africanas em operações de mudança de ordem de palavras, como as operações de inversão locativa e passivização.

Inversão locativa

A inversão locativa (IL) é uma das construções bastante discutidas na literatura sobre as línguas bantas. Nela, há uma inversão do sujeito e de um locativo seguido de uma inversão das funções gramaticais: o locativo passa a ser o sujeito, enquanto o tema, ou constituinte locado, perde suas propriedades de sujeito. No exemplo abaixo, do herero, há em (5)a uma sentença com um tema *òvàndù* "pessoas" na posição de sujeito e *móngándá* "casa" como o locativo. Em (5)b, os dois nomes invertem a posição, e o locativo *móngándá* assume a posição e função de sujeito, enquanto o tema passa para a posição onde antes estava o locativo. A inversão das funções é atestada pelo uso das marcas de concordância, típica das línguas bantas, operadas pelos prefixos nominais (Cf. capítulo de "Morfologia" neste volume). Para o caso do herero, temos os prefixos òvà- para "pessoas" e mó- para "casa". Em (5) b, é o prefixo locativo de casa, mó-, que faz a concordância no verbo -hìtí "entrar":

(5) Herero (nigero-congolês, benue-congo, banto) (R31) (Marten, 2006: 98)
a. *òvà*-ndù *v*-á-hìtí *mó*-ngándá
 2-pessoas *IS2*-PASD-entrar *18*-9-casa
 'Os convidados entraram na casa'

164 Introdução à Linguística Africana

b. *mò*-ngàndá   *mw*-á-hìtí   *òvá*-ndù
18-9-casa   *IS18*-PASD-entrar   *2*-pessoa
'Na casa entraram os convidados'

Essa regularidade na concordância é possível ser observada em algumas línguas, como é o caso da língua quicongo (H16), variedade falada em Angola. Nos exemplos a seguir, temos situações nas quais os locativos na posição de sujeito levam sua marca de concordância para o verbo nos três prefixos locativos:

(6)   Quicongo (nigero-congolês, benue-congo, banto) (H16) (Araújo, 2013: 158)
      a. *Và*nà   mfúlù   sí   *và*-lèká   ànà
        16.LOC   9.cama   FUT   *16*-dormir   2.crianças
        'Na cama dormirão as crianças'
      b. *kù*nà   mbánzà   *kù*-kòt-èlè   má-tókò
        17.LOC   9.cidade   *17*- entrar-PERF   6-jovens
        'Na cidade entraram os jovens'
      c. *mù*ná   nzó   *mù*-kòt-èlè   mìvì
        18.LOC   9.casa   *18*-entrar-PERF   4.ladrões
        'Na casa entraram ladrões'

Nos exemplos acima, as classes nominais locativas do quicongo (16-18) são usadas como marca de sujeito nos três exemplos, conferindo assim ao locativo as propriedades de sujeito (Cf. no capítulo "Morfologia" sobre classes nominais locativas).

Outro mecanismo de mudança na ordem de palavras entre o sujeito e objeto de uma sentença é a passivização, ou seja, quando o objeto de uma sentença ativa ocupa a posição de sujeito e o sujeito passa a ocupar a posição de objeto. Esse processo é comumente tratado como parte do sistema de voz verbal. Neste capítulo, para mantermos a organização das temáticas tratadas, decidimos dizer algumas palavras sobre os processos de passivização em línguas africanas neste momento.

Passivização

Em línguas africanas, a estratégia de passivização mais conhecida é a realizada por meio de extensões verbais ou sufixos, a exemplo das línguas bantas. No exemplo abaixo, do suaíli, a extensão **-ew-** transforma em passiva a forma do verbo:

(7) Suaíli (nigero-congolês, benue-congo, banto) (G42) (Bearth, 2003: 135-136)

a. Mama a-li-m-pa   m-toto   pesa
   Mãe   CL1-PASD-IO-dar   CL1-criança   dinheiro
   'A mãe deu o dinheiro para a criança'

b. m-toto a-li-p-**ew**-a   pesa   (na mama)
   criança IS-PASD-dar-PASS-VF   dinheiro (pela mãe)
   'Foi dado dinheiro para a criança pela mãe' (Lit.: 'À criança, foi dado dinheiro pela mãe')

O uso de extensões verbais em línguas bantas permite ainda que haja a passivização de inversão locativa com cópula. Em quissicongo, variedade dialetal do quicongo (H16), tal construção é possível, apesar de soar um pouco estranha em português, conforme se percebe pela tradução literal entre parênteses:

(8) Quissicongo [nigero-congolês, benue-congo, banto] (H16) (Ndonga, 1995: 348)

ò-mú-nzò   kè-mù-kál-**w**-à   kwà   múntú   kò
PPF-18-9 casa NEG1-IS.NEUT-COP-**PASS**-VF   PREP   9-homem   NEG2
'Ninguém estava em casa' (Lit. 'a casa não *era estada* por ninguém')

Nesse ponto, cabe apontar algumas particularidades possíveis de encontrar na literatura sobre o assunto. Por exemplo, na língua cuê, coissã central, falada na Namíbia, além da estratégia mais comum de passivização (9)a, existe também uma alternativa bastante comum entre as línguas africanas que é a expressão de passivas sem nenhum agente sujeito, e o tema/paciente permanece marcado como objeto (9)b:

(9) Cuê, coissã, coissã central (Kilian-Hatz, 2009: 223-228)

a. ǂ'ú   à   ǂ'ú-can-a-tà   ápa-a   kà.
   comida FOC   comer-PASS-II-PASD   cachorro-OBL   por
   'A comida foi comida pelo cachorro'

b. hèútù-hè   ὲ   tc'áã-i-tá
   carro-3SG.F   O   roubar-PASS-PASD
   'O carro foi roubado'/'Roubaram o carro'

Esse tipo de passiva impessoal levou alguns estudiosos das primeiras gramáticas do quimbundo a assumir que essa língua banta não possuía construções passivas:

O *Passivo* regular das línguas 'bantu' forma-se intercalando -u- entre a vogal final e o phonema (a lettra) que a precede; assim sucede, por exemplo, no "kixikongo" e no "umbundu", os vizinhos imediatos do "kimbundu". Este, porém, carece d'elle, mas suppre esta falta: 1) pela forma activa com um sujeito indefinido a = *elles* e uma preposição ku, kua ou ni = *por, de, com*. (Chatelain, 1888/1889: 83)

O que Chatelain percebe é um processo diacrônico apontado posteriormente por Givón (2002: 208-9) para explicar como a estratégia de passivização ocorre em quimbundo. Os exemplos abaixo buscam traçar esse percurso:

(10) Quimbundo (nigero-congolês, benue-congo, banto) (H20) (Givón, 2002: 208-9)
   a. Deslocamento à esquerda

     Nzua   aana   a-mu-mono

     João   crianças   IS-IO-ver

     'João, as crianças o viram'

   b. Deslocamento à esquerda com pronome indeterminado

     Nzua   a-mu-mono

     João   IS.IND?[2]-IO-ver

     'João, elas (impessoal) o viram'

   c. Passiva

     Nzua a-mu-mono kwa   meme

     João IND-IO-ver   PREP   PRON.obl

     'João foi visto por mim' (Lit.: 'João, eles o viram por mim')

Essa forma de exprimir passiva em quimbundo faz uso de uma operação chamada de deslocamento à esquerda, como no exemplo (10)b. Esse recurso faz parte de um conjunto de construções relacionadas a funções pragmáticas e discursivas intimamente vinculadas às intenções dos falantes, quando esses buscam deixar em proeminência um determinado constituinte ou quando a intenção é enfatizar. Tais operações são chamadas de topicalização e focalização, assuntos da próxima seção.

Topicalização e focalização

As categorias discursivas de tópico e foco são dois exemplos de como fatores pragmáticos se inter-relacionam com a sintaxe. Para os objetivos deste capítulo, limitaremos esta apresentação às principais estratégias empregadas pelas línguas africanas para a expressão de tópico e foco, ou seja, as operações de topicalização e focalização. Essas duas operações são frequentemente discutidas como parte dos estudos interessados na estrutura da informação – a forma como "empacotamos" a informação que queremos transmitir para nossos interlocutores.

Em termos gerais, tópico e foco são descritos em função das noções do que é dado e do que é novo. Utilizando uma nomenclatura mais conhecida, ambos geralmente levam as etiquetas "tema" e "rema", este definido como a informação nova e aquele como a informação velha. Por exemplo, em português, quando queremos fazer algum comentário sobre algo ou alguém que já é conhecido pelos interlocutores, geralmente colocamos o nome da pessoa logo no início da sentença, para em seguida fazer o comentário desejado: "*O Joãozinho, o moleque* matou um rato." Dizemos que "*O Joãozinho*" é a informação dada, já conhecida, e o comentário é a informação nova a ser transmitida: a de que ele matou um rato. Essa estrutura é justamente denominada de tópico-comentário.

O foco é expresso na maioria das línguas como uma informação nova. Para identificarmos um constituinte como o foco de uma sentença, em português e outras línguas indo-europeias, fazemos uso geralmente da entonação, indicada em CAIXA ALTA. Vejamos no exemplo a seguir:

(11) a. O que o Joãozinho fez?

    b. Ele MATOU UM RATO.

    c. Quem matou o rato?

    d. O JOÃOZINHO matou o rato.

Outra forma de marcar o foco é a operação denominada clivagem, quando um nominal é posicionado entre uma cópula e um relativo: "*Foi* O JOÃOZINHO *que* matou o rato". Como veremos, essas são apenas as estratégias mais básicas entre as diversas estratégias de topicalização e focalização que as línguas têm a seu dispor. Para o caso das línguas africanas, as principais estratégias de topicalização e focalização são as mesmas comumente encontradas em grande parte das línguas do mundo; nesse caso, o deslocamento para esquerda ou direita e clivagem. Nos exemplos abaixo, vemos os processos de topicalização (12)b e focalização (12)c em uma língua edoide da Nigéria:

(12) Emai (nigero-congolês, benue-congo, edoide) (Schaefer e Egbokhare, 2010: 262)

    a. òjè   lá   lè.
       Oje   correr   longe
      'Oje escapou'

168 Introdução à Linguística Africana

b. òjè,   ó   lá   lè.
  Oje   3SG   correr longe
  'Quanto a OJE, ele escapou'

c. òjè   lí   ó   lá   lè
  OJE   FOC   ele   correr longe
  'Foi o OJE que escapou'

No exemplo (12)a, temos um sentença simples. Em (12)b, o falante faz uso do nominal Oje e em seguida utiliza um pronome que retoma o nome que serve como sujeito. A vírgula depois do nome Oje e antes do pronome serve para indicar uma pausa, é dessa forma que o nome está topicalizado. No exemplo (12)c, temos a mesma estrutura da topicalização juntamente com a marca de foco *lí*, que também pode ser classificada como focalizador. O uso de *lí* confere uma maior ênfase em quem realmente escapou, deixando em foco o nome que o antecede.

Para entendermos melhor o termo "deslocamento" para os constituintes topicalizados ou focalizados, vejamos os exemplos a seguir, no qual as duas estratégias são utilizadas juntamente, como no exemplo (12) anterior. Acontece que, nesses exemplos, o objeto direto é que será topicalizado, sendo "movido" ou "deslocado" para a esquerda, comumente chamada de periferia esquerda:

(13) Emai (nigero-congolês, benue-congo, edoide) (Schaefer e Egbokhare, 2010: 262)
  a. òjè   gbé   ólí   ófè.
    Oje   matar   o   rato
    'Oje matou o rato'
  b. ólí ófè, òjè lí   ó   gbé   óì
    o   rato Oje FOC ele   matar OD
    'Quanto ao rato, foi o Oje que o matou'

Nota-se que, ao mesmo tempo em que o constituinte "o rato" é deslocado para a esquerda, ficando na posição de tópico, a marca de foco delimita o sujeito OJE como o constituinte a ser focalizado, deixando subentendido que o rato seria a informação velha e o OJE, focalizado, a informação nova.

Watters (2000: 214-5) apresenta pelo menos quatro estratégias principais de focalização nas línguas africanas: (i) mudanças na forma do verbo principal ou uso de formas auxiliares; (ii) uso de partículas específicas para foco; (iii) uso de sentenças clivadas; e (IV) mudança na ordem básica de palavras, com a presença de uma posição específica para foco. O autor atesta que a maioria das línguas utiliza mais de uma dessas estratégias. Alguns exemplos retirados de Watters (2000) estão em (14), em que a marca de foco é presente no verbo. Em (13), no exemplo anterior da língua emai, uma partícula de foco é posicionada ao lado do elemento a ser focalizado. No exemplo (14) anterior, temos um exemplo de marcas de foco acopladas ao verbo, na língua ejagã, falada na Nigéria:

(14) Ejagã (nigero-congolês, benue-congo, bantoide) (Watters, 2000: 215)
    a. à-nâm   bì-yù
       3SG.PERF-comprar   CL8-inhame
      'Ela comprou inhame'
    b. à-nàm-**è''**   **jen**
       3SG.PERF -comprar-FOC   o que
    'O que ela comprou?'
    c. à-nàm- **è''**   **bì-yù**
       3SG.PERF -comprar- FOC   CL8-inhame
    'Ela comprou INHAME'

Exemplos como em (14)c atestam o que Heine e Leyew (2008: 22) afirmam: "[...] marcas de foco por meio de flexão verbal têm sido encontradas apenas em línguas africanas, até o momento." Há também a possibilidade de combinação entre mudanças no verbo e uso de partículas para a marcação de foco, como no exemplo a seguir:

(15) Vute (nigero-congolês, benue-congo, bantoide) (Watters, 2000: 216)
    a. mvèin yi   ɓwáb-na   tí   ŋgé   cene
       chefe PASD   comprar-IO   PERF 3SG   galinha
      'O chefe comprou para ele uma galinha'
    b. mvèin yi   ɓwáb-na-**á**   ŋgé   cene **ʔá**
       chefe PASD   comprar-IO-FOC 3SG GALINHA FOC
      'O chefe comprou para ele uma GALINHA'

Em (15)b encontramos marcas de foco no verbo comprar "ɓwáb-na-**á**" e ao fim da oração "**ʔá**" ao lado do constituinte focalizado "uma galinha".

A mudança na ordem das palavras é também um recurso bastante utilizado para a marcação de foco. Vejamos a seguinte sentença em suaíli:

170 Introdução à Linguística Africana

(16) Suaíli (nigero-congolês, benue-congo, banto) (G42) (Bearth, 2003: 130)
Ali a-li-fika   jana
Ali IS-PASD-chegar   ontem
'Ali chegou ontem'

Vimos que uma forma de identificar um constituinte focalizado de uma sentença se faz, geralmente, respondendo a uma pergunta, como nos exemplos em (14) do ejagã. Dito isso, a partir da sentença acima do suaíli, podemos fazer a seguinte pergunta em (17):

(17) Suaíli (nigero-congolês, benue-congo, banto) (G42) (Bearth, 2003: 130)
Jana   a-li-fika   nani?
Ontem   IS-PASD-chegar   quem
'Quem chegou ontem?'

E para a resposta, a ordem dos constituintes deve ser mudada, com o sujeito sendo deslocado para a direita, para o final, pois esta é a posição privilegiada de foco em suaíli:[3]

(18) Suaíli (nigero-congolês, benue-congo, banto) (G42) (Bearth, 2003: 130)
Jana   a-li-fika   Ali
Ontem   IS-PASD-chegar   Ali.FOC
'O ALI chegou ontem'

Para as línguas do grupo banto, além dos mecanismos apresentados, como a mudança na ordem de palavras, há também a possibilidade do uso do aumento ou pré-prefixo, a exemplo do quissicongo (H16). Ndonga (1995) atesta pelo menos três mecanismos de focalização nessa língua: (i) a anteposição do termo a ser focalizado; (ii) o uso de itens focalizadores (*kìkìlù* e *yì*); e (iii) a omissão do pré-prefixo. Como exemplo do último mecanismo, vejamos os seguintes exemplos:

(19) Quissicongo (nigero-congolês, benue-congo, banto) (H16) (Ndonga, 1995: 436)
a. ò-mwàn(à)   ò-léèlè
   PPF-1.criança   IS-dormir.PERF
   'A criança dorme'
b. mwàn(à)   ó-lèèlè
   1.criança   IS-dormir.PERF
   'É a criança que dorme' (Lit.: 'Uma criança dorme')

Em (19)a, há a presença do pré-prefixo "ò-", apresentando a carga semântica de definitude do SN. Em (19)b, a omissão do pré-prefixo permite uma leitura de foco. A categoria tópico também participa de itens focalizados, pois não raramente essa categoria está entrelaçada com os processos de focalização, como se pode observar em quimbundo:

(20) Quimbundo (nigero-congolês, benue-congo, banto) (H21) (Pedro, 1993: 338)
    a. mùlòjì w-á-fù
       bruxo IS-PERF-morrer
       'O bruxo morreu.'
    b. ò-mùlò:jí   w-á-fú   mwènè
       PPF-bruxo   IS-PERF-morrer   FOC
       'Quanto ao bruxo, ele morreu mesmo.'

No exemplo (20)b, além do uso do pré-prefixo, a palavra "mwènè" é encarada por Pedro como um item focalizador. Nesse exemplo, observamos um alongamento da vogal, indicado pelos dois pontos logo depois de -*mùlò:*, o que deve contribuir para a focalização.

Na literatura sobre foco, é comum a menção a estratégias como a que segue, no iorubá, na qual o verbo matar é focalizado, mas para isso é utilizada uma forma nominalizada desse verbo, o que se configura uma forma de clivagem, conforme a tradução literal entre parênteses:

(21) Iorubá (nigero-congolês, benue-congo, defoide) (Creissels et al., 2008: 139)
    a. mwón   pa   Òjó
       S3PL   matar   Ojo
       'Eles mataram Ojo'
    b. Pípa   ni   nwón   pa   Òjó
       NOM.matar FOC   S3PL   matar Ojo
       'Eles mataram Ojo' (Lit.: 'É o MATAR (que) eles mataram Ojo')

Essas são apenas algumas das principais estratégias de topicalização e focalização nas línguas africanas. É bom que seja ressaltado que o estudo das línguas africanas, assim como o de outras línguas não indo-europeias, tem contribuído para o avanço e reformulações de teorias linguísticas, notadamente de teorias formais como a da gramática gerativa.[4] Um traço possível de se observar em línguas africanas é a grande interação do sistema de flexão verbal com fenômenos de focalização. De

172 Introdução à Linguística Africana

acordo com Creissels et al. (2008: 104), esse traço parece ser raro fora da África. Um exemplo desse tipo de interação se encontra em uólofe, língua atlântica falada no Senegal e em outros países:

(22) Uólofe (nigero-congolês, atlântica) (Creissels et al., 2008: 105)
    a. gis   na   yaayam
       ver   TAM. S3SG   mãe. 3SG
       'Ele viu a mãe dele'
    b. moo   gis   yaayam
       FOC.S3SG ver   mãe. 3SG
       'ELE viu a mãe dele.'
    c. yaayam la   gis
       mãe.3SG   FOC.S3SG ver
       'Ele viu a MÃE DELE'
    d. dafa   gis   yaayam
       FOC.S3SG ver   mãe. 3SG
       'Ele VIU a mãe dele'

No exemplo (22)a, vemos uma sentença sem constituintes focalizados. Em (22)b, c, d, diferentes partículas de foco são utilizadas para enfatizar o sujeito, o verbo e o objeto direto, respectivamente, mostrando a complexidade dos fenômenos de focalização. Além desses fenômenos de interação de foco com outros sistemas gramaticais das línguas, autores como Childs (2003: 136) e Watters (2003: 251) demonstram a interação entre as categorias de foco e negação. No exemplo a seguir, da língua nuê, todo o constituinte é negado por meio de marcas descontínuas de negação. O verbo *čúū* 'ferver' é focalizado por meio de repetição ao mesmo tempo em que é negado pela marca final de negação *bɔ́*:

(23) Nuê (nigero-congolês, benue-congo, banto *grassfields*) (Watters, 2003: 251)
    Atem   a   kɛʔ   **te**   čúū   akendɔŋ čúū   **bɔ́**
    Atem 3SG PASD:1 NEG1 ferver plantas   ferver NEG 2
    'Atem não FERVEU as plantas'

Não aprofundaremos essa questão aqui, mas mencionamos a interação entre foco e negação para estimular a curiosidade de nossos leitores. Passamos na próxima seção às estratégias de negação.

Negação

Watters (2000: 206) aponta pelo menos dois padrões principais para a negação sentencial em línguas africanas: (i) uma interna à palavra verbal;[5] (ii) outra externa à palavra verbal. No primeiro caso, podemos ter o que Childs (2003: 128-32) chama de marcas múltiplas ou descontínuas de negação, comumente relacionadas ao sistema aspectual da língua. Para o segundo caso, temos a negação por meio da mudança da ordem das palavras.

Dryer (2009) realizou estudo sobre a posição de morfemas de negação em sentenças verbais e identificou que grande parte das línguas da África Central coloca preferencialmente o morfema de negação depois do verbo. Há também casos em que a negação segue o verbo e o objeto, se houver. Vejamos alguns exemplos:

(24) Mbara (biu-mandara, chádica) (Dryer, 2009: 317)
í   zùm   hùrùpóy 'bày
3PL comer tartaruga NEG
'Eles não comeram a tartaruga'

(25) Bagirmi (bongo-bagirmi, nilo-saariana, chádica) (Dryer, 2009: 317)
deb-ge   tol   tobio li
pessoa-PL matar   leão NEG
'As pessoas não mataram o leão'

Para os casos de mudança na ordem das palavras, Creissels et al. (2008: 135) apresentam como possibilidade o uso de auxiliares negativos especiais e o uso de partículas negativas na posição final da oração (combinadas ou não com modificações do sintagma verbal). Veremos alguns exemplos para esses dois padrões, e ao fim dessa seção nos ocuparemos de outros padrões não muito comuns nas línguas africanas, mas que merecem algumas palavras, o de negação por meio de substituição e comutação de morfemas e outras alternativas.

Seguiremos nas próximas duas subseções a ordem como Childs (2003) apresenta os dois principais padrões de negação em línguas africanas.

Marcas múltiplas e descontínuas de negação

Esse padrão de negação não é desconhecido nas línguas românicas. O francês possui marcas negativas descontínuas (*ne... pas*) e no português brasileiro é comum, em algumas regiões do país, a dupla negação ou negação enfática "Ele **não** vem **não**". Chama a atenção, nas línguas africanas, a forma como as marcas de negação

174 Introdução à Linguística Africana

interagem com as marcas de tempo e aspecto verbal, o que chega a ser mesmo uma fusão, de forma que as distinções de TAM passam a ser diferentes das marcas de TAM na forma positiva dos verbos. Por exemplo, o suaíli, como algumas línguas bantas, possui a variante *ha* para a marca negativa *ka*, antes da marca do sujeito. O interessante, no entanto, é a marca descontínua da negação que pode ser diferente de acordo com o tempo e o aspecto: o morfema *-i* para o presente (26)a'; *-ku-* para o passado (26)b'; *-ja-* para o perfectivo (26)c'; e *-ta-* para o futuro (26)d':

(26) Suaíli (nigero-congolês, benue-congo, banto) (G42) (Childs, 2003: 130)

	AFIRM		NEG
a.	tu-na-sema	a'.	**ha**-tu-sem-**i**
	1PL-PROG-falar		NEG1-1 PL-falar-NEG2
	'Nós estamos falando'		'Nós não estamos falando'
b.	tu-li-sema	b'.	**ha**-tu-**ku**-sema
	1PL-PASD-falar		NEG1-1PL-NEG2-falar
	'Nós falamos (passado)'		'Nós não falamos (passado)'
c.	tu-me-sha-sema[6]	c'.	**ha**-tu-**ja**-sema
	1PL-PERF-?-falar		NEG1-1PL-NEG2-falar
	'Nós temos falado'		'Nós não temos falado'
d.	tu-ta-sema	d'.	**ha**-tu-**ta**-sema
	1PL-FUT-falar		NEG1-1 PL-NEG2-falar
	'Nós falaremos'		'Nós não falaremos'

As línguas bantas são os grandes exemplos de negação com marcas múltiplas ou descontínuas (Cf. capítulo "Morfologia") e apresentam também marcas de negação ao fim de sentenças, como é o caso do quizombo, variedade dialetal do quicongo falado em Angola, e do babungo, falado na República dos Camarões:

(27) Quizombo (nigero-congolês, banto, variedade do quicongo) (H16h) (Araújo, 2013: 42).

Dì	**kà**	tù-á-lù-kìn-ís-ín-à	**kó**
REL	NEG1	1PL-REC-IO-dançar-CAU-APL-VF	NEG2

'Por isso nós não fizemos você dançar'

(28) Babungo (nigero-congolês, banto- *grassfields*) (Dryer, 2009: 326)

ŋwə́	kèé	gə̀	táa	yìwìŋ	mē
ele	NEG	ir.PERF	PREP	mercado	NEG

'Ele não foi ao mercado'

A dupla negação, porém, não se restringe às línguas bantas, como vemos a seguir:

(29) Izi (nigero-congolês, igboide, Nigéria) (Dryer, 2009: 327)

nwó!ké	té	è-pfú-du	í!yá
homem	NEG	3SG-falar-NEG	3SG

'O homem não está falando isso'

(30) Catla (nigero-congolês, cordofaniano) (Dryer, 2009: 327)

nyɔŋ	ţa	ny-olök	naŋ	gabas
1SG	NEG	1SG-comer	NEG	carne

'Eu não como carne' (Lit.: 'Eu não como não carne')

Muitas outras línguas africanas utilizam apenas uma marca final para a forma negativa, o que faz Heine e Leyew (2008: 9) e Dimmendaal (2008: 163-165) acreditarem que esse seja um traço areal. Nas palavras de Heine e Lewey: "Porém, a negação com verbos em final de sentenças não se destaca apenas tipologicamente na região da África, mas, antes, é também de significância mundial: parece haver poucas línguas fora da África com esse traço". As principais regiões em que se encontra essa estratégia são a África Central e a área entre o rio Nilo e o Níger.

Negação por meio da mudança da ordem de palavras

Muitas línguas africanas acoplam o morfema de negação ao verbo, assim como acontece com as marcas de tempo, modo e aspecto. Atualmente, foram atestadas mudanças na ordem dos constituintes devido a marcas de negação em línguas do nigero-congolês, como as da família kru. No exemplo a seguir, a negação (31)b torna-se um clítico junto ao sujeito e o verbo fica em posição final na sentença:

(31) Dida (nigero-congolês, kru) (Creissels et al., 2008: 135)

a.
dàāgō	lìpì	flàásō
Dago	falar.PERF	francês

'Dago falou francês'

b.
dàāgō-**ɔ́**	flàásō	lìpì
Dago-NEG	francês	falar. PERF

'Dago não falou francês'

176 Introdução à Linguística Africana

Outro exemplo similar ao (31), porém com a marca de negação ao final, pode ser encontrado em línguas como o meén:

(32) Meén (nilo-saariano, sudânico oriental) (Creissels et al., 2008: 136)
    a. ɛdɛ   or   kobuʔo
       3PL   ver   galinhas
       'Eles veem as galinhas.'
    b. ɛdɛ   kobuʔo   or-**oŋ**
       3PL   galinhas   ver-NEG
       'Eles não veem as galinhas.'

Em baulê, língua cua falada na Costa do Marfim, temos o morfema sufixal -man (variante -an) acoplado ao verbo para indicar a negação no presente e no passado; no futuro, utiliza-se, além do sufixo -man, o morfema aspectual de progressivo -su antecedendo o verbo em posição V1, formando a estrutura [*suVman*]. Vejamos alguns exemplos:

(33) Baulê (nigero-congolês, cua) (Creissels e Kouadio, 1977: 424)
    a. ɔ̀   à   bá   mán
       S3SG RES   chegar NEG
       'Ele não chegou'
    b. mì   sí   *sù*   **mán**   mì   *livrú*   kún
       1OSG pai   *NEG*   **dar**   1OSG   *livro*   ART.INDET
       'Meu pai não vai me dar um livro'

Construções denominadas seriais (apresentadas numa seção posterior) em baulê também se utilizam de morfemas auxiliares para indicar a negação. Vejamos alguns exemplos:

(34) Baulê (nigero-congolês, cua) (Creissels; Kouadio, 1977: 424)
    a. B'ā   **fã**   *mān*   lāliɛ'n   b'a   **kpɛ̄-**m*ān*   nnɛ̄   nùn
       3SPL.RES **pegar** *NEG* faca' DET 3S.PL.RES **cortar-**NEG carne LOC
       'Eles não cortaram a carne com a faca'

b. mī   sí   *sù*   **fá**   *mán*   *livro*   kùn   **mán**   mí
1OSG   pai   *NEG* **pegar** *NEG*   *livro*   INDET **dar**   1OSG
'Meu pai não vai me dar um livro'

Negação por substituição
e comutação de morfemas e outras estratégias

Deve-se ter em mente que as línguas podem lançar mão de mais de uma estratégia para a expressão de uma mesma categoria gramatical. Esse é o caso da negação. Dentre outras possibilidades que as línguas africanas têm à sua disposição, Creissels (1997) atesta a de haver a negação não por meio de acréscimo de um morfema, mas por meio de substituição e comutação entre morfemas. É o caso da língua bambara, da família mandinga. Nela observa-se a comutação entre os morfemas *jé* e *má* e entre os morfemas *bé* e *té*, os primeiros para a afirmativa e os segundos para a negativa, respectivamente:

(35) Bambara (nigero-congolês, mandê) (Creissels, 1997: 4)

AFIRM   NEG

a. à **jé**   ɟírí tìgɛ̀   a'. à   **má**   ɟírí   tìgɛ̀
3SG PERF-AFIRM   árvore- cortar   3 SG   PERF-NEG   árvore   cortar
'Ele cortou uma árvore'   'Ele não cortou uma árvore'

b. à **bέ**   ɟírí tìgɛ̀   b'. à   tέ   ɟírí   tìgɛ̀
3SG PRES-AFIRM   árvore- cortar   3SG   PRES-NEG   árvore   cortar
'Ele corta uma árvore'   'Ele não corta uma árvore'

Como últimas palavras sobre as estratégias de negação, convém mencionar também a existência de cópulas negativas, ou seja, quando a palavra que serve como cópula já tem em si o sentido da negação. Em iéi, língua banta falada em Botsuana, existe uma forma de cópula negativa *kha ~ qha*, com o sentido de "não ser/estar", e -*qhu*, com sentido "não-ser-com" ou "não-ter". Esta última pode ser usada em sentenças possessivas negativas (36)b:

(36) Iéi (nigero-congolês, benue-congo, banto) (r41) (Seidel, 2008: 426-7)
  a. Qha   inyama
     NEG.COP   9.carne
     'Não é carne'
  b. Mu-pundi mu-qhu   ma-shita.
     1-criança 1-IS-NEG.COP   6-leite
     'A criança não tem leite'

Okoudowa (2010: 29) menciona ainda a existência de infinitivos negativos nas línguas bantas da floresta, como é o caso da lingua tofoque (c53) com o verbo ngòlèmà (não cultivar).

Até aqui discutimos algumas áreas da sintaxe e semântica que tiveram um grande desenvolvimento a partir dos estudos das línguas africanas e que continuam a oferecer mais questões para a descrição de línguas e produção e reformulação de teorias linguísticas, a exemplo dos estudos sobre as estratégias de foco e outras relacionadas à estrutura da informação (Aboh, Hartmann e Zimmermann, 2007) e à negação (Cyffer, Eberman e Ziegelmeyer, 2009). As próximas seções tratarão de tópicos gramaticais que, diferentemente dos anteriores, tiveram seus estudos iniciados ou estabelecidos à medida que o conhecimento sobre as línguas africanas foi se consolidando. Assim, os três últimos temas de nosso interesse neste capítulo: construções seriais verbais, logoforicidade e ideofones, podem levar o crédito de terem sido "descobertos" juntamente com as línguas africanas que iam despertando a curiosidade dos primeiros estudiosos.

Construções seriais

Construções seriais designam, normalmente, uma construção sintática formada por uma sequência de verbos justapostos, sem conectivos, com sujeito comum a todos os verbos. Formam um predicado único e, em geral, os verbos que as compõem possuem as mesmas marcas gramaticais de tempo, modo e aspecto. Conceitualmente, descrevem um único evento e suas propriedades entonacionais são semelhantes às de uma oração simples.

Entre as línguas há, todavia, grande variação entre essas construções, mas o conjunto de propriedades citado orienta a sua identificação a partir de uma adequação às especificidades de cada língua (Aikhenvald e Dixon, 2006; Creissels e Kouadio, 1977).

Alguns exemplos do iorubá e do baulê:

(37) Iorubá (nigero-congolês, benue-congo, defoide) (Lawal e Adenike, 1993: 79)
   a. Olú   mú   iwé   wa
      Olu   pegar   livro   veio
      'Olu trouxe o livro'
   b. Olú   sáré   ti   ìlèkùn
      Olu   correu   fechar   porta
      'Olu fechou a porta rapidamente'
   c. Olú   gún   íyan   je
      Olu   bateu   inhame   comeu
      'Olu comeu inhame'

(38) Baulê (nigero-congolês, cua) (Pal, 2010: 1)
     sràn   kùn   **kàn**   nāwlɛ̀   **klé**   mì
     ser humano DET-PL   **falar**   verdade   **mostrar**   1OSG
     'Os seres humanos me contam a verdade'

A seguir, apresentaremos algumas propriedades sintáticas e semânticas de construções seriais para compreendermos melhor como elas se constituem.

Uma das características que identificam essas construções é a de formarem um único predicado, indicando um único evento. Por essa razão, apesar de serem constituídas por múltiplos verbos, não há marcas de dependência sintática entre eles, portanto não representam casos de coordenação ou subordinação. A seguir, um exemplo do baulê:

(39) Baulê (nigero-congolês, cua) (Pal, 2010: 2)
     ɔ̀   fà   ákɔ̀   klè   mí
     S3SG   pegar   frango   mostrar   1OSG
     'Ele mostra o frango para mim'

Nesse exemplo, o verbo *fa* (pegar), em primeira posição, tem um valor pragmático e não se configura como um verbo com sentido de pegar propriamente. O evento principal descrito na sentença é o de mostrar o frango, portanto, o verbo que se mantém como verbo pleno e que tem seu sentido de base preservado é o verbo *klè* (mostrar). Vejamos outro exemplo do baulê:

(40) Baulê (nigero-congolês, cua) (Pal, 2010: 19)
     ì   **fītē̄-lì**   **kɔ̄**   gwábò
     S3SG   **sair-**PERF   **ir/partir**   mercado
     'Ele foi ao mercado' (Lit.: 'Ele saiu ir ao mercado')

180 Introdução à Linguística Africana

Em (40), os verbos *fi* (sair) e *kɔ* (partir) têm conteúdos semânticos muito semelhantes e se combinam para representar um único evento. Não há, portanto, um único verbo que designe esse evento, mas sim a combinação dos traços semânticos dos dois, resultando na ideia de um único evento.

O exemplo (41), do ibo, traz uma construção em que os verbos se acoplam num único lexema para formar um só predicado. O objeto direto se posiciona após os verbos, assim como a marca temporal, que tem escopo sobre todos eles. A ação é descrita por meio da composição de traços semânticos do primeiro e do segundo verbo, que não podem ser analisados separadamente. Em casos como esse fica mais evidente a adequação dos verbos componentes à construção serial e a representação de apenas um evento.

(41) Ibo (nigero-congolês, benue-congo, iboide) (Lord, 1975: 27)

    ɔ tì-wà-rà   étéré à

    3s bater-quebrar.abrir-t   prato DET

A composição dos verbos em uma construção serial pode ser diversificada, abrangendo uma variedade de significados e funções. Há que se considerar, no entanto, aquelas propriedades citadas no início deste tópico como definidoras dessas construções, como no caso dos exemplos descritos, a de indicar um único evento.

Alguns autores também investigaram a estrutura de construções seriais na tentativa de determinar se seriam casos de subordinação, coordenação ou adjunção (Larson, 2002; Hellan, Beermann e Andenes, 2003), mas o desafio que ainda se mantém é o de estabelecer um inventário amplo de suas propriedades sintáticas, semânticas e prosódicas que possa contribuir para sua caracterização.

Construções seriais são encontradas em provavelmente um terço das línguas do mundo, mas quase inexistentes na Europa, na Ásia Central ou do Norte e pouco frequentes na América do Norte e na Austrália (Aikhenvald e Dixon, 2006: 339).

Tempo, aspecto e modo em construções seriais

Em construções seriais, não há restrição em relação às marcas de tempo, aspecto e modo (TAM), que podem ficar acopladas a ambos os verbos ou a apenas um deles. Além disso, não é necessário que sejam as mesmas marcas aspectuais; trata-se, sim, de considerar a semelhança entre os seus traços semânticos a fim de que se obtenha, quando necessário, a concordância por aproximação. Não seria possível, por exemplo, um morfema indicativo de aspecto habitual para o primeiro verbo e um morfema indicativo de aspecto resultativo para o segundo verbo da construção serial, pois indicam condições muito diferentes de realização do evento. Vejamos um exemplo do acã, língua falada em Gana:

(42) Acã (nigero-congolês, cua) (Ameka, 2005: 15)
    Kwasi   da   hɔ   re-di-di
    Kuazi   EST.deitar   lá   PROG-RED-comer
    'Kuazi está deitado lá, comendo'

No enunciado (42), o primeiro verbo traz consigo o morfema de valor estativo, e o segundo, de valor progressivo. Esse exemplo nos mostra que os valores aspectuais, apesar de distintos, não são antagônicos, e sim similares, possibilitando a concordância entre seus traços semânticos.

No exemplo a seguir, do baulê, temos o morfema aspectual em apenas um dos verbos:

(43) Baulê (nigero-congolês, cua) (Pal, 2010: 126)
    Nzù   yέ   ɔ̀   **(fā)**   **mān**-nī   mī   ɔ̀
    INTER   DEM   S3SG   **(pegar)**   **dar**-PERF   O1SG   EXPL
    'O que foi que ele deu para mim?'

Outras funções de construções seriais

Muitas línguas empregam construções seriais para introduzir papéis semânticos, como o de beneficiário, instrumento, comitativo entre outros. De forma geral, um dos verbos da construção desempenha a função de verbo pleno e o(s) outro(s) verbo(s) introduz as relações semânticas supracitadas. No exemplo abaixo, em baulê, a introdução do destinatário/beneficiário é feita por meio de uma construção serial com verbo *dar*:

(44) Baulê (nigero-congolês, cua) (Pal, 2010: 15)
    ɔ̀   yō-lī   wā   ngà   mān-nī   mì
    S3SG   fazer-PERF   casa   DEM   dar-PERF   1OSG
    'Ele fez esta casa para mim'

Construções com o verbo *dar* em segunda posição são comumente atestadas em línguas seriais. Nesses casos, esse item lexical não funciona como verbo pleno, mas como verbo funcional, introduzindo o termo que recebe do verbo

182 Introdução à Linguística Africana

principal da construção o papel semântico de beneficiário. Traços semânticos desse verbo – tais como indicar um processo (+télico;[7] +dinâmico; -durativo) envolvendo os papéis semânticos de agente, tema e beneficiário – possibilitam que ele seja empregado nessa função. O fato de esse verbo, quando empregado em construções simples, envolver na relação semântica entre seus argumentos um participante de papel beneficiário proporcionou o seu emprego em construções seriais como a do exemplo (44).

São muito usuais em construções com papel instrumental verbos com sentido de "pegar" e "segurar" (Aikhenvald e Dixon, 2006; Sebba, 1987). Uma segunda leitura que podemos conferir ao exemplo abaixo (entre parênteses) seria com um sentido de comitativo, ou seja, a de que a pessoa cortou o pão **com** uma faca:

(45) Baulê (nigero-congolês, cua) (Pal, 2010: 109)

bè	**fàlì**	làliè n	**kpè**-lì	kpáún	nùn
S3PL	**pegar**-PERF	faca DET **cortar**-PERF		pão	INDET

'Eles cortaram um pão com a faca'

Outro tipo de construção interessante de se notar em construções seriais são as de comparativo e superlativo. Esse tipo de construção serial, em geral, envolve verbos como "exceder" e "ultrapassar" e, algumas vezes, pode resultar em morfemas gramaticalizados de construções seriais. A seguir, exemplo do goemai, falado na Nigéria:

(46) Goemai (afro-asiático, chádica) (Hellwig, 2006: 101)

Kuma	f'yer	ma	ni
também	tornar-se.grande.SG	ultrapassar	3SG

'E ele/a cresceu mais do que ele/a' (Lit.: 'E cresceu passou de mim')

No baulê, também identificamos uma construção serial comparativa:

(47) Baulê (nigero-congolês, cua) (Pal, 2010: 14)

ñ	sí	Kōfi	kpá	trá	Kwākù
1SSG	conhecer	Kofi	bem	ultrapassar	Kuaku

'Eu conheço melhor o Kofi que o Kuaku'

Em casos como esses um dos verbos tem seu sentido lexical preservado e o outro indica a comparação. A ordem dos verbos dependerá da morfologia da língua. Há algumas que permitem que o verbo indicador da comparação venha na primeira posição, como é o caso de cuê, língua coissã da África do Sul, e outras que o fazem em segunda posição, como nos exemplos apresentados.

Há inúmeros estudos sobre o tema de construções seriais, tendo como *corpus* de análise línguas de origens distintas, principalmente da Oceania e da África, além das línguas crioulas, mas, ainda assim, devido à acentuada heterogeneidade de exemplos, parece não ser possível afirmar que seja um tipo de construção com propriedades sintáticas e semânticas formadoras de uma categoria uniforme.

Identificadas pioneiramente por Christaller (1875) em estudo sobre o tuí, língua cua, falada em Gana, Togo e Nigéria, atualmente o caminho da pesquisa sobre construções seriais abrange perspectivas teóricas distintas (Aikhenvald e Dixon, 2006).[8]

Logoforicidade

Um sistema de correferência pronominal considerado como tipicamente africano é o de logoforicidade (Heine e Leyew, 2008: 23), encontrado em todo o oeste africano, em três dos quatro troncos linguísticos do continente, nigero-congolês, afro-asiático e nilo-saariano, a exceção do coissã. O termo foi criado por Hagège (1974) e é mais um dentre vários mecanismos de correferenciação utilizado pelas línguas.

Podemos definir foricidade como elementos gramaticais que retomam informações já veiculadas. Foricidade pode remeter a anáfora – a retomada de conteúdos expressos anteriormente –, catáfora – conteúdos expressos posteriormente – e exófora, quando os conteúdos são inferidos a partir do contexto. Nas construções logofóricas há a utilização de pronomes específicos que desambiguizam sentenças que contenham a referência a um sujeito. É preciso, no entanto, antes de tudo distinguir pronomes logofóricos de outros mecanismos de correferenciação, tais como os de anáfora, catáfora, exófora e alternância de referência (*switch-reference*). Geralmente esses mecanismos de correferenciação são utilizados no discurso indireto:

(48) a. Juma disse: eu vou sair.

b. Juma disse que ela iria sair.

184 Introdução à Linguística Africana

No exemplo (48)b temos o discurso indireto no qual Juma diz que ela mesma sairia. Notem, no entanto, que se a sentença em (48)b não estivesse relacionada a (48)a poderia haver a seguinte situação:

(49) Ela disse que eu/ela/nós/elas saiu/saíram.

Nesse caso, a ambiguidade recairia sobre quem sairia. Para o caso de línguas africanas que possuem à sua disposição pronomes logofóricos, a construção em (48)b poderia ter uma configuração na qual não haveria dúvidas sobre quem sairia. Nos exemplos a seguir, glosamos o pronome logofórico como LOG, e com ele é indicado que o sujeito da segunda oração é o mesmo da oração principal, o que indicamos usando índices subscritos "i" ou "j":

(50) Eve (nigero-congolês, cua, gbe) (Heine e Leyew, 2008: 23)

a. é   gblo   bé   ye-   dzo
   3SG   dizer   REL   LOG   sair
   'Ela$_i$ disse que ela$_i$ saiu'

b. é-   gblo   bé   é-   dzo
   3SG   dizer   REL   3SG   sair
   'Ela$_i$ disse que ela$_j$ saiu'

No exemplo (50)a, o uso do pronome logofórico "ye-" não deixa dúvida de que o referente é o mesmo da oração principal, por essa razão poderíamos colocar uma tradução aproximada como "Ela disse que ela mesma saiu". Já o exemplo em (50)b, sem o pronome logofórico e apenas a mesma marca pronominal, pode indicar que o segundo *ela* é na verdade outra pessoa e não necessariamente a do sujeito referido.[9]

Creissels et al. (2008: 144) atestam que a alternância de referência e logoforicidade são funcionalmente similares, distinguindo-se pelo fato de logoforicidade envolver pronomes de terceira pessoa especiais ocorrendo apenas em orações dependentes, expressando correferencialidade com o sujeito da oração principal. Geralmente o seu uso é obrigatório em construções de discurso indireto, como já mencionado.[10]

Mesmo sendo considerada uma categoria bastante particular nas línguas africanas em relação às línguas do mundo, os pronomes logofóricos não causaram tanto alarde quanto a classe de palavras a ser descrita na próxima seção: os ideofones.

Ideofones

As palavras comumente tratadas como ideofones são ainda um grande desafio para os linguistas. Isso se deve ao fato de que os ideofones são termos muito próximos de outras categorias gramaticais, como as onomatopeias e os advérbios. Em termos gerais, essa classe de palavra é tratada sob a etiqueta de simbolismos sonoros, ou seja, palavras utilizadas para imitar ou reproduzir sons. Por exemplo, em português temos o barulho produzido quando alguém leva um tombo: "bam!" ou uma pedra jogada em um lago ou piscina: "pluc", "splash". Temos também a tentativa de produzir a imagem de como seria um zunido dentro da cabeça de alguém atordoado depois de uma batida: "A cabeça dele ficou zunindo 'zumzumzumzum'". Na verdade, os ideofones vão mais além do que simplesmente imitar sons, como veremos nas próximas subseções.

O que são ideofones?

Em Doke (1935) encontramos uma definição clássica e que vem sendo reformulada a cada novo estudo (Voeltz e Kilian-Hatz, 2001). Doke define ideofone como: "[...] uma representação vívida através do som. Uma palavra comumente onomatopaica, que descreve um predicado, um qualificativo ou um advérbio em relação ao seu modo, cor, som, cheiro, ação, estado ou sua intensidade" (Doke, 1935: 118-9). Talvez seja um pouco difícil para falantes de línguas indo-europeias perceberem a especificidade de um ideofone em uma língua africana. Para termos uma ideia, vejamos as palavras de Ngunga (2002):

> Os ideofones são definidos como palavras-imagem porque os ouvintes 'vêm' o evento à medida que o emissor vai descrevendo, sentem o calor, o frio, a dor, a força, a intensidade, a rapidez, imaginam a postura, vêm a quantidade, etc. Às vezes o efeito do ideofone é capaz de ser tão forte que pode provocar alguns processos químicos no ouvinte. Se for ritmo da música, o ouvinte é capaz de dançar se assim o quiser. Por tudo isto, ideofone ganha a preferência dos falantes no acto da comunicação. (Ngunga, 2002: 111)

A descrição acima parece soar um pouco poética, mas provavelmente é uma descrição apropriada feita por um linguista falante de língua africana. Imaginemos como seria descrever advérbios de intensidade para um falante de uma língua que não possuísse essa categoria de palavras. A comparação não é aleatória, pois para muitas línguas que possuem ideofones, alguns ideofones são chamados de adverbiais.

186 Introdução à Linguística Africana

Para demonstrarmos a diferença entre um ideofone e um advérbio, apresentamos os exemplos abaixo da língua eve, falada no Benim:

(51) Eve (nigero-congolês, cua, gbe) (Ameka, 2001: 44)
    a. É-fu   ɣé-ɖé
       3SG-ficar.branco   branco-ADV
       'Ela (a roupa) ficou muito branca'
    b. É-fu   títítítí
       3SG -ficar.branco   branco.IDEO
       'Ela (a roupa) ficou imaculadamente branca/branquíssima/branquinha, branquinha' (como neve ou algodão)

No primeiro exemplo, temos o uso do verbo "fu", com o significado de "ficar branco", portanto, associado ao adjetivo branco "ɣé" junto a um advérbio "ɖé". Esse uso é não ideofônico. No segundo exemplo, temos o uso do ideofone relativo a branco "títítítí", o que permite uma maior expressividade para o enunciado, conforme a tentativa de tradução das glosas com as três possibilidades: "imaculadamente branca", "branquíssima" e "branquinha, branquinha".

Tentar explicar o que são e para que servem os ideofones para falantes de línguas não africanas é um risco, considerando que podemos dizer, *grosso modo*, que todas as línguas do mundo apresentam estratégias similares às de um ideofone para reforçar a expressividade de um determinado enunciado, a depender de cada contexto de uso. Podemos então elaborar exemplos que se assemelham a essas categorias em línguas que não possuem ideofones, estritamente falando, de uma forma mais produtiva. Por exemplo, em português, é possível dizer o seguinte:

(52) a. A roupa dela ficou branquissi-*ssi-ssi-ssí-ssi-ssima*.
    b. A roupa está uma branquidãããããão que só ela.

Recorrendo à repetição das últimas sílabas para reforçar a ideia de branquidão da roupa ou ao prolongamento da vogal nasal, surtindo também um efeito de ironia nesse último exemplo.

No entanto, devemos ter o cuidado para percebermos a particularidade dessa categoria de palavras em línguas como o hauçá, na qual os ideofones têm uma integração maior e mais explícita (com cerca de duzentos ideofones documentados) na gramática, e línguas como o português e o inglês, nas quais essa categoria de palavra não é tão considerável assim. Podemos fazer um rápido paralelo para o caso da categoria adjetivo em línguas africanas. É bastante aceito que a maioria das línguas africanas possui um número reduzido de palavras que podem ser consideradas adjetivos (Heine e Leyew, 2008: 21), porém isso não impede de essas línguas lançarem mãos de outros meios para expressar as qualidades que um adjetivo expressa prototipicamente. Não podemos dizer que as línguas africanas não possuem adjetivos, mas não podemos comparar as categorias de qualificação em línguas românicas e línguas bantas, por exemplo. Da mesma forma, não podemos generalizar e afirmar que uma língua românica possua tantos ideofones quanto possui o zulu, língua banta falada na Tanzânia.

Em outras palavras, as categorias gramaticais têm um peso diferente de língua para língua. Conforme ainda Heine e Leyew, outras famílias linguísticas, da Ásia e das Américas, exibem ideofones, mas uma das particularidades das línguas africanas em relação a essa classe de palavras é a de que:

> Enquanto as línguas em outras partes do mundo também possuem ideofones, nas línguas africanas eles são encontrados em um número significativamente maior. Além do mais, ideofones que expressam distinção de cor têm sido encontrados somente na África. (Heine; Leyew, 2008: 21)

O estatuto gramatical e social dos ideofones

Para Childs (2003: 122) cada língua africana apresentaria uma distribuição específica para seus ideofones. Algumas línguas integram seus ideofones na categoria dos verbos e mais comumente na dos advérbios, outras em nomes e adjetivos. Para o chicheua, língua banta, os ideofones seriam considerados uma categoria separada. Autores como Bodomo (2012) argumentam que os ideofones deveriam ser tratados como uma classe de palavras particular. No exemplo abaixo, temos o caso do bambara (nigero-congolês, mandê), língua na qual os ideofones são considerados como parte dos advérbios, denominados por Dumestre (1998: 326) como "advérbios expressivos". No exemplo (53)a, "bòrobara" é utilizado como verbo. Em (53)b, como ideofone. Os ideofones em bambara são geralmente colocados ao fim da sentença e carregam geralmente um tom superalto, marcado por ő, traço que distingue verbo de ideofone:

188 Introdução à Linguística Africana

(53) Bambara (nigero-congolês, mandê) (Dumestre, 1998: 237)

a. à   yí   bòrobara   kà   bìn

   3SG   PERF   flacidamente CONECT cair

   'Ele caiu de maneira flácida'

b. à   bìnna   bőrobara

   3SG   cair. PERF   IDEO

   'Ele caiu flacidamente'

Dentre as justificativas dadas pelo autor estão algumas especificidades no comportamento fonológico, morfológico e sintático dos ideofones, todos esses níveis tendo em comum a semântica de "palavras-imagem". Na Fonologia, os ideofones são conhecidos por utilizarem fonemas raros ou não comuns no inventário fonológico da língua ou por utilizarem os recursos segmentais e suprassegmentais de uma forma mais expressiva. Em iao, língua falada em Moçambique, Ngunga demonstra que ocorre interação com o nível suprassegmental da língua, marcando apenas os tons altos, permitindo a distinção entre um advérbio (54)a e um ideofone (54)b:

(54) Iao (nigero-congolês, benue-congo, banto) (Ngunga, 2002: 110)

   a. kuceelé ngwee...!   'Amanheceu um pouco...!'

   b. kuceelé ngwée!   'Amanheceu completamente!'

Em dagaara, língua falada em Gana, Bodomo (2012) menciona o que ele chama de sinestesia tonossemântica, ou seja, situação na qual a oposição de qualidades fonológicas se correlaciona com oposições de sentido. Nos exemplos abaixo temos em (55)a o ideofone exibindo tom alto em todas as sílabas e em (55)b tom baixo. Em dagaara, os falantes podem escolher entre tom alto ou baixo a partir da motivação do sentido, por exemplo, para coisas pequenas ou mais leves os falantes preferem tom alto; em oposição, para coisas pesadas e grandes, tom baixo, conforme exemplos abaixo, respectivamente:

(55) Dagaara (nigero-congolês, gur) (Bodomo, 2012: 21)

a. à   bibile   dà   àrὲὲ   lá,   gyírméé

   DEF   criança.pequena PASD estar FOC IDEO

   'É que ficaram lá as crianças pequetititas'

b. à   dàgarárà   dà   lè   gángéé   lá,   gàrmànà

   DEF   viga   PASD cair abaixo FOC IDEO

   'É que caiu a viga pesadamente'

Uma estratégia bastante comum nas línguas para os ideofones é a reduplicação ou repetição de sílabas, conforme exemplos da língua gbaia, falada principalmente na República Centro-Africana:

(56) Gbaia (nigero-congolês, ubangui) (Roulon-Doko, 2001: 293)
a. kórò   ʔái   lɔ́klɔ̀lɔ́k
chuva   cair.IMPERF   formar gota.IDEO
'A chuva cai em grandes gotas muito próximas uma das outras'
b. súmùí   ɲɔ̀ŋám   síí sì síí
comida   comer.PERF.MR.1SG   doer. IDEO
'A comida me doeu em todos os lugares'

O exemplo (56)a, acima, poderia ser um exemplo de imitação de sons da chuva, o que nos faz tocar novamente na questão da grande semelhança dos ideofones com as onomatopeias. Uma maneira de demonstrar a diferença entre essas duas classes de palavras é a de que apenas os ideofones possuem um modo de expressar não algum som, mas o silêncio mesmo. É o que vemos no exemplo abaixo do siuo, língua falada em Gana:

(57) Siuo (nigero-congolês, cua) (Dingemanse, 2011: 43)
i-ɔ̀-lo,   i-ɔ̀-lo   kananaa
3SG-PERF-estar.silencioso   3SG-PERF-estar.silencioso   silêncio.IDEO
'Ele ficou silencioso, ele ficou num silêncio total'

Uma outra particularidade que podemos observar do exemplo anterior é a relativa restrição que se dá com os tipos de verbos com os quais o ideofone se relaciona. É comum que um ideofone só ocorra com um verbo ou nome específico, como ocorre nos exemplos do eve para ideofones de cor e o verbo "estar silencioso" do siuo. Junto a isso, Creissels (2001: 78) atesta também a combinação dos ideofones com um grupo específico de verbos, geralmente verbos "ser", "fazer" e "dizer", a exemplo do setsuana:

(58) Tsuana (nigero-congolês, banto) (S31) (Creissels, 2001: 82)[11]
a. O   ne   a   tsaya   mmidi   a   o
IS1   AUX   IS1.CONS   pegar   3.milho IS1.CONS   IO3
re   goro!   fa   fatshe
dizer espalhar.IDEO PREP   chão
'Ele então pegou o milho e espalhou por todo o chão'

b. Notshe   y-a   mo re po!   mo   tsebe-ng
9.abelha IS9-CONS IOI dizer picar.IDEO PREP 9.orelha-LOC
'A abelha o picou na orelha'

Um aspecto primordial dos ideofones que não pode ser esquecido é o seu lado social, sua importância na constituição identitária do grupo que os utiliza (Childs, 2001). Por serem relacionados ao contexto da fala, os ideofones são utilizados em situações específicas, nomeadamente orais, contos ou mesmo em momentos de descontração. Há o caso descrito por Dingemanse (2011) para o ideofone referente a silêncio da língua siuo, na ocasião de um velório de um membro da comunidade:

(59) Siuo (nigero-congolês, cua) (Dingemanse, 2011: 38)
bo kagbàmìkù gàngbe ne, ka-ɔ̄-lo-ma   ↑kanana.nananana↑
1PL área   REL   TOP ING-3SG.TOP-silêncio-3PL silêncio.IDEO.ME
'Quanto à vizinhança, ele a silenciou num silêncio muito, muito, muito grande.'

O uso do ideofone acima, marcado com o símbolo ↑ para indicar o aumento da altura tonal, oferece uma imagem mais expressiva de como deve ter havido um silêncio incômodo durante os rituais fúnebres, lembrando que em muitas sociedades da África o momento da morte é acompanhado com música e danças, diferente do silêncio mórbido de velórios em muitas sociedades ocidentais.

Conclusão

A apresentação das seis áreas da sintaxe e semântica selecionadas sobre as línguas africanas neste capítulo deve ser apenas um convite para quem pretende se aprofundar um pouco mais, seja nos estudos das temáticas tratadas ou no interesse de estudar algumas das cerca de 2.000 línguas do continente africano.

O capítulo foi dividido em duas partes, a partir da constatação de que os três primeiros temas: ordem de palavras, topicalização/focalização e negação não tiveram seus estudos iniciados ou capitaneados com as línguas africanas, mas receberam delas dados importantes para o avanço de teorias linguísticas e o enriquecimento do conhecimento sobre as línguas do mundo. Os três últimos temas: construções seriais, logoforicidade e ideofones guardam a particularidade de terem sido observados em um primeiro momento nas línguas da África e posteriormente tratados em outras famílias linguísticas.

A diversidade linguística da África oferece um campo abrangente de pesquisa e os fenômenos estudados podem dar luz ao entendimento de outras línguas, sejam elas do próprio continente ou não.

No Brasil, atualmente, as pesquisas estão se intensificando e recebendo maiores investimentos financeiros das instituições de fomento à pesquisa, o que é um alento aos linguistas que se dedicam a essa área e incentivo aos novos estudantes.

Notas

[1] Sugerimos as leituras de Creissels (2000) e Dimmendaal (2008) para uma reavaliação de um primeiro estudo realizado por Heine (1975) quanto à classificação e proporção da ordem de constituintes existentes nas línguas africanas.

[2] O ponto de interrogação indica dúvida quanto à análise proposta.

[3] As glosas do original foram alteradas.

[4] O trabalho de Oliveira (2005) sobre a língua ibíbio, falada na Nigéria, é um bom exemplo de estudo sobre a focalização.

[5] Segue-se uma tradução literal do termo utilizado por Watters, "verbal word" deixando mais fiel ao que também poderia ser traduzido por "complexo verbal" (Childs, 2003: 103), o caso dos constituintes verbais de línguas que apresentam em sua estrutura verbal uma forma mais complexa (Vide capítulo sobre Morfologia).

[6] Nos exemplos originais retirados de Childs (2003: 130) o verbo utilizado nos dois últimos exemplos é -soma e não -sema. No entanto, verificamos com David Jemusse, moçambicano falante de suaíli como L2, que as raízes -sema significa 'falar' e -soma 'ler', possivelmente um engano do autor. Ainda, segundo nosso colaborador, no exemplo (26)c o morfema -sha- é a forma reduzida de *kiwisha*, que mostra que a ação foi concluída. –sha- é um reforço à marca de tempo –me-. Na falta de uma glosa mais apropriada, decidimos deixar uma interrogação para esse morfema nas glosas.

[7] Característica que define uma ação que tem por objetivo atingir uma finalidade.

[8] Para uma discussão mais aprofundada, ver tese de Pal (2010), que serve de base para todo o tópico sobre construções seriais.

[9] Bonvini (2008: 45) atesta a falta desse traço na língua mina-jeje estudada por Castro (2002), língua que foi falada no Brasil Colônia e considerada por esta autora como uma língua relacionada ao eve e ao fon. Tal relação é questionada por Bonvini justamente por não ser mencionado o uso de pronomes logofóricos nessa língua.

[10] Para uma visão mais geral sobre os diversos mecanismos de referenciação em discurso indireto, além do de logoforicidade, conferir o trabalho de Güldemann e Roncador (2002).

[11] Por questões de simplificação, preferimos dar os exemplos na transcrição ortográfica da língua. No original, o autor também apresenta os exemplos em transcrição fonética e com marcação tonal. Os ideofones são identificados pelo ponto de exclamação na escrita, conforme transcrição no original. Ainda nas glosas, os números indicam a classe a que pertence o índice do sujeito (IS) ou do objeto (IO).

As línguas
no contexto social africano

Margarida Petter

A África sempre foi uma área de extenso contato entre seus habitantes, que não viviam isolados antes da chegada dos europeus, mas interagiam por razões sociais, econômicas, políticas e culturais, ou circulavam pela necessidade de migrar para novas regiões (Paulme, 1977; Giordani, 1985). A existência de um grande número de línguas no continente – mais de 2.000 (cf. capítulo "A classificação das línguas da África") – não constituía um impedimento para a comunicação, pois os indivíduos estavam habituados aos contatos com as línguas de seus vizinhos e de seus parceiros comerciais, como o uso do suaíli, na costa oriental e do hauçá, na região norte da Nigéria atual, no Burkina Fasso e no Níger, por exemplo. O advento do colonialismo, no entanto, ao introduzir novos atores e novas línguas – não africanas –, vai provocar, entre outros efeitos, um rearranjo do relacionamento entre as línguas em presença. Instaura-se, então, uma nova dinâmica de convivência linguística com a superposição de um elemento crucial: a atitude das nações colonizadoras em relação às línguas locais. Atitudes diversas vão gerar políticas diversas de assimilação linguística, educacional e cultural, resultando, evidentemente, na valorização ou não das línguas africanas.

Depois da partilha da África (1884-1885), cada nação com poder no continente procurou introduzir sua língua, para facilitar a administração e a educação. Essas línguas passaram a ser associadas a educação, emprego e modo de vida ocidental. Assim, a administração colonial francesa, de forma centralizadora, buscou integrar os africanos ao seu sistema educacional, utilizando o francês como meio de ensino. A Grã-Bretanha delimitou com mais clareza os povos africanos ao introduzir as suas línguas já nos primeiros anos da escolarização, como um primeiro passo para o aprendizado do inglês, que se faria posteriormente. A administração portuguesa atribuiu pouca importância à escolarização dos *indígenas* (designação dada aos nativos). Esta era feita somente em português, a língua que distinguiria o *assimilado*, ou seja, o africano *civilizado,* que havia aprendido os elementos distintivos da *civilização* – a língua e os costumes do colonizador. Após a independência, que ocorreu por volta de 1960 para a maioria dos países africanos, as atitudes das ex-colônias inspiraram políticas semelhantes de promoção das línguas nacionais, isto é, as nações independentes reconheceram como oficial a língua ex-colonial e pouco fizeram pela promoção das línguas locais. Segundo Sow e Abdulaziz, houve raras exceções, pois a maioria dos países validou, sem reformulações, as práticas das potências coloniais (2010: 640). Houve mudança de atitude em relação às línguas maternas africanas, mas esta foi lenta e progressiva, preparada, principalmente, por jovens universitários que completaram seus estudos na Europa. Sow e Abdulaziz assim explicam a postura dos africanos de manter a língua europeia como língua oficial:

> Todavia, foi necessário prosseguir com extrema prudência, sem opor-se, de toda forma às antigas potências coloniais e aos quadros nacionais aculturados, os quais não reconheciam valor algum nas "línguas vernaculares". Inclusive, dirigentes políticos tão clarividentes quanto Kwame Nkrumah, presidente de Gana, demonstravam-se reticentes em promover estas línguas, por eles estimadas "tão numerosas e abertas", além de potencialmente comprometedoras, no que diz respeito à construção nacional dos novos Estados, capazes de criar inúteis divisões junto aos africanos, justamente quando da necessária unidade. A tais dirigentes políticos não se lhes concedera o hábito de ouvir e ver os africanos falarem e se fazerem entender, senão em francês, em inglês e em árabe! Por todas estas razões, não se reconheceu às línguas africanas senão um limitado estatuto geográfico, social e cultural: o campo, os adultos e a tradição oral. (2010: 640)

O contexto linguístico pós-colonial – tema deste capítulo – suscita muitas questões que envolvem o convívio das línguas e dos seus falantes na atualidade. Para discutir os temas mais relevantes da interação entre língua e sociedade iniciaremos pela análise do papel das línguas em presença e relataremos os esforços que se fazem para introduzir as línguas africanas no mundo moderno, tirando-as do confinamento ou "do limitado estatuto geográfico, social e cultural" apontado por Sow e Abdulaziz. Concluiremos nosso estudo examinando as formas que o contato de línguas assumiu na África e que provocou mudança, desaparecimento e surgimento de novas línguas.

Função e papel das línguas

A existência, na África, de um grande número de variedades linguísticas diz respeito tanto aos indivíduos (multilinguismo) quanto às nações (plurilinguismo).[1] No plano individual, o multilinguismo implica o uso pelo falante de uma ou outra língua em função do contexto comunicacional. Essa escolha, no entanto, não é arbitrária nem inconsequente; ela vai provocar a valorização de algumas línguas, as mais utilizadas – conhecidas como *majoritárias* –, e o desprestígio, e possível desaparecimento de outras, aquelas que têm uso restrito ao ambiente familiar, com poucos falantes – consideradas *minoritárias*. É a dinâmica social, que sofre o impacto de ações políticas dos governos, que vai selecionar e hierarquizar o uso das línguas em presença.

Ao utilizar uma determinada variedade linguística para entrar em contato com seu interlocutor, o indivíduo adapta-se ao papel social desempenhado por essa língua, ao mesmo tempo em que expressa sua identidade. Na África, onde a maioria dos indivíduos fala várias línguas, é comum encontrar uma situação como a exemplificada por Batibo (2005: 1). Segundo o autor, na África do Sul, um falante de venda pode falar essa língua com seus pais, mas usar zulu para dirigir-se aos colegas de trabalho e receber ordens de seu empregador em africâner. Pode, ainda, usar inglês numa instituição bancária ou ao falar com estrangeiros, e usar fanagalo num bar com colegas. O uso de cada uma dessas línguas está relacionado ao papel social diferente que elas representam naquela sociedade. Embora o venda, o zulu, o inglês e o africâner sejam línguas oficiais na África do Sul, a relação que existe entre elas é assimétrica. As línguas mais faladas no país são o inglês e o africâner, sendo que o primeiro tem um uso mais extenso na administração, no comércio e na educação; o venda e o zulu têm um uso familiar e o fanagalo é uma língua franca, usada como segunda língua pelos falantes. De acordo com o censo de 2001 na África do Sul, o zulu, o cossa e o africâner são as três línguas mais faladas no ambiente doméstico. O fanagalo é considerado uma língua de contato, um pidgin ou um crioulo, conforme os autores, formado a partir de línguas africanas, holandês, inglês e africâner.

Embora o plurilinguismo seja geral, há alguns países quase monolíngues nas línguas locais, como Burundi, Lesoto, Ruanda, Suazilândia, Cabo Verde e Seicheles. Por outro lado, há países com muitas línguas, como a Nigéria, com mais de quatrocentas. Entretanto há um número desigual de falantes por língua nesse país, o que vai gerar muitas implicações sociolinguísticas, como o desprestígio e decréscimo de uso de algumas línguas, que passam a ser ameaçadas de extinção. Enquanto o árabe e o hauçá têm dezenas de milhões de falantes, outras têm somente algumas centenas de falantes na Nigéria (Batibo, 2005: 4-6).

É no complexo contexto linguístico mencionado anteriormente que vão ser atribuídos papéis diferentes às línguas, que serão reconhecidas como *oficiais, nacionais* ou *veiculares* (também chamadas de *línguas francas*).

Língua oficial é aquela utilizada na administração e na educação. Nem sempre é a língua com maior número de falantes, mas na maior parte dos países corresponde à antiga língua colonial; tem uma longa tradição escrita e por isso é privilegiada no processo educacional. A África do Sul possui 11 línguas oficiais, incluindo línguas locais e o inglês. A República dos Camarões, onde se falam 279 línguas, conta com duas línguas europeias oficiais, o inglês e o francês. Vários países têm línguas africanas oficiais ao lado das ex-línguas coloniais ou europeias (no caso da Etiópia, a única nação africana que não foi colonizada). Assim, o amárico é a língua oficial da Etiópia; o suaíli é língua oficial da Tanzânia, Quênia e Uganda; setsuana é língua oficial do Botsuana. Em todos esses países, o inglês é a segunda língua oficial.

A adoção das línguas ex-coloniais como oficiais fundamentou-se na hipótese de que essas línguas, por não terem laços com nenhum povo específico, poderiam favorecer a unidade nacional, estabelecendo a comunicação entre todos os habitantes de cada país. Considerava-se que as línguas locais estavam sempre vinculadas a uma região e a um grupo étnico, além do fato de que a maioria delas não dispunha de um sistema de escrita que pudesse servir à administração e à escolarização. A realidade, no entanto, mostrou que as línguas oficiais europeias não se tornaram o principal meio de comunicação em nível nacional; elas mantiveram um uso restrito aos meios urbanos e às necessidades da vida moderna em grande parte das nações africanas; nas zonas rurais e no ambiente doméstico continua o emprego das línguas locais.

Angola e Moçambique, duas ex-colônias portuguesas, ilustram situações diferentes de emprego da única língua oficial, a portuguesa. Em Angola, o português disseminou-se por todo o país, graças à política assimiladora do antigo colonizador, que visava à adoção de hábitos e valores portugueses, considerados "civilizados", entre os quais estava o domínio do português. Essa língua, mesmo que imposta, adquiriu um caráter unificador entre os diferentes povos de Angola. O português é língua materna de 30% da população total, sendo que 60% dos angolanos a utilizam como primeira ou segunda língua, de acordo com dados de publicações oficiais.[2] Em Moçambique, que também adotou o português como língua oficial depois da independência, em 1975, e sofreu a mesma política assimiladora, essa língua ainda não atingiu um grande número de usuários. De acordo com dados de 2010 do Instituto Nacional de Estatística (INE), 10,8% da população falam português, sendo que na capital, Maputo, seus falantes chegam a 43%, enquanto em algumas províncias, como Cabo Delgado e Tete, os falantes do português não passam de 3,4% e 3,3%, respectivamente (Ngunga e Bavo, 2011: 15-16). Situações sociais e políticas linguísticas específicas podem explicar os resultados diferentes em contextos aparentemente semelhantes.

Em algumas publicações, a língua oficial é também denominada língua nacional, no entanto a identificação "língua nacional", em muitos países africanos, pode abranger todas as línguas locais, também chamadas de *indígenas*, ou pode dizer respeito a algumas das línguas locais, aquelas que são selecionadas para passar por um processo de descrição e normatização. Devido à sua extensão e número de falantes no país, algumas línguas *nacionais* são privilegiadas pelos linguistas, que vão descrevê-las, produzir gramáticas, dicionários e outros materiais, para que, no futuro, elas venham a ser ensinadas na escola e se tornem línguas oficiais, também. O processo de gramatização (Auroux, 1992), que consiste em dotar a língua das tecnologias da escrita (gramática e dicionário), é importante porque vai permitir que a língua se torne objeto simbólico do Estado-Nação, como parte das estratégias para criar uma nação, ao lhe conferir um poder unificador (Balibar, 1985), como se poderá observar mais adiante sobre o suaíli na Tanzânia.

A língua veicular, ou língua franca, é normalmente uma língua local, nacional, que serve para estabelecer a comunicação entre falantes de línguas diversas do mesmo país ou de países vizinhos. Muitas vezes é uma língua que se difundiu pelo fato de ser empregada por comerciantes, como o suaíli, o hauçá e o diúla. Em várias regiões africanas, a língua veicular é mais utilizada do que as línguas oficiais, como o suaíli, que, além de ser língua oficial da Tanzânia, Quênia e Uganda, é falado como língua franca em muitos países da costa oriental africana: no Burundi, na Somália, em Moçambique e na África do Sul. O hauçá, que é uma língua da Nigéria, também é utilizado, principalmente pelos comerciantes, no Benim, no Togo, na República Centro-Africana, no Congo e na República dos Camarões. O diúla, que é uma língua nacional da Costa do Marfim e do Burkina Fasso, tem também um uso veicular nesses dois países.

No Senegal, o uólofe, língua veicular, expande-se no meio urbano, tornando-se uma língua vernácula e, no meio rural, é sobretudo o idioma veicular. Há uma tendência à unificação linguística que se forma e se difunde a partir dos centros urbanos, onde o francês e o uólofe se difundem em detrimento de outras línguas locais (Dreyfus e Julliard, 2004: 61). No entanto, há regiões, como Ziguinchor, cidade principal da Casamansa, com 230 mil habitantes (censo de 2007), onde se preserva o plurilinguismo, com vinte e sete línguas, entre as quais se podem citar, além das mais faladas – uólofe, diola e mandinga –, o fula, o mancanha, o sérer, o balanta, o manjaco e o crioulo.

198 Introdução à Linguística Africana

Mapa 7 – As principais línguas veiculares africanas (línguas francas)

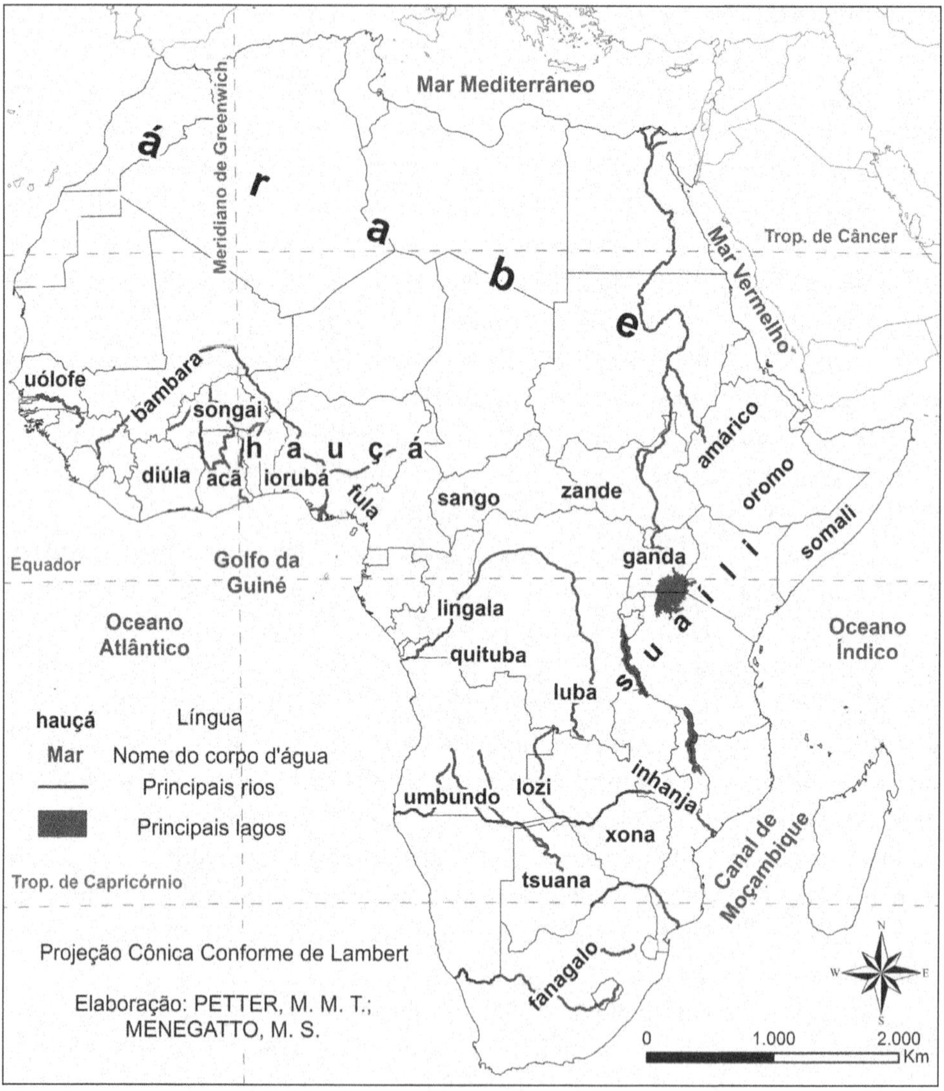

Fonte: Línguas veiculares africanas, adaptado de Wolff (2000: 325)

A relação de aparente complementaridade entre línguas oficiais, nacionais e veiculares revela uma atitude pragmática dos países africanos com questões de política linguística, que têm um impacto considerável em muitas decisões socioeconômicas e educacionais. A escolha da língua ex-colonial como língua oficial buscando uma neutralidade face às diferenças culturais e étnicas alinha-se à modernidade, que necessita de línguas de comunicação internacional, como o inglês. A adoção de uma língua nacional como língua oficial (suaíli, por exemplo) demonstra o reconhecimento da importância de uma língua majoritária local como fator relevante para promover a unidade nacional. O exemplo da Tanzânia, que hesitou em colocar o suaíli como meio de instrução no ensino médio e superior, com medo de reduzir a proficiência em inglês no país, é bastante elucidativo a esse respeito. O primeiro presidente da Tanzânia (1962-1985) e constante defensor da promoção do suaíli, Mwalimu Julius Nyerere, teve de admitir em 1984 a importância do inglês para a comunicação internacional quando afirmou que "o inglês é o suaíli do mundo", querendo dizer que o suaíli era vital para a comunicação no seu país, do mesmo modo que o inglês o era para todo o mundo (Batibo, 2005: 20).

O modelo de uso linguístico na África já foi descrito como trifocal, numa situação triglóssica, em que três línguas são faladas numa mesma comunidade, cada uma com um papel distinto e complementar (Mkilifi, 1972, apud Wolff, 2000: 345). Frequentemente, a língua no topo da estrutura é o meio mais usado em situações oficiais de alto nível, como relações internacionais, diplomacia, negócios governamentais, justiça e domínios técnicos, como educação superior, ciência e tecnologia. Normalmente é designado com H (*high*-alto), o mais prestigioso código. A língua do nível médio é amplamente usada como língua franca e serve para a comunicação interétnica. Ela é usada extensivamente como um meio público de comunicação em domínios como comícios políticos, serviços sociais, negócio/troca local e comércio, administração local e meios de comunicação populares. Essa língua é normalmente considerada como L (*low*-baixo), em relação à H acima, mas por outro lado é olhada como H, em relação à língua abaixo dela. A língua no nível mais baixo é a língua de comunicação limitada, frequentemente não codificada, que serve para comunicação intraétnica: interação familiar e expressão popular. Pode ser também usada em atividades da aldeia ou na educação pré-escolar. Essa língua é normalmente conhecida como língua minoritária, é considerada L em relação à língua de nível médio acima, pois tem poucos falantes e é marginalizada socioeconomicamente. Segundo Batibo (2005: 17), uma estrutura triglóssica pode ser vista como uma sobreposição de estrutura diglóssica, envolvendo uma relação de 2 línguas em 2 níveis, como se pode observar no quadro a seguir, adaptado de Batibo (2005: 17-18).

H	meios oficiais e técnicos	- língua ex-colonial	
L	língua franca	- língua local dominante	H
	língua de comunicação limitada	- língua minoritária	L

O conceito de triglossia na África não é totalmente realista, porque as línguas não são três tipos diferentes, mas têm papéis complementares. Algumas vezes, a triglossia se limita a indivíduos ou grupos. Há normalmente superposição de escolhas de língua, dependendo do nível de tecnicismo do assunto, da natureza da relação entre os falantes, do modo de expressão, do contexto de discurso e de outras circunstâncias. A antiga língua colonial é normalmente a não local privilegiada, mas outras línguas internacionais podem ser usadas em alguns domínios ou por um número limitado de pessoas. É o caso do inglês na República dos Camarões, em Moçambique, Maurício, Ruanda e Burundi, países com vizinhos que têm o inglês como língua ex-colonial oficial. Do mesmo modo, na África do Oeste, muitos países adotaram em algum grau o francês, porque seus vizinhos são francófonos. Esse é o caso da Gâmbia e, em algum grau, de Gana. O árabe, pela sua associação com o islamismo e com o comércio, tem um grande impacto nos países vizinhos do mundo árabe, como o Mali, Burkina Fasso, Eritreia, Djibuti e Níger, onde também serve como língua franca (Batibo, 2005: 19).

Línguas dominantes

As línguas são consideradas dominantes em razão do prestígio assegurado pela superioridade demográfica e socioeconômica de seus falantes. Em muitos casos, as línguas ex-coloniais podem ser dominantes e assumir a função de língua franca, pois são faladas como segunda língua por um número significativo do restante da população, como está ocorrendo com o português em Angola, por exemplo. Se as línguas dominantes forem africanas, servirão para a comunicação interétnica em nível local, nacional ou regional. Normalmente são padronizadas e razoavelmente codificadas. Têm uma ortografia estável, com uma gramática e um dicionário ou glossário. Dependendo da política linguística do país, ela pode ser usada junto com a língua ex-colonial em alguns ambientes oficiais, como na educação elementar, nos meios de comunicação, no judiciário e no governo local. Elas normalmente atraem aprendizes de segunda língua, falantes das outras línguas de menor prestígio, por causa de sua superioridade demográfica, promoção socioeconômica e acesso a uma comunicação mais ampla.

Há línguas que são dominantes majoritárias, pois têm grande prestígio e exercem sua influência sobre grande área do país, como o iorubá, o hauçá e o igbo na Nigéria. Outras têm uma menor dominância, como o nupe, o efique, o izom e o tive, no mesmo país. Essas duas categorias de línguas dominantes serão responsáveis em vários graus pela mudança de língua ou morte entre as línguas minoritárias. Batibo (2005: 22) identificou 88 línguas dominantes majoritárias e 370 dominantes minoritárias no continente africano.

Algumas línguas dominantes desempenham um papel nacional. Devido ao seu lugar incontestável no país, são usadas como língua franca nacional e às vezes desempenham papéis nacionais na administração, no direito, na educação básica e na mídia. Em alguns casos ela é praticamente a única língua *indígena* do país – como o quirundi (Burundi), o quiniaruanda (Ruanda), o somali (Somália), o crioulo cabo-verdiano (Cabo Verde); outras são demograficamente predominantes, como o árabe, na Argélia, Marrocos, Líbia, Tunísia e Egito, o mauriciano (Maurício), uólofe (Senegal); outras são línguas que se tornaram de extenso uso nacional, como o suaíli, na Tanzânia e Quênia, amárico, na Etiópia, e sango, na República Centro-Africana. Em seu estudo, Batibo (2005: 23) localizou 36 línguas dominantes nacionais.

As línguas africanas que manifestam uma dominância em nível nacional ou areal exercem uma função devastadora, pois causam mudança e morte de língua, "devido ao seu poder, encanto e extensão". São as línguas minoritárias as que mais sofrem com esse poder, pois elas são normalmente faladas por poucas pessoas e não têm um papel público marcante. Elas ficam confinadas ao território de seus falantes, não atraem o seu aprendizado como segunda língua e tornam-se marginalizadas. Tais línguas constituem a maioria das línguas africanas na maior parte dos países (Batibo, 2005: 23-24). Estão entre elas as línguas ameaçadas de extinção. O desaparecimento de línguas na África, segundo esse autor, está diretamente relacionado à extensão do uso das línguas africanas dominantes em países onde elas assumiram papéis nacionais, em substituição ao decréscimo do uso da língua ex-colonial (Batibo, 2005: 28-31). Segundo Lewis et al. (2014), num universo de 2.146 línguas vivas na África, há 236 línguas ameaçadas de extinção. O estudo de Batibo (2005: 28-31), realizado a partir de um inventário de 2.193 línguas, identificou 308 línguas altamente ameaçadas de extinção, muitas delas em decorrência da extensão do uso das línguas dominantes.

Há, como se observou pelo exposto anteriormente, uma competição horizontal entre as línguas em contato e um emaranhamento de funções que obriga o indivíduo a fazer escolhas a cada ato comunicativo. Para organizar e orientar a situação de convivência entre as línguas, muitos países africanos promoveram um planejamento linguístico.

202 Introdução à Linguística Africana

Mapa 8 – Línguas oficiais e dominantes dos países africanos

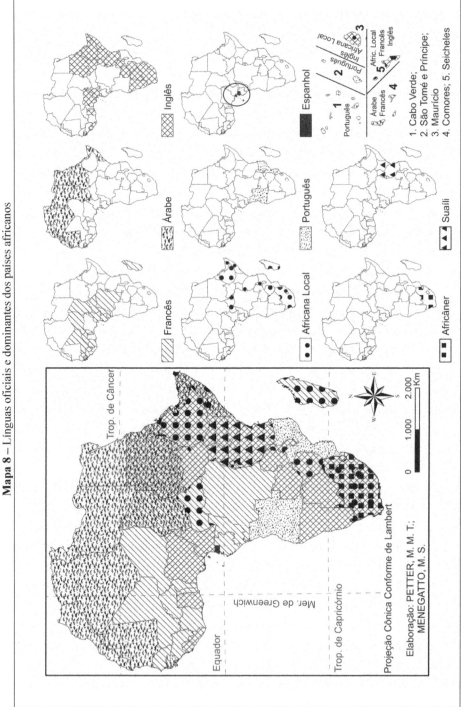

Fonte: Línguas oficiais e dominantes, adaptado de Wolff (2000: 343).

Planejamento linguístico

A distribuição das línguas pelos diferentes domínios de uso resulta, em grande parte, da dinâmica social, mas também pode ser orientada por um planejamento que envolve decisões políticas e estudos linguísticos. As decisões políticas dizem respeito, principalmente, à determinação do *status* das línguas, oficiais e nacionais, e à implementação de práticas que levem ao emprego e à difusão dessas línguas no sistema educacional. O planejamento linguístico é algo para ser feito a longo prazo, depende do governo e corresponde a um esforço para alterar a função das línguas na sociedade com o objetivo de resolver problemas de comunicação. A distinção estabelecida por Calvet (1993) entre *política linguística* enquanto "conjunto de escolhas conscientes sobre as relações entre língua(s) e vida social" e o *planejamento linguístico* como "a colocação em prática concreta de uma política linguística" deixa bastante claro que somente o Estado tem o poder e os meios de executar um planejamento linguístico.

Para que uma política linguística seja executada são necessários estudos linguísticos que orientem as decisões concernentes à promoção de línguas nacionais e ofereçam os elementos indispensáveis para o êxito de tais resoluções. A principal tarefa dos linguistas é a de propiciar a padronização, isto é, transformar em um modelo uniforme as variantes de uma língua. Para isso é necessário haver uma norma aprovada e aceita que se sobreponha às variantes dialetais e aos coloquialismos para uso normativo em domínios específicos, como a literatura, ciência, educação superior, mídia. Para obter esse resultado é preciso estabelecer um sistema de referência baseado em uma ortografia padrão, uma gramática de referência e dicionários monolíngues, preferencialmente (Wolff, 2000: 332).

Padronização linguística

A padronização linguística na África remonta ao período pré-colonial e ao início do período colonial, quando missionários começaram a traduzir a Bíblia e a criar materiais de ensino para as escolas das missões. Muitas línguas foram gramatizadas neste período, isto é, foram dotadas de gramáticas e dicionários, sem ter havido uma sequência nas tarefas de padronização. No período pós-colonial, foram desenvolvidos trabalhos mais diretamente comprometidos com a padronização das línguas locais e alguns deles obtiveram êxito, como ocorreu com o suaíli, o somali e o hauçá, línguas que têm um extenso uso no meio oral e escrito e são providas de muitos estudos descritivos e teóricos.

Para padronizar uma língua devem ser seguidas diversas etapas. De acordo com Wolf (2000: 334-340), a padronização linguística envolve as seguintes fases:

1. *determinação* do *status* e da norma da língua que servirá de referência, observando-se vários critérios, como o número de falantes que a utiliza como L1 (primeira língua) e grau de uso como língua veicular por falantes de segunda língua; o prestígio histórico, cultural ou religioso de seus falantes, entre outros. Como a iniciativa geralmente vem de cima para baixo, do governo para a comunidade, podem ocorrer situações em que a língua ou variante selecionada não represente mais a língua efetivamente falada, como o caso do xona do Zimbábue, que se baseia em seis dialetos diferentes e é usado somente na escrita. Com o suaíli, a situação foi diferente. A forma selecionada como padrão foi o dialeto unguja falado em Zanzibar, por não estar associado a nenhuma comunidade linguística que poderia exercer domínio político, econômico ou cultural. Esse fato contribuiu para que essa língua se tornasse um símbolo da identidade nacional da Tanzânia. Diferentemente do suaíli, o hauçá padrão corresponde ao dialeto de Kano (Nigéria) e é identificado com um segmento política e economicamente poderoso da população, o que o torna temido pelas entidades culturais e linguísticas não hauçás da Nigéria e do Níger;

2. *codificação* das variedades da língua sem tradição escrita ou unificação de sistemas de escrita já existentes, tendo como primeiro passo a criação ou uniformização da ortografia padrão. Essa tarefa é de grande importância não só para a difusão, mas também para a manutenção da língua e da identidade de muitos povos. A primeira etapa da transcrição de uma língua passa pela utilização do alfabeto fonético internacional, com possíveis variações locais; posteriormente é feita a análise fonológica e são propostas grafias mais próximas dos sistemas ortográficos das línguas modernas europeias, sobretudo com o uso do alfabeto latino com algumas pequenas adaptações;

3. *elaboração* do vocabulário (modernização) e da gramática (normatização) para servir de fonte de referência e ferramenta básica para o desenvolvimento de materiais pedagógicos em todos os níveis da educação. Isso não deve dar a falsa ideia de que as línguas do continente africano não servem à comunicação moderna, sejam 'atrasadas', 'primitivas'. Todas as línguas do mundo necessitam de constante atualização por meio da criação e expansão de terminologias adequadas para o comércio e domínios profissionais e científicos específicos;

As línguas no contexto social africano **205**

4. *implementação* do *status* da língua e das normas de padronização, isto é, criar e promover a aceitação nas comunidades linguísticas. Após o estabelecimento do padrão a ser seguido (em ação conjunta de linguistas, educadores, escritores, líderes comunitários etc.) as autoridades governamentais devem executar as decisões. A mais eficaz delas é a introdução da norma no sistema educacional, como foi feito na Somália, onde a nova ortografia do somali, língua oficial daquele país, foi introduzida em 1972/1973. A partir de então, a língua foi incluída como meio de instrução na escola primária, inicialmente, e depois na secundária; mais tarde, o jornal nacional passou a utilizar exclusivamente o somali;

5. *promoção* da língua padrão por autoridades de modo a assegurar que as normas sejam observadas. Na África, também envolve a criação e manutenção de materiais pós-alfabetização. Após a implementação inicial, as línguas padronizadas necessitam de apoio contínuo das agências de promoção linguística, para assegurar que os materiais impressos sigam a norma. Iniciativas da mídia como competições envolvendo a língua padronizada são importantes para criar atitudes positivas em relação à alfabetização e uso da língua. Num ambiente multilingue, os falantes desenvolvem apreciações positivas ou negativas frente às línguas em presença em razão das funções que essas línguas desempenham na sociedade. Uma determinada variedade considerada pouco sofisticada dificulta a implementação das políticas de promoção da língua, que terão de lidar com a questão de mudança de atitudes linguísticas;

6. *harmonização* de dialetos/variedades muitas vezes bem distintos, necessária em alguns casos de planejamento linguístico e padronização. O objetivo pedagógico fundamental da harmonização nacional é facilitar a leitura e a escrita das diversas línguas pelos falantes. A harmonização nacional das ortografias visa a reduzir e limitar o inventário de símbolos gráficos (incluindo os diacríticos que indicam tom, por exemplo) usados por todas as línguas do país. Esse processo muitas vezes vai de encontro ao desejo das populações envolvidas, que geralmente são conservadoras e não têm interesse em mudar a situação em que se encontram. Assim, movidos pela preocupação de manter suas línguas independentes, os falantes de sebirua e setsuapongue – línguas mutuamente inteligíveis faladas no Botsuana – "querem ortografias separadas para elas, para garantir que nenhuma delas possa 'absorver' a outra" (Batibo, 2005: 3). No âmbito internacional, a harmonização procura estabelecer uma única ortografia, independentemente de fronteiras. O exemplo mais notável é o do hauçá, cuja ortografia foi unificada oficialmente em 1980, para ser utilizada na Nigéria e no Níger.

São poucas as línguas que estão padronizadas na África. Os exemplos mais notáveis são o iorubá, o hauçá e o suaíli, línguas que estão incluídas em todos os níveis do sistema educacional dos países onde são faladas. Por falta de recursos ou de vontade política, a maioria dos países encontra empecilhos para realizar o trabalho de descrição linguística, o que dificulta a implementação de medidas necessárias para introduzir as línguas locais no sistema educacional. Cabe mencionar um exemplo de política que vem sendo posta em prática num país de língua oficial portuguesa: em Moçambique, uma equipe coordenada por Armindo Ngunga, da Universidade Eduardo Mondlane, vem trabalhando na descrição e padronização das línguas locais. Publicações recentes desse grupo (Ngunga et al. 2010, 2011; Ngunga; Simbine, 2012) apontam resultados de trabalhos que objetivam não só a gramatização das línguas moçambicanas, mas visam também à sua introdução na escola em experiências de educação bilíngue. A tentativa de uma educação bilíngue é realizada em algumas áreas rurais do país, onde a maior parte da população não tem o português como língua materna. Nessas regiões, os primeiros anos de educação são feitos em línguas africanas locais e paulatinamente é feita a passagem para o português que, inicialmente, é uma matéria de ensino e, posteriormente, passa a ser a língua em que os conhecimentos são veiculados.

Ainda com relação à questão de padronizar as línguas africanas, merece atenção a proposta de Ndamba (1996) sobre as políticas linguísticas na África. Segundo esse autor, essas políticas ganhariam se fossem concebidas no plano regional ou sub-regional, a fim de:

1. favorecer o desaparecimento de conflitos atuais e futuros, no interior dos micro-Estados: complexos de inferioridade ou de superioridade de alguns grupos que se sentem envergonhados, ou em direito de exercer uma certa hegemonia. Os "pequenos grupos" encontrariam sua extensão natural fora das fronteiras nacionais, e se sentiriam assim revalorizados;

2. reconstituir os grandes grupos etnolinguísticos para justificar os investimentos financeiros necessários para a pesquisa, a concepção e a publicação dos instrumentos didáticos nas línguas escolhidas, visto que os falantes potenciais se contariam em milhões de indivíduos;

3. colocar em comum os meios financeiros e humanos dos Estados, para os trabalhos de descrição e de normatização das línguas escolhidas;

4. permitir a integração dos indivíduos na sua entidade natural e na sociedade em geral;

5. facilitar o desenvolvimento, pela utilização das línguas de proximidade que permitem uma aquisição fácil dos conhecimentos científicos e técnicos, e uma alfabetização rápida. (Ndamba, 1996: 209)

Planejamento linguístico e línguas minoritárias

Muitos países africanos, infelizmente, não têm projetos explícitos de planejamento linguístico e, quando os têm, não fundamentam suas políticas linguísticas na pesquisa dos linguistas, mas agem por decretos do governo, como na Tanzânia, no Quênia, em Botsuana, na Namíbia e na África do Sul. O problema surge porque as políticas implementadas simplesmente por decisões governamentais concentram-se nas línguas ex-coloniais e majoritárias, em detrimento das línguas minoritárias, que tendem a ser ignoradas (Batibo, 2005: 118). Em alguns países, como no Senegal, encontram-se atitudes governamentais como a promulgação de decretos para tentar fixar a escrita de línguas minoritárias, como o Decreto nº 2005-979 relativo à ortografia e à separação de palavras em balanta.

Línguas minoritárias são normalmente línguas em perigo de extinção. Uma das formas de valorizá-las ou lhes dar poder é lançar mão de medidas que envolvam decisões institucionais com base em estudos de linguistas. Há trabalhos de organizações, congressos que tratam da questão de línguas em perigo, mas poucos governos demonstram vontade de implementar as medidas necessárias para promover e tornar efetivo o uso das línguas locais (Batibo, 2005: 128).

No entanto, nenhuma providência para "empoderar" os falantes de uma língua que não envolva o próprio falante terá êxito. O falante tem de ser parte do processo. Felizmente há alguns projetos em Botsuana e na Namíbia que contam com a participação dos falantes das línguas envolvidas (Batibo, 2005: 129).

Valorizar as línguas minoritárias para que elas possam existir ao lado das línguas dominantes é uma atitude que promove, também, a democracia e a igualdade. Embora os conflitos existentes em muitos países africanos tenham sua base em problemas socioeconômicos de variada ordem, uma das razões pelas quais esses problemas perpetuam é a desigualdade linguística (Batibo, 2005: 129).

Muitos esforços vêm sendo feitos para documentar e preservar as línguas ameaçadas ou em perigo de extinção. Há instituições e grupos de pesquisadores devotados à documentação de aspectos linguísticos, culturais e artísticos de línguas minoritárias. A escolha de manter ou substituir uma língua minoritária deve ser, no entanto, da competência da comunidade, que decidirá se deseja mudar de língua, ou se prefere o bilinguismo: línguas dominantes (europeia ou africana) e sua língua materna.

Todas essas questões remetem a um só fato: o contato de línguas, que ocorre em razão do encontro, nem sempre tranquilo, de povos e culturas. Examinaremos, na sequência, alguns fatos decorrentes do convívio de línguas que provocaram mudança, desaparecimento ou criação de novas variedades linguísticas na África.

O contato de línguas e seus efeitos

São vários os motivos que levam ao contato entre línguas, dentre eles os mais frequentes são: problemas políticos, migrações de falantes que buscam ambientes mais sustentáveis economicamente ou necessidade de ampliar as oportunidades.

Historicamente, os primeiros contatos são muito antigos, quando as migrações para regiões distantes fizeram com que os quatro troncos linguísticos se diversificassem em famílias e seus falantes se espalhassem pela África (cf. o capítulo "Classificação das línguas da África"). Esses contatos levaram ao desaparecimento de algumas línguas, pela absorção ou eliminação de falantes pelos conquistadores. Hoje os povos africanos tendem a movimentar-se como indivíduos e as migrações de grupos inteiros tornaram-se mais raras, embora algumas áreas de conflito tenham levado a migrações importantes (Serra Leoa, Libéria, Guiné, Somália, Angola, República Democrática do Congo, Sudão, Ruanda e Burundi). Com o advento do poder colonial, as línguas africanas entraram em contato com as línguas europeias, que se superpuseram a uma situação que já era complexa. Associado ao contato linguístico, houve o contato cultural, que provocou, em muitos casos, a formação de estereótipos que são responsáveis pelo domínio de algumas línguas e pela formação de atitudes linguísticas e manifestações de lealdade a outras línguas. O contato provocou, ainda, a formação de novas variedades linguísticas, que foram identificadas como pidgins e crioulos, como veremos mais adiante.

Observado do ponto de vista estritamente linguístico, o contato explica situações em que as línguas adquiriram traços que não são compartilhados por outras do mesmo grupo ou família. A expansão do grupo banto é, talvez, a migração mais relevante da história africana (Lipou, 1997). Suas consequências linguísticas causaram provavelmente o desaparecimento de muitas línguas e a criação de outras. São poucos os casos em que os invasores perderam suas línguas. Foi esse o caso dos tutsis, que emigraram para Ruanda e Burundi há cerca de quatrocentos ou setecentos anos e adotaram as línguas locais, quirundi e quiniaranda, abandonando sua língua nilótica ancestral. O mesmo não ocorreu com os massais, outro povo nômade nilótico que preservou sua língua, apesar de viver em áreas de línguas bantas (Mufwene, 2001:168).

Dois fatos – que abordaremos sucintamente na sequência – são citados como sendo consequência do contato entre os falantes, de acordo com Childs (2003: 189-195). O primeiro refere-se à presença de cliques em línguas bantas que, originalmente, não os possuem. Esse fato surge como consequência da expansão banta tardia para a África austral e a interação prolongada entre falantes de línguas bantas e falantes de línguas coissãs (com cliques). A outra situação diz respeito aos falantes de uma língua nilótica (maá) que resistiram à pressão banta no norte da Tanzânia.

Os cliques em línguas bantas

Fora da área de línguas do tronco coissã, os cliques ocorrem somente em línguas do sul da África e em dahalo, uma língua cuchita falada no Quênia. Seu aparecimento nessas línguas é explicado pelo contato entre os povos, que levou ao empréstimo desses sons. A presença de cliques nas línguas do grupo nguni (ndebele, zulu, cossa etc.) e duas línguas do grupo soto (setsuana e soto do sul) é bem conhecida, como também é sabido que os cliques entraram nessas línguas por meio do coissã, cujos falantes habitam originalmente o sul da África. Para explicar como os sons característicos desse grupo foram introduzidos nas línguas bantas referidas, Childs (2003) retoma a explicação fornecida por Herbert (1990), segundo a qual foi o contato social dos falantes, com um longo período de convivência pacífica entre os povos bantos e coissãs, que favoreceu a receptividade à incorporação dos cliques, principalmente como fonte natural de substituição de consoantes requerida pela prática do *hlonipha* – 'respeito' em zulu –, que, entre os zulus e os cossas, consiste no impedimento imposto às mulheres recém-casadas de pronunciar qualquer sílaba do nome do marido ou da família dele.

Mesmo que se considere que não foram a intensidade e a extensão do contato que promoveram a incorporação dos cliques, há uma correlação entre a prática do *hlonipha* e agregação de cliques. As línguas que incorporaram somente um clique apresentam uma prática atenuada de *hlonipha*. As línguas de regiões onde o *hlonipha* não é praticado, como o tsonga, só têm cliques em palavras emprestadas do zulu ou em ideofones (cf. capítulo "Sintaxe e Semântica"). O número de cliques em línguas bantas não é muito extenso: zulu tem um inventário de 40 sons, com 6 cliques; cossa tem 12 cliques, num conjunto total de 55 segmentos sonoros.

Maá

Os falantes de maá (ou mbugu) são povos nilóticos nômades que vivem em Usumbara, distrito do nordeste da Tanzânia, onde predominam línguas do grupo banto. A língua dos maás (como eles próprios se chamam) apresenta uma relação genética complexa, banta e cuchita, sendo classificada como uma língua mista, entrelaçada (Baker e Muysken, 1995: 51) ou cindida (Myers-Scotton, 2002: 265). Os estudos apontam que o maá possui uma gramática banta e um léxico de origem cuchita na maior parte. Segundo Mous (1994), há dois registros da língua na comunidade: *Maá Inner Mbugu* e *Normal Mbugu*. Ambas têm a mesma sintaxe (banta) e um conjunto de fonemas diferentes das línguas bantas vizinhas; o que as distingue

210 Introdução à Linguística Africana

é o léxico. O *Maá Inner Mbugu* contém mais léxico de origem cuchita e o *Normal Mbugu* tem um léxico banto parecido com o da língua banta pare falada na região.

Mous explica que as duas variedades são adquiridas como primeira língua e são usadas em família. As crianças podem aprender chamba, língua dominante na área, e suaíli, a língua oficial, antes de ir para a escola. Os falantes de pare podem entender o *Normal Mbugu (maá)*, mesmo reconhecendo que a língua é diferente, mas consideram que o *Inner Mbugu* é incomprensível e muito difícil (Mous, 1994: 176).

Há muitas classificações do maá. Thomason e Kaufmann (1988), apoiados em dados lexicais, afirmam que se trata de uma língua cuchita que sofreu o empréstimo maciço de línguas bantas (pare). Há autores que julgam tratar-se de um banto "cuchitizado", pois o fato de a gramática ter sido emprestada significa que o léxico deve ter sido emprestado antes. Outros consideram que houve duas mudanças, uma cancelando a outra, quando os falantes voltam conscientemente para uma língua perdida, da qual eles originariamente mudaram. Mous vê o maá como um registro lexical criado pelos falantes do mbugu (*inner*) para distinguirem-se dos vizinhos bantos, embora Thomason (1996: 477) o veja como uma língua distinta pela ininteligibilidade com o mbugu (Childs, 2003: 194-5).

É o contato intenso e prolongado que pode explicar tão grande influência banta. Hoje o grupo maá é relativamente pequeno e resiste bravamente à assimilação ao meio de fala banta. Um fato relevante é o alto grau de bilinguismo e a forte interação com seus vizinhos bantos (Childs, 2003: 195).

Pidgins e crioulos

O contato das línguas europeias com as línguas africanas decorrente do processo de colonização provocou, durante os séculos XVII ao XIX, a emergência de novas línguas veiculares, denominadas pidgins ou crioulos. Os pidgins surgiram tipicamente em colônias mercantis, de exploração, que se desenvolveram ao longo de rotas comerciais, como a costa da África Ocidental, onde havia muitos grupos com diferentes línguas e nenhuma língua comum para comunicar-se. Os crioulos desenvolveram-se em colônias de povoamento, cuja atividade primária foi a plantação de cana-de-açúcar ou de arroz, com o emprego maciço de mão de obra escravizada (Mufwene, 2002). Na África, há poucos crioulos, entre os quais estão as variedades formadas em ex-colônias portuguesas: Guiné-Bissau, Cabo Verde, São Tomé e Príncipe.

Os pidgins têm uma estrutura restrita e desempenham uma função especializada; normalmente serviram para as trocas comerciais, e foram usados por não nativos como *língua franca* por falantes que conservaram suas línguas vernáculas.

A maior parte de seu vocabulário vem da língua dominante, normalmente europeia, e a estrutura gramatical vem de uma ou de várias línguas vernáculas (africanas, no caso). Alguns pidgins se expandiram, principalmente em ambientes urbanos, e são chamados de *pidgins expandidos*, como o toquepíssin,[3] da Melanésia, ou os pidgins de inglês falados na Nigéria e na República dos Camarões.

Os crioulos apresentam um léxico formado principalmente pela língua do ex-colonizador e uma gramática constituída pela reestruturação de traços das várias línguas faladas nas regiões onde surgiram. Devido à maior parte do vocabulário ser proveniente de línguas europeias, diz-se que os crioulos são de *base lexical portuguesa* (Guiné-Bissau, Cabo Verde, São Tomé e Príncipe e Ano Bom); *francesa* (Maurício e Seicheles) ou *inglesa* (*crio*, falado em Serra Leoa). O fato é que não se encontra um traço linguístico que seja exclusivo das línguas crioulas; o que particulariza essas variedades linguísticas é o ambiente em que surgiram, sua sócio-história.

Tradicionalmente, considera-se que o crioulo é o desenvolvimento de um pidgin, quando este se torna língua materna de uma população. Mufwene (2007), no entanto, afirma que crioulos e pidgins desenvolveram-se em espaços separados, onde europeus e não europeus interagiram diferentemente: em colônias de exploração desenvolveram-se os pidgins, em colônias de povoamento surgiram os crioulos. A maioria dos pidgins está concentrada na costa atlântica da África e nas ilhas do Pacífico, enquanto a maior parte dos crioulos se encontra no Atlântico, ilhas do oceano Índico e na costa atlântica das Américas.

A colonização europeia da costa da África e de ilhas do Pacífico começou com o modelo mercantil, caracterizado por contatos esporádicos e igualitários com os nativos, que tinham um acesso limitado às línguas comerciais europeias. A raridade dos contatos foi a primeira razão pela qual os pidgins incipientes foram caracterizados como defeituosos, imperfeitos. Os crioulos desenvolveram-se, normalmente, em colônias de povoamento, segundo o modelo de organização econômica denominado *plantation* (baseado no latifúndio, monocultura e produção voltada para o mercado externo), onde os não europeus formavam a maioria da população (Chaudenson, 2001; Mufwene, 2002). Os crioulos desenvolveram-se em ambientes onde a interação entre europeus e não europeus era regular na fase inicial da colonização. Era por meio de uma forma aproximada da língua europeia que os não europeus tentavam comunicar-se, pois dificilmente encontravam entre seus pares falantes de suas próprias línguas. O tipo de contato representou, portanto, um papel importante na formação de pidgins e crioulos (Mufwene, 2007).

A denominação *crioulo* surgiu por volta do século XVI em colônias ibéricas para referir-se a europeus nascidos nas colônias da América. Posteriormente, o termo foi adotado por franceses e ingleses, um século mais tarde. Por volta da segunda metade

212 Introdução à Linguística Africana

do século XVII passou a designar descendentes de africanos e europeus nascidos nas colônias ibéricas. O seu uso como referência linguística só ocorreu no século XVIII e era empregado pelos europeus da metrópole para designar as variedades de suas línguas faladas nas colônias. Não se sabe quando a designação passou a referir-se apenas a vernáculos falados por não europeus (Mufwene, 2002).

O termo *pidgin* foi cunhado em 1807, dois anos depois de o termo *crioulo* ter sido usado para referir-se a uma variedade linguística. *Pidgin English* parece ser uma distorção de *business English* que surgiu em Cantão (China), uma área onde não houve nenhuma colônia *plantation* e onde não se formou nenhum crioulo (Mufwene, 2002).

Muitas vezes é controversa a classificação de pidgins ou crioulos, em função dos critérios selecionados pelos autores. Em função de seu caráter exemplar, apresentaremos, mesmo que brevemente, duas variedades linguísticas que se situam entre os pidgins – o inglês da Libéria e o fanagalo, da África do Sul –, e uma outra língua que é colocada entre os crioulos, ou semicrioulos, o africâner, sintetizando informações de Childs (2003: 206-212).

Inglês da Libéria

É o único pidgin formado a partir do inglês americano; é diferente do crio de Serra Leoa, apesar de ambos representarem as variedades de africanos repatriados. Em Serra Leoa, os formadores da nova língua seguiram o modelo britânico, que se parecia muito com os pidgins já implantados no litoral de Gana e da Nigéria.

A história da Libéria foi diferente, pois o país foi fundado pela Sociedade de Colonização Americana, que, após comprar a terras da Libéria, ajudou o primeiro grupo dos primeiros escravos americanos colonizadores, que chegaram em 1822 (Childs, 2003: 206). Esses colonizadores haviam aprendido inglês na América e trouxeram sua variedade de inglês para a África, onde se tornou a base do "inglês do colonizador" (*Settler English – quissetla*) – um crioulo falado pelos descendentes dos colonizadores oriundos dos estados do Meio-Atlântico americano. De acordo com Singler (1997), essa é uma das três variedades de inglês liberiano. A segunda forma de inglês liberiano é o *Kru Pidgin English*, um pidgin próximo do *West African Pidgin English*, usado nos navios pelos *krumen* – povos *kru* (clao, bassa, grebo) que serviam como tripulantes nos navios do tráfico negreiro. A terceira variedade – o inglês liberiano (pidgin) – é constituída de um conjunto de variedades de segundas línguas usadas como língua franca em todo o país; é muito influenciada pelas línguas mandês e foi desenvolvida pelos que serviram o exército e trabalharam nas plantações (Childs, 2003: 207).

Fanagalo

Foi formado e é utilizado na África do Sul, sendo talvez o único pidgin lexicalizado por uma língua africana, o zulu; o mais comum, em línguas pidgins e crioulas, é ter o léxico da língua europeia do ex-colonizador. O fanagalo surgiu na interação entre os colonizadores europeus e os falantes de zulu, só depois foi codificado nas minas. Possui algumas características comuns ao suaíli usado pelos colonizadores brancos, quissetla (Nurse, 1996), e com o toquemasta,[4] uma forma de toquepíssin usado pelos "senhores" europeus (Mühläusler, 1981). De acordo com Cole (1953, citado por Childs, 2003: 209) 70% de seu léxico vêm do zulu, 24% do inglês e 6% do africâner. A maior semelhança com o zulu se encontra na sintaxe e na fonologia.

Africâner

A primeira questão que se coloca sobre essa língua refere-se à sua origem e afiliação: é uma forma reestruturada, um dialeto do holandês, ou uma nova língua africana, um crioulo? A resposta não é simples; talvez o africâner seja uma etapa de um continuum que se inicia com o holandês e termina com o tsotsital, uma variedade urbana pidginizada/crioulizada do africâner. O holandês na África do Sul foi-se modificando e tornando-se progressivamente menos holandês e mais africano, o que significa também mudança na orientação política, pois os falantes de cada variedade tornam-se também menos interessados em aproximar-se da norma da elite (Childs, 2003: 211).

Para Wolff (2000: 339), o africâner é uma variedade que emergiu de um crioulo marginalizado e "subdesenvolvido" que foi muito discriminado sob o domínio colonial pelos membros da elite colonial falante de inglês. Apesar dessa desvantagem inicial, no entanto, graças à vontade de seus usuários e a um esforço de padronização linguística desenvolvido no país, o africâner ascendeu e tornou-se uma das línguas nacionais da África do Sul, onde é falada como língua materna ou língua veicular por pessoas de diferentes grupos étnicos, estando apta a atender todas as necessidades da vida moderna.

Mudança e variação linguística

O contato de línguas e de falantes leva a uma outra consequência: a mudança linguística. Como todas as línguas do mundo, as línguas africanas também se transformam com o decorrer do tempo e modificam-se nos diferentes espaços em que são faladas. As línguas mudam porque as sociedades onde elas são faladas também mudam, porque estão inseridas na história e por ela são afetadas. As migrações e os contatos com novos povos, por exemplo, vão trazer consequências linguísticas inevitáveis, que podem ser observadas tanto na incorporação de novos termos, para designar novas realidades ou para substituir os já existentes na língua, constituindo os *empréstimos*, quanto nas *interferências* (ou *convergências*) no sistema gramatical das línguas.

Considerando os empréstimos – que envolvem a adoção de uma palavra de outra língua e a adaptação à fonologia e à morfologia da língua que se apropria do novo termo –, constata-se que o enriquecimento lexical foi mútuo; não só as línguas africanas incorporaram termos técnicos e científicos, como também as línguas europeias ampliaram seu léxico com a integração de palavras de origem africana para referir-se a novas realidades para as quais suas línguas não tinham designação. O empréstimo também ocorre entre línguas africanas, atingindo, tanto as línguas minoritárias quanto as majoritárias, veiculares, que incorporam muitos termos das diversas línguas em presença.

Quanto à interferência no sistema gramatical, que resulta da influência de uma língua, normalmente a materna, sobre outra que se aprendeu ou fala, observa-se que o sistema fonológico ou prosódico é o mais visivelmente afetado, podendo interferir na pronúncia de vogais ou de consoantes específicas. A sintaxe e a morfologia também podem modificar-se. O português, o francês e o inglês falados na África ilustram bem esse fato: seus falantes as adquiriram como segunda língua e impuseram traços de suas línguas maternas às versões africanas das línguas ex-coloniais. É por isso que as línguas europeias faladas na África estão sendo reconhecidas como *variedades de português, de francês ou de inglês*.

A mudança, enquanto modificação ao longo do tempo, implica o reconhecimento de que as línguas variam numa mesma sincronia, isto é, num mesmo momento histórico. É essa variação que vai ser o gatilho que poderá levar à mudança da língua. Nenhuma língua é falada da mesma forma por todos os seus usuários, mesmo que estes pertençam à mesma categoria social e vivam no mesmo ambiente cultural, pois os indivíduos podem usar palavras, estruturas e estilos diferentes, em função de suas idiossincrasias e das diferentes situações de comunicação. A variação é inerente a todo sistema linguístico, como demonstraram Weinreich, Herzog e Labov (2006). Assim, os diferentes espaços sociais e físicos onde uma língua é falada apresentam formas variantes de expressão, os chamados dialetos sociais e regionais. Na África, o campo de investigação da dialetologia – o estudo das formas de variação regional – é de grande importância, pois oferece evidências para o trabalho de seleção da variedade da língua a ser normatizada. Para os objetivos que nos interessam neste tópico, vamos tratar da mudança que as línguas africanas experimentam em ambientes urbanos, que vão propiciar o aparecimento de novas línguas urbanas, como o chengue, o nuche, o indubil, entre outras.

Variedades urbanas: novas línguas africanas

O desenvolvimento urbano na África atrai cada vez mais a atenção dos pesquisadores. O crescimento das cidades africanas não encontra similares no mundo. Enquanto quase 40% da população mora nas grandes cidades hoje, estima-se que daqui a quarenta anos a taxa será de 60% (UN-Habitat, 2010). Essa expansão é acompanhada pelo aumento dos problemas com o trânsito e com a comunicação, entre outros. Questões de ordem social vão surgir: as migrações vão intensificar os contrastes entre as diferentes classes sociais, mas o fato mais saliente é a constituição da população urbana: 60% dos habitantes são jovens de menos de 25 anos (UN -Habitat, 2010).

Essa nova situação provocou o desenvolvimento de um fenômeno linguístico novo, que foi notado por especialistas em meados dos anos 80: os "vernáculos urbanos" e a língua dos jovens (Kießling e Mous, 2004). No início, essas novas línguas causaram a irritação dos guardiões da pureza linguística e dos educadores, preocupados com a decadência cultural e com a perda da língua da população. Hoje, entretanto, os linguistas estão mais interessados nas questões de contato de línguas, pela mudança linguística excepcionalmente rápida e pela possibilidade de testemunhar o nascimento de uma língua na África.

As cidades onde há muitos imigrantes favorecem a proliferação das línguas de contato e têm uma população jovem diversificada do ponto de vista social e étnico. Nessas condições sociais, as mudanças linguísticas são mais rápidas do que em outros lugares, pois interagem as dinâmicas locais e os movimentos da globalização. É fato que as cidades africanas são mais plurilíngues hoje, pois recebem o acréscimo das línguas vernáculas urbanas, que permitem o acesso à cidade e integram o indivíduo no meio. O chengue, o nuche, o indubil ilustram bem essa realidade.

O chengue (*Sheng*), combinação de *Swahili* e *English*, é a língua falada por jovens, socialmente marginalizados, em Nairóbi (Quênia), vem estendendo seu uso para toda a população da cidade. Sua estrutura gramatical vem da língua suaíli e o léxico contém muitas palavras do inglês e de outras línguas bantas faladas na região.

O nuche é a gíria dos jovens de Abidjan, capital econômica da Costa do Marfim. É basicamente uma forma de francês popular com muitos elementos gramaticais e lexicais de línguas africanas locais, como o diúla.

Indubil é originariamente a língua dos jovens de Quinxassa, formada a partir do lingala, que se estendeu depois para Bukavu, onde adquiriu uma base suaíli, e daí se propagou para outras cidades da República Democrática do Congo. É constituída de elementos do suaíli, do francês e do inglês.

Do ponto de vista estritamente estrutural, essas línguas urbanas exibem uma mudança deliberada, uma subversão em todos os níveis linguísticos: fonológico, morfológico, sintático e semântico, o que torna a língua incompreensível aos não falantes.

216 Introdução à Linguística Africana

Sob a perspectiva do uso, sabe-se que a maneira de falar uma língua faz parte da identidade do falante, que, por sua vez, está diretamente vinculada à sua nacionalidade, à região, ao grupo étnico, à classe social. A escolha da língua, do estilo, do dialeto diz muito sobre o indivíduo e sobre a relação que ele estabelece com o seu interlocutor. Por isso, a língua dos jovens, as variedades urbanas na África, manifestam uma identidade de resistência, que se evidencia pela manipulação linguística consciente das línguas majoritárias faladas em seus países, sejam elas europeias (inglês, francês) ou africanas dominantes (suaíli), pelas quais eles não se sentem representados. A necessidade de ter uma língua própria, secreta, foi, de início, satisfeita pela manipulação linguística da gíria dos malfeitores, que estava na origem da língua dos jovens, que não são criminosos, mas que são atraídos pela oposição à autoridade. São os homens jovens seus primeiros usuários, que a aprendem de seus pares, fora de casa, o que dificulta o seu aprendizado pelas mulheres africanas (Childs, 2003: 215).

Esses novos códigos, baseados na manipulação deliberada das normas linguísticas e em uma constante elaboração de novos termos, passaram a ser encarados como marcas de uma identidade urbana, e talvez por isso vêm sendo adotados por diferentes camadas da população (Macek, 2007). Essas variedades contêm elementos de várias línguas, locais e europeias, por isso "pertencem" a todos e a ninguém, porque não são a língua de uma comunidade linguística distinta nem símbolo de uma identidade étnica.

Duas línguas em uma mesma interação ou enunciado

O uso de várias línguas pelo mesmo falante leva, normalmente, a situações de mistura de línguas numa mesma sentença, fato conhecido como mistura de códigos (*code-mixing*). Myers-Scotton (2002), estudiosa do contato de línguas, afirma que há sempre uma relação assimétrica entre as línguas em contato, em que uma das línguas, no caso de contato entre duas variedades linguísticas, será responsável pela estrutura morfossintática, a língua matriz (*matrix language*) e a outra, a língua encaixada (*embedded language*), participará com a inserção de vocabulário, com termos técnicos ou específicos do ambiente sociocultural dos falantes. Em situações de contato entre muitas línguas, como nos crioulos, a língua matriz será composta de todas as variedades linguísticas faladas na região e a língua do colonizador será a encaixada, que preencherá a estrutura composta com itens lexicais. Um exemplo de mistura de códigos pode ser observado a seguir, que revela o contato do lingala (nigero-congolês, benue-congo, banto) com o francês:

ezali	**probleme**	mo-nene	te
é	**problema**	grande	NEG

'Não é [um] grande problema' (Kamwangamalu, 1989, citado em Myers-Scotton, 2002: 119)

Há outras situações em que a substituição de língua acontece ao longo da fala, provocando o *code-switching*, ou uma mudança de código inter-sentencial. O efeito de sentido provocado por essa alternância de código é o de distância ou de proximidade entre os interlocutores, dependendo da situação de fala e do motivo que leva à troca de código. Vários motivos podem explicar o *code-switching*: (i) o assunto ou o contexto discursivo pode caber melhor a um ou outro código; (ii) ambos os falantes são proficientes em ambas as línguas ou (iii) um deles pode ter preferência por uma delas (Myers-Scotton, 1993). O *code-switching* é muito comum na África, principalmente entre língua ex-colonial e língua africana dominante ou veicular, mas também entre línguas dominantes africanas e línguas minoritárias. Outras vezes ocorre entre línguas de mesmo *status*, como forma de achar um meio termo que permita uma comunicação eficaz.

Conclusão

O plurilinguismo africano é constituído por três categorias de línguas: oficiais (línguas ex-coloniais, sobretudo), nacionais veiculares (línguas dominantes) e nacionais minoritárias. As línguas oficiais não africanas são as de maior prestígio e poder, pois possuem funções utilitárias, como o uso na administração e no sistema educacional. A relação que se observa entre as línguas veiculares e minoritárias reproduz de certo modo essa mesma relação de prestígio e poder. A promoção de algumas línguas veiculares dominantes ao papel de língua nacional e oficial – como o suaíli no Quênia e na Tanzânia, o amárico na Etiópia, o setsuana no Botsuana, por exemplo – pode resultar na valorização do *status* e prestígio da língua africana dominante, mas traz como consequência maior a desvalorização das demais línguas locais, sobretudo as minoritárias. A situação é bastante comum, a ponto de se chegar a afirmar que não são as línguas europeias – confinadas principalmente ao uso das elites – nem as línguas africanas dominantes em pequenas áreas (que não têm poder) que ameaçam a manutenção das línguas locais; são as línguas dominantes majoritárias em grandes áreas – por serem apoiadas por políticas públicas – que comprometem a vitalidade das línguas do continente africano (Batibo, 2005: 99).

Um elemento fundamental a ser considerado na manutenção do uso de uma língua é a atitude do falante, isto é, sua disposição positiva, negativa ou indiferente em relação às línguas que convivem no seu ambiente. Em ambientes plurilíngues, como na África, onde os indivíduos falam várias línguas, há uma tendência a desenvolver atitudes diferentes para cada uma das línguas utilizadas. No caso de o indivíduo utilizar três línguas – a materna, a veicular regional e a oficial –, a língua materna, normalmente, terá um valor simbólico, como a língua de sua identidade étnica e cultural. A língua veicular interétnica terá um considerável prestígio socioeconômico, enquanto a língua oficial desfrutará do mais elevado *status* e valorização socioeconômica. Quanto maior for o prestígio de uma língua mais positiva será a atitude de seu falante e, quanto menor for o prestígio da língua, mais negativa será sua atitude, pois a hierarquia econômica é em grande parte responsável pelas atitudes linguísticas dos falantes.

A atitude positiva em relação à língua oficial leva à rejeição, por grande parte dos pais, ao ensino em línguas africanas, pois eles desejam que seus filhos sejam proficientes nas línguas que promovem a ascensão social, as línguas europeias. Essa postura é natural e esperada, mas é possível sensibilizar os pais e os estudantes quanto à importância do estudo e do uso das línguas nacionais. Sob esse aspecto, vários estudos e experiências têm demonstrado que a alfabetização feita em língua materna torna mais eficaz a introdução da criança no mundo da escrita e garante um melhor rendimento escolar na sequência da escolarização que, depois de alguns anos de estudo em língua materna, será feita na língua oficial do país. O objetivo preconizado pelos estudiosos (linguistas e pedagogos) é uma educação bilíngue, em que as línguas africanas e as europeias possam conviver como duas línguas de ensino, no início, e que, paulatinamente, a língua oficial assuma esse posto, considerando-se a importância local e internacional das línguas ex-coloniais. No entanto, infelizmente, são poucos os países que colocam a educação em língua materna como uma das prioridades de seus governos.

Além da dificuldade de apoio político para a implementação de um planejamento linguístico, será necessário reiterar mais uma vez: apesar de se dispor de uma quantidade razoável de estudos sobre línguas africanas ainda há muitas línguas que não foram descritas. Há necessidade, portanto, de gramatizar as línguas africanas – descrevê-las e produzir dicionários, gramáticas e materiais de ensino. O planejamento linguístico, com apoio do Estado, deve permitir que os africanos sirvam-se das línguas locais para todas as necessidades de comunicação do mundo moderno. Para que o processo de fortalecimento das línguas se realize é preciso, no entanto, não só conscientizar o falante da importância das línguas africanas para o desenvolvimento dos povos e das nações, mas também se deve garantir que elas tenham um espaço de uso efetivo na sociedade, como seu uso na escola e nos meios de comunicação.

O uso da escrita conduz à possibilidade de emprego das línguas africanas na literatura, hoje quase impossível, pela inexistência de leitores nessas línguas. A literatura africana é feita nas variedades locais de português, francês ou inglês, mesmo que seus autores procurem dar uma identidade local à sua escrita utilizando palavras e enunciados (provérbios, às vezes) de línguas africanas. Há raros exemplos de uso de línguas africanas na literatura. Citaremos apenas um caso, o do escritor queniano Ngugi Wa Thiong'o, romancista e professor emérito do Departamento de Literatura Comparada e Inglês da Universidade da Califórnia, que escreve em sua língua materna, o quicuio, desde quando esteve preso, em 1977. A partir de então seus livros são escritos primeiramente em quicuio e depois são traduzidos para o inglês e muitas outras línguas europeias.[5]

Preservar uma língua minoritária do risco de desaparecimento e dotá-la dos meios necessários para conviver em igualdade com a língua dominante é uma atitude igualitária e democrática. A decisão de manter o uso da língua ou mudar para uma outra é, no entanto, uma escolha que compete à comunidade. Ela certamente fará essa opção se perceber algum *status* e valor socioeconômico associado à língua africana que está sendo promovida. Mas não é só o prestígio da língua que leva o falante a querer manter o seu uso. A língua materna está fortemente associada à identidade do indivíduo e à sua necessidade de expressão. Garantir ao falante o direito de falar, ler e escrever em sua língua materna é, antes de tudo, atender a um direito humano, o direito linguístico. A Declaração Universal dos Direitos Linguísticos (Barcelona, 1996) afirma em seu artigo 10°, parágrafo 1, que "todas as comunidades linguísticas são iguais em direito". Embora a realidade da globalização nos mostre os valores diferentes das línguas, é necessário encontrar meios de assegurar a promoção, o respeito e o uso social e público de todas elas. Por essa razão, é importante pensar em políticas públicas que permitam ao indivíduo expressar-se em sua língua, valorizando, entretanto, o conhecimento e o uso de outras variedades linguísticas.

Notas

[1] Adotamos aqui a distinção que fazem alguns autores entre multilinguismo e plurilinguismo. Este se refere à existência de muitas línguas num país ou continente e aquele denota o estado de uma pessoa ou de uma comunidade cujos habitantes falam muitas línguas.

[2] Em 2014 foi um recenseamento que deverá trazer informações atualizadas e importantes, pois faz parte do questionário a indagação sobre a(s) língua(s) faladas pelos angolanos.

[3] *Tok Pisin* não consta da lista de nomes de línguas africanas adaptados ao português por não ser uma língua da África

[4] *Tok Masta*, do mesmo modo que *Tok Pisin*, não consta da lista por não ser uma língua africana.

[5] Disponível em <http://www.ngugiwathiongo.com>. Acesso em 25/09/2013.

Línguas africanas no Brasil

Margarida Petter
Ana Stela Cunha

O fato de o Brasil ter participado de modo importante da diáspora africana – imigração forçada de indivíduos promovida pelo regime escravagista, que ocorreu do século XVI aos finais do XIX – suscita a inclusão dos temas deste capítulo e do seguinte nesta obra dedicada às línguas africanas. Devemos lembrar que os africanos que para cá foram transferidos não trouxeram apenas sua força de trabalho, mas também transportaram suas culturas, das quais as línguas são uma expressão importante, embora pouco considerada nos estudos que investigam a contribuição ou a participação dos africanos escravizados na constituição da nacionalidade brasileira.

A presença africana foi marcante no período de formação da nação brasileira. Os dados demográficos sobre a população do Brasil colônia nos informam que até meados do século XIX os portugueses e seus descendentes constituíam apenas um terço da população brasileira; os dois terços restantes eram compostos por africanos e indígenas. Os africanos correspondiam à maioria e foram distribuídos pela maior parte do território nacional, fato que provocou sua maior interação com grande parte da sociedade da época. As consequências linguísticas desse convívio serão evidentes, como demonstraremos neste capítulo. De início, retomaremos a história do transplante das línguas africanas trazidas pelo tráfico, a sua presença no passado e a sua manutenção na atualidade. Examinaremos, a seguir, os resultados desse contato de línguas. Primeiramente, abordaremos o ponto de vista dos estudiosos que se envolveram na polêmica sobre a identidade da língua nacional, que seria definida, para alguns, pela influência das línguas africanas e, na sequência, discutiremos, do ponto de vista da linguagem e das políticas públicas, a questão das comunidades afrodescendentes, os quilombos atuais.

As línguas africanas trazidas pelo tráfico

O tráfico negreiro teve início, no Brasil, em 1502 e foi extinto em 1860. Ao longo desse tempo teriam sido importados 3.500.000/3.600.000 africanos, distribuídos em quatro grandes ciclos de importação (Mattoso, 2001; Eltis, 2000; Miller, 1986), que podem, segundo os estudiosos, ser divididos do seguinte modo:

- no século XVI, o ciclo da Guiné, trazendo escravos sudaneses,[1] originários da África situada ao norte do equador;
- no século XVII, o ciclo do Congo e de Angola, que trouxe para o Brasil os negros bantos;
- no século XVIII, o ciclo da costa de Mina, que trouxe novamente os sudaneses. A partir de meados do século XVIII, esse ciclo se desdobra para dar origem a um ciclo propriamente "baiano": o ciclo da baía do Benim;
- no século XIX, são trazidos africanos de todas as regiões, com uma predominância de negros provenientes de Angola e de Moçambique.

Esses ciclos estão vinculados a razões econômicas: cultivo de cana-de-açúcar e de tabaco, nos séculos XVI e XVII; exploração das minas de ouro e de diamantes, como também o cultivo do algodão, do arroz e da colheita de especiarias, no século XVIII; cultivo do café, no século XIX. Essa separação deve ser considerada válida em suas grandes linhas, porque o final de um ciclo não significa que foi interrompido o transporte de negros da região precedente; mesmo porque a política de Portugal foi sempre a de promover a mistura das diferentes etnias, para impedir a concentração de africanos de mesma origem numa mesma capitania (Petter, 2006: 124; Bonvini, 2008: 27).

Essas informações históricas, associadas às línguas faladas na região de proveniência dos africanos permitem-nos afirmar que as línguas provavelmente transplantadas correspondem a duas grandes áreas linguísticas: a área oeste-africana e à área austral (Bonvini, 2008: 30).

A área oeste-africana, caracterizada pelo maior número de línguas, tipologicamente muito diversificadas, está representada sobretudo pelas línguas do tronco nigero-congolês, uma língua afro-asiática e outra nilo-saariana:

Do tronco **nigero-congolês**:
Famílias:
atlântica: *fula, uólofe, manjaco, balanta;*
mandê (sobretudo, o *mandinga*); *bambara, maninca, diúla;*

gur: subfamília *gurúnsi*;

cua [*kwa*](subgrupo *gbe*): *eve, fon, gen, aja* (designadas pelo termo *jeje* no Brasil);

ijoide: *ijó*;

benue-congolesa:

    defoide: falares *iorubás,* designados no Brasil pelo termo *nagô-queto*;

    edoide: *edo*;

    nupoide: *nupe* (*tapa*);

    iboide: *ibo*;

    cross-River: *efique, ibíbio*;

Do tronco **afro-asiático: chádica: hauçá;**

Do tronco **nilo-saariano: saariana: canúri.**

A área austral, representada essencialmente pelo subgrupo **banto** (do tronco nigero-congolês, família benue-congolesa), está limitada à costa oeste (atuais repúblicas do Congo, República Democrática do Congo e Angola) e somente mais tarde estendeu-se à costa leste (Moçambique). Foi menor o número de línguas transplantadas dessa região, mas foram faladas pelo maior número de cativos. Segundo Bonvini (2008: 30-31), teriam sido essas as línguas bantas transplantadas, aqui identificadas pela classificação de Guthrie:

H10 *congo* (*quicongo*): *quissolongo, quissicongo* (*quissangala*), *quizombo, quissundi* (falada pelos bacongos, numa zona correspondente ao antigo reino do Congo) e *quivíli, iuoio* (fiote), *quiombe* (faladas em Cabinda e em Loango);

H20 *quimbundo* (falada pelos ambundos, na região central de Angola, correspondendo ao antigo reino de Ndongo), *quissama, quindongo*;

H30 *iaca-holo*: *iaca, imbangala, chinji*;

H10 *chôcue*: *uchôcue, ochinganguela, chilucazi, luena* (*luvale*);

L30 *luba*: *chiluba-cassai* (*lulua*);

L50 *lunda*: *chilunda, urunda*;

P30 *macua*: *omacua*;

R10 *umbundo* (falado pelos ovimbundos na região de Benguela, em Angola): *umbundo, olunianeca*;

R20 *cuaniama, indonga*: *ochicuaniama, cuambi*;

R30 *herero*: *ochiherero*.

O mapa que segue indica as regiões de onde partiram e as cidades a que foram levados os africanos durante o tráfico negreiro.

Mapa 9 – Principais rotas do tráfico transatlântico

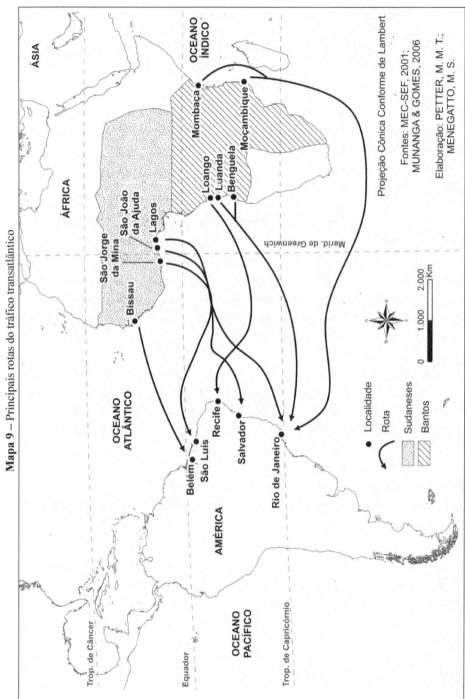

Fonte: Rota do tráfico transatlântico, apud Munanga, 2009.

Diante dessa diversidade linguística, fica a pergunta: como os falantes dessas línguas puderam interagir com os falantes de outras línguas, fossem elas africanas ou a língua portuguesa? Para responder a essa indagação convém entender a situação do tráfico e lembrar como eram aprisionados e reunidos os cativos antes de serem transferidos para o Brasil. Bonvini nos oferece uma síntese bem elucidativa da história do tráfico:

> Durante todo o século XVI, os portugueses detinham o monopólio do tráfico, desde o porto de Arguim [ilha da costa ocidental africana], as ilhas de Cabo Verde, até o forte de São Jorge de Mina (até 1637), passando pela ilha de São Tomé, acima do equador. Esta será para os portugueses o primeiro grande centro de distribuição de escravos levados do continente. Depois, nos séculos XVII e XVIII, será Angola que exercerá esse papel centralizador, por intermédio de dois reinos negros, que prosperarão entre 1670 e 1750: um ao sul, denominado Benguela; outro ao norte, chamado Ndongo – donde o título *ngólà*, exclusivo dos chefes desse reino, que servirá para forjar o termo Angola para designar em seguida o conjunto do país – que será o grande reservatório de homens negros para o tráfico brasileiro (Mattoso, 1979: 26). Durante esse período, a iniciativa privada encarregar-se-á progressiva-mente do tráfico, havendo, no século XVIII, companhias domiciliadas no Brasil, cuja importância, dinamismo e flexibilidade levarão a estabelecer um comércio direto entre o Brasil e a África, evitando, assim, a etapa europeia e subtraindo-o, por causa disso, do esquema clássico do comércio triangular que os outros países colonizadores conhecem. (Bonvini, 2008: 27)

O tráfico era um comércio a longa distância, visto que as trocas eram feitas, primeiramente, com regiões afastadas, de modo que muitos escravos vendidos nos portos dos estados comerciantes provinham de outras etnias, não apenas aquelas que habitavam regiões próximas do litoral. O pombeiro (recrutador de cativos) viajava pelo interior para trocar mercadorias (tecidos ou outros objetos) por escravos, mas também por marfim (Bonvini, 2008: 31).

A maneira como os africanos escravizados eram reunidos e transportados após longos meses de viagem nos oferece pistas para entender como os falantes de línguas diversas interagiam. Nos lugares de embarque foram criados entrepostos de cativos. No Congo, em Angola, em Benguela, os portugueses privilegiaram o "depósito fixo" (*barracão*), abrigo que reunia um grande número de cativos para entregar todos juntos aos negreiros. Em Angola, também navios foram utilizados para guardar os escravizados. As embarcações ficavam permanentemente ancoradas num porto, tornando o grande número de cativos menos vulnerável aos ataques exteriores (Bonvini, 2008: 31).

A concentração forçada e prolongada de falantes de línguas africanas diferentes, mas tipologicamente próximas, no caso das línguas bantas de Angola, pôde levar,

226 Introdução à Linguística Africana

de acordo com Bonvini (2008: 32), à adoção do quimbundo como língua veicular nesses "depósitos". Essa língua era falada em Luanda e ao longo do rio Cuanza até sua foz. Outro fato deve ser acrescentado ao contexto linguístico: no mesmo período, também ocorreu com a mesma intensidade o contato com a língua portuguesa, falada no interior, primeiramente pelos pombeiros e, em seguida, na costa africana pelos negreiros (transportadores de escravos) brasileiros. O tempo da longa travessia que se passava nos porões dos navios e que durava aproximadamente 35 dias de Luanda a Recife, 40 até Salvador e dois meses até o Rio de Janeiro também deve ser considerado um período em que falantes de línguas diversas negociavam formas de comunicação.

Para os escravos que continuavam a transitar pela ilha de São Tomé, ocorria um contato prolongado com o falar da ilha, um crioulo de base portuguesa, o são-tomeense.

Os africanos cativos, que já viviam o multilinguismo na África, tiveram nos portos de embarque e na viagem uma nova experiência linguística com o plurilinguismo brasileiro, que acrescentava ao repertório de línguas africanas a língua portuguesa dos senhores. Essa situação poderia explicar a adoção de uma língua veicular africana (o quimbundo, no caso de africanos oriundos da área banta) ou do emprego da língua portuguesa (Bonvini, 2008: 32).

Apesar dessa situação de intenso contato linguístico, que poderia ter gerado línguas mistas de português e línguas africanas, a parca documentação existente, de que trataremos na sequência, não revela uma mescla linguística, mas demonstra que algumas línguas africanas foram faladas no Brasil colonial.

Documentos linguísticos sobre línguas africanas no Brasil

São raros os documentos escritos sobre as línguas faladas pelos escravos no Brasil. Dois trabalhos – um do século XVII e outro do século XVIII – são marcos históricos da presença de línguas africanas no Brasil.

O primeiro documento é a obra escrita pelo Pe. Pedro Dias, a *Arte da lingua de Angola, oeferecida a Virgem Senhora N. do Rosario, Mãy & Senhora dos mesmos Pretos,* pelo P. Pedro Dias da Companhia de Jesu (como aparece no frontispício), publicada em Lisboa em 1697, na oficina de Miguel Deslandes, impressor de sua Majestade, mas redigida no Brasil, em Salvador. Seu autor era português de origem, mas vivia no Brasil desde sua infância; era jesuíta, jurista e médico. Seu trabalho, de 48 páginas, é a gramática da língua quimbundo, falada em Salvador pelos africanos escravizados oriundos de Angola. Acredita-se que esses seriam numerosos, pois o Padre Vieira afirmava que, nos anos 1660, havia 23 mil africanos catequizados na língua de Angola. Destinava-se a facilitar o trabalho dos jesuítas que lidavam com os negros, com o objetivo de facilitar-lhes o aprendizado dessa língua, visto que não havia ainda nenhuma gramática sobre o quimbundo. Pedro Dias terminou sua gramática em 1694 e encarregou o jesuíta Miguel Cardoso, natural de Angola e que falava correntemente essa língua, de revisá-la antes da publicação, que aconteceu em 1697 (Petter, 2006: 127).

É inegável a importância científica dessa obra. Primeiramente, para a África, porque é a primeira gramática sistemática do quimbundo, depois, para o Brasil, por várias razões. Esse trabalho testemunha o emprego corrente naquela época de uma língua africana, o quimbundo, pelos escravos oriundos de Angola. Trata-se de uma língua plenamente africana, próxima da que se fala hoje em Angola, que não se confunde com um pidgin nem com um crioulo (Bonvini, 2008: 38). Esse fato é importante, pois permite que se correlacione a data da redação da gramática (1694) à da destruição do Quilombo de Palmares (1695). Poderia, então, ter sido o quimbundo, como pensam muitos estudiosos, a língua africana utilizada naquela comunidade constituída em sua maioria por negros fugitivos (Bonvini e Petter, 1998: 75). O outro grande interesse dessa obra reside no fato de retomar parcialmente o plano e o título da obra de José de Anchieta, a *Arte de gramatica da lingua mais usada na costa do Brasil*. No entanto, o trabalho de Dias distingue-se claramente do de Anchieta; ao romper com o paradigma das declinações do modelo latino dos "casos", encerra o debate sobre a interpretação das classes nominais: ao tratar dos nomes, observa que a mudança da sílaba inicial indica o singular e o plural. Sua contribuição maior para a compreensão do quimbundo e das línguas do grupo banto foi depreender, embora de forma embrionária, o sistema de concordância para o adjetivo, os pronomes e a terceira pessoa do verbo, ou seja, o sistema de concordância das classes nominais (Bonvini, 1996: 145).

Em livro recentemente publicado, Maria Carlota Rosa (2013) apresenta o facsímile da *Arte* de Pedro Dias e analisa a obra dentro do contexto em que foi escrita. Com relação ao conceito de classe nominal, a autora explicita a percepção que o autor teve da morfologia do nome em quimbundo:

> Num modelo descritivo sem o conceito nem o termo *prefixo*, Pedro Dias vai apontando letras e sílabas que se alternam, que são acrescentadas ou suprimidas, que marcam as várias classes e sua concordância, advertindo que "pondo-se hũa destas partículas por outra, naõ muda o sentido; mas he impropriedade do idioma da língua & da grammatica" (Dias, 1697: 3). Aponta ainda correlações semânticas para algumas dessas classes gramaticais, deixando claro, porém, a existência de muitas exceções. (Rosa, 2013: 105)

228 Introdução à Linguística Africana

Para os objetivos deste capítulo, esse documento assume outra importância, porque revela que, no século XVII, na Bahia, onde se concentrava a maior população negra da época, era africana a língua que utilizavam os negros escravizados.

O segundo documento sobre línguas africanas faladas no Brasil é *Lingoa g^{al} de Minna, traduzida ao nosso Igdioma, por Antonio da Costa Peixoto, Curiozo nesta Siencia, e graduado na mesma faculdade: E.°* – título que aparece no frontispício do manuscrito *Obra nova da língua geral de Minna,* redigido em Ouro Preto por Antonio da Costa Peixoto, publicado em 1731, com uma segunda edição em 1741. Esse documento retrata uma situação linguística particular, resultante da concentração, no quadrilátero mineiro de "Vila Rica - Vila do Carmo - Sabará - Rio dos Montes", de 100 mil escravos – regularmente renovados durante um período de 40-50 anos – originários da costa do Benim (designada *"Mina"* e situada, *grosso modo,* entre Gana e Nigéria). Essa situação deu origem a uma variedade veicular tipologicamente próxima das línguas africanas dessa mesma costa. Castro considerou esse falar como sendo de base eve, com vocábulos do *fon, mahi, gun e mina* – "línguas muito próximas entre si" (1980: 20). Atualmente, as línguas faladas na região de origem dos escravos estão classificadas no subgrupo gbe, do grupo kwa, da família nigero-congolesa. Nesse subgrupo, há uns 50 falares, dos quais os mais conhecidos são o eve, o fon, o gen, o aja, o gun e o mahi. É complexo interpretar esse documento de quase três séculos, visto que não se pode comparar o conjunto de línguas faladas atualmente na região com a(s) língua(s) representadas no manuscrito, pois aquelas se transformaram, no espaço e no tempo, e além do mais não exercem a função veicular que a *língua geral de mina* exercia.

O aparecimento da língua veicular africana se explica pela economia da comunicação, pela necessidade de ultrapassar o esfacelamento desses diversos falares muito próximos tipologicamente da língua africana utilizada nas minas, no século XVIII. Esse texto, só publicado em 1945, em Lisboa, é o documento mais importante e "precioso" sobre as línguas africanas no Brasil, porque testemunha a existência de uma língua veicular africana designada *Língua Geral,* provavelmente em referência à língua geral indígena (Bonvini e Petter, 1998: 75-76).

O manuscrito de Antonio da Costa Peixoto, redigido com a intenção de facilitar aos senhores de escravos o aprendizado da língua utilizada nas minas, desvenda, ainda, uma mudança no panorama linguístico africano no Brasil: no século XVIII são as línguas da costa do Benim que estão em evidência, pelo menos nas regiões economicamente mais ativas e tendo em vista a ausência de documentos sobre o restante do país.

Do ponto de vista linguístico, esse manuscrito se apresenta como uma lista de vocábulos em língua africana, traduzidos para o português, organizados por campos semânticos; traz também alguns diálogos e frases necessárias à comunicação mais urgente.

Sobre a estrutura da língua representada podemos observar que a ordem dos constituintes segue o padrão SVO – o mais comum nas línguas da grande família nigero-congolesa, à que pertencem as línguas *gbe*. A análise de uma frase do manuscrito evidencia esse fato:

hètimvi   *tem filhos* [tradução de A.C. Peixoto]
hè/ tim/ vi
3SG/ tem/filho
Ele(a)/ tem/ filho
"Ele(a) tem filhos"

Sobre a fonologia dessa língua, dois fatos chamam a atenção: 1º a não representação das oclusivas labiovelares [kp], [gb], bastante comuns nas línguas da região ocidental africana; 2º a utilização de diacríticos, como o acento agudo, o grave e o circunflexo, em contextos que, se não nos permitem afirmar com certeza que o autor esteja representando os tons da língua, revelam a percepção de alguma diferença no plano suprassegmental, como se observa nos itens: *sò 'cavalo'*; *sô 'amanhã, ou honte'*; *so 'espingarda'* (Souza, 1999).

Castro publicou um ensaio crítico de cunho etnolinguístico sobre o manuscrito de Peixoto, considerando-o de caráter polivalente, que "reúne elementos verdadeiros para a história e a sociologia do negro brasileiro nos tempos coloniais" (2002: 25). A autora identifica a língua como "mina-jeje", de base lexical fon, fundamentalmente. Para Bonvini (2008: 45), a língua *mina* seria, na verdade, um falar veicular de base gbe (designação de um conjunto de línguas faladas no Togo e no Benim) em fase de pidginização. O que se pode assegurar é que se trata de um documento revelador de um fato linguístico inédito: a presença de uma língua veicular africana, sem qualquer mescla aparente com o português, seja no léxico, na sintaxe, ou mesmo na fonologia (Petter, 2006: 128). No entanto, essa "língua", ou melhor, seu vocabulário, não permaneceu no português falado no Brasil, nem mesmo na região mineira. E, segundo Castro (2002: 27), "[...] esses falares [...] terminaram por implantar as bases da estrutura conventual dos terreiros de tradição mina-jeje no Brasil [...]."

O século XIX não nos oferece uma documentação especificamente linguística como a dos séculos precedentes, mas confirma dois fatos: a existência de um plurilinguismo africano, sobretudo em Salvador, e a identificação de uma maneira particular de expressão em português dos negros escravizados.

Nina Rodrigues inicia em 1890 estudos de antropologia afro-brasileira em Salvador e, embora reconhecendo sua falta de preparo para abordar o problema linguístico, formula as questões fundamentais para o conhecimento das línguas africanas faladas no Brasil: quais foram as línguas africanas faladas no Brasil? Que influência elas exerceram sobre o português do Brasil? (1977: 121-152). Contribui para dar resposta à primeira indagação registrando dados linguísticos relevantes: coletou uma lista de 122 palavras de cinco línguas africanas diferentes, faladas na época em Salvador: "grunce" (gurúnsi), "jeje (mahi)"(eve-fon), "haussá", "canúri" e "tapa"(nupe). A respeito do "nagô ou iorubá" afirma ser a língua mais falada na Bahia "tanto pelos velhos africanos, de todas as origens, quanto por um grande número de crioulos e de mestiços" (1977: 132). Destaca o fato de que o nagô é a língua religiosa do culto "jeje-iorubá" (candomblé) e reproduz três cânticos com tradução (Bonvini e Petter, 1998: 76).

Mesmo não mencionando as línguas do grupo banto, pois não estendeu sua pesquisa até os "congos" e "angolas", cuja existência, no entanto, reconhece em Salvador, o trabalho de Nina Rodrigues tem uma grande importância histórica, porque atesta o plurilinguismo africano que não sobreviveu por um longo período, por ter-se reduzido a um monolinguismo, com a predominância do iorubá, logo depois da abolição (1888). Vale ressaltar, entretanto, que a formação da identidade "iorubá" só vai acontecer em finais do século XIX, ou seja, todos os grupos linguísticos desta zona geográfica que compreende a Nigéria atual tinham, até aquele momento, outra denominação, e só foram percebidos como "iorubás" neste período, em que uma "identidade coletiva" acabou por ser forjada. O próprio termo "africano" (ou "africanidade") somente fazia sentido (e ainda assim é, em certa medida) para os europeus, e mais recentemente, chineses e outros povos que vêm praticando uma imigração na África. Portanto, a noção de África como um continente homogêneo, único, não faz sentido algum para muitos povos daquele continente. De fato alguns grupos "étnicos" somente passam a "existir" (tais como os denominamos hoje) a partir dos contatos coloniais. Um exemplo claro dessa relação e "criação" são os igbos, ou mesmo os iorubás (cf. Isichei, 1976; Palmié, 2013: 33).

Assim, se pensarmos no contexto cubano de escravidão, por exemplo, veremos que, tal como aponta López Valdés (1998), na ilha eram utilizados para o genérico *lucumí* (nosso equivalente semântico a iorubá (queto/nagô), 137 variações de denominações possíveis para os escravos advindos dessa zona de África ocidental, hoje conhecidos como "iorubás": *lucumí eguadó, lukumí kangá, lucumí yogo de otá,* e por aí adiante.

Como afirma Palmié (2007: 84), estamos diante de um "mal entendido fundamental no que concerne às realidades das relações sociais de ambos os lados do Atlântico", ou seja, determinados termos (como "iorubá") são como "mantas onomásticas" que cobrem ora este, ora aquele conteúdo étnico africano e que, portanto, pedem cautela quanto à sua interpretação. Essa ressalva cabe no que concerne à

Línguas africanas no Brasil **231**

realidade baiana dos oitocentos, zona brasileira que recebeu, naquele momento, grande contingente de escravos da África ocidental.

De qualquer modo, é somente a partir do século XIX que se encontra menção ao português falado pelos negros no Brasil. Sobre os primeiros séculos de colonização não se localizou ainda nenhum registro. De acordo com Silva Neto (1963), foram os viajantes que deixaram escritas suas primeiras impressões sobre a fala do escravo africano, fortemente marcadas pela ideologia da época. Saint-Hilaire em seu livro *Viagem ao Rio Grande do Sul (1820-1821)*(1939: 324) observou que os negros conservavam "qualquer coisa de infantil em seus modos, linguagens e ideias [...]". O alemão Schlichthorst, que esteve no Rio de Janeiro em 1824, notou fatos importantes na fala do negro:

> Em três meses, podem, em geral, se fazerem mais ou menos entender. Só o grupo consoante *st* e o *r* lhes oferecem muita dificuldade. Pronunciam o primeiro como *t* e o segundo como *l*. Por exemplo: *tá bom* em lugar de *está bom*, *dalé* ao invés de *darei*. Nota-se a mesma dificuldade prosódica nas criancinhas [...].
> (Silva Neto, 1963: 109).

A partir de 1831, a imprensa e a literatura vão retratar o falar diferenciado, "xacoco", dos negros. Esse material foi analisado por Tania Alkmim, que buscou na literatura e em outras fontes escritas a representação da fala de negros e escravizados. O conjunto levantado pela pesquisadora, a partir das indicações nem sempre completas e precisas oferecidas por Silva Neto (1963), constitui uma coleção significativa de dados de linguagem, embora a autora ressalve que esses dados, no caso da obra literária, devam ser considerados também como criação artística e, no caso dos periódicos, devam ser analisados dentro do quadro dos estereótipos. Nesse intuito, a autora analisa os estereótipos da fala do negro presentes em charges e jornais brasileiros do século XIX. Alkmim observa que algumas dessas marcas seriam privativas do grupo de negros e escravizados, como "ere" (ele), "Zuão" (João), "minha corpo", "eu vai"; outras, no entanto, como ausência de marca redundante de número ["agora nós vai" (1870), "meus filhos tudo também fica livre" (1882)], "poderiam também estar presentes em variedades não padrões da mesma época" (Alkmim, 2002: 397).

Em outro estudo, Alkmim se debruça sobre anúncios de jornais brasileiros do século XIX, coletados por Gilberto Freyre (1963), que enfocam um conjunto de anúncios relativos à fuga de escravizados, que, ao lado de informações descritivas (como, por exemplo, a etnia, a aparência, os defeitos físicos dos negros) apresentam características linguísticas desses indivíduos perseguidos (como, por exemplo, "fala atrapalhada", "bem falante", "ele fala bem claro") (Alkmim, 2006).

No século xx não temos nenhum documento que comprove o uso de línguas africanas. Hoje essas línguas se mantêm sob a forma de línguas especiais, ou seja, como modos de falar próprios de uma faixa etária ou de um grupo de pessoas dedicadas a atividades específicas. Não se caracterizam mais como línguas plenas, mas revelam traços de seu longo e intenso contato com o português. O seu uso – além de estar associado a grupos específicos – está vinculado a duas funções principais: *ritual*: nos cultos religiosos afro-brasileiros e *demarcação social:* como língua "secreta", utilizada em comunidades negras rurais constituídas por descendentes de antigos escravos, como Cafundó e Tabatinga (Petter, 2006). As línguas africanas dos cultos afro-brasileiros (nagô [iorubá]; jeje [eve, fon]; angola [quimbundo/quicongo/umbundo) têm uma função litúrgica e seu uso fica restrito aos iniciados e praticantes (cf. capítulo "Línguas africanas no candomblé"). As "línguas" do Cafundó (Vogt e Fry, 1996) e da Tabatinga (Queiroz, 1998) contêm, na verdade, palavras de origem banta com morfologia e sintaxe do dialeto rural. Essas línguas, rituais e secretas, ficaram confinadas nos seus ambientes de uso, com um contato muito restrito com as variedades de português faladas externamente ao seu espaço de prática. Essas manifestações linguísticas, muito mais do que meios de comunicação, vão constituir-se como elementos distintivos de identidade para seus falantes.

As línguas "secretas", as identidades e os movimentos sociais do Cafundó, da Tabatinga e de muitos outros "quilombos"

A presença africana em terras brasileiras sempre esteve na pauta das inquietações, seja por uma compreensão da nossa formação identitária, seja por questões políticas envolvendo divisão de terras, direitos de grupos e exercícios de cidadania – questões que só surgiriam mais tarde, depois da Abolição da Escravatura e com todos os "incômodos" que a população negra, liberta, traria ao país.

Assim, tratar de língua e identidade, remontar a uma ancestralidade através dos usos linguísticos são preocupações que têm início no universo acadêmico, teórico, mas passam, a partir de meados dos anos 1980, a fazer parte também da agenda de movimentos negros e associações.

Os estudos sobre o que chamamos hoje de "quilombos" têm, portanto, uma história relativamente recente. Ainda que o conceito tenha sido definido pelo Conselho Ultramarino Português de 1740 como "toda habitação de negros fugidos que passem de cinco, em parte desprovida, ainda que não tenham ranchos levantados nem se achem pilões neles", suas reelaborações e ressignificações têm sido constantes (Acevedo e Castro, 1998; Almeida, 1987, 1995, 1996, 2000; Andrade, 2008; Arruti, 1997; Gomes, 1996; Gusmão, 1996; O'Dwyer, 2002) e o termo tem hoje uma multiplicidade de sentidos e usos.

Uma dessas definições, dada por Arruti (2006), possibilitará a discussão de conceitos ali levantados e seus interfluxos com a Linguística, já que, segundo o autor,

> as comunidades quilombolas constituem grupos mobilizados em torno de um objetivo, em geral a conquista da terra, e, definidos com base em uma designação (etnônimo) que expressa uma identidade coletiva reivindicada com base em fatores pretensamente primordiais, tais como uma origem ou ancestrais comum, hábitos, rituais ou religiosidade compartilhados, vínculo territorial centenário, parentesco social generalizado, homogeneidade racial, entre outros. Nenhuma destas características, porém, está presente em todas as situações, assim como não há nenhum traço substantivo capaz de traduzir uma unidade entre experiências e configurações sociais e históricas tão distintas. (Arruti, 2006: 39)

A Antropologia e a História têm dado passos largos na direção de se discutir a relação entre formação de identidades através de certas produções culturais, ou, "traços substantivos" (para utilizar a terminologia do autor acima referido), entre elas as linguísticas, e impulsionadas pelo mesmo sistema político/social, têm atuado de forma intensa, com produções das mais distintas, dada a diversidade e extensão da população "negra" brasileira e suas intersecções com outros grupos. A Linguística, por sua vez, não adotou ainda uma definição consensual sobre este espaço que, para além da geografia, circunscreve práticas linguísticas e culturais, mas timidamente começa a focalizar seus olhos nessa parcela populacional, seja através de intervenções mais voltadas para o nível da Educação e formas pedagógicas (especialmente depois de formulações de leis nesta área, como a 10639/03 – e a atual Lei 11645/08), seja nos estudos teóricos, direcionados a uma reflexão maior acerca dos processos constitutivos da língua.

Mas as relações entre a Antropologia e a Linguística quase sempre ultrapassam as barreiras categoriais e, via de regra, a primeira apoia-se na segunda para melhor compreender a materialização da agentividade pleiteada (no caso de direitos de terra, de saúde, educação etc.), enquanto a segunda nem sempre tem sabido digerir os problemas colocados num discurso de ancestralidade, muitas vezes forjado e estimulado por contexto político/social como forma de proteção deste mesmo grupo. Neste jogo de se observar a relação da comunidade consigo mesma, a comunidade com a manipulação de termos identitários (como "quilombo", "quilombola"), encontra-se a objetivação do pesquisador. É neste contexto de percepção da história e desenrolar dos agenciamentos de categorias como "cultura" e "etnicidade" que o papel do linguista pode ser fundamental.

Inicialmente chamados de "remanescentes de quilombos", certos grupos sociais brasileiros experimentaram as mais distintas formas de denominação, sejam endógenas (terras de preto, mocambo, entre outras) até outras, exógenas. Essas classificações foram sempre semanticamente condicionadas e elaborações conceituais acerca do que seja um "quilombo" e todas as consequências desta definição estão em plena fase de fermentação.

Cientes de que classificar é, como afirma Arrutti (2006: 27), "[...] mais que organizar, é também produzir alteridades", apontaremos algumas destas alteridades forjadas seja por interesses acadêmicos, políticos e/ou dos próprios movimentos sociais envolvidos, com o intuito de se assinalar particularidades do português falado nos quilombos do Brasil, deixando de lado o tom "exótico" ou de suposto isolamento.

Pretendemos antes apontar a necessidade de se visualizar um quadro mais amplo do complexo produtivo linguístico brasileiro, sem intenções de se buscarem apenas "vestígios" de línguas "africanas" – termo absolutamente abstrato, genérico e que remete a um espaço mítico –, que sirva como legitimação de grupos, contribuindo de forma decisiva não somente com a Linguística enquanto ciência, mas também na elaboração de políticas públicas direcionadas. Isso implica aceitar que se uma comunidade não apresenta características linguísticas distintivas das comunidades que a rodeiam, isso em nada afeta sua condição naquele contexto, ou seja, pelo fato de não haver traços linguísticos com vestígios (quase sempre lexicais) de línguas africanas, determinadas comunidades não podem (ao menos não devem) ser hierarquizadas como mais ou menos "africanizadas", portanto, aptas a receber ou não a titulação de suas terras, por exemplo, ou beneficiar-se de quaisquer outros programas sociais brasileiros.

Os quilombos e a Linguística

Desde o início da década de 1990 vivenciamos de modo singular acontecimentos importantes no que concerne a alguns grupos até então negligenciados. As populações negras, especialmente as localizadas no campo, passam a adquirir visibilidade e novo *status* a partir da Constituição de 1988, quando o famoso "Artigo 68", uma disposição constitucional transitória, que só viria a conhecer alguma proposta de regulamentação quase 10 anos mais tarde (1995), vira objeto de maiores discussões e reflexões. Pouco mais tarde, em 2002, o Brasil ratificou a Convenção 169 da Organização Internacional do Trabalho, o que fez com que o *status* dos recém-denominados "quilombolas" fosse agora o de "povo tribal" (em contraposição aos indígenas, que foram definidos como "povo autóctone"), aceitando como único critério o da autodefinição. Como aponta Boyer:

Línguas africanas no Brasil **235**

[...] os grupos distintos do conjunto populacional nacional pelo seu modo de vida e sua relação à história, à memória e ao meio ambiente, podem doravante pretender, sempre coletivamente, o direito a um território, o qual é, entretanto, nomeado diferentemente e concedido segundo modalidades variáveis em função das categorias referidas. (Boyer, 2011: 1)

Para o bem ou para o mal, essas discussões (muitas vezes restritas ao universo acadêmico ou jurídico) acabaram por ganhar corpo, sobretudo por conta da atuação dos movimentos negros de diversas partes do Brasil e resultaram em políticas públicas que pela primeira vez na história do país estão voltadas especificamente para esta população. Em maior ou menor grau, áreas como Educação, Saúde e terras em espaço quilombola estão sendo objeto de investigação no meio acadêmico, de elaboração de políticas e de direcionamento de projetos sociais.

Assim, a releitura do conceito de "quilombo" se deu basicamente por causa dos movimentos sociais (especialmente o Movimento Negro, as comunidades eclesiais de base, mas não só) atrelada a uma operacionalização, por parte dos antropólogos, que não raras vezes assumiram o papel de "tradutores" entre o universo jurídico brasileiro e as comunidades envolvidas/interessadas.

A Antropologia, ciente de seu trânsito entre o universo acadêmico e o universo jurídico, assume uma postura intrinsecamente política, atuando como a voz mais evidente na formulação de políticas públicas específicas para este segmento da população.

E a Linguística, que papel assume nesse contexto? Como definir uma ascendência, pensar numa genealogia, se não restam vestígios evidentes de línguas africanas em uso nestas comunidades, os agora denominados "quilombos" (salvo algumas poucas exceções de "línguas de segredo/secretas" faladas em comunidades como o Cafundó (São Paulo) e Tabatinga (Minas Gerais))? Seriam somente esses "vestígios lexicais" capazes de nos fornecer pistas para uma autodefinição? Vejam-se os dois únicos casos de manutenção de uso de um conjunto lexical de origem africana em quilombos, um em São Paulo (Cafundó) e o outro em Minas Gerais (Tabatinga).

O Cafundó, bairro rural da cidade de Salto de Pirapora, um "quilombo" situado a 150 km de São Paulo, é constituído majoritariamente por descendentes de africanos, que conservavam, no momento em que foram realizadas as primeiras pesquisas linguísticas por Vogt, Fry, Gnerre (1978), o uso de um léxico de base banta. A fala do Cafundó é, na verdade, um dialeto do português regional, um dialeto rural, caracterizada por um léxico reduzido de origem banta, mas com estrutura morfossintática do português. O léxico de origem africana contém cerca de cento e sessenta itens, com quinze verbos e dois advérbios. A maioria de seus falantes possui um conhecimento passivo desse repertório, visto que seu uso efetivo vem diminuindo, mantendo-se apenas na comunicação de alguns adultos. As crianças, hoje, aprendem esporadicamente

236 Introdução à Linguística Africana

alguns vocábulos, como o nome de alimentos e de alguns animais. Para os cafundo-
enses, a mais importante função da "língua", ou da *cupópia,* como a identificam, é
a de código secreto, restrito a membros da comunidade. O uso secreto dessa língua
cumpre, na verdade, uma função lúdica, para enganar os desavisados. Dessa forma, os
falantes se distinguem como descendentes de africanos, superiores a toda degradação
social e econômica de que são vítimas (Vogt e Fry, 1996).

O Cafundó foi pouco a pouco "desvendado" e divulgado em artigos publicados
em revistas especializadas. Ao primeiro artigo (1978), "Cafundó: uma comunidade
negra do Brasil que fala até hoje uma língua de origem africana", seguem-se "Las
lenguas secretas de Cafundó" (1980); "Mafambura e Caxapura: na encruzilhada
da identidade" (1981) escritos por Vogt, Fry e Gnerre. A partir de 1982, serão
publicados mais seis textos, de autoria de Vogt e Fry. Em 1996, esses dois autores
organizam todo o material produzido, apresentando-o no livro *Cafundó: a África no
Brasil: linguagem e sociedade.* Ao mesmo tempo em que essa obra destaca o papel
estruturador da "língua africana" nas relações sociais e no universo cultural de seus
moradores, lança um olhar sobre outras comunidades de configuração semelhante,
apresentadas no capítulo "Rios de Cristal: outras 'línguas africanas' no Brasil"
(1996: 207-255), reformulação do artigo publicado em 1985, sob o título "Rios de
cristal: contos e desencontros de línguas africanas no Brasil".

A Tabatinga, uma área da periferia de Bom Despacho, em Minas Gerais, foi
tema da dissertação de mestrado de Sônia Queiroz, em 1983, defendida na Universidade Federal de Minas Gerais sob o título "Pé preto no barro branco: a língua dos
negros da Tabatinga". Esse permaneceu o título da sua publicação em livro, que só
foi feita em 1998. Analisando a "língua da costa" e comparando-a à do Cafundó, com
quem compartilha – além do uso como forma de "ocultação" – muitos elementos
lexicais e gramaticais, a autora conclui que a Língua do Negro da Costa funciona
como "um sinal diacrítico que marca o grupo de negros da Tabatinga por oposição
aos brancos do centro da cidade" (Queiroz, 1998: 106).

A "língua do Negro da Costa" ou a "língua da Tabatinga" é falada por um grupo
de negros da cidade de Bom Despacho (MG), situada a 140 km de Belo Horizonte.
Tabatinga, antigamente "um aglomerado de casinhas de capim espalhadas pelo
morro de argila branca que veio dar o nome ao lugar", hoje é uma rua da periferia
de Bom Despacho (Queiroz, 1998: 50). "Língua" muito próxima gramaticalmente do "português popular brasileiro", mais especificamente do dialeto da região,
possui um pequeno vocabulário de origem banta, com muitos termos semelhantes
aos do Cafundó. Utiliza morfemas derivacionais e flexionais do português, embora
uma análise diacrônica pudesse identificar em diversos termos prefixos de origem
africana, os morfemas identificadores de classes nominais, como, por exemplo

ca- de *camona* "criança", reconhecido nas línguas do grupo banto como marca do diminutivo (Queiroz, 1998: 79).

A língua da Tabatinga é adquirida na juventude, numa faixa etária entre 11 e 20 anos, entre amigos e não se transmite como língua materna. Tem, também, a exemplo do Cafundó, um uso lúdico, com a finalidade de "ocultação". Tem o caráter de língua de resistência cultural, que atualiza para seus falantes "a sua identidade africana, através da tradição linguística" (Queiroz, 1998:106).

As duas comunidades negras retratadas têm como traço linguístico comum um léxico de origem banta. Tanto os falantes da "cupópia" quanto os da "língua da Tabatinga" manifestam o sentimento de falar uma língua africana, pois o fato de nomear de forma diferente dá-lhes a ilusão de que se trata de outro idioma, mesmo que a fonologia, a morfologia e a sintaxe sejam do português (Petter, 2006: 122). Convém notar que essas "línguas" não se difundiram para as comunidades vizinhas, ficaram confinadas em seus ambientes de uso, visto que se alimentavam da vontade de ocultamento.

Importa observar que o "segredo" que essas "línguas" veiculam foi conservado e transmitido exclusivamente pela linguagem oral. Essa característica identifica as civilizações africanas, chamadas de *civilizações da oralidade,* em razão do privilégio que concedem à palavra verbalizada como depositária e veículo do conhecimento.

Outros estudos sobre a linguagem de comunidades quilombolas foram publicados, mas em nenhum deles se apontam palavras de origem africana interagindo com o português da mesma forma que se verificou no Cafundó e na Tabatinga.

Outro trabalho sobre a linguagem de quilombos foi defendido em 1991 na Universidade Estadual de São Paulo-Assis por Mary F. do Careno: *Vale do Ribeira*: *a voz e a vez das comunidades negras*, que foi publicado em1997. Com o objetivo de descrever o dialeto da região sul do estado de São Paulo, o Vale do Ribeira, a mais pobre do estado, a autora coletou amostras de fala espontânea de falantes de três comunidades: Abobral, Nhunguara e São Pedro. Careno não encontrou remanescente de línguas africanas no léxico; deparou com um dialeto rural em que, entre outros aspectos, se observam alguns fatos particulares: na morfossintaxe há variação da concordância de número e gênero e, na fonologia, encontram-se algumas ocorrências das africadas [tʃ], [dʒ] em contextos fonéticos não encontrados no PB, como em *cachorro* e *gente*.

O mais extenso trabalho, com análises morfossintáticas da fala de quatro comunidades quilombolas de diferentes regiões do Estado da Bahia foi publicado em 2009, organizado por Dante Lucchesi, Alan Baxter e Ilza Ribeiro. Nesse estudo, os pesquisadores definem o conceito de *português afro-brasileiro:*

> *O português afro-brasileiro* designa aqui uma variedade constituída pelos padrões de comportamento linguístico de comunidades rurais compostas em sua maioria por descendentes diretos de escravos africanos que se fixaram em localidades remotas do interior do país, praticando até os dias de hoje a agricultura de subsistência. Muitas dessas comunidades têm a sua origem em antigos quilombos de escravos foragidos e ainda se conservam em um grau relativamente alto de isolamento. Dessa forma, o português afro-brasileiro guardaria uma especificidade no universo mais amplo do *português popular rural brasileiro* (ou, mais precisamente, *norma popular rural do português brasileiro*), não apenas pelas características sócio-históricas próprias às comunidades em que ele é falado, mas, sobretudo, pelas características linguísticas que o distinguiriam das demais variedades do *português popular do Brasil* (ou melhor, da *norma popular brasileira*). (Lucchesi et al., 2009: 32; grifos dos autores)

O contato linguístico: línguas africanas e português brasileiro

É só a partir de 1930 que o contato linguístico de mais de quatro séculos vai merecer a atenção dos estudiosos. Motivados pelo debate sobre a identidade da língua nacional – cuja especificidade será apontada como resultante do contato do português com as línguas indígenas e africanas –, os estudos que se produziram nessa década estão marcados pelo sentimento nacionalista que busca fundar-se na diferença. É nesse momento que se inaugura a discussão sobre a *influência africana no português do Brasil*, ou seja, sobre os efeitos do contato de línguas africanas com o português brasileiro.

Antes de problematizar a questão do contato linguístico, retomaremos, a partir de Petter (2006), o conjunto de trabalhos que discutiram a presença/influência de línguas africanas no Brasil.

Em 1933, duas obras *A influência africana no português do Brasil*, de Renato Mendonça, e *O elemento afro-negro na língua portuguesa*, de Jacques Raimundo, abrem, de forma organizada, o debate sobre a presença africana no português do Brasil (PB). Reconstroem o itinerário da origem dos africanos que para cá foram transplantados, de origem banta e sudanesa, e apresentam uma relação de aspectos que consideraram de origem africana no PB, na fonologia, na morfologia e na sintaxe.

O trabalho de Mendonça (1933) teve uma segunda edição, aumentada e ilustrada, em 1935, e outra em 1974, que reproduz ainda uma classificação de línguas africanas, já superada desde os trabalhos de Greenberg (1963). A obra contém um glossário com 375 termos de origem africana que, se apresentam étimos africanos discutíveis (iorubá ou quimbundo, unicamente), revelam, no entanto, um aspecto positivo: a indicação do contexto sociocultural de uso dos itens compilados.

Raimundo (1933) identifica 309 palavras de origem africana presentes no PB e acrescenta ao seu levantamento 132 topônimos. Da mesma forma que Mendonça, a origem de todos esses itens lexicais é encontrada nas línguas iorubá e quimbundo, predominantemente. Em 1936, o mesmo autor oferece na obra *O negro brasileiro e outros estudos* uma lista aumentada de termos considerados de origem africana.

Para Borges (2015: 122-3), os dois autores apresentam muitas diferenças em sua abordagem do contato e da mudança linguística dele decorrente. Mendonça tem preocupações de caráter sociocultural, e considera que a mudança no panorama étnico e social é que gera a mudança linguística, observável não somente no léxico, mas em todos os níveis linguísticos, mesmo que em menor grau. Já Raimundo coloca ênfase no que se teria processado em Portugal, onde as mudanças fonéticas, por exemplo, são descritas como fenômenos linguísticos sistemáticos. A situação brasileira é considerada uma decorrência do que ocorreu no país europeu.

Os glossários dessas obras, em que pese o maior conhecimento atual sobre as línguas africanas, ainda continuam sendo citados como fonte abonadora de muitas etimologias de palavras consideradas de origem africana, na falta de trabalhos mais recentes.

A influência africana será novamente tratada, dentro de outra perspectiva, por duas obras interessadas na caracterização do português brasileiro. A primeira, publicada em 1946, *A língua do Brasil,* de Gladstone Chaves de Melo, e *Introdução ao estudo da língua portuguesa no Brasil,* de Serafim da Silva Neto (1963 [1950]). Munidos de uma sólida formação linguística, esses autores empreendem de forma objetiva uma análise interna da língua.

As evidências colhidas por Silva Neto e Melo destacavam a unidade cultural e linguística luso-brasileira, em decorrência da concepção de língua como reflexo e expressão da cultura. Melo resume a nova ordem:

> Verdade é que os elementos portugueses da nossa cultura foram elaborados, caldeados com os elementos indígenas e negro-africanos, tendo havido, mais modernamente, influências de fatores outros. Mas é muito certo também que o elemento português prevaleceu, *dando a nota mais sensível de europeísmo à nossa cultura.* (1981: 29; grifos do autor).

Melo critica a visão pouco objetiva, "apaixonada", de Raimundo e Mendonça, salientando que alguns fatos linguísticos do PB, apresentados como fruto da influência africana, poderiam ser explicados pela própria deriva (direção de mudança) da língua portuguesa. Admite, no entanto, que a influência mais profunda das línguas africanas se faz sentir "na morfologia, na simplificação e redução das flexões de plural e das formas verbais na fala popular". Por isso, considera a influência africana mais profunda que a do tupi, embora reconheça que a contribuição africana ao léxico foi menos extensa do que a indígena. Reconhece, ainda, sem oferecer comprovação, ter havido "duas línguas gerais de negros no Brasil, de acordo com a procedência desses: o nagô ou iorubá na Bahia, e o quimbundo em outras regiões" (1981: 61-2).

Serafim da Silva Neto, na segunda edição revista e aumentada de sua obra, de 1963 (pp. 14-5), propõe-se a desenvolver um estudo apoiado na etnografia e história social do povo brasileiro. Já na introdução apresenta os pressupostos sob os quais se sustenta sua obra:

- o PB não é um todo, um bloco uniforme. É preciso distinguir seu uso nos diferentes contextos sociais e regionais;
- o colonizador trouxe falares de todas as partes de Portugal, os quais se fundiram num denominador comum, de notável unidade;
- o português introduzido a partir do litoral constituiu uma koiné que atingiu o interior com as bandeiras e entradas. Daí as características do português brasileiro: unidade e conservadorismo;
- a distinção dos diferentes estratos sociais da língua portuguesa no Brasil desde sua introdução: portugueses e seus filhos – português de notável unidade; aborígenes, negros e mestiços – crioulo ou semicrioulo. O português foi-se irradiando graças a seu prestígio de língua dos colonizadores e língua literária.

Para Silva Neto não há influência de línguas africanas ou ameríndias no PB; há "cicatrizes de tosca aprendizagem", que tenderiam a diluir-se em favor da língua portuguesa, ideal de todos os que desejassem "ascender às classes sociais mais elevadas" (1963: 107-8). Admite que a influência africana se exerceu por "ação urbana" e por "ação rural" nas áreas onde houve grande concentração de mão de obra escrava. Reconhece que o "tipo de linguagem" depende da composição demográfica da região e do acesso à escola. Se a localidade estudada se origina de um antigo quilombo e se a escola não conseguiu expurgar o "aprendizado imperfeito inicial, estamos diante de um dialeto crioulo, quer dizer, uma simplificação extrema do português mal aprendido e imperfeitamente transmitido" (1963: 133).

Melo e Silva Neto descaracterizaram a influência africana, mas não a contestaram, reduziram-na à contribuição passiva, que não chegou a alterar o caráter da língua portuguesa falada no Brasil. Apesar de tudo, Silva Neto reconhece a possibilidade de um dialeto crioulo em regiões que foram antigos quilombos.

Crioulização ou deriva?

O debate sobre a hipótese de crioulização do PB foi reavivado pelos linguistas Guy (1981, 1989), Holm (1987, 1992) e Baxter (1992), que sustentaram a tese de que o português falado no Brasil teria passado por um período de crioulização. Sua argumentação fundamentava-se em fatos linguísticos e sociais. Os fatores linguísticos dizem respeito a aspectos morfossintáticos, como a variação da concordância de número no sintagma nominal e no sintagma verbal, entre outros fatos, que indicariam uma semelhança entre línguas crioulas e o PB. Os aspectos sociais referem-se à demografia: segundo os historiadores, o Brasil absorvera aproximadamente 40% dos africanos escravizados transportados para as Américas, ou seja, cerca de 3,6 milhões de indivíduos, sendo que, em certos períodos, a população afro-brasileira era nitidamente superior à europeia. A associação dos fatores linguísticos (semelhanças com línguas crioulas) aos sociais (grande número de falantes de línguas africanas) permitiria a defesa de que o PB teria passado por um período prévio de crioulização, de que se estaria afastando, atualmente, pela reaquisição das regras de concordância nominal e verbal, pela atuação mais eficiente do português culto (descrioulização). Mesmo sem documentação histórica sobre esse período de crioulização, os autores defendiam que as evidências coletadas na época de suas pesquisas sobre a linguagem de comunidades negras isoladas e alguns traços do português popular seriam vestígios de um momento anterior de crioulização. Mais recentemente, aqueles autores e outros a eles associados modificaram suas propostas e passaram a tratar a questão no quadro de crioulização leve, transmissão linguística irregular e reestruturação (Baxter: Lucchesi, 1997; Baxter, 1998; Lucchesi, 1999, 2000, 2003; Holm, 2004).

Houve duas reações importantes a essas propostas, com Tarallo (1993) e Naro e Scherre (1993). Para Tarallo, o PB não estaria tomando o caminho do português culto, mas estaria afastando-se da variedade europeia, que seria a língua alvo da descrioulização. Naro e Scherre (1993, 2007) corroboram a posição de Tarallo, afirmando que as mudanças do PB já estariam prefiguradas ao longo dos séculos no sistema linguístico do português, na *deriva* (direção definida de mudança). Argumentam que a variação na concordância nominal e verbal do português brasileiro não seria o resultado do contato de línguas, mas teria sua origem em mudanças que, por força de uma deriva românica, teve seu início em Portugal. Sem negar totalmente a influência do contato, os autores afirmam:

> O impulso motor do desenvolvimento do português do Brasil veio já embutido na deriva secular da língua de Portugal. Se as sementes trazidas de lá germinaram mais rápido e cresceram mais fortes é porque as condições, aqui, mostraram-se mais propícias devido a uma confluência de motivos. (Naro e Scherre, 1993: 450)

242 Introdução à Linguística Africana

Como caracterizar o contato entre o português e as línguas africanas no Brasil?

O léxico tem sido apontado como a prova mais evidente do contato de línguas, pois ele revela a história da língua e registra, portanto, aos possíveis contatos linguísticos e culturais de seus falantes. Se por um lado o vocabulário manifesta o contato, por outro, a incorporação de termos novos não implica, necessariamente, mudança na língua. É conhecido o caso de línguas que têm um léxico importante emprestado, mas nem por isso perderam sua identidade linguística, como o suaíli, língua banta, que emprestou muitos termos do árabe (Petter, 2011: 267).

O português emprestou termos de várias línguas, dentre elas as indígenas (LI), em maior número, e africanas. Segundo o inventário de Castro (2001), são 3.517 os termos de origem africana no PB. Desses, a maior parte refere-se ao universo religioso, seguido dos termos relativos a culinária, música, dança etc. Trata-se de um léxico especializado, muitas vezes de uso regional. O vocabulário efetivamente empregado, de uso geral, é bem menos extenso. Alkmim e Petter (2008) procuraram identificar as palavras de origem africana de uso geral no Brasil, hoje, pertencentes ao vocabulário comum – aquele que está livre de qualquer emprego especializado –, buscando evidenciar sua integração, mobilidade e vitalidade. A pesquisa consistiu na elaboração de um *corpus* a partir dos registros lexicais apresentados por Castro (2001). Inicialmente, estabeleceu-se uma lista com cerca de 400 vocábulos pertencentes aos níveis 3, 4 e 5 conforme classificação da autora (linguagem popular, cuidada e corrente na Bahia e no português do Brasil em geral), isto é, termos do vocabulário comum, que exclui os termos integrantes dos níveis 1 (linguagem de santo) e 2 (linguagem do povo de santo), conforme Castro (2001: 80).

O estudo visou a verificar o conhecimento dos termos selecionados por falantes de várias regiões brasileiras. Foram excluídos vocábulos referentes a: regionalismos evidentes; religião; música; comidas reconhecidamente de origem africana e palavras chulas (por serem termos de coleta difícil). A análise levou à identificação de 56 vocábulos que são comuns ao universo dos informantes pesquisados.

A partir de uma análise inicial dos resultados obtidos, foi constatado que os dados poderiam ser organizados em três categorias: **categoria 1**, que inclui termos que podem ser usados em qualquer interação social (30 vocábulos): *abadá, banzo, caçamba, cachaça, cachimbo, caçula, candango, canga, capanga, carimbo, caxumba, cochilar, corcunda, dengo, fubá, gibi, macaco, maconha, macumba, marimbondo, miçanga, molambo, moleque, moringa, quilombo, quitanda, quitute, senzala, tanga, xingar*; **categoria 2,** que é constituída de termos informais, de uso coloquial, que, eventualmente, dependendo da situação, são substituídos por outros

(9 vocábulos): *bamba/bambambã, banguela, cafuné, catimba, catimbeiro, catinga, mandinga, muamba, muxoxo*; **categoria 3,** em que constam termos marcadamente informais, de uso restrito (17 vocábulos): *angu ('confusão'), babaca, babau, biboca, bunda, cafofo, cafundó, cambada, cucuia, muquifo, muquirana, muvuca, muxiba, quizumba, sacana, ziquizira, zumbi.*

Os termos selecionados, exceto *abadá* e *gibi,* são originários de línguas bantas, conforme etimologia indicada por Castro (2001). O contato do português com línguas bantas, de Angola, principalmente, foi mais antigo, desde o século XVI, e resultou na incorporação de um vocabulário de uso geral e mais resistente às mudanças. O contato com as línguas de Moçambique, também da área banta, foi mais recente (final do século XIX) e não foi identificado nenhum empréstimo que tenha tido uso exclusivo em línguas dessa região. As línguas da área oeste-africana – faladas ao norte do equador – chegaram mais tarde (séculos XVIII e XIX) e atuaram em domínios específicos, como religião, música, dança, culinária, áreas não investigadas pela referida pesquisa.

Os vocábulos de origem africana adaptaram-se à fonologia, morfologia e sintaxe do português. No nível fonológico, em que línguas africanas apresentam sistemas consonantais mais diversificados, com consoantes labiovelares (kp, gb) e pré-nasalizadas (mp, nd etc.), por exemplo, houve redução dos segmentos. No caso das pré-nasalizadas, a nasalidade desapareceu ou foi transferida para a vogal adjacente. Ex: nzu.mbi> zum.bi; nga.nza> gan.zá. Nenhum morfema gramatical foi emprestado. No caso das línguas bantas, alguns morfemas (prefixos de classe de plural) foram incorporados à palavra, mas perdendo seu significado de plural. É o caso de marimbondo / marimbondos. Em quimbundo, *ma-* é o prefixo plural que substitui o prefixo do singular, zero nesse caso, de *ø-rimbondo.* A informação de plural do prefixo *ma-* não poderia ter sido emprestada pelo português, língua que marca essa noção por meio de sufixos.

Um aspecto que distingue o PB do português europeu é a fonologia, principalmente no que se refere à estrutura silábica, preferencialmente com sílabas abertas, CV (consoante-vogal) no PB. Souza (2011) examina as sílabas de um conjunto de línguas africanas que provavelmente tenham sido transferidas pelo tráfico para o Brasil, compara os padrões silábicos identificados à estrutura silábica do PB e afirma ser possível que o contato prolongado com muitas línguas africanas que apresentam a mesma característica tenha contribuído para que o PB revele a mesma tendência. O autor pondera ainda que, apesar de as sílabas CV serem o tipo mais comum nas línguas em geral, as línguas românicas não evoluíram no sentido de um aumento do número de sílabas CV, como se verifica no PB (*adevogado, pissiquiatra*, por exemplo). O português do Brasil estaria então se distanciando das línguas românicas e do

244 Introdução à Linguística Africana

português europeu, que tende a eliminar as vogais e a diminuir o número de sílabas de certas palavras, como em *telefone* [tlfɔn] (Souza, 2011: 134). O mesmo fato (inserção de vogal para desfazer encontros consonantais) é observado no português angolano e moçambicano, onde são faladas línguas do grupo banto, caracterizadas pelo padrão silábico CV (Petter, 2008).

A integração semântica de palavras de origem africana foi mais complexa. De acordo com Bonvini (2008a), três situações podem ser consideradas:

- as palavras de origem africana podem ter mantido o sentido de partida, integral ou parcialmente: caçula, miçanga, xingar;
- as palavras podem ter chegado, mas aqui adquiriram novos sentidos, como zumbi, que significaria em Angola 'alma do defunto, com a possibilidade de se manifestar no mundo dos vivos', que é empregado hoje, no Brasil, com diversos significados, dentre os quais o de 'fantasma', 'indivíduo que só sai à noite', 'chefe do quilombo de Palmares' (Bonvini, 2008a: 135);
- pode ter chegado o sentido sem o suporte verbal, que pode corresponder aos decalques, ou seja, significados africanos expressos em termos do português, como também pode resultar em empréstimo semântico-sintático, em que se transferem estruturas sintáticas.

É nessa terceira possibilidade que se situa uma área de pesquisa ainda inexplorada no Brasil, aquela em que a estrutura sintática é determinada pela semântica e sintaxe africanas manifestadas no léxico. É, portanto, o léxico do português, utilizado pelo falante africano, que pode oferecer informações importantes sobre o contato que levou a mudanças no PB. Negrão e Viotti (2008) fazem a primeira tentativa de análise de sentenças impessoais do PB aproximando-as de sentenças passivas do quimbundo. A partir de sentenças como: "A ponte construiu rápido", que tem sido interpretada como uma sentença passiva com omissão do 'se' apassivador e "Esse trem já perdeu", em que essa mesma análise (passiva com 'se' omitido) não pode ser feita, visto que o verbo 'perder' não admite construção passiva porque o sujeito não tem controle sobre a ação expressa pelo verbo, as autoras sugerem que se examinem essas construções do PB em comparação com construções de passiva impessoal do quimbundo. Como apontado no capítulo de sintaxe e semântica deste volume, na subseção 'passivas', o quimbundo apresenta passivas com sujeito indeterminado e deslocamento à esquerda, como o exemplo que aqui transcrevemos, com alguns acréscimos na glosa, extraído de Givón (2002: 208-9), citado pelas autoras (Negrão e Viotti, 2008: 199) e por Pal e Araújo (cf. capítulo "Sintaxe e Semântica", neste volume):

a. Deslocamento à esquerda

Nzua   aana   a-mu-mono

João   crianças   MS(elas)-MO(ele)-ver

'João, as crianças o viram'.

b. Deslocamento à esquerda com pronome indeterminado

Nzua   a-mu-mono

João   MS(elas/eles)-MO(ele)-ver

'João, elas/eles (impessoal) o viram'.

João, ele foi visto (passiva impessoal)

c. Passiva

Nzua   a-mu-mono   kwa   meme

João   MS (elas/eles)- MO (ele)-ver   PREP(por)   PRON.1SG(mim)

'João foi visto por mim' (Lit.: João, eles o viram por mim)

As sentenças do português seriam semelhantes à sentença (b) do quimbundo, como deslocamento à esquerda [do objeto direto ('a ponte' e 'este trem', nos exemplos citados)] com pronome indeterminado. Em outro estudo (Negrão e Viotti, 2011: 13-44), as autoras elaboram uma explicação para fatos como o que foi selecionado acima, com base na proposta de Mufwene (2008). Segundo esse autor, numa situação de contato de línguas há uma competição entre o conjunto de traços provenientes das línguas em contato, que constituiriam um acervo de traços (*feature pool*); a seleção dos traços que seriam retidos dependeria de haver uma convergência entre os traços das diferentes línguas em interação. De acordo com as autoras, a proposta de Mufwene permitiria explicar certos aspectos gramaticais do PB que o distinguem do português europeu, como o resultado de seleções feitas do acervo de traços linguísticos (*linguistic feature pool*), formado pelas contribuições do português do século XVI, línguas indígenas e de uma língua africana (quimbundo) (Negrão e Viotti, 2011: 42).

O fato de o português brasileiro apresentar marcas gramaticais não encontradas no português europeu foi crucial para que os linguistas passassem a considerar a importância do contato com as línguas africanas no Brasil. Nessa perspectiva situam-se os trabalhos de Avelar e Galves (2013, 2014), que abordam construções sintáticas do PB que podem ser aproximadas de estruturas encontradas em línguas bantas e no português falado na África, como as de *tópico-sujeito com inversão locativa*, observada em (a) no exemplo abaixo:

a. *"algumas concessionárias* tão caindo o preço [do carro]"[2]

a'. *Em algumas concessionárias* tá caindo o preço [do carro]. (Avelar e Galves, 2014: 255)

Em (a) o verbo não concorda com o sujeito lógico (*o preço* [do carro]), mas com o elemento em primeira posição (tópico) que é uma expressão locativa.

Para avaliar o contato entre o PB e as LAS é importante situar a variedade brasileira num contexto mais amplo, que inclui a comparação deste com as variedades africanas de português, tanto as altamente reestruturadas (os crioulos), quanto aquelas que não se desenvolveram como línguas crioulas, as parcialmente reestruturadas, como o português angolano (PA) e o moçambicano (PM). Em Angola e em Moçambique são faladas línguas do grupo banto, aquelas que foram transplantadas para o Brasil em maior proporção desde o início da colonização. Os estudos sobre o PA e o PM desfrutam de uma situação privilegiada de observação em que as diferentes línguas em contato estão ainda presentes, ainda são faladas e estão interagindo com o português. A análise dessa situação pode fornecer dados significativos para o melhor entendimento do contato entre o PB e as línguas africanas do grupo banto, bem como pode explicar alguns dos processos de mudança em curso (Petter, 2008; 2011a).

Mas para além das questões estritamente linguísticas, os contatos nos fazem refletir sobre políticas públicas, identidades e alteridades. Vejamos de que forma a Linguística tem se posicionado e contribuído para estes debates.

A Linguística, as políticas públicas e os quilombos

A representação de língua sempre esteve muito colada à de identidade, como partes de uma mesma moeda, fazendo com que não raras vezes a língua fosse o fator de identificação de um grupo – e a realidade indígena brasileira contemporânea, especialmente os da zona nordestina (Assunção, 1994; Arruti, 1997), está repleta de exemplos nesse sentido, já que ao se "acaboclarem" índios deixam de ser "índios legítimos" para usar a língua do colonizador.

Em outras situações etnográficas, como entre os Pankararú de Pernambuco (Arruti, 1997), o quadro é ainda mais complexo, pois índios e negros dividem a mesma terra e as políticas públicas voltadas seja para a questão indígena local seja para os "quilombolas" têm gerado acirradas brigas internas, uma vez que as fronteiras entre o que é ser "preto" e o que é ser "índio" são tênues e pouco objetivas. Nesse caso a língua poderia ser um fator determinante, mas estes "índios", tal como os negros locais, só falam português.

Diante da realidade quilombola brasileira, a Antropologia prontamente se deu conta de que língua não pode e nem deve ser um fator de legitimação de ancestralidade ou de identidade. Esse debate é decisivo para a formulação e aplicação de políticas públicas e suas consequências. A Linguística não tem uma definição consensual sobre este "espaço" que denominamos, ultimamente, de "quilombos". Isso se deve em parte pela própria diversidade, já que encontramos, no Brasil, comunidades com as mais distintas características, não apenas culturais/econômicas e sociais, mas também linguísticas. Assim, há desde comunidades como o Cafundó e Tabatinga, em que uma "língua secreta" foi atestada e descrita, com léxico de línguas bantas já nos anos 1980 e 1990 (Vogt e Fry, 1996; Queiroz, 1998) até casos mais extremados, em que as comunidades não têm memória alguma de línguas "africanas" (léxico, sobretudo) ali faladas ou praticadas. Vale salientar que língua é mais do que léxico, e que se não temos hoje, em alguns contextos, elementos lexicais que atestem uma presença maciça de línguas africanas nessas comunidades, esse dado por si só não exclui a forte história social da formação dos "quilombos" (ou terras de preto) no Brasil. Nesse sentido, uma descrição acurada de um dialeto pode ser fundamental para pensarmos nas diferenças que separam as variedades de português no Brasil e podem fazer toda a diferença para a implementação de políticas públicas neste setor, já que muitas dessas políticas públicas tiveram e têm como base a língua e os processos ali envolvidos de aprendizagem, identidade.

Como aponta Moura (2007) sobre a implementação de uma das primeiras políticas com esse objetivo:

> A proposta da *Educação Quilombola* no Programa Salto para o Futuro é a de possibilitar que professores repensem, à luz da experiência dos quilombos contemporâneos, o papel da escola como fonte de afirmação da identidade nacional. É um desafio desenvolver, na escola, novos espaços pedagógicos que propiciem a valorização das identidades brasileiras, via um currículo que leve o aluno a conhecer suas origens. (Moura, 2007: 4)

Assim, parece que a Linguística acabou por se deparar com duas questões fundamentais, que nem sempre têm caminhado juntas, mas que estão completamente imbricadas: primeiro, seguindo os rastros da Antropologia, viu-se obrigada a desempenhar, como disciplina, um papel político, demarcador, ou seja, posicionar-se de forma a propiciar a elaboração de políticas direcionadas a este segmento da população. Mas para isso, uma segunda questão acabou por ser colocada, a da necessidade de dados linguísticos, de descrições destas variedades de língua faladas nesses quilombos e, consequentemente, de teorizações, dentro dos modelos da disciplina, que fossem capazes de dar o "aval", de justificar que elaborações fossem implementadas no currículo escolar nacional. Assim, não somente a disciplina estaria contribuindo para a articulação mais política desse movimento, mas haveria uma necessidade que chamaremos de "endêmica", da própria disciplina, de conhecer estas variedades, para uma discussão e enriquecimento de teorias linguísticas. Não sabemos ao certo em que momento da história este rompimento se deu, mas fato é que não houve, por parte da Linguística, um "engajamento" em relação às políticas públicas educacionais, ficando estas basicamente a cargo de educadores, antropólogos e historiadores.

Fato interessante, pois no que diz respeito à realidade indígena brasileira, a atuação da Linguística foi, desde cedo, muito participativa e fundamental. Mas a questão da "identidade" talvez seja uma pista possível para melhor compreendermos esses movimentos. Sendo o português a língua falada nos quilombos (ainda que não saibamos muito bem que variedade de português seja essa), acabamos por uniformizar uma realidade que, por questões históricas e sociais foram sempre tidas como "próximas" (desde a escrava onipresente nas fazendas e no meio urbano até a empregada doméstica dos dias atuais). Talvez por essa mesma "proximidade", índios do nordeste brasileiro sejam hoje tratados e "identificados" como "caboclos", num movimento cíclico que, por conta de políticas direcionadas, estejam novamente sendo "recatalogados" como índios. A língua, nessas situações, parece ser peça fundamental para estas inclinações que ora pendem para "integrá-los" à sociedade, ora tentam diferenciá-los.

Assim, como consequência desses movimentos políticos/sociais, a Educação no contexto quilombola do Brasil conta hoje com dois marcos legais que acabaram por ter grande importância para a inclusão (ou tentativa de) dessa população no sistema educacional: o artigo 26 da Lei de Diretrizes e Bases (LDB), que estabelece a obrigatoriedade do ensino de História e Cultura Afro-Brasileira na educação básica e a Resolução CNE nº 01/2004, que institui as Diretrizes Curriculares Nacionais para a Educação das Relações Étnico-Raciais e para o ensino de História e Cultura Afro-Brasileira e Africana.

Mas foi somente entre os anos de 1998 e 2001 que o MEC (então Ministério da Educação e Cultura) constituiu a primeira equipe de trabalho que estaria voltada às comunidades "remanescentes de quilombos", o denominado "Projeto Vida e História das Comunidades Remanescentes de Quilombos no Brasil". Naquela formação não havia, entretanto, nenhum linguista fazendo parte da equipe. Segundo o Censo de 2004, o Brasil apresentava naquela altura 49.722 alunos matriculados em 374 escolas localizadas nas áreas "quilombolas". Ainda hoje é bastante difícil elaborar um quadro consistente sobre as políticas de educação para os quilombos no Brasil, já que não há (ou ainda está em plena fase de formação) um projeto nacional diferenciado e de intervenção, o que faz com que transitemos por projetos mais amplos, que ora abarcam a população rural, ora a população mais carente. Esse é um campo que se encontra, ainda, em fase de gestação, buscando seus caminhos próprios não só no que diz respeito às políticas públicas, mas também quanto à própria produção acadêmica sobre a presença das línguas africanas no Brasil desde uma perspectiva linguística.

Alguns passos importantes vêm sendo dados por iniciativas transversais, que acabam por abarcar a educação, como projetos voltados à "cultura"; nestes espaços, inúmeros editais do Ministério da Cultura fomentam cursos de formação/capacitação em quilombos, tendo a própria Fundação Cultural Palmares lançado um edital, em 2010, sobre o patrimônio linguístico brasileiro, e esta ação acabou por envolver pesquisadores das universidades num viés basicamente linguístico, mas sempre levando em consideração toda a sócio-história e especificidades desses contextos.

Foi assim que entre 2009 e 2011 realizaram-se os primeiros projetos-pilotos promovidos pelo IPHAN (Instituto do Patrimônio Histórico e Artístico Nacional) com o objetivo de mapear a diversidade linguística brasileira. Esses pilotos precederam a criação, por Decreto-Lei, do *Inventário Nacional da Diversidade Linguística* (INDL) em 20 de dezembro de 2010 pelo Governo Federal. Foram selecionadas para essa primeira etapa quatro línguas indígenas, uma língua de imigração, uma língua de sinais e três variedades linguísticas de comunidades afro-brasileiras. A Universidade de São Paulo participou da investigação sobre línguas africanas por meio do Projeto-piloto IPHAN/USP n° 20.173 *Levantamento etnolinguístico de comunidades afro-brasileiras de Minas Gerais e Pará*, coordenado pelas professoras Margarida Maria Taddoni Petter e Márcia Santos Duarte de Oliveira da Faculdade de Filosofia, Letras e Ciências Humanas (FFLCH).[3]

A realização do inventário das línguas faladas no país é uma etapa prioritária, pois é indispensável não só para o conhecimento e difusão de informações sobre a diversidade linguística brasileira, como também se apresenta como instrumento de reconhecimento e salvaguarda das línguas como patrimônio cultural, além de fornecer elementos para propor políticas públicas voltadas para o reconhecimento e promoção do multilinguismo.

Se até o início da década de 2000 os financiamentos para projetos nacionais, abertos através de editais e financiados por grandes empresas, eram segmentados, devendo estar restritos à área "cultural" (e então era quase que uma folclorização de atividades seculares, que passavam a adquirir, tal como os habitantes de determinados espaços e com histórias específicas, o nome de patrimônio "imaterial"), a partir de movimentos e políticas nacionais voltadas aos quilombos/quilombolas essa realidade toma outro rumo. Os projetos deixam de estar atados a uma categorização como, por exemplo, ter de caber no rótulo único de "educação" ou "cultura" (como se estas duas realidades não fossem fluidas e transitassem livremente uma pela outra) e conhecem uma maior flexibilidade.

Nessa direção surgem projetos como o "Falando em Quilombo" (Petrobras, 2005) e "O Boi Contou" (Petrobras Cultural 2007; Cunha, 2011), além de tantos outros similares que fizeram com que comunidades que antes negavam qualquer relação com a hoje denominada "africanidade" passassem a se autodefinir também como "quilombos" alguns anos mais tarde, pois este processo pendular de negação/aquisição de identidades está, evidentemente, ligado aos benefícios que as políticas locais trazem às comunidades, fazendo-nos refletir sobre os modos como a presença de pesquisadores nessas áreas acaba por ter papel decisivo em determinados contextos. Mas essa é outra discussão, ainda que também estreitamente relacionada à Linguística, aos linguistas e a seus campos de atuação.

Notas

[1] O adjetivo 'sudanês' refere-se a *Sudão* – que aqui não é o país –, mas a forma sintética da expressão árabe *Bilad-as-Sudan* – 'País dos Negros'. Tal espaço refere-se a um *continuum* que se prolonga do Mar Vermelho ao Atlântico, através das estepes e savanas sul-saarianas.

[2] Disponível em <http://forum.carrosderua.com.br/index.php?showtopic=122656>. Acesso em: 30 set. 2015.

[3] Conferir <http://www.fflch.usp.br/>. Acesso em: 30 set. 2015.

Línguas africanas no candomblé

Iya Monadeosi

Dá-se o nome de candomblé a algumas religiões originárias da África austral e ocidental, organizadas dentro de uma infraestrutura social brasileira que se caracteriza, principalmente, pelo transe de possessão em seus adeptos e pelos processos iniciáticos.

Os terreiros de candomblés constituem um dos espaços de manutenção dos valores históricos, culturais e linguísticos de povos africanos oriundos das regiões de antigos reinos que correspondem, na atualidade, aos países: Angola, Congo, República Democrática do Congo, Moçambique, Togo, Benim e Nigéria.

Dessas regiões foram trazidas pessoas de diferentes etnias, cujo modo de ser e existir foi capaz de manter aspectos culturais, históricos, sociais e linguísticos em condições absolutamente adversas devido ao processo escravista.

Os candomblés são partes de Áfricas transplantadas para o Brasil em que se mesclaram povos, línguas e culturas. Numa reprodução brasileira, seus integrantes buscaram uma organização hierárquica sociorreligiosa, inserida num mundo afro-brasileiro, no qual a figura mais importante é a da *mãe* ou *pai de santo*, caracterizando-se pela incorporação das divindades ou entidades em seus adeptos.

Nesse mundo afro-brasileiro, há um repertório linguístico diferenciando as modalidades de candomblé às quais se dá o nome de *nações* e, embora as cerimônias públicas sejam muito similares em sua estrutura, cada *nação* cultua as suas divindades em sua língua ritual, chamada de *língua de santo*, cujos falantes se denominam *povo de santo*.

Observando as comunidades tradicionais de matriz africana, pudemos constatar um repertório linguístico bastante diversificado, ligado à vivência dos grupos, cuja transmissão se dá, via de regra, através da oralidade. Os níveis de vocabulário dos falantes variam de acordo com os conhecimentos adquiridos nos espaços dos terreiros, principalmente em relação às línguas sagradas utilizadas na liturgia. Concretamente, as línguas sagradas possuem termos de línguas africanas transplantadas para o Brasil pelos povos trazidos na condição de escravos das regiões acima citadas.

252 Introdução à Linguística Africana

Com o objetivo de identificarmos esses termos de línguas africanas, coletamos dados em algumas comunidades, entrevistando diversas pessoas do culto. Embora haja termos de diferentes línguas africanas no interior dessas comunidades, neste capítulo, optamos por apresentar somente termos das línguas quimbundo, quicongo e iorubá, pois os empréstimos lexicais dessas línguas apresentaram maior ocorrência nas comunidades pesquisadas.

Nações de candomblé

Antes de abordarmos os termos de línguas africanas presentes nos terreiros de candomblé, convém explicar o conceito do termo *nação*.

A origem da palavra vem do latim *natio*, que vem de *natus* 'nascido'. Uma nação é constituída por um coletivo humano, geralmente formado por um mesmo grupo étnico, falando um mesmo idioma, ligados por laços históricos e culturais, possuindo características comuns em relação a costumes, tradições e religiões. Entretanto, é a ideia de pertencimento e sentimento nacional que melhor caracteriza uma nação.

No continente africano, há situações bastante complexas em relação à ideia de nação. Algumas nações africanas possuem legitimidade no exercício de sua soberania ainda que não se constituam em estado-nação, pois em muitos casos a ideia de nacionalidade está diluída através de diferentes grupos étnicos. Os antigos reinos iorubás, por exemplo, eram formados por cidades-estados.[1]

No Brasil, a ideia de pertencimento assume características diferenciadas pela própria situação histórica da condição escrava dos indivíduos. De acordo com alguns historiadores, como Karasch e Mattoso, no início do processo escravista, o termo *nação* era utilizado para agrupar os escravos segundo a sua procedência.

No século XIX, o termo *nação* servirá para identificar a população escrava, genericamente, de acordo com o local de nascimento. De acordo com Mary Karasch (2000: 36-7):

> No século XIX, as principais divisões dos escravos no Rio estavam baseadas no lugar de nascimento: África ou Brasil [...] Um cativo brasileiro poderia ser Antônio crioulo ou Maria parda, enquanto os africanos seriam Antônio Angola ou Maria Moçambique. [...] No Rio do século XIX, as principais "nações brasileiras" eram a crioula, a parda e a cabra; escravos crioulos e pardos mantinham identidades e comunidades tão separadas umas das outras quanto das nações africanas.

Karasch (2000: 42-3) aborda também as dificuldades de se identificar, de modo mais preciso, as nações africanas dos escravos do Rio de Janeiro. Entretanto, os senhores de escravos os classificavam empregando o termo *nação*. Nos anúncios de jornais para a venda de escravos, aparecem as mais variadas expressões, relacionadas a uma nacionalidade; isso, de certa forma, segundo a autora, tem ajudado na identificação de suas procedências étnicas:

Quando os senhores não sabiam a nacionalidade de um escravo, empregavam vários termos para indicar a origem africana, sendo um dos mais comuns o acréscimo da expressão "de nação" ao prenome cristão, como: "Antônio de nação Angola". Quando o escravo era de nação desconhecida, a expressão era "negro de nação", ou "um africano".

Katia Mattoso (2001: 146-53) levanta os seguintes aspectos sobre o termo *nação*:

1. o espaço urbano das grandes cidades irá facilitar a sociabilidade e a solidariedade cultural e religiosa por nações ou etnias muito mais do que o espaço rural;
2. as primeiras confrarias formadas pelos africanos ou descendentes se caracterizam pela separação em *nações*. Por exemplo, a confraria dos angolanos não aceitava pessoas de outras etnias. A partir do século XVIII, elas se tornam mais abertas, aceitando a mistura étnica;
3. os jornais anunciavam a fuga de escravos, identificando-os através da *nação*:

> Fugiu da fazenda Timbo, pertencente a Ignácio Borges de Barros, uma escrava de nome Maria, da nação nagô [...] (*Jornal da Bahia*, 23-1-1855) No dia 31 de janeiro fugiu o escravo mina chamado David [...] (*Jornal da Bahia*, 14/11/1857)

Segundo Bastide (1985: 82), as confrarias surgidas no século XVIII vão agrupar pessoas por nações. Essas confrarias surgem, principalmente, devido ao incentivo que era dado aos escravos, tanto pelo governo quanto pelos padres da Igreja Católica, para cultuarem os santos e virgens negros.

Uma das confrarias mais conhecidas é a de Nossa Senhora do Rosário. Ela era dividida entre dois grupos distintos: negros e brancos. A igualdade entre negros e brancos era inibida pela própria estrutura patriarcal e escravista, assim como acontecia com a igualdade cristã. Há, então, uma divisão entre as confrarias e entre os fiéis: Confraria do Rosário dos Negros e Confraria do Rosário dos Brancos. Isso provocava numerosas brigas entre elas pela disputa de poder e prestígio.

Essas confrarias possuíam formas de organização social que permitiam a conservação de valores africanos; entretanto vão reproduzir não só valores africanos como também europeus, uma vez que os indivíduos estão em dois espaços ao mesmo tempo.

Karasch cita algumas informações transmitidas pelos estrangeiros na identificação, no Rio de Janeiro, das origens da maioria dos escravos: Cabinda, Congo, Benguela, Moçambique, entre outros. E, em relação a esses locais de procedência, a autora registra a sua preservação, justamente, nos locais onde se praticam as religiões de origem africana, evidenciando uma passagem do uso do termo *nação* enquanto entidade política para *nação* enquanto entidade religiosa:

> Ao agrupar os orixás na sétima linha, ou africana, os umbandistas dividem esses espíritos em sete grupos, cada um com seu chefe: Povo da Costa, Congo, Angola, Benguela, Moçambique, Loanda e Guiné. Em outras palavras, os nomes das nações do século XIX tornaram-se agora nomes de falanges de espíritos. (Karasch, 2000: 44)

Essas sete linhas da umbanda de que trata a autora encontram a sua origem principal nas festas, tanto no Rio de Janeiro como em São Paulo, em que se faziam (e fazem ainda) representações sobre a coroação do rei e da rainha do Congo, as conhecidas *congadas*, nas quais aparecem sete nações.

No que diz respeito aos candomblés, as confrarias servirão de núcleos para a sua formação, pois seus membros eram os mesmos que, mais tarde, irão formar os primeiros terreiros, o que contribuirá para a difusão do termo *nação*, definindo-o em diferentes modalidades de culto que podem ou não possuir vínculos étnicos.

Um grupo étnico é identificado com base em semelhanças biológicas, culturais, históricas, linguísticas. Não serão essas características que definirão uma *nação* de candomblé. A palavra *nação* é usada no candomblé para distinguir seus segmentos, os quais são chamados de modalidades e que dizem respeito à língua sagrada, aos toques dos atabaques, aos deuses e à liturgia.

Uma *nação* de candomblé indica a procedência de seus fundadores e o orixá majoritário trazido por eles; a *nação* queto, por exemplo, foi fundada por pessoas trazidas do antigo reino de Queto. Há vários orixás que se manifestam nos candomblés queto, entretanto, Oxoce é considerado o patrono, pois era o orixá cultuado pelo povo de Queto. Dentro dessa *nação* há pessoas de diversas procedências africanas e a língua ritual possui traços lexicais do iorubá[3] transplantado da região desse antigo reino.

Lima (1984:19) faz a distinção entre etnia segundo a modalidade de rito e etnia segundo a procedência da pessoa:

> Daí a falecida **ialorixá** Aninha poder afirmar com orgulho: "minha seita nagô é puro". E dizia isso no sentido de que a "nação" de sua seita, de seu terreiro, e que eram os padrões religiosos em que ela, desde menina, se formara, era nagô. Aí se deve entender nação de santo, nação de candomblé. Porque, no caso de Aninha, ela mesma era e se sabia, etnicamente, descendente de africanos grunces [...].[4]

Atualmente, as nações de candomblé estão divididas, principalmente, em: *angola, queto, jeje-mahin, ijexá, caboclo*. Entretanto, nenhuma delas é isolada em si mesma; há muitas semelhanças e correspondências no culto às divindades, além dos empréstimos linguísticos, embora cada uma possua a sua própria identidade cultural e linguística, buscando manter um léxico que as possa identificar e diferenciar.

Castro (1981: 61) apresenta uma divisão das *nações* mais conhecidas:

> [...] VODUM (étimo fon) entre as "nações" JEJE; de ORIXÁ (étimo yorubá) entre as "nações" NAGÔ, QUETO, IJEXÁ; de INKISE (étimo banto) entre as "nações" CONGO, ANGOLA.

Essas *nações* de candomblé passaram por processos de transformações ao longo do tempo. Pelo menos dois desses processos são bastante discutidos na atualidade. Trata-se do "branqueamento" e da "reafricanização".

O branqueamento é um processo pelo qual, gradativamente, foi ocorrendo uma presença, nos candomblés, de pessoas que não possuem, ou possuem em menor grau, uma ligação ou parentesco com alguma etnia africana. Esse processo acontece muito mais nos estados do sul e sudeste do Brasil, o que é compreensível, tendo em vista a grande mistura de descendentes de europeus nessas regiões. Na cidade de São Paulo, por exemplo, podem-se encontrar *mães* e *pais de santo* de origem europeia, como portuguesa, espanhola, italiana, alemã, entre outras.

A reafricanização é um processo bastante discutido entre os adeptos do candomblé. Consiste na busca das origens étnicas e, consequentemente, linguísticas das comunidades, reivindicando, cada qual, uma "pureza" étnica. Há alguns adeptos que se reiniciaram[5] com *babalaôs* iorubanos; uns foram até a área dos iorubás, nas regiões da Nigéria e do Benim; outros, os trouxeram ao Brasil, especialmente, para a realização dos rituais. Trata-se de um processo que tem uma ocorrência maior entre os adeptos dos candomblés de nação queto, mas adeptos de outras *nações*, de forma menos propagada, têm buscado um retorno às origens africanas.

Esse processo de reafricanização coloca em confronto dois mundos: o afro-brasileiro, com toda a sua história de luta para a preservação do culto às divindades, as ressignificações e reinterpretações desde a época da escravidão, e o africano, de regiões dominadas pelos europeus, cujos cultos, lá mesmo na África, passaram por transformações e adaptações várias, como o fato de muitos africanos do antigo reino do Congo terem entrado em contato com o cristianismo, no século XVII, antes de serem trazidos para o Brasil. Assim, a pergunta que cabe é: será que existe pureza étnica na África atual? (se é que algum dia ela existiu); ou ainda, será que existe pureza étnica em algum lugar do mundo?

Então, é essa diversidade histórica que poderá explicar o fato de os adeptos dos candomblés reivindicarem pertencer a uma *nação*, cujo termo adquiriu seu sentido atual de região africana de origem. O seu significado permite, assim, distinguir algumas modalidades rituais, em relação a cada comunidade de culto, sua história de fundação e de estruturação de acordo com sua raiz cultural e linguística africana.

O termo *nação*, de acordo com as pessoas do culto que entrevistamos,[6] é sinônimo de raiz. Pertencer a uma *nação* significa ter uma raiz na qual se apoiar para poder transmitir aos iniciados o que eles denominam como *fundamentos da nação* que, mesmo distante no tempo e no espaço, está ligada a uma visão de mundo dos povos trazidos das áreas oeste-africana e austral.

Nação angola, nação queto: origens e correspondências

Os candomblés de nação angola (doravante candomblé angola) e os candomblés de nação queto (doravante candomblé queto) têm uma história de identidade, de correspondências, embora se possa observar a influência da segunda *nação* nas comunidades afro-brasileiras de modo geral.

Alguns autores apontam certo predomínio dos candomblés queto sobre outras *nações*; entretanto, isso é discutível e se podem constatar elementos dos candomblés angola em candomblés queto, como a própria designação de *candomblé* para definir as práticas religiosas de ambos os ritos (Castro, 2001: 196). Há, pelo menos, dois outros aspectos importantes dos candomblés angola adotados pelos candomblés queto: o culto aos caboclos, como ancestral e dono das terras brasileiras e o sincretismo católico.

O culto aos caboclos foi incorporado à liturgia de muitos candomblés queto, mesmo os mais ortodoxos e, somente na atualidade, com o processo de reafricanização é que algumas comunidades deixaram de praticá-lo.

O sincretismo católico é outro aspecto bastante evidente em muitas casas de queto. O emprego do termo *santo* como sinônimo de *orixá*, a lavagem das escadarias da igreja do Senhor do Bonfim, em Salvador, são exemplos que atestam essas afirmações.

Na *II Conferência Mundial da Tradição Orixá e Cultura*, realizada em Salvador, em 1983, as matriarcas dos candomblés baianos se reuniram em torno da discussão do sincretismo, dispostas a excluí-lo da *nação* queto, e a primeira proposição foi, justamente, de acabar com a lavagem das escadarias do Senhor do Bonfim. A polêmica, então, foi instaurada, pois essa lavagem das escadarias da igreja, além de fazer parte de um ritual bastante antigo, apresenta-se também como um cartão postal de Salvador. E até os dias atuais, a lavagem das escadarias permanece sem alterações.

Para melhor compreensão dos processos de formação dos terreiros de candomblé de modo geral, faremos um breve histórico sobre as origens dos grupos étnicos trazidos, sobretudo, da África ocidental e austral e sobre as nações de candomblé angola e queto.

Origens

Conforme já abordado no capítulo "Línguas africanas no Brasil", do século XVI ao XIX, foram trazidos para o Brasil, como escravos, cerca de 3,6 milhões de africanos. Alguns autores, como Edison Carneiro (1991: 29-30), dividem os povos trazidos da África para o Brasil, genericamente, em dois grandes grupos: sudaneses e bantos.

Os povos do grupo linguístico banto foram trazidos através do tráfico de escravos de uma vasta extensão territorial, conhecida e citada pelos historiadores como sendo os antigos reinos de Angola e do Congo, e também de Moçambique.

Esses povos foram levados, principalmente, para o Maranhão, Pernambuco e Rio de Janeiro.

Os chamados sudaneses foram trazidos das regiões mais conhecidas como Costa do Ouro e Costa dos Escravos, no Golfo da Guiné. Genericamente, essas regiões ficaram conhecidas como Costa da Mina.

A Costa do Ouro compreende as regiões onde hoje se situam os países Togo e Benim. Dessa área foram trazidos os fântis, moradores do litoral e axântis, do interior. Esses povos foram levados para os estados de Minas Gerais e da Bahia, recebendo a denominação genérica de *minas*.

A Costa dos Escravos compreende as regiões também do Benim e da Nigéria. Dessa área foram trazidos os iorubás (chamados de nagôs). Os iorubás foram levados para a Bahia; os fons (chamados de jejes) e eves do antigo reino do Daomé, atualmente Benim, foram levados para a Bahia, Recife e São Luís (cf. Carneiro, 1964: 44).

Esses povos sudaneses foram trazidos, maciçamente, já ao final do tráfico de escravos em 1850. Por essa época, os iorubás eram majoritários na cidade de São Salvador, na Bahia, conforme atesta Mattoso (1988: 104):

> De onde procedem esses africanos? As informações contidas nos testamentos e inventários são frequentemente muito genéricas: "Costa d'África" ou "Costa Ocidental", típicas imprecisões geográficas. É certo, porém, que os africanos capturados na África Ocidental ao norte do Equador são na Bahia mais numerosos dos que os provenientes da costa sul, que corresponde, hoje, ao Congo e a Angola. Os chamados "sudaneses" superam em número os "bantus" que representam cerca de ¼ da população escrava.

Considerando esses dados demográficos, é provável que, devido à chegada mais recente e por serem mais numerosos, em Salvador/BA, os africanos oriundos da África Ocidental tenham conservado mais as suas características ancestrais.

A ancestralidade de um povo diz respeito a certos valores que lhe são característicos e que lhe conferem a sua identidade enquanto grupo. Esses valores são constitutivos de sua organização social, política e econômica, além da língua falada e de suas concepções de mundo, família, espiritualidade.

A respeito da conservação dos valores africanos no Brasil, Verger (2000: 23) argumenta: "O ritual cerimonial *nago* (e, em menor grau, o dos *djèjè*) é aquele que, na Bahia, melhor conservou seu caráter africano e influenciou fortemente o de outras 'nações'."

A divulgação das características ancestrais iorubás pode ser observada em relação a alguns fatores relevantes. Por exemplo, a primeira casa de candomblé foi fundada no século XIX por três mulheres nagôs: *Iya Nassô, Iya Adetá* e *Iya Akalá*, na cidade de Salvador/BA; trata-se da Casa Branca do Engenho Velho, que existe até hoje com o nome de *Ilê Axé Iya Nassô Oká* (cf. Bastide, 1961; Silva, 1994).

As casas de candomblé são comunidades hierarquizadas em que a liderança religiosa está centrada na figura da *mãe* ou *pai de santo* e que seguem o modelo iorubá de estrutura e organização.

A sucessão, nessas casas, só acontece após a morte de seu dirigente. E nem sempre acontece com tranquilidade, podendo ocorrer desacordos quanto ao escolhido para dirigir o *terreiro*. Por ocasião da primeira sucessão no *Ilê Axé Iya Nassô Oká*, houve dissidências que culminaram com a abertura de dois outros terreiros em Salvador: o *terreiro do Gantois[6] (Ilê Iyá Omin Axé Iyá Massê)* e o *Ilê Axé Opô Afonjá.*

Antes mesmo da fundação oficial da Casa Branca do Engenho Velho, há informações, através dos relatos de velhos iorubás, sobre a presença de africanos vindos da África, por volta de 1830, especialmente, para a realização de cerimônias em Salvador/BA (cf. Mattoso, 2001:150).

Esses relatos vêm comprovar a existência de cultos aos deuses iorubás, já na época citada por Mattoso, vinte anos antes da proibição do tráfico de escravos no Brasil. Esse é mais um dado importante na análise dos fatos históricos de uma supremacia dos cultos iorubás na Bahia, principalmente.

Em meados da década de 1960, aconteceram alguns movimentos culturais e sociais muito intensos em todo o país, cujos valores se voltaram para a cultura popular: o bom e o belo era prestigiar parte importante da nossa cultura: a cultura negra.

Nessa época, o candomblé encontra prestígio através da divulgação de obras literárias, sobretudo os livros de Jorge Amado e as músicas dos cantores baianos, homenageando as casas de candomblés mais antigas da Bahia, tornando-as conhecidas de norte a sul do Brasil. Dorival Caymmi, compositor brasileiro, compõe a música "Oração a Mãe Menininha", em homenagem à *ialorixá* do terreiro do *Gantois*, dando a Maria Escolástica da Conceição Nazaré uma popularidade até hoje não superada por outra *mãe de santo*.

Assim, devido aos fatores históricos abordados, a partir da década de 1960, é possível atestar muitos termos do iorubá se tornarem de domínio público, principalmente, através das músicas que revelavam a mitologia dos orixás nos candomblés queto, como por exemplo, a música *É d'Oxum*, de Vevé Calazans:

> Nessa cidade todo mundo é d'Oxum
> Homem, menino, menina, mulher [...]
> Presentes na água doce,
> presentes na água salgada
> e toda a cidade é d'Oxum [...]

Essa música fala do mito de *Oxum* e de seu domínio em um dos elementos da natureza: a água. Assim como essa música, há outras abordando os mitos dos *orixás*, focalizando seus domínios na natureza, suas características e suas relações com os seres humanos.

Com isso, o candomblé queto ganhou prestígio e visibilidade de norte a sul do país e, consequentemente, acabou por influenciar outras *nações* de candomblé: uma delas é a nação angola. Algumas casas de candomblé angola assumiram o panteão da nação queto e adotaram a nomenclatura de *candomblé angola-queto*.

Assim, da Bahia o candomblé queto se expandiu em outras direções do Brasil: outros estados do nordeste; estados do sul, do norte e do sudeste. Embora exerça influência sobre outros cultos afro-brasileiros, é possível notar a presença das línguas do grupo banto nos candomblés queto, sobretudo, quimbundo e quicongo, que são marcas de identidade linguística dos candomblés angola.

Há algum tempo, teve início um processo de reafricanização nas comunidades de candomblé queto, e muitas casas substituíram palavras importantes de sua ritualística, cuja origem era do quimbundo ou do quicongo pelo termo em iorubá. É o caso de *quizila* (interdito) do quimbundo, substituída por *euó* (interdito) do iorubá (cf. Póvoas, 1989: 27).

Dessa forma, pode-se constatar que a nação queto assim como a nação angola tanto recebeu quanto transmitiu influências culturais e linguísticas, uma vez que as duas nações de candomblé são solidárias em relação à reconstrução de suas identidades em solo brasileiro. Entretanto, notamos influências cada vez maiores do candomblé queto sobre as outras nações. E essas influências se devem, além dos fatores históricos abordados anteriormente, também à divulgação dos seus ritos através dos livros publicados por antropólogos, sociólogos, historiadores, como Verger, Bastide, Carneiro, dentre outros.

Correspondências

Os inquices, deuses cultuados pelos candomblés angola, e os orixás, deuses cultuados pelos candomblés queto, possuem inúmeras semelhanças e correspondências.

Essas semelhanças e correspondências são observadas em seus aspectos cromáticos, suas insígnias, seus paramentos e seus domínios na natureza.

Citamos como exemplo os deuses Xangô e Zaze. Xangô é o orixá iorubá, cultuado nos candomblés queto; é o deus dos raios, suas cores são o vermelho e o branco,[7] usa uma coroa de rei e leva nas mãos um machado duplo (oxé). Zaze é o inquice ambundo, bacongo e luba, dentre outros povos bantos, cultuado nos candomblés angola também como o deus dos raios, cujas cores são o vermelho e o

260 Introdução à Linguística Africana

branco; usa da mesma forma uma coroa de rei e leva nas mãos um machado duplo que visa à justiça para cada um dos dois lados.

Nação de candomblé angola

A nação de candomblé angola, também conhecida como angola-congo ou congo-angola, cultua os inquices trazidos pelos povos oriundos de algumas regiões da África austral e oriental. As línguas faladas nessas regiões são, principalmente, as línguas do grupo banto a que pertencem as línguas quimbundo, quicongo e umbundo, aquelas que são frequentemente citadas pelos estudiosos como tendo sido transplantadas pelos africanos escravizados no Brasil.

A língua quimbundo, cujos traços lexicais estão presentes nos candomblés angola, é uma língua falada pelos ambundos, na região central de Angola que corresponde ao antigo reino de Ndongo (cf. Bonvini, 2008: 30-1).

De acordo com alguns autores, como: Coelho (1987), Hagenbucher-Sacripanti (1973) e Randles (1968), as áreas dos povos do grupo linguístico banto correspondiam a antigos reinos: Congo, Luba, Lunda, Benguela, dentre outros, cujas fronteiras geográficas, linguísticas e culturais eram bastante próximas.

Os reinos Luba e Lunda são estreitamente ligados, visto ter sido o reino Lunda fundado, no século XVI, por um grupo luba exilado, sob a liderança de Ilunga Tshibinda, um dos filhos do rei luba, Kalala Ilunga.

O reino Luba expandia seus limites através da conquista de territórios vizinhos e possuía uma fronteira comum, ao sul, com os lundas. As relações entre os lubas e os lundas nem sempre foram pacíficas, havendo muitas guerras entre os dois reinos.

O reino do Congo dominava uma vasta região, formada por outros reinos: *Ndongo, Loango, Matamba, Mpemba, Cacongo, Mpanzu, Soio, Dembos, Quissama*, entre outros; alguns desses reinos eram seus vassalos e lhe pagavam tributos.

Ao sul do reino do Congo se situavam os reinos de *Ndongo* e de *Matamba*, sendo esse último fundido ao primeiro através da sua conquista pela rainha Jinga ao final do século XVI.

Todos esses reinos possuíam diversas províncias e inúmeros grupos étnicos. Os ambundos, por exemplo, constituíam um grande e antigo grupo étnico, que se subdividia em outros grupos: Ndongo, Songo, Lengue, Libolo, Hungo, Pende, Ndembo, Mbaca, Mbondo, Imbangala; todos esses grupos ambundos pertenciam ao reino de Ndongo. Cada um desses grupos era composto por clãs e as línguas faladas eram variantes do quimbundo.

Línguas africanas no candomblé 261

A vasta extensão do reino do Congo, com os limites dos reinos que se situavam em seu território, os limites das províncias e a fronteira linguística quicongo-quimbundo, pode ser observada no mapa de Randles (1968: 22):

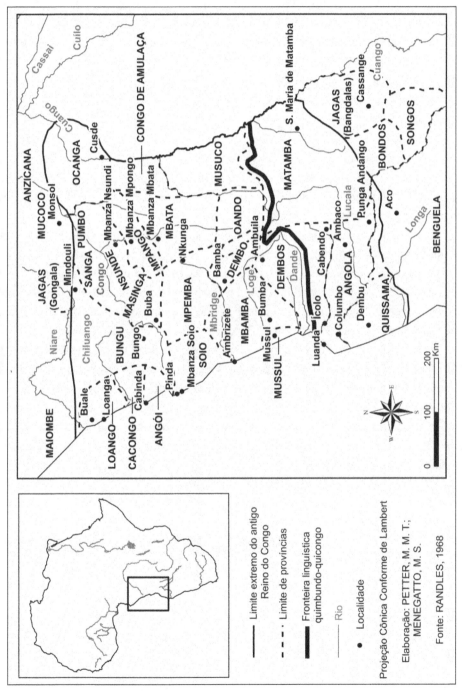

Mapa 10 – Antigo Reino do Congo: províncias e regiões adjacentes (s. XVI e XVII)

Os inquices trazidos por esses povos são cultuados nos candomblés angola com os seguintes nomes: Aluvaiá, Inzila, Incosse, Roxomucumbi, Mutacalombo, Mutalambô, Congombira(la), Cabila, Burunguro, Tariazaze, Zaze, Matamba, Caianga, Caiangô, Tempo, Quiamuilo, Quitembu, Quicongo, Caviungu, Intoto, Insumbu, Catendê, Dandaluna (também Dandalunga; Dandalunda), Gangazumbá, Caiá, Taraquizunga, Angorô, Angoromea, Lembá, Lembaringanga, Lembafuranga. Esses inquices são divindades intermediárias de um Ser Supremo: Zambi ou Zambiapongo. Esse ser supremo não pode ser comparado aos inquices.

Nação de candomblé queto

A nação de candomblé queto cultua os orixás trazidos pelos povos oriundos de algumas regiões da África ocidental. As línguas faladas nessas regiões são, principalmente, das famílias atlântica, mandê, kwa (cua), gur, benue-congolesa, dentre outras (cf. o capítulo "Línguas africanas no Brasil").

A língua iorubá, cujos traços lexicais estão presentes nos candomblés queto, é uma língua do tronco nigero-congolês, família benue-congolesa, grupo defoide: falares iorubás designados pelo termo nagô-queto. O termo iorubá aplica-se a um grupo linguístico, unido por uma origem comum no que diz respeito às suas tradições e aspectos históricos e culturais. Entretanto, o termo iorubá como designação de povo só vai aparecer após o século XIX.

De acordo com historiadores como Johnson (1960), Rodrigues (1990) e Oliver (1994), no século XIV, o povo iorubá se organizava em diversos reinos e buscava a expansão de seus domínios, conquistando os territórios vizinhos. Um desses reinos, Ifé, era considerado o berço de sua civilização. Seu rei interessava-se, particularmente, pelo reino de Daomé (atual Benim) onde prosperava a arte do bronze. O rei iorubá enviava para o reino de Daomé legiões de soldados com a finalidade de colonizá-lo.

Por outro lado, segundo Duchâteau (1990: 92), os séculos XV e XVI são marcados na região do Daomé como sendo um "período de reis guerreiros" e que buscam também a expansão de seus domínios.

Ao final do século XVII, as guerras pela expansão territorial se amenizam, ocorrendo alianças entre as dinastias, a intensificação do comércio de seus produtos e a aculturação entre iorubás e fons.

Os domínios iorubás, no século XVII, se estendiam até o reino de Daomé, formando uma sociedade bastante ampla, composta pelos reinos: Queto, Ijexá, Egbá, Oió, Ijebu, Oxogbô, Ibadan e algumas províncias: Abeocutá, Lagos, Ondô, entre outras.

Embora esses reinos estivessem etnicamente interligados, eles possuíam independência política e econômica; cada um era governado por um obá (rei). Eram cidades-estados e a língua iorubá possuía variações de um reino para o outro; tendo cada cidade cultos específicos para suas divindades guardiãs. A religião, a organização política e os costumes sociais dos iorubás davam o modelo a toda uma vasta região.

No complexo sistema de governo iorubá, o obá, embora estivesse investido pelo poder sagrado e inviolável, não tomava as decisões sozinho, pois havia um conselho para ajudá-lo em suas decisões. Esse poder do rei com caráter divino faz parte de uma dinastia sob a influência iorubá oriundo de Ifé. No século XIX, as guerras interétnicas entre os povos iorubás e fons adquirem um outro sentido, em que as velhas rivalidades são alimentadas pelo tráfico de escravos.

Como os domínios iorubás se estendiam até o reino do Daomé, o reino de Queto era o que estava mais próximo do território fon e, assim, o seu povo foi o mais atingido pelas guerras que transformavam os prisioneiros em escravos. Os vencedores vendiam os prisioneiros aos traficantes.

Nesse período, o tráfico de escravos no porto de Uidá era um negócio bastante lucrativo, tornando os traficantes muito ricos e poderosos. Segundo os historiadores, a maior fortuna da época pertencia a um traficante que se tornou legendário, Francisco Felix de Sousa, mais conhecido pelo seu título: Xaxá.

Pode-se presumir, pela proximidade do reino de Queto com o reino do Daomé, que os povos trazidos desse reino para o Brasil tenham sido bem numerosos, resultando daí, possivelmente, o nome da nação de candomblé queto.

E haverá interpenetração entre os povos iorubás e fons. Os iorubás cultuam o orixá e os fons, o vodum; e tanto um quanto o outro têm o seu culto ligado à noção de família e de coletividade. E é essa noção de família e de coletividade que servirá de base para a formação das comunidades de candomblé no Brasil.

O mapa de Sachnine (1997) mostra a área iorubá. Atualmente, essa área compreende os países Nigéria, Togo e Benim:

264 Introdução à Linguística Africana

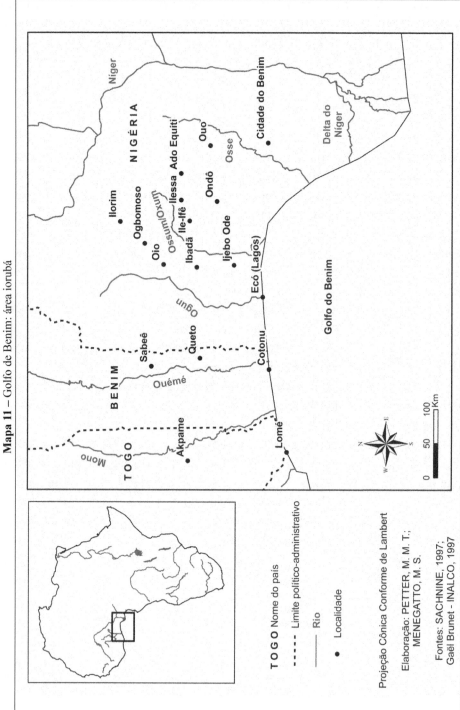

Mapa 11 – Golfo de Benim: área iorubá

Os orixás trazidos pelos iorubás são cultuados nos candomblés queto com os seguintes nomes: Exu, Ogum, Oxoce, Ossaim, Omolu, Obaluaiê, Nanã, Oxumarê, Euá, Xangô, Iansã ou Oiá, Obá, Oxum, Logunedé, Iemanjá, Oxalá, Oxaguiã, Oxalufã. Esses orixás são divindades intermediárias de um Ser Supremo: Olodumaré ou Olorum, que não pode ser comparado aos orixás.

As línguas quimbundo, quicongo e iorubá de uso ritual

Nas comunidades investigadas,[8] pode-se observar o emprego de termos de algumas das línguas africanas, porém a língua de comunicação é o português brasileiro (doravante PB). As línguas africanas aparecem, principalmente, em situação ritual.

Em diferentes contextos, no interior das comunidades, ocorrem interlocuções bastante singulares: o falante constrói uma frase em PB e insere termos cujos traços lexicais são de uma língua africana.

Citamos como exemplo o texto oral de um de nossos entrevistados, sr. Pedro Alves Bezerra, cujo nome iniciático é Roxitalamim (doravante tateto[9] Roxitamim ou, para facilitar a fluência do texto, somente, tateto). Na abertura da festa dedicada ao seu orixá Ogum, ele disse: "[...] Que Ogum, o orixá, Senhor da minha cabeça, aquele que domina o meu ori, pai de todos vocês que dê muito axé, muito gunzu a todos vocês" (2007: 60).

Nessa saudação, palavras de origem africana misturam-se ao português; os termos *Ogum*, *orixá*, *ori* e *axé* são do iorubá, de acordo com o dicionário Abraham (1958), e o termo *gunzu* consta no dicionário de quimbundo de Assis Júnior (1941).

Os termos das línguas quimbundo e iorubá inseridos no enunciado podem ser incompreensíveis a um leigo, entretanto, para as pessoas ligadas aos terreiros de candomblé, é fundamental saber o significado dos termos empregados, pois esse conhecimento revela certo *status* dentro das comunidades.

Os termos que se seguem representam apenas uma amostra do que foi pesquisado. Serão apresentados os significados dados pelas comunidades particulares e específicas, a etimologia e os significados dados por dicionaristas: Abraham, Sachnine, Cordeiro da Matta, Assis Júnior, Ribas e o dicionário do PB, o Aurélio Século XXI; linguistas: Pedro, Cacciatore e Castro; etnólogos: Verger, Cacciatore e antropólogos: Hagenbucher-Sacripanti, Coelho e Carneiro; e, por fim, nossos comentários do ponto de vista linguístico e antropológico.

Ogum

Abraham (1958: 456):

> Ògún – deus nacional iorubá [...]. Ele é o deus do ferro e da guerra e é também o deus dos caçadores e dos soldados.

No Inzó Dandaluna, o termo *Ogum* designa o deus do ferro, da tecnologia, da agricultura e da guerra, sendo associado aos soldados.

O iorubá (Sachnine, 1997) é uma língua tonal, com três tons distintivos: alto, baixo e médio, cada qual representado por um diacrítico específico, conforme se observa nas sílabas destacadas nos três exemplos abaixo:

/ ´ / *tom alto*: **ó ní** owó   'ele tem o dinheiro'
/ ` / *tom baixo*: ó ní **ìlù**   'ele tem um tambor'
/ ¯/ *tom médio*: ó **pā** èkúté 'ele matou o rato'

Em iorubá, o nome Ogum tem dois tons: baixo na primeira sílaba, alto na segunda: ògǔ. Esses tons foram reinterpretados pelo sistema acentual da língua portuguesa, atribuindo o acento à sílaba final, originalmente de tom alto.

Cacciatore (1988: 188-9):

> Ogun: Orixá nacional iorubá, filho de Yemanjá e Oranhiã, ou, em certos mitos, de Odudua (masc.) Na África é o deus do ferro, da agricultura; da guerra, da caça, protetor de todos os que trabalham em artes manuais e com instrumentos de ferro. No Brasil é dos orixás mais cultuados, mas foi ressaltado seu aspecto de deus guerreiro. F. - ior.: "Ògún" - deus do ferro e da guerra etc. ("ogun" - guerra).

Do ponto de vista antropológico, o termo não sofreu alterações significativas: trata- se de uma divindade, cujas características mais importantes Cacciatore (1988: 188-9) evidencia, primeiramente, na África e depois no Brasil, além de ressaltar seus aspectos de natureza divina e sua popularidade.

Orixá

Abraham (1958: 483):

> Òrìṣà[10] = ọ̀ọ̀ṣà - alguns deuses iorubá à parte de Ọlọ́run.
> Ọlọ́run – Deus criador.

No Inzó Dandaluna, o termo *orixá* designa todas as divindades cultuadas na Casa.

De acordo com Cacciatore (1988: 197-198):

> Orixás: Divindades intermediárias iorubanas, excetuando Olórun, o Deus Supremo. Na África eram cerca de 600. Para o Brasil vieram talvez 50 que estão reduzidos a 16 no candomblé (alguns tendo vários nomes ou "qualidades")[...] F. - ior.: "òrìṣà" - divindade iorubana (exceto Olórun).

Qualquer que tenha sido o caminho percorrido pela palavra antes de chegar à nossa língua, ela foi incorporada pela fonologia e ortografia do PB, passando, assim, por alterações na escrita e, ao que tudo indica, na pronúncia, em especial a dos tons, estes reinterpretados como acentos pelos falantes de PB. O sentido original, entretanto, é que permaneceu: orixá é o conjunto das divindades de origem iorubá.

Ori

Abraham (1958: 480-481):

> *Orí.* A Cabeça é a morada universal da divindade, adorada por ambos os sexos como o deus do destino, da sorte. Acredita-se que a boa ou má fortuna dependerá de acordos estabelecidos com esse deus; dessa morada, ele propicia instruções para trazer boa ou má sorte aos seus devotos.

De acordo com o Tateto Roxitalamim (Barros, 2007: 213):

> Dar comida à cabeça. O bori é um ritual feito para homenagear e fortalecer a cabeça. Ori é a cabeça. Antes de se fazer qualquer coisa pra o orixá da pessoa, cuida-se do ori, cujo dono é Oxalá, se faz o ritual do bori que é o ritual que se dá comida pra cabeça da pessoa.

De acordo com Cacciatore (1988:195):

> Ori – Cabeça; alma orgânica, perecível, cuja sede é a cabeça – inteligência, sensibilidade etc., em contra-posição ao emi, espírito, imortal. F. - ior.: "ori" - cabeça.

O termo *ori* possui significados semelhantes ao que traz o dicionário iorubá. Entre os adeptos dos candomblés, o termo assume uma representatividade de tudo o que está ligado à cabeça das pessoas: inteligência, sabedoria, o bem e o mal, o bom e o ruim, a energia vital, a divindade ou as divindades, o sagrado e o profano etc. O ori é tão importante que é considerado também uma divindade e tem seu culto específico.

No Inzó Dandaluna e em algumas outras comunidades de candomblé, o culto ao ori é dedicado a Oxalá, pelo seu caráter de deus da criação, o "pai de todas as cabeças".

O culto ao ori é feito segundo os fundamentos de cada comunidade, porém, a característica principal em relação ao seu culto é de se "dar comida à cabeça". Consiste em ritual de recolhimento seguido de oferendas à cabeça com a finalidade de fortalecê-la. A esse ritual se dá o nome de *bori*. A palavra *bori* é formada pelo processo de composição por aglutinação de dois nomes em iorubá, conforme abaixo:

bɔ́   +   orí   →   bɔ́rí
/comer/   /cabeça/   /dar comida à cabeça/

Axé

Abraham (1958:71):

> àṣe – ordem, comando, força e poder.

Para o tateto Roxitalamin do Inzó Dandaluna (Barros, 2007: 211):

> Axé é a força, o *gunzo* de tudo que se faz para os *orixás* e que se recebe deles também. É o que movimenta tudo e é também o terreiro.

De acordo com Cacciatore (1988: 56):

> Força dinâmica das divindades, poder de realização, vitalidade que se individualiza em determinados objetos, como plantas, símbolos metálicos, pedras e outros que constituem segredo e são enterrados sob o poste central do terreiro, tornando-se a segurança espiritual do mesmo, pois representam todos os orixás. Esses objetos são chamados axés. Os fixadores, revitalizadores por excelência do axé, são as folhas sagradas e o sangue, usados, assim, em todas as cerimônias de 'assentamento' dessa forma espiritual, seja nos objetos, seja na cabeça dos iniciados. V. oferendas. F. p. - ior.: "àṣe" (axé) - ordem, comando sign. poder.

A palavra entrou para o PB como *axé*, com reinterpretação do tom médio original da última sílaba como acento tônico.

Houve, no Brasil, ressignificações em relação ao termo: *axé* é a força das divindades; a força das pessoas; a força contida nos objetos sagrados, nos assentamentos, nos objetos fixados na entrada das comunidades, nos potes, nos alguidares, nas quartinhas; a força dos elementos da natureza, dos quais cada divindade é dona; a força dos animais (sobretudo, as partes rituais) e das plantas; a força dos ritmos e dos tambores; a força dos movimentos circulares e das danças; a força da palavra; a força da Casa; a força do barracão. Axé é a própria comunidade e representa a força geradora de todas as coisas; é a felicidade, a prosperidade, o amor, a fé, a generosidade, o agradecimento, a saúde, a paz. Axé é o todo e precisa ser sempre renovado através dos sacrifícios rituais (Barros, 2007: 212).

A palavra axé vem sendo empregada fora do ambiente religioso, principalmente nas artes designando um ritmo musical e uma dança. O uso de termos litúrgicos pela sociedade tem dividido as opiniões das pessoas ligadas, diretamente, às religiões afro-brasileiras, como se pode observar nas informações de dois adeptos de comunidades diferentes:

Tateto Roxitalamim do Inzó Dandaluna não vê nenhum problema em relação ao emprego dos termos litúrgicos fora do ambiente religioso; ele acredita que pode ser uma forma positiva de divulgação do candomblé.

Mona Ricumbi do Terreiro Loabá vê com preocupação o emprego indiscriminado pela sociedade brasileira de termos da liturgia. Ela diz : "[...] infelizmente, a palavra *axé* ficou muito banalizada. Politicamente, temos que tomar cuidado para não deixarmos banalizar outras expressões" (Barros, 2007: 213).

Gunzo

Assis Junior (1941: 47-48):

ngúzu, sub. (IX)
Faculdade de operar, de executar, de mover / fôrça/ valentia / vigor / rijeza; poder da musculatura: *kubeka kua'-mbua, ngúzu mu ifuba*. Firmesa; energia; *kuxinjika ni ngúzu*; esforço; resistência; violência. O grosso ou a parte principal de alguma cousa: *ngúzu ia poko ku mubinhi* solidez. Direito legalmente estabelecido de se fazer obedecer: *o muri'a kimi ukala ni ngúzu ia kutumina*; faculdade; poder. Pl. *jingúzu*.

Conforme o tateto Roxitalamim (Barros, 2007: 216):

Gunzu é a força dos inquices, dos *orixás*; é tudo que se faz para os *orixás* e que se recebe deles também. É o que movimenta e transforma o nosso dia-a-dia; é o *axé*.

De acordo com Castro (2001: 245):

GUZO (banto) (LS) - s. força, *axé*. Cf. gorô. Kimb. *nguzu*.

As consoantes pré-nasalizadas são uma das características das línguas bantas (cf. "Fonologia", neste volume). Com origem no quimbundo, a palavra *ŋgúzù* (transliterada *ngúzu* no dicionário de Assis Jr.), é pronunciada na comunidade como ['gũzʊ], onde o traço de nasalidade original foi apenas reinterpretado, ao contrário do que se observa na forma "guzo", atestada por Castro, segundo a qual a nasalidade desaparece por completo. De todo o modo, na interpretação dos entrevistados, o termo é sinônimo de *axé*.

Exu

De acordo com o *tateto Roxitalamin* (Barros, 2007: 215):

> Exu segura as forças negativas da casa, ele está na entrada e é o homem que nos livra de tudo que for mal. É o homem que quando tem pessoa com problema de magia, ele já avisa ao zelador, já segura do lado de fora da porta da casa.

O termo é encontrado no dicionário de iorubá de Abraham (1958:166):

> Èṣù 7) [...] Há uma forte convicção em seu poder e prontidão para conferir os benefícios aos seus adoradores [...].

O termo é encontrado no dicionário de iorubá de Sachnine (1997: 102):

> Èṣù. n. Deus mensageiro. Ele teria ensinado a arte da adivinhação a Ifá e teria feito um pacto com ele: em consequência, é ele quem transmite os sacrifícios ao Deus Supremo. Ele é ambíguo e provocador. [...] Ele é associado ao diabo dos cristãos.

De acordo com Verger (2000: 119):

> *Eṣu* é o mensageiro dos outros *Oriṣa* e nada se pode fazer sem ele. É o guardião dos templos, das casas e das cidades. É a cólera dos *Oriṣa* e das pessoas. Tem um caráter suscetível, violento, irascível, astucioso, grosseiro, vaidoso, indecente.

Do ponto de vista linguístico, o termo *exu* já está incorporado ao PB, conforme atestam os nossos dicionários. Vejamos como exemplo o *Aurélio Século XXI*:

> exu. (ch) [Do iorubá.] S.m. 1. Bras. Orixá que representa as potências contrárias ao homem, é assimilado pelos afro-baianos ao Demônio dos católicos, porém cultuado por eles, porque o temem. [Sin., bras., RS: bará.] 2. Bras. N. E. V. diabo (2). 3. Bras. Folcl. Mensageiro indispensável entre os homens e as divindades; homem da rua. 4. Bras. Folcl. Orixá que preside à fecundidade, cuja dança reflete esse ato vital. Virar exu. Bras. 1. Receber o santo, ou cair em transe, na macumba. 2. Ser tomado de cólera; enfurecer-se.

O nome Exu entrou para o PB praticamente com a mesma pronúncia do iorubá: os segmentos encontram correspondentes nas duas línguas, modificando-se apenas os traços tonais, via sistema acentual da língua receptora.

Do ponto de vista antropológico, Exu é um dos orixás que possui o poder da transformação; é o guardião, o protetor das comunidades, por isso nada se faz sem a sua permissão, conseguida através das oferendas. Ele é também o mensageiro entre os seres humanos e os outros orixás.

O seu domínio é a natureza humana; ele rege o sexo tanto masculino quanto feminino e é representado por um grande falo; esse é um dos motivos pelos quais, ainda na área iorubá, o associam ao diabo.

Aluvaiá

Conforme o *tateto Roxitalamin* (Barros, 2007:210):

Aluvaiá é o nosso *Exu*, e em dias de atividade, *Aluvaiá* vem na frente, tirando todas as negatividades da Casa.

O termo pode ser encontrado no dicionário de iorubá de Abraham (1958:53):

Àlùwàlá o cerimonial de purificações, feita por muçulmanos, antes da oração [...].

Carneiro (1991: 143) não faz referência à etimologia do termo, mas faz um comentário sobre a origem nos candomblés:

[...] citei os versos do *despacho* de Exu nos candomblés de caboclo da Bahia [...] O pai-de-santo Manuel Paim, a quem interroguei sobre esse *despacho*, me garantiu que Aluvaiá é um Exu da *nação* Angola [...].

Do ponto de vista linguístico, podem-se perceber as alterações ocorridas da passagem de *àlùwàlá* para *aluvaiá*: a semivogal [w] passa para [v], e [l] passa para a semivogal [j], formando um tritongo, no final da palavra. O tom alto na última sílaba iorubá foi interpretado como acento tônico, tornando a palavra oxítona. Essas alterações ocorreram, primeiramente, através da transmissão oral; depois, vamos encontrá-las em antigos cadernos onde os textos orais eram registrados e, mais recentemente, em apostilas digitadas.

Do ponto de vista antropológico, o sentido do vocábulo está ligado a um conjunto de procedimentos com a finalidade de purificação. Esse é, exatamente, o sentido que tem nas comunidades de candomblé, o "despacho de Exu".

Nas comunidades investigadas, pudemos observar a purificação do ambiente antes de se iniciarem os rituais, através de uma cerimônia designada "padê". O "padê" é dedicado a Exu e consiste em tornar o ambiente propiciatório aos rituais. Nesse contexto, é possível ligar o sentido genérico do vocábulo entre o que foi trazido pelo povo iorubá e o que permaneceu nas comunidades religiosas de candomblé no Brasil; entretanto, o que se pode observar também é que o seu sentido específico se alterou, visto parecer, pelas interpretações nas comunidades e em Carneiro, tratar-se de uma das características ou mesmo um avatar da divindade: "*Aluvaiá* é o nosso *Exu* [...]" // "*Aluvaiá* é um Exu da *nação* Angola [...]".

272 Introdução à Linguística Africana

Em Sachnine (1997: 151), identificamos um termo que provavelmente deu origem ao termo *padê*:

Ìpàdé, n. (cf. **pàdé**). Reunião, encontro.

Com esse significado dado pela autora, pode-se presumir o seu significado para as comunidades. O padê representa o encontro das comunidades com Exu, com a finalidade de pedir-lhe que purifique o ambiente, livrando-o de qualquer interferência maléfica.

Em alguns terreiros, entoa-se a seguinte cantiga:

Aluvaiá,
eu deixei meu sentinela,
eu deixei Seu tranca Rua,
tomando conta da cancela,
eu deixei Seu Marabô
tomando conta da cancela
eu deixei seu Sete Encruzilhada
tomando conta da cancela [...] (vai-se falando o nome de vários exus-entidades)

Nessa cantiga, Aluvaiá tem suas entidades avatares que não só tornam aquele espaço purificado, como também ficarão por perto, tomando conta, pois são as sentinelas daquela comunidade.

Injila/pombajira

De acordo com nossos informantes, *Injila* é um inquice banto: senhor dos caminhos e das encruzilhadas.

Como já visto no capítulo sobre a morfologia do quimbundo neste volume, as línguas do grupo banto são aparentadas e apresentam o sistema de classes nominais como uma de suas principais características. O termo *injila* aparece em várias línguas desse grupo, entretanto, só citaremos os autores que se referem a esse termo como sendo da língua quimbundo. Pedro (1993: 129 e 133) registra njílà do quimbundo e mostra o prefixo de classe para as marcas de singular e plural:

njílà   'caminho' –   classe 9 – prefixo {zero-}
ji + njílà = jinjílà 'caminhos' –   classe 10 – prefixo nominal {ji-}

Em Cordeiro da Matta (1893: 127), o termo *njila* aparece aglutinado a um outro termo: *pâmbu* do quimbundo:

Pâmbu, s. Atalho, encruzilhada, fronteira. // *kusómbôka pambu*, transpor uma encruzilhada. Pl. *Jipâmbu*. Pambuanjila, (*pambu ia-njila*), s. Encruzilhada.

Assis Junior (1941: 355) também registra o termo *pambu* do quimbundo conectado a *njila*:

> Pambu. Sub. Atalho. Caminho que, fora da estrada comum, encurta as distâncias: – ia njila. Caminho que se separa do principal.

Castro (2001) explica o termo *pombajira* e apresenta uma explicação etimológica diferente:

> POMBAJIRA (banto) (PS) – s.f. Exu fêmea, variante de Bambojira, reparte com ele o controle das encruzilhadas e caminhos, e exerce influência sobre os namoros, noivados e casamentos desfeitos. É representada na figura de uma mulher sedutora, branca, de cabelos longos e louros, tida como protetora das prostitutas. Kik. / Kimb. Mpemba Njila, nome de inkise, a (cruel) alvura do caminho + mpembu mpambu ia njila, o enviado do caminho.

Considerando as informações dos dicionários de quimbundo, temos a expressão *pambu ia njila* em Cordeiro da Matta e em Assis Junior.

Cordeiro da Matta registra o termo *pâmbu* no singular e *jipâmbu* no plural, sem dizer qual é a classe nominal à qual pertence cada termo. Na união dos três termos, ocorre o processo de composição por aglutinação. A expressão passa de *pambu ia-njila* para *pambuanjila*.

Assis Junior registra o termo, indicando-lhe as classes gramaticais da seguinte forma: *pambu* (substantivo /pambu/) + (preposição /ia/) + (substantivo /njila/).

Nas comunidades pesquisadas aparecem as formas apresentadas pelos dois autores, ocorrendo as seguintes variações: *pambujira, pombujira, pambojira, pombojira, pombajira* ou, ainda mudando de acordo com as circunstâncias da expressão oral, o *r* pelo *l*.

Castro (2001) explica o termo *pombajira* como uma variante de *bambojira*, sem explicar de onde surgiu esse último termo além de afirmar que a expressão *Mpemba Njila* é de duas línguas bantas: quimbundo e quicongo.

Assim, é possível supor a seguinte transformação linguística ocorrida no interior das comunidades tradicionais de matriz africana: das formas *pambu ia nʒila* (quimb.) derivam-se as formas, adaptadas segundo a ortografia da língua portuguesa: *pambuanjila > pambunjila > pambujila > pambujira > pambojira > pombojira > pombajira*.

Do ponto de vista antropológico, nas comunidades investigadas, *Injila* é o 'senhor dos caminhos'. Esses caminhos são, preferencialmente, o das encruzilhadas e suas oferendas, de modo geral, são entregues ali. Interpretação que é corroborada pela informação de Cordeiro da Matta e Assis Junior, que fazem referência ao caminho como encruzilhada.

274 Introdução à Linguística Africana

Castro cita a "(cruel) alvura do caminho". Esse caminho ao qual a autora se refere é aquele percorrido por cativos trazidos das mais diferentes localidades, sobretudo do interior do continente, em pequenas embarcações (pombeiros) pelo rio Cuanza até o porto de Luanda, passando pelo reino *Mpemba*, famoso por possuir uma argila branca (Coelho, 1987: 27-53).

Tanto nos candomblés angola quanto nos candomblés queto, ocorrem quatro importantes distinções em relação a *Injila*: o masculino e o feminino; a entidade e a divindade.

Injila, o masculino, é cultuado como o senhor dos caminhos, das encruzilhadas, das bifurcações, da comunicação. Ele é o guardião das comunidades, o mensageiro e, por isso mesmo, possui uma representação na entrada dos terreiros de candomblé. Em algumas comunidades, possui uma casa, que é conhecida como *Casa de Exu*, local onde ficam os seus assentamentos e que pertencem aos filhos da casa. E tanto o masculino quanto o feminino podem ser identificados através de outros nomes, segundo os fundamentos de cada casa: *Exu, Injila, Pambujila, Pombojila, Bombojila, Aluvaiá*. A maneira de cultuá-lo varia também segundo os fundamentos de cada comunidade. Em algumas casas considera-se o seu culto enquanto divindade, tendo seus filhos iniciados para ele; em outras, seu culto é realizado diferentemente, expressando um lado não de divindade, mas de entidade que entra em transe de possessão em pessoas que não lhe foram consagradas através dos processos iniciáticos.

Essa divindade possui uma característica ligada ao sexo, à procriação e rege a penetração do ato sexual. Devido a isso, é cultuado em algumas casas de candomblé e de umbanda como *pombajira*, entidade feminina que, em transe de possessão, fuma cigarros finos, bebe champanhe em taças de cristal, veste-se de maneira exuberante e representa uma mulher sensual.

Zambi

De acordo com os adeptos das comunidades pesquisadas, *Zambi* significa Deus.

Alguns autores como Ribas e Coelho identificam o termo como sendo do quimbundo. Tanto Ribas quanto Coelho estudaram o povo ambundo, o segundo maior grupo étnico de Angola, cuja língua é o quimbundo. Os ambundos se subdividem em outros grupos: *ndongo, songo, lengue, libolo, hungu, pende, ndembu, mbaca, mbondo, imbangala*. Assim:

O termo pode ser encontrado no dicionário de quimbundo de Ribas (1997: 23):

> *Zâmbi* é Deus, o Criador, o Autor da existência e de suas características dominantes – o bem e o mal. Conquanto seja o Ente Supremo, não rege directamente os destinos do Universo. No tocante ao nosso planeta, serve-se de intermediários – os demais entes sobrenaturais.

Coelho (1987: 144-145) aborda o termo a partir de um dos subgrupos ambundo, o *ndongo*:

> Os Ndongo crêem na existência de um Deus criador e divindades criadas por ele. O Deus criador é designado pelo termo *Nzambi*. Trata-se de um ser transcendente que rege do alto do céu. É desse lugar elevado que ele pode controlar tudo o que se passa na terra. [...] Os Ndongo não dirigem suas preces e suas súplicas a *Nzambi*. Essas são, normalmente, endereçadas aos espíritos dos antigos e é somente em última instância [...] que eles recorrem ao criador.

Hagenbucher-Sacripanti (1973: 29) trata o termo a partir de seus estudos sobre o povo bacongo, falante da língua quicongo:

> Nzambi é o criador do céu e da terra, criou os *bakisi* e os seres humanos.

Na citação acima, Hagenbucher-Sacripanti coloca o termo *bakisi* que é o plural de *nkisi*. E, ainda a respeito do deus criador, o autor explica as designações para diferentes povos:

> Do sul de Angola ao **Nyanga**, o conceito de *Nzã:mbi* é empregado para designar o arquiteto do universo, criador dos seres e das coisas, que recebe denominações aproximadas nas línguas de povos do interior, do Gabão até **Ogooué**: para os Fang é *Nzame*; para os Eshira, Bapunu, Bavundu e Masango, a denominação é *Nyambi*; para os Baduma é *Ndzãmbi*; para os Banzabi é *Ndzembi*; para os Ivili é *Manãmbi* etc. (Hagenbucher-Sacripanti, 1973: 29)

Cacciatore (1988: 255) explica o termo de acordo com os seus estudos sobre as religiões de matriz africana:

> Zâmbi: Deus Supremo dos cultos bantos e da Umbanda, Criador e Senhor Todo-Poderoso. Foi a única divindade bântu que predominou sobre os nomes das divindades nagô, fazendo pouco conhecido o nome de Olórun (V.). F. – kimb.: "Nzambi" – Criador, Deus Supremo.

O termo *Zambi* pode ser encontrado em várias línguas do grupo banto, sob a mesma forma ou com algumas modificações, conforme atesta Hagenbucher-Sacripanti: *Nzã:mbi, Nzame, Nyambi, Ndzãmbi, Ndzembi, Manãmbi*. Essas palavras apresentam fonemas pré-nasalizados que foram readaptados pela fonologia do PB.

Do ponto de vista antropológico, o seu sentido permaneceu: Deus criador de todas as coisas. E tanto entre os povos bantos quanto nos candomblés angola, não existe um culto a Zambi, somente aos inquices que são os seus intermediários.

Zambi Apongo

Os informantes das comunidades pesquisadas possuem pronúncias variadas para o termo: Zambiapongo, Zambiampongo, Zambiapungo, Zambiampungo, Zambiupungu, Zambiumpungo, Zambiupongo, Zampiumpongo, cujo significado é "Deus Supremo".

O termo pode ser encontrado no dicionário de quimbundo de Assis Junior (1941: 335): "Pungu. adj. Omnipotente; que não tem igual. sub. O grande; o maior; Nzambi [...]". Randles (1968: 30-3) faz uma reflexão antropológica sobre o termo utilizado no antigo reino do Congo no século xv. Primeiramente, os bacongos utilizavam o termo *Nzambi Mpungu* para designar o rei de Loango, cujo sentido era "Senhor do mundo". Com a chegada dos portugueses, os congoleses utilizaram o termo para designar também o rei de Portugal. Então, a expressão *Nzambi Mpungu* era empregada para designar um mortal e, em relação a isso, o autor explicita o fato de os reis serem mortais e os reinos também. Após esse período, o termo adquire o sentido de "Deus celeste, o Ser Supremo", sentido que o autor considera ter origem na influência do processo de cristianização de todo o reino do Congo.

De acordo com seus estudos sobre os bacongos, Hagenbucher-Sacripanti, (1973: 29) atesta ser o termo do quicongo:

> *Nzã:mbi Mphungu* é o Deus criador e ordenador do mundo, distante e inabalável, que domina a cosmogonia de todos os Bacongo.

Cacciatore (1988: 255) explica o termo de acordo com seus estudos sobre as religiões de matriz africana:

> Zambiampungo: Deus Supremo dos negros congo, nome quase de todo esquecido, sobrepujado pelo Zâmbi angola. Também dito Zambiapombo, Zambiapongo, Zambiampongo etc. F. - kik.: "Zambi-ampungu" – Deus.

Castro (2001: 355) traz as seguintes variações:

> ZAMBIAPUNGO (banto) 1. (ps) - s.m. nome de Zambi. Var. Zambiampungo, Zambiapombo, Zambiapongo, Zambiapunga, Zambiupongo, Zamiapombo, Zamunipongo, Zamuripongo. Cf. Angananzambi-opungo, Calungamgombe. Kik./Kim. *Nzambi ampungu*, o grande Deus.

No dicionário de Assis Junior, o termo quimbundo é *pungu*, sem a pré-nasal; já Hagenbucher-Sacripanti apresenta uma forma do quicongo: *-mphungu*, em que se observa um outro fenômeno (aspiração) acrescentado à pré-nasal e Randles apresenta *mpungu*. Em todos os autores, pode-se observar que *Pungu* é sempre um epíteto à palavra *Zambi*.

No Brasil, de acordo com nossas pesquisas, as de Cacciatore e de Castro, o termo possui as variações: *apongo, ampungo, umpungo*. O seu sentido permanceu e é entendido somente junto ao vocábulo Zâmbi: *Zambi Apongo* (Deus Supremo; Deus Onipotente etc.).

Olorum

De acordo com nossos informantes, o termo possui as seguintes pronúncias: *Ólorum, Olórum, Ólórum*. O significado do termo é Deus.

O termo pode ser encontrado no dicionário de iorubá de Sachnine (1997: 222):

> Ọlọ́run, < oní.ọ̀run, n.pr. Deus criador.

De acordo com Verger (2002: 20-22), vários pesquisadores afirmam a crença do povo iorubá em um Ser Superior, tendo como intermediários os orixás. E afirma:

> Quase todos esses pesquisadores dão Ọlọ́ọ̀run, dono do céu, como primeiro nome ao deus supremo dos iorubás e *Olódùmarè*, como segundo.

Do ponto de vista antropológico, Olorum é o Deus dos iorubás que não recebe oferendas e tem os orixás como intermediários; é essa concepção que permaneceu no interior dos candomblés de modo geral.

Olodumaré

Nas comunidades pesquisadas, *Olodumaré* é o deus supremo. Foram observadas algumas variações em relação à sílaba tônica e no timbre da vogal grafada "e" na língua falada: Olodu**má**re, Olodumar**ê**, Oloduma**ré**.

O termo pode ser encontrado no dicionário de iorubá de Sachnine (1997: 206):

> Olódùmarè ~ Èdùmarè, n.pr. O Deus criador: ele soprou a vida. Ao contrário dos outros deuses, ele não recebe oferendas e nem é reverenciado diretamente.

Os tons da palavra original foram reinterpretados pelo sistema acentual do PB. Posteriormente adaptada de acordo com o sistema ortográfico do português, a palavra passou também a receber diacríticos (ora o acento agudo, ora o acento circunflexo) nos registros (cadernos e apostilas), captando diversas possibilidades de posição da sílaba tônica e o timbre da vogal "e" na modalidade oral do PB dentro das comunidades.

Inzó

Conforme os informantes, *inzó* é a casa de candomblé. Aparecem também as pronúncias *unzó* e *enzó* entre os entrevistados.

O termo pode ser encontrado no dicionário de quimbundo de Assis Junior (1941: 378):

> Nzo, sub. (IX) Abrev. de *Inzo*./ Edifício; moradia; casa.

Para qualquer raiz nominal, os falantes de quimbundo selecionam um prefixo específico a fim de expressarem o singular ou o plural dos nomes (cf. "Morfologia", neste volume). Para o caso da raiz em estudo (-*nzo*), o prefixo Ø- é utilizado para indicar o singular. O plural é expresso pelo prefixo *ʒi-*, como podemos observar no seguinte dado de Pedro (1993: 127-133):

> Ø-ìnzò 'casa'   ʒì + nzò (ʒìnzò) 'as casas'[11]

Castro (2001: 348) aborda o termo no contexto das religiões de matriz africana:

> UNZÓ (banto)(LS) –s. casa, **terre(i)ro**. Cf. **canzuá, ilê, runcó**. Kik./Kimb./Umb. *(o)nzo*.

Nas comunidades investigadas, notamos algumas variações na pronúncia dos informantes: *unzó, enzó, inzó*; mas sempre a palavra é oxítona. Entretanto, não apareceu em nenhum momento da pesquisa o termo no plural.

O vocábulo quimbundo *inzó*, em algumas comunidades de candomblé, faz parte do nome oficial da casa, como por exemplo: *Inzó Inkise Mameto Dandaluna Quissimbi Quiamaze*.

Ilê

De acordo com nossos informantes, o termo *ilê* significa Casa de Candomblé. O termo pode ser encontrado no dicionário de iorubá de Abraham (1958: 302):

> *ilé* (1) (a) qualquer casa.

Além da entrada *ilê* com a significação *casa*, no dicionário de iorubá de Sachnine (1997: 147-148) são encontrados mais 24 termos compostos, como por exemplo:

> Ilé-ayé, n. comp. Mundo, terra.
> Ilé-èkó, n. comp. Escola.

Ilé-Ifè, n.pr. nome de uma cidade yorùbá (capital de um dos reinos mais antigos) onde aconteceu a criação do mundo; essa cidade é considerada o berço dos Yorùbá [...].

O termo já consta nos dicionários do PB. Como exemplo, citamos a entrada no *Dicionário Aurélio Século XXI*:

ilê. [Do iorubá.] S.m. bras. Casa de Candomblé; terreiro.

Exceto na pronúncia com a interpretação do tom alto pelo acento, o vocábulo não sofreu alterações significativas na passagem para o PB.

O termo *ilê*, nos candomblés, designa a própria comunidade e, em muitas delas, faz parte do nome oficial da casa: *Ilê Axé Oni Xangô* (Casa de Força do Senhor Xangô).

Conclusão

As palavras identificadas, provenientes de línguas do grupo banto, quimbundo e quicongo, principalmente, apresentam muitas semelhanças, porque as línguas pertencem a um mesmo grupo linguístico. A semelhança pode ser constatada observando-se, por exemplo, as formas da palavra *zambi*. Como nos explica Hagenbucher-Sacripanti (1973:29), "para os Fang é *Nzame*; para os Eshira, Bapunu, Bavundu e Masango, a denominação é *Nyambi*; para os Baduma é *Ndzãmbi*; para os Banzabi é *Ndzembi*; para os Ivili é *Manãmbi*".

A língua iorubá, transplantada pelos iorubás habitantes dos reinos que se estendiam na região onde hoje se situam os países Nigéria, Benim e Togo, possuía variantes de um reino para o outro.

A língua está intimamente ligada à vivência desses povos ambundos, bacongos, iorubás. A distância entre a palavra que veio e a experiência vivida pelos escravizados no Brasil foi decisiva na criação de modelos que não foram somente organizados no sistema gramatical de cada língua, mas também no seu sistema expressivo.

No universo de significações mais amplas da palavra nos grupos, aparecem também as experiências individuais, capazes de construir vivências ligadas à sua própria história. O vocabulário vai constituir um indicador importante para a compreensão da cultura de cada povo. Fenômenos como mudanças de sentido, perda de significados, criação de novas palavras, empréstimos lexicais estão estreitamente ligados às condições adversas nas quais esses povos reorganizaram o seu *modus vivendi*, trazido de diferentes regiões do continente africano.

Dessa reorganização surgiram os terreiros de candomblé que são partes de Áfricas para cá transplantadas; são locais onde se mesclaram povos, línguas e culturas. Numa reprodução brasileira, os adeptos das diferentes modalidades de candomblé buscaram uma organização hierárquica sociorreligiosa, inserida num mundo afro-brasileiro em que as línguas transplantadas por esses povos têm importância fundamental, pois elas são um dos elementos estruturadores dessa reorganização.

Observando os terreiros de candomblé, pudemos constatar uma linguagem bem singular: termos de línguas africanas mesclam-se ao português brasileiro. Trata-se de uma língua de especialidade, no dizer de Bonvini (2008: 106).

A língua de especialidade é constituída por um conjunto não homogêneo de empréstimos lexicais em contextos discursivos heterogêneos em que se produz o discurso utilizando termos de duas ou mais línguas, tal como pudemos observar nas comunidades pesquisadas. Retomamos como exemplo a fala do tateto Roxitalamin: "[...] Que Ogum, o orixá, Senhor da minha cabeça, aquele que domina o meu ori, pai de todos vocês que dê muito axé, muito gunzo a todos vocês" (Barros, 2007: 60). Esse texto extraído da linguagem oral possui traços lexicais de três línguas distintas: português brasileiro, quimbundo e iorubá.

Através da identificação das línguas quimbundo, quicongo e iorubá, foi possível verificar as semelhanças e correspondências de termos importantes para os rituais das duas nações de candomblé, buscando proceder a uma reconstrução dos significados, mesmo daqueles que parecem ter permanecido, pois correspondem a uma construção brasileira em outro tempo e em outro espaço.

Notas

[1] A organização política do povo iorubá será tratada no item sobre a nação queto.

[2] A língua iorubá será tratada no item sobre a nação queto.

[3] Cf. Houaiss, esses povos são também chamados como grunxe, gurunxe ou galinha.

[4] Foi utilizado o termo *reiniciar* porque se refere a pessoas que já eram iniciadas no candomblé no Brasil e passaram por outra iniciação na África.

[5] Para elaboração dos trabalhos de mestrado (2001) e doutorado (2007), foram entrevistados vários adeptos de candomblé.

[6] Pronunciado como [gě'twa], "gantuá" na transliteração brasileira.

[7] Em algumas comunidades, podem ocorrer variações em relação às cores utilizadas tanto para Xangô como para Zaze. A cor marrom também é muito usada, sobretudo, nas vestimentas.

[8] As comunidades investigadas são: Inzó Inquice Mameto Dandaluna Quisimbi Quiamaze; Centro Religioso e Cultural Bantu Ilê Azongá Oni Xangô (terreiro Loabá); Ilê Axé Omo Odé; Federação e União dos Centros de Umbanda e Candomblé Ossaakiné e Ilê Axé Iya Oloxum. Todas elas localizadas em São Paulo.

[9] Cf. Assis Jr. (1941), em quimbundo *tata* é 'pai' e *etu* é o pronome pessoal da 1ª PL, que pode ser também o possessivo 'nosso'. Literalmente, *tatetu* é 'nosso pai'.

[10] O dicionário de Abraham utiliza a escrita ortográfica do iorubá. No nível suprassegmental, notam-se apenas os tons alto e baixo. As vogais /e, o/com um ponto subescrito correspondem aos sons [ɛ,ɔ], respectivamente. A letra ş representa o som [ʃ], de xícara, por exemplo.

[11] Dados retranscritos foneticamente neste capítulo.

Bibliografia

ABDULAZIZ-MKILIFI, M. H. Triglossia and Swahili-English bilingualism in Tanzania. In: FISHMAN, J. A. (ed.) *Advances in the study of societal multilingualism*. The Hague: Mouton de Gryter, 1978, pp. 129-49.

ABOH, E. O.; HARTMANN, K.; ZIMMERMANN, M. Focus and grammar: the contribuition of African Languages. In: ABOH, E. O.; HARTMANN, K.; ZIMMERMANN, M. *Focus strategies in African languages*: the interaction of focus and grammar in Niger-Congo and Afro-Asiatic. Berlin: Mouton de Gruyter, 2008.

ABRAHAM, R. C. *Dictionary of modern Yoruba*. London: University of London Press, 1958.

AIKHENVALD, A.; DIXON, R. (orgs.) *Serial verb constructions*: A cross-linguistic typology. Oxford: Oxford University Press, 2006.

ALKMIM, T. Estereótipos linguísticos: negros em charges do século XIX. In: ALKMIM, T. (org.) *Para a história do português brasileiro*: novos estudos. São Paulo: Humanistas FFLCH/USP, 2002, v. 3.

_____. A fala como marca: escravos nos anúncios de Gilberto Freire. *SCRIPTA*. Belo Horizonte, v. 9, n. 18, 2006, pp. 221-9.

ALKMIM T.; PETTER, M. Palavras da África no Brasil de ontem e de hoje. In: FIORIN, J. L.; PETTER, M. (orgs.) *África no Brasil*: a formação da língua portuguesa. São Paulo: Contexto, 2008.

ALMEIDA, A. W. B. Terras de pretos, terras de santo e terras de índio. *Revista Humanidades*. Brasília, 1987.

_____. *Quebradeiras de coco babaçu*: identidade e mobilização. São Luís: Movimento Interestadual das quebradeiras de coco babaçu (MA, PI, TO, PA), 1995.

_____. (org.). *Frechal, terra de preto*: quilombo reconhecido como reserva extrativista. São Luís: SMDDH/CCN-PVN, 1996.

_____. The Growing Pains of un Unprecedented Civil Society-Government Partnership in the Brazilian Amazon Working Group (GTA). *Civil Society Papers*. Washington, D.C.: World Bank, v. Fall, 2000, pp. 55-65.

AMEKA, F. Ideophones and the nature of the adjective word class in Ewe. In: VOELTZ, F. K. E.; KILIAN-HATZ, C. (eds.) *Ideophones*. Amsterdam: John Benjamins, 2001.

_____. Multiverb constructions in a West African areal typological perspective. In: BEERMANN, D.; HELLAN, L. *Proceedings of TROSS*. Trondheim Summer School Multiverb constructions. Trondheim: NTNU, 2005. Disponível em: <http://edvarda.hf.ntnu.no/ling/tross/ameka_TROSS03_paper.pdf.>. Acesso em: 11 nov. 2013.

AMHA, A. Tone-accent and prosodic domains in Wolaitta. *SAL*, v. 25, 1996, pp.111-38.

ANDERSEN, T. Ergativity in Päri, a Nilotic OVS language. *Lingua*. Bd. 75, S. 1988, pp. 289-324.

ANDRADE, Lúcia M. M. O direito à consulta prévia quilombola. *Comissão Pró-Índio de São Paulo*, 2008. Disponível em: <http://www.cpisp.org.br/acoes/upload/arquivos/Artigo%20-%20Consulta%20Quilombola. pdf>. Acesso em: 28 nov. 2014.

282 Introdução à Linguística Africana

ARAÚJO, P. J. P. *Domínios conceituais das construções locativas, existenciais, comitativas e possessivas em línguas bantas*. São Paulo, 2013. Tese (Doutorado em Linguística) – FFLCH/USP.

ARRUTI, José M. A emergência dos "remanescentes": notas para o diálogo entre indígenas e quilombolas. *Revista Mana*, v. 3, n. 2, 1997.

_____. *Antropologia e história no processo de formação quilombola*. Bauru: Editora Edusc, 2006

ASSIS JUNIOR, A. de. *Dicionário Kimbundu-Português* – linguístico, botânico, histórico e corográfico (seguido de um índice alfabético dos nomes próprios). Luanda: Argente Santos, 1941.

ASSUNÇÃO, L. C. *Os Negros do Riacho*: estratégias de sobrevivência e identidade social. Natal: UFRN/CCHLA, 1994.

AUROUX, S. *A revolução tecnológica da gramatização*. Campinas: Editora da Unicamp, 1992.

AVELAR, J.; GALVES, C. Concordância locativa no português brasileiro: questões para a hipótese do contato. In: MOURA M. D.; SIBALDO, M. A. (eds.). *Para a história do português brasileiro*. Maceió: Edufal, 2013, pp. 103-32.

AVELAR, J.; GALVES, C. O papel das línguas africanas na emergência da gramática do português brasileiro. *Linguística* – Revista da ALFAL, v. 30, n. 2, 2014, pp. 241-88.

BAKER, P.; MUYSKEN, P. Mixed languages and languages intertwining. In: BAKER, P.; MUYSKEN, P; SMITH, N. (orgs.) *Pidgins and creoles*: an introduction. Philadelphia: Library of Congress; Amsterdam: John Benjamins, 1995.

BALIBAR, R. *L'Instituition du français*: essai sur le colinguisme des Carolingiens à la République. Paris: Presses Universitaires de France, 1985.

BANKSIRA, D. P. *Sound mutations*: the morphophonology of Chaha. Amsterdam: John Benjamins, 2000.

BARNARD, Alan. Hunters and Herders of Southern Africa – A Comparative Ethnography of the Khoisan Peoples. Cambridge: Cambridge University Press, 1992, v. 85 (Cambridge Studies in Social and Cultural Anthropology).

BARROS, E. U. *Traços do kimbundu numa casa de candomblé angola*. São Paulo, 2001. Dissertação (Mestrado em Linguística) – FFLCH/USP.

_____. *Línguas e linguagens nos candomblés de nação angola*. São Paulo, 2007. Tese (Doutorado em Linguística) – FFLCH/USP.

BASTIDE, R. *O candomblé da Bahia*. Trad. M. I. P. Queiroz. São Paulo: Companhia Editora Nacional, 1961, v. 313.

_____. *As religiões africanas no Brasil*. Trad. M. E. Capellato; O. Krähenbühl. São Paulo: Pioneira, 1985.

BATIBO, H. The fate of the Khoesan languages in Botswana. In: BRENZINGER, Matthias (ed.). *Endengered Languages in Africa*. Cologne: Köppe, 1998.

_____. *Language decline and death in Africa*: causes, consequences and challenges. Clevedon/Buffalo/Toronto: Multilingual Matters Ltd, 2005.

BATTESTINI, S. *Écriture et texte*: contribution africaine. Québec: Les Presses de l'Université Laval; Paris: Présence Africaine, 1997.

BAXTER, A. O português vernáculo do Brasil – Morfossintaxe. In: PERL, M.: SCHWGLER, A. (eds.) *América negra*: panorámica actual de los estudios lingüísticos sobrevariedades hispanas, portuguesasy cyollas. Frankfurt am Main: Vervuert; Madrid: Iberoamericana, 1998.

BAXTER, A.; LUCCHESI, D. A relevância dos processos de pidginização e crioulização na formação da língua portuguesa no Brasil. *Estudos Linguísticos e Literários*. Salvador, n. 19, 1997, pp. 65-83.

BEARTH, T. The contribution of African linguistics towards a general theory of focus – Update and critical review. *Journal of African Languages and Linguistics*, 1999, v. 20, pp. 121-56.

_____. Syntax. In: NURSE, D.; PHILIPPSON, G. (orgs.) *The Bantu languages*. New York: Routledge, 2003.

BENDER, M. L. Nilo-Saharan pronouns/demons. In: BENDER, M. L. (ed.). *Topics in Nilo-Saharan linguistics* – Nilo-Saharan linguistics analyses and documentation. Hamburg: Buske, 1989, n. 3.

_____. Sub-classification of Nilo-Saharan. In: BENDER, M. L. (ed.). *Proceedings of the fourth Nilo-Saharan conference*, Bayreuth. Aug. 30 to Sept. 2, 1989a. *Nilo-Saharan linguistics analyses and documentation*, Hamburg: Buske, 1991, n. 7.

_____. The Nilo-Saharan Languages: An essay in classification. *Lincom handbooks in linguistics*. Munich:

LINCOM Europa, 1996-1997, n. 6.

_____. Nilo-Saharan. In: HEINE, B.; NURSE, D. (eds.) *African languages*: an introduction. Cambridge: Cambridge University Press, 2000, pp. 43-73.

BENDOR-SAMUEL, J. (ed.) *The Niger-Congo languages* – A classification and description of Africa's largest language family. Lanham/New York/London: University Press of America, 1989.

BENNET, P.; STERK, J. P. South Central Niger-Congo: a reclassification. *Studies in African linguistics*, n. 7, 1977, pp. 241-73.

BERRY, J. Vowel harmony in Twi. *Bulletin of the school of Oriental and African studies*, v. 19, n. 1, 1957, pp. 124-30.

BICKMORE, L. Bantu tone spreading and displacement as alignment and minimal misalignment. 1996, ROA#161-1196.

BLEEK, W. H. I. *De nominum generibus linguarum Africae australis, Copticae, Semiticarum aliarumque sexualium*. Bonn: Caroli Georgii, 1851.

_____. On the Languages of Western and Southern Africa. *Transactions of the Philological Society*, Philological Society & Blackwell Publishing, 1855, pp. 40-50.

_____. *A comparative grammar of South African languages*. Part I. Phonology. London/Trubner: Paternoster R, 1862.

_____. *A comparative grammar of South African languages*. Part II. The concord. London/Trubner: Paternoster R, 1869.

BLENCH, R. Is Niger-Congo simply a branch of Nilo-Saharan? In: NICOLAÏ, R.; ROTTLAND, F. (orgs.) Proceedings of the 5th Nilo-Saharan linguistic colloquium, Nice. *Nilo-Saharan linguistic analyses and documentation*, Cologne: Köppe, 1995, n. 10.

BODOMO, A. B. The structure of ideophones. *Afrikanistischen Forschungskolloquiums*. University of Bayreuth, 8 maio 2012.

BOLE-RICHARD, R. *Systématique phonologique et grammaticale d'un parler ewe*: le gen-mina du sud Togo et sud Benin. Paris: L'Harmattan, 1983.

_____. Hypothèse sur la genèse de la nasalité en niger-congo. *Journal of West African languages*, v. 15, n. 2, 1985.

BONVINI, E. *Traits oppositionnels et traits contrastifs en kasim*. Paris: POF-Études, 1974.

_____. Classes d'accord dans les langues negro-africaines. *Faits de langues*. Paris: Ophyrs, 1996, n. 8.

_____. Repères pour une histoire des connaissances linguistiques des langues africaines. I. Du XVIᵉ au XVIIᵉ siècle: dans le sillage des explorations. *Histoire, épistémologie, langage*, v. 18, n. 2, 1996a, pp. 127-48.

_____. Interférences anthropologiques dans l'histoire de la linguistique africaine. *Histoire, épistemologie, langage*, v. 29, n. 2, 2007, pp. 113-30.

_____. Línguas africanas e o português falado no Brasil. In: FIORIN, J. L.; PETTER, M. (orgs.) *África no Brasil*: a formação da língua portuguesa. São Paulo: Contexto, 2008, pp. 15-62.

_____. Os vocábulos de origem africana na constituição do português falado no Brasil. In: FIORIN, J. L.; PETTER, M. (orgs.) *África no Brasil*: a formação da língua portuguesa. São Paulo: Contexto, 2008a, pp. 101-44.

_____. Les langues d'Afrique et de l'Asie du Sud-ouest. In: BONVINI, Emilio et al. (orgs.) *Dictionnaire des langues*. Paris: PUF, 2011, pp. 5-19.

BONVINI, E.; PETTER, M. Portugais du Brésil e langues africaines. *Langages*. Paris: Larousse, n. 130, 1998.

BONVINI, E.; BUSUTTIL, J.; PEYRAUBE, A. (orgs.) *Dictionnaire des langues*. Paris: POF, 2011.

BORGES, P. S. *Línguas africanas e português brasileiro*: análise historiográfica de fontes e métodos de estudos no Brasil (séc. XIX-XX). São Paulo, 2015. Dissertação (Mestrado em Linguística) – FFLCH- USP.

BOSI, A. *A dialética da colonização*. São Paulo: Companhia das Letras, 1992.

BOUQUIAUX, L.; THOMAS, J. M. C. *Enquête et description des langues à tradition orale*. Paris: SELAF, 1976.

BOYELDIEU, P. Éléments pour une phonologie du laal de Gori (Moyen Chari). In: BAUMGART, U.; DERIVE, J. (eds.) *Paroles nomades*. Ecrits d'etholinguistique. En hommage à Christianne Seydou. Paris: Karthala, 1977, pp. 375-92.

_____. *La langue bagiro (République Centrafricaine)*. Schriften zur Afrikanistik. Band 4. Berlin: Peter Lang, 2000.

_____. Les langues nilo-sahariennes. In: BONVINI, Emilio et al. (orgs) *Dictionnaire des langues*. Paris: PUF, 2011.

BOYER, V. Os quilombolas no Brasil: pesquisa antropológica ou perícia político-legal? *Nuevo Mundo Mundos*

Nuevos. Questions du temps présent, 2011. Disponível em: <http://nuevomundo.revues.org/61721>. Acesso em: 27 nov. 2014.

BREEDVELD, A. *Form and Meaning in Fulfulde*: A Morphophonological Study of Maasinankoore. Leiden: Centre for Non-Western Studies, 1995.

BREEZE, M. J. *A sketch of the phonology and grammar of Gimira (Benchnon)*. London: SOAS, 1990.

BRESNAN, J.; MCHOMBO, S. The Lexical Integrity Principle: Evidence from Bantu. *Natural Language and Linguistic Theory*, v. 13, n. 2, 1995, pp. 181-254.

CACCIATORE, O. G. *Dicionário de cultos afro-brasileiros*. Rio de Janeiro: Forense Universitária, 1988.

CAGLIARI, L. C. *A história do alfabeto*. São Paulo: Paulistana, 2009.

CALAME-GRIAULE, G. Le dogon. In: BARRETEAU, D. (ed.) *Inventaire des études linguistiques sur les pays d'Afrique noire d'expression française et sur Madagascar*. Paris: Conseil International de la Langue Française, 1978, pp. 63-9.

CALVET, L. J. *Sociolinguistique*. Paris: PUF, 1993.

CARENO, M. F. *Vale do Ribeira*: a voz e a vez das comunidades negras. São Paulo: Arte & Ciência/UNIP, 1997.

CARNEIRO, E. *Ladinos e crioulos*: estudos sobre o negro no Brasil. Rio de Janeiro: Civilização Brasileira, 1964, v. 8 (Retratos do Brasil).

_____ *Religiões negras, negros bantos*. Rio de Janeiro: Civilização Brasileira, 1991.

CASTRO, Y. P. de. A sobrevivência das línguas africanas no Brasil: sua influência na linguagem popular da Bahia. *Afro-Ásia*, n. 4-5, 1967, pp. 25-34.

_____. *Os falares africanos na interação social do Brasil Colônia*. Salvador: UFBA/CEAO, 1980.

_____. Língua e nação de candomblé. *África-Revista do Centro de Estudos Africanos da USP*. São Paulo: Departamento de Sociologia, 1981, n. 4, pp. 57-76.

_____. *Falares africanos na Bahia* – Um vocabulário afro-brasileiro. Rio de Janeiro: Topbooks, 2001.

_____. *A língua mina-jeje no Brasil*: um falar africano em Ouro Preto do século XVIII. Belo Horizonte: Fundação João Pinheiro, Secretaria de Estado da Cultura, 2002.

CAVAZZI, G. A. *Descrição histórica dos três reinos do Congo, Matamba e Angola, de João Antonio Cavazzi de Montecúccolo*. Trad. G. M. Lelguzzano. Lisboa: Junta de Investigação do Ultramar, Agrupamento de estudos de cartografia antiga. Seção de Lisboa, Publicações 2, 1687.

CHACHA, N. C.; ODDEN, D. The phonology of vocalic height in Kikuria. *Studies in African linguistics*, v. 27, n. 2, 1998.

Chatelain, H. *Kimbundu grammar* – Grammatica elementar do kimbundu ou língua de Angola. Genève: Type de Charles Schuchardt, 1888-1889.

CHAUDENSON, R. *Creolization of language and culture*. London: Routledge, 2001.

CHILDS, G. T. *An introduction to African languages*. Amsterdam: John Benjamins Pub. Co., 2003.

CHOMSKY, Noam; HALLE, Morris. *The sound pattern of English*. New York: Harper & Row, 1968.

CHRISTALLER, J. G. *A grammar of the Asante and Fante language called Tshi (Chwee, Twi)*. Basel. [Repr. The Gregg Press Inc., Ridgemont, New Jersey, 1875].

CLEMENTS, G. N. The geometry of phonological features. *Phonology yearbook 2*, London, 1985, pp. 225-52.

_____. African linguistics and its contributions to linguistic theory. *Studies in the Linguistic Sciences*, v. 19, 1989, pp. 3-42.

_____. Vowel height assimilation in Bantu languages. *Proceedings of the Berkeley linguistics society 17*, 1991, pp. 25-63.

_____. Phonology. In: HEINE, B.; NURSE, D. (eds.) *African languages*: An introduction. New York: Cambridge University Press, 2000, pp. 123-60.

_____. Feature economy in sound systems. *Phonology*. Cambridge: Cambridge University Press, 2003, v. 20, pp. 287-333.

CLEMENTS, N.; GOLDSMITH, J. *Autosegmental studies in Bantu tonology*. Dordrecht-Holland/Cinnaminson. New Jersey: Foris, 1984.

CLEMENTS, N.; RIALLAND, A. Africa as a phonological area. In: HEINE, B.; NURSE, D. (eds.) *A Linguistic geography of Africa*. Cambridge/New York: Cambridge University Press, 2008, pp. 36-85.

Bibliografia 285

CLOAREC-HEISS, F. *Dynamique et équilibre d'une syntaxe*: le banda-linda de Centrafrique. Cambridge : Cambridge University Press, 1986.

COELHO, V. C. R. *La place des jumeaux dans le système religieux des Ndongo (Ambundu) Angola*. Thèse de doctorat. Paris: L'EPHE, 1987.

COHEN, M. Langues chamito-sémitiques. In: MEILLET, A.; COHEN, M. (eds.) *Les langues du monde*. Paris: H. Champion, 1924.

COLE, D. T. Fanagalo and the Bantu languages in South Africa. *African studies*, 1953, v. 12.

_____. The history of African linguistics to 1945. In: SEBEOK, T. A. (ed.) *Current trends in Linguistics*. Paris: Mouton, The Hague, 1971, pp. 1-29.

CONTINI-MORAVA, E. Noun classification in Swahili. In: HERBERT, R. K. (ed.) *African linguistis at the crossroads*: papers from Kwaluseni (papers from the First World Congress of African Linguistics). Köln: Rüdiger Köppe, 1997.

CORDEIRO DA MATTA, J. D. *Diccionario Kimbundu-Portuguez*. Lisboa: Typografia e Stereotypia Moderna da Casa Editora Antonio Maria Pereira, 1893.

CREIDER, C.A. The semantic system of noum class in Proto-Bantu. *Anthropological Linguistics*. 1975, 17, pp. 127-38.

CREISSELS, D. Songhay et Niger-Congo (mandé). SCHADEBERG, T.; BENDER, M. L. (orgs.) *Nilo-Saharan*: Proceedings of the 1st Nilo-Saharan linguistic colloquium. Leiden/Dordrecht: Foris, 1980-1981.

_____. *Apreçu sur les structures phonologiques des langues négro-africaines*. Grenoble: ELLUG, 1994.

_____. Une tentative d'explication de particularités typologiques de la négation en mandingue. *Mandenkan*, n. 32, 1997, pp. 3-21.

_____. High tone domains in Setswana. In: HYMAN, L.; KISSEBERTH, C. (eds.) *Theoretical aspects of Bantu tone*. Stanford: CSLI Publications, Leland Stanford Junior University, 1998.

_____. Typology. In: HEINE, B.; NURSE, D. (eds.) *African languages*: an introduction. Cambridge: Cambridge University Press, 2000, pp. 231-58.

_____. Setswana ideophones as uninflected predicative lexemes. In: VOELTZ, F. K. E.; KILIAN-HATZ, C. (eds.) *Ideophones*. Amsterdam: John Benjamins, 2001.

_____. S-O-V-X constituent order and constituent order alternations in West African languages. *Proceedings of the Berkeley linguistics society*. Berkeley, v. 31, 18-20 feb. 2005, pp. 37-51.

_____. Les langues Niger-Congo. In: BONVINI, Emilio et al.(orgs.) *Dictionnaire des langues*. Paris: PUF, 2011.

CREISSELS, D.; KOUADIO, N. *Description phonologique et grammaticale d'un parler baoulé*. Institut de Linguistique Appliquée, Université Nationale de Côte-d'Ivoire, 1977.

CREISSELS, D.; DIMMENDAAL, G.; FRAJZYNGIER, Z.; KÖNIG, C. Africa as a morphossintactic area. In: HEINE, B.; NURSE, D. (orgs.) *A linguistic geography of Africa*. Cambridge, New York: Cambridge University Press, 2008.

COUPEZ, A. *Esquisse de la langue hololo*. Tervuren : Annalen van het koninklijk museum van Belgish-Kongo, 1955, v. 12.

_____. *Grammaire rwanda simplfiée*, suivie de notes de phonologie. Rwanda: IRSAC, 1960.

_____. La tonalité du protobantou. *Review of Applied Linguistics*, pp. 143-58, 1983.

CUNHA, A. S. (org.) *Boi de zabumba é a nossa tradição*. São Luís: Setagraf, 2011.

CUST, R. N. *A sketch of modern languages of Africa*. London: Tübner, 1883.

CYFFER, N.; EBERMANN, E.; ZIEGELMEYER, G. (orgs.) *Negation patterns in West African languages and beyond*. Amsterdam: John Benjamins, 2009.

DARD, J. *Dictionnaire français-wolof et français-bambara, suivi du dictionnaire wolof-français*. Paris: Impr. Royale, 1826 .

DELAFOSSE, M. *Manuel de langue haoussa ou Chrestomathie haoussa*: précédé d'un abrégé de grammaire et suivi d'un vocabulaire. Paris: J. Maissonneuve, 1901.

_____. *Essai de manuel pratique de la langue mandé ou mandingue*. Étude grammaticale du dialecte dyoula. Vocabulaire français-dyoula. Histoire de Samori en mandé. Étude comparée des principaux dialectes mandé. Paris: Publications de l'École des Langues Orientales Vivantes, série 3. v. 14, 1901a.

_____. *Vocabulaires comparatifs de plus de 60 langues ou dialectes parlés à la Côte d'Ivoire et dans les régions *limitrophes*: avec des notes linguistiques et ethnologiques, une bibliographie et une carte. Paris: E. Leroux, 1904.

_____. *Haut-Sénégal-Niger (Soudan français)* – Tome I, Le pays, les peuples, les langues. Paris: E. Larose, 1912.

DENNY, J. P.; CREIDER, C. A. The semantics of noun classes in Proto-Bantu. *Sal*, v. 7, n. 1, 1976, pp. 1-30.

DERIVE, Jean. Posface. In: BATTESTINI, S. *De l'écrit africain à l'oral*. Paris: Harmatttan, 2006.

DIAGNE, P. História e linguística. In: KI-ZERBO, J. (dir. do vol.) *História geral da África* – Metodologia e pré-história da África. Brasília: UNESCO, 2010, v. 1.

DIAKONOFF, I. M. *Afrasian languages*. Trad. A. A. Korolevana; V. Y. Porkhomovsky. Moscou: Nauka, 1988.

DIMMENDAAL, Gerrit J. Morphology. In: HEINE, B.; NURSE, D. (eds.) *African languages*: an introduction. Cambridge: Cambridge University Press, 2000, pp. 161-93.

_____. Africa's verb-final languages. In: HEINE, B.; NURSE, D. *A linguistic geography of Africa*. Cambridge: Cambridge University Press, 2008.

_____. *Historical linguistics and the comparative study of African languages*. Amsterdam: John Benjamins, 2011.

DINGEMANSE, M. *The meaning and use of ideophones in Siwu*. Nijmegen: Max Plank Institute for Psycholinguistics, 2011.

DOKE, C. M. *Bantu linguistic terminology*. London: Longman, 1935.

DONEUX, J. *Histoire de la linguistique africaine*. Aix-en-Provence: Publications de l'Université de Provence, 2003.

DREYFUS, M.; JUILLARD, C. *Le plurilinguisme au Sénégal*. Paris: Karthala, 2004.

DRYER, M. Descriptive theories, explanatory theories, and basic linguistic theory. In: AMEKA, F.; DENCH, A.; EVANS, N. (eds.) *Catching language*: the challenge of grammar writing. Berlin/New York: Mouton de Gruyter, 2006.

DRYER, M. S. Verb-object-negative order in Central Africa. In: CYFFER, N. (ed.) *Negation in West Africa*, 2009.

DUCHÂTEAU, A. *Le royaume du Dahomey*. Paris: Musée Dapper, 1990.

DUMESTRE, G. Les idéophones: le cas du bambara. In: *Faits de Langues: Les langues d'Afrique subsaharienne* 11-12, 1998, pp. 321-34.

EBERT, K. Sprache und Tradition der Kera (Tschad), Teil III: Grammatik. *Marburger Studien zur Afrika-und Asienkunde. Serie A: Afrika* 15, Berlin: Reimer, 1979.

ELSON, B.; PICKETT, V. *Introdução à morfologia e à sintaxe*. Petrópolis: Vozes, 1978.

ELTIS, D. *The rise of African slavery in the Americas*. Cambridge: Cambridge Press, 2000.

FAIDHERBE, Louis Léon César. Essai sur la langue Poul et comparaison de cette langue avec le Wolof, les idiomes sérères et les autres langues du Soudan occidental. 2. ed. *Rev. Ling.* Paris, 7, 1882, pp. 195-242, 291-321.

FERGUSON, C. Diglossia. *Word*, v. 15, 1959, pp. 325-40.

FERNANDO, M. *An analysis of verbal affixes in kikongo with special reference to form and function*. Joannesburg, 2008. Doctoral dissertation – University of South Africa,.

FIEDLER, I.; SCHWARZ, A. *The Expression of Information Structure*: A documentation of its diversity across Africa. Amsterdam: John Benjamin Publishing, 2010.

FIORIN, J. L.; PETTER, M. (orgs.) *África no Brasil*: a formação da língua portuguesa. São Paulo: Contexto, 2008.

GILMAN, C. African areal characteristics: sprachbund, not substrate? *Journal of Pidgin and Creole languages*, v. 1, n. 11, 1986, pp. 33-50.

GIORDANI, M. C. *História da África anterior aos descobrimentos*. Petrópolis: Vozes, 1985.

GIVÓN, T. *Bio-linguistics*: the Santa Barbara lectures. Amsterdam: John Benjamins Publishing, 2002.

GOLDSMITH, J. *Autosegmental phonology*. Bloomington, 1976. Doctoral dissertation – Massachusetts Institute of Technology (Distributed by Indiana University Linguistics Club).

GOMES, F. S. Quilombos do Rio de Janeiro no século XIX. In: REIS, J. J.; GOMES, F. S. (orgs.). *Liberdade por um fio*: história dos quilombos no Brasil. São Paulo: Companhia das Letras, 1996.

GOMES, C. C. *A representação do sujeito na língua balanta*. Brasília, 2002. Dissertação (Mestrado em Linguística) – LIV/IL/UnB.

_____. *O sistema verbal do balanta*: um estudo dos morfemas de tempo. São Paulo, 2008. Tese (Doutorado em Linguística) – FFLCH/USP.

GREEN, M. M.; IGWE, G. E. *A descriptive grammar of Igbo*. London: Oxford University Press, 1963.

GREENBERG, J. H. Studies in African linguistic classification: IV Hamito-semitic. *Southwestern journal of*

Bibliografia **287**

anthropology, v. 6, n. 3, 1950, pp. 47-63.

_____. *Studies in African Linguistic Classification*. New Haven: Compass Publishing Company, 1955.

_____. Africa as a linguistic area. In: BASSET, William; HERSKOVITS, Melvin (eds). *Continuity and Change in African Cultures*. Chicago: Phoenix, 1959, pp. 15-27.

_____. *The languages of Africa*. Bloomington: Indiana University Center in Anthropology, Folcklore and Linguistincs; The Hague: Mouton, 1963.

_____. Some areal characteristics of Africa languages. In: DIHOFF, I. R. (ed.), *Current approaches to African linguistics*. Dordrecht: Foris Publication, 1983, v. 1, pp. 3-21.

GREGERSEN, E. A. Kongo-Saharan. *Journal of African languages*, v. 2, n. 1, 1972, pp. 69-89.

GÜLDEMANN, Tom. Le !ora. In: BONVINI, Emilio et al.(orgs.). *Dictionnaire des langues*. Paris: PUF, 2011.

GÜLDEMANN, Tom; VOSSEN, Rainer. Khoisan. In: HEINE, B.; NURSE, D. (orgs.). *African Languages*: an introduction. Cambridge: Cambridge University Press, 2000, pp. 99-122.

GÜLDEMANN, T.; RONCADOR, M. (orgs.) *Reported discourse*: a meeting grounding for different linguistic domains. Amsterdam: John Benjamins, 2002.

GUSMÃO, N. M. M. *Terra de pretos, terra de mulheres*: terra, mulher e raça num bairro rural negro. 1. ed. Brasília: BIBLIOTECA PALMARES, v. 6, 1996.

GUTHRIE, M. *The classification of Bantu languages*. London: International African Institute, 1948.

_____. *Comparative Bantu*. Farnborough: Gregg, 1967-1971.

GUY, G. *Linguistic variation in Brazilian Portuguese*: Aspects of phonology, syntax and language history. Doctoral Dissertation. University of Pennsylvania. Ann Arbor: University Microfilms International, 1981.

_____. On the nature and origins of popular Brazilian Portuguese. *Estudios sobre espanol de América y linguistica afroamericana*. Bogotá: Instituto Caro y Cuervo, 1989, pp. 227-45.

HAGÈGE, C. Les pronoms logophoriques. In: *Bulletin de la société de linguistique de Paris*, v. 69, n. 1, 1974, pp. 287-310.

HAGENBUCHER-SACRIPANTI, F. Les fondements spirituels du pouvoir au Royaume de Loango – République Populaire du Congo. *Mémoires*. Paris: O.R.S.T.O.M, n. 67, 1973.

HAMPATÉ BÂ, A. A tradição viva. In: KI-ZERBO, J. (dir. do vol.) *História geral da África* – Metodologia e pré-história da África. Brasília: UNESCO, 2010, v. 1, pp. 167-212.

HASPELMATH, M. *Understanding morphology*. London: Arnold, 2002.

HAYWARD, Richard J. *The notion of 'default gender'*: a key to interpreting the evolution of certain verb paradigms in East Ometo, and its implications for Omotic. Afrika und Übersee, 1989, 72, pp. 17-32.

_____. The origins of the North Ometo verb agreement systems. *Journal of African Languages and Linguistics*, 1998, 19, pp. 93-111.

_____. Afroasiatic. In: HEINE, B.; NURSE, D. (orgs.) *African Languages*: an introduction. Cambridge: Cambridge University Press, 2000, pp.74-98.

HEINE, B. Language typology and convergence areas in Africa. *Linguistics*, 1975, 144, pp. 26-47.

HEINE, B.; NURSE, D. (orgs.) *African languages*: an introduction. Cambridge/New York: Cambridge University Press, 2000.

_____. (orgs.) *A linguistic geography of Africa*. Cambridge/New York: Cambridge University Press, 2008.

HEINE, B.; KUTEVA, T. *Language contact and grammatical change*. Cambridge: Cambridge University Press, 2005.

HEINE, B.; NARROG, H. (eds.) *The Oxford Handbook of Grammaticalization*. Oxford: Oxford University Press, 2010.

HEINE, B.; LEYEW, Z. Is Africa a linguistic area? In: HEINE, B.; NURSE, D. (orgs.) *A linguistic geography of Africa*. Cambridge/New York: Cambridge University Press, 2008.

HELLEN, L.; BEERMAN, D.; ANDENES, E. S. Towards a tyoogy of serial verb constructions in Akan. *Studies in the languages of the Volta basin*, v. 1, 2003, pp. 87-110.

HELLWIG, Birgit. Serial verb constructions in Goemai. In: AIKHENVALD, Alexandra; DIXON, R. M. W. (orgs.) *Serial Verb Constructions*: A cross-linguistic typology. Oxford: Oxford University Press, 2006.

HENDERSON, Brent. African languages and syntactic theory: impacts and directions. In: BOKAMBA, Eyamba G. et al. *Selected Proceedings of the 40th Annual Conference on African Linguistics*. Somerville, MA: Cascadilla Proceedings Project, 2011, pp. 15-25.

HERBERT, R. Reanalyzing prenasalized consonants. *Studies in African Linguistics*, v. 6, 1975, pp. 105-13.

HERBERT, R. K. The sociohistoy of clicks in Southern Bantu. *Anthropological Linguistics*, v. 32, 1990, pp. 295-315.

HETZRON, Robert. Ethiopian Semitic: Studies in Classification. *Journal of Semitic Studies*. Manchester: Manchester University Press, 1972, n. 2 (monografia).

HOFFMANN, C. *A grammar of the Margi language*. London: Oxford University Press, 1963.

HOLM, J. Creole Influence on Popular Brazilian Portuguese. In: GILBERT, G. (ed.) *Pidgin and Creole languages*. Honolulu: University of Hawaii Press, 1987, pp. 406-29.

_____. Popular Brazilian Portuguese: a Semi-Creole. In: D'ANDRADE, E; KIHM, A. (eds.) *Actas do colóquio sobre crioulos de base lexical portuguesa*. Lisboa: Edições Colibri, 1992, pp. 37-66.

_____. *Languages in contact*: the partial restructuring of vernaculars. Cambridge/New York: Cambridge University Press, 2004.

HOUIS, M. Les noms individuels chez les Mosi. *Init. Etudes africaines*. Dakar: IFAN, n. 7, 1963.

_____. Aperçu sur les structures grammaticales des langues négro-africaines. *Afrique et Langage*. Paris, 1967.

_____. *Anthropologie linguisttique de l'Afrique noire*. Paris: Presses Universitaires de France, 1971.

HUME, E. Markedness. In: VAN OOSTENDORP et al. (eds.) *Companion to phonology*. Oxford: Blackwell, 2011, pp. 79-106.

HYMAN, L. Phonology and noun structure. In: HYMAN, L. (ed.) *Aghem grammatical structure* – Southern California occasional papers in linguistics. Los Angeles: University of Southern California Press, 1979, n. 7, pp. 1-72.

_____. Tonal accent in Somali. *Studies in African linguistics*, v. 12, n. 2, 1981, pp. 169-203.

_____. Augment in Luganda tonology. *JAAL*, v. 12, n. 1, 1991, pp. 1-46.

_____. Why describe African languages? In: AKINLABI, A.; ADESOLA, O. (eds.) *Proceedings of the 4th World Congress of African Linguistics*, New Brunswick, 2003. Colônia: Ruediger Köppe Verlag, 2005, pp. 21-42.

HYMAN, Larry M.; WATTERS, John R. Auxiliary focus. *Studies in African Linguistics*, v. 15, n. 3, dez. 1984.

HYMAN, L.; KATAMBA, F. X. The augment in Luganda tonology: syntax or pragmatics? In: MCHOMBO (ed.) *Theoretical aspects of Bantu grammar 1*. Stanford: CSLL, 1993.

HYMAN, L.; KISSEBERTH, C. *Theoretical aspects of Bantu tone*. Stanford: CSLL Publications, Center for the Study of Language and Information, 1998.

ISICHEI, E. *A history of Igbo people*. Michigan: Editora Macmillan, 1976.

JAKOBSON, R.; FANT, G.; HALLE, M. *Preliminaries to speech analysis*. Cambridge: Massachussetts Institute of Technology Press, 1952.

JOHNSON, S. *The history of the Yorubas*. London: George Routledge & Sons, 1960.

JOUANNET, F. Analyse paradigmatique ou analyse syntagmatique des tons? In: GUARISMA, G. (ed.). *Tons et accents dans les langues africaines*. Paris: SELAF LACITO. Documents AFRIQUE 7, 1981, pp. 119-25.

KAMWANGAMALU, N. M. *Theory and Method of Code-Mixing*: A Cross-Linguistic Study. Urbana, 1989. Ph.D. – University of Illinois.

KANU, S. M. *Verbal morphology of temne*. Tromsö, 2004. Doctoral dissertation – University of Tromsö.

KARASCH, M. C. *A vida dos escravos no Rio de Janeiro (1808-1850)*. Trad. P. M. Soares. São Paulo: Companhia das Letras, 2000.

KARI, E. E. Vowel harmony in Degema, Nigeria. *African Study Monographs*, v. 28, n. 2, 2007, pp. 87-97.

KATAMBA, F. *Morphology*. London: MacMillan, 1993.

_____. Bantu nominal morphology. In: NURSE, D.; PHILIPPSON, Gérard. (eds.) *The Bantu languages*, 2003, pp. 103-19.

KAWACHI, K. *A grammar of Sidaama (Sidamo), a Cushitic language of Ethiopia*. Buffalo, 2007. Doctoral Dissertation – State University of New York.

KEEGAN, J. M. *A Reference Grammar of Mbay*. München: Lincoln Europa, 1997.

KENSTOWICZ, M; KISSEBERTH, C. Chizigula tonology: the word and beyond. In: INKELAS, S.; ZEC, D. (eds.) *The phonology-syntax connection*. Chicago: Chicago University Press, 1990, pp. 163-94.

KHUMALO, J. S. M. *An autosegmental account of Zulu phonology*. Johanneburg, 1987. Doctoral dissertation –

Bibliografia 289

University of Witwatersrand.

KIESSLING, R.; MAARTEN, M. Urban youth languages in Africa. *Anthopological linguistics*, v. 46, n. 3, 2004, pp. 303-41.

KILIAN-HATZ, C. Khwe. In: DIMMENDAAL, G. (ed.) *Coding participant marking*: Construction types in twelve African languages. Amsterdam: John Benjamins, 2009, pp. 215-37.

KOELLE, S. W. *Polyglotta Africana*. London: Church Missionary House, 1854.

KRAUSE, G. A. Die Stellung des Temne innerhalb der bantu-Sprachen. *Zeitschrift für afrikanische und oceanische Sprache*, v. 1, 1885, pp. 250-67.

LADEFOGED, P. *A Phonetic Study of West African Languages*. Cambridge, New York: Cambridge University Press. 1964.

LADEFOGED, P.; MADDIESON, I. *The sounds of the world's languages*. Oxford: Blackwell, 1996.

LAKOFF, G. *Women, fire and dangerous things*: what categories reveal about the mind. Chicago: Chicago University Press, 1987.

LANGACKER, R. *Fondations of cognitive grammar*. Palo Alto: Stanford University Press, 1987.

LAWAL, S; ADENIKE. The Yoruba serial verb construction – A complex or simple sentence. In: MUFWENE, S. S.; MOSHI, L. (eds.) *Topics in African Linguistics*. Amsterdam: John Benjamim P. Company, v. 100, 1993, pp.79-103.

LEBEN, W. R. The representation of tone. In: FROMKIN, V. (ed.) *Tone*: a Linguistic Survey. London: Academic Press, 1978, pp. 177-219.

LEPSIUS, K. R. Standard Alphabet for reducing unwritten languages and foreign graphic systems to a uniform orthography in European letters. London: William & Norgate, 1863[1855].

_____. *Nubische Grammatik*: Mit einer Einleitung über die Völker un Sprachen Afrikas. Berlin: Hertz, 1880.

LÉVI-STRAUSS, C. *Anthropologie Structurale*. Paris: Plon, 1958.

LEWIS, M. P.; SIMONS, G. F.; FENNIG, C. D. (eds.) *Ethnologue*: languages of the world 17. Dallas, Texas: SIL International, 2014 <http://www.ethnologue.com>

LIMA, V. C. *Nações-de-candomblé*. *Encontros de nações-de-candomblé*. Anais do encontro realizado em Salvador, 1981. Centro de Estudos Afro-Orientais/série Estudos e Documentos. Salvador: Ianama/Ceao/UFBA, n. 10, 1984.

LINDAU, M. [Features] for vowels: Working papers in phonetics. *Linguistics*. Los Angeles: University of California – UCLA, n. 30, 1975.

LIPOU, A. Mixed-languages and Bantu historical linguistics. In: HERBERT R. K. (ed.) *African linguistis at the crossroads*: papers from Kwaluseni (papers from the First World Congress of African Linguistics). Köln: Rüdiger Köppe, 1997, pp. 39-53.

LÓPEZ VALDÉS, Rafael L. Notas para el studio etnohistórico de los esclavos lucumí en Cuba. In: MENENDEZ, Lázara (ed.). *Estudios Afrocubanos*. La Habana: Universidad de la Habana, 1998, v. 2.

LORD, Carol. Igbo verb compounds and the lexicon. *Studies in African Linguistics*, v. 6, 1975, pp. 23-48.

LUCCHESI, D. A variação da concordância de gênero em dialetos despidginizantes e descrioulizantes do português do Brasil. In: ZIMMERMAN, K. (org.) *Lenguas criollas de base lexical española y portuguesa*. Frankfurt am Main: Vervuert, Madrid: Iberoamericana 66, 1999, pp. 477-502.

_____. *A variação da concordância de gênero em uma comunidade de fala afro-brasileira*: novos elementos sobre a formação do português popular do Brasil. Rio de Janeiro, 2000. Tese (Doutorado em Linguística) – UFRJ.

_____. O conceito de transmissão linguística irregular e o processo de formação do português do Brasil. In: RONCARATI, C.; ABRAÇADO, J. (orgs.) *Português brasileiro*: contato linguístico, heterogeneidade e história. Rio de Janeiro: FAPERJ/7 Letras, 2003, pp. 272-84.

LUCCHESI, D.; BAXTER, A.; RIBEIRO, I. (orgs.) *O português afro-brasileiro*. Salvador: EDUFBA, 2009.

MACEK, J. F. *Aspectos da polidez linguística em sheng*: língua urbana de Nairóbi. São Paulo, 2007. Dissertação (Mestrado em Linguística) – FFLCH/USP.

MAHO, J. A classification of Bantu languages: an update of Guthrie's referential system. In: NURSE, D.; PHILIPPSON, G. (orgs.) *The Bantu languages*. London; New York: Routledge, 2003.

MANESSY, G. *Les langues gurunsi. Essai d'application de la méthode comparative à un groupe de langues voltaïques*. Paris: SELAF, 1969, v. 1.

290 Introdução à Linguística Africana

_____ *Le français en Afrique noire*: mythe, stratégies, pratiques. Paris: L'Harmattan, 1994.

_____ *Créoles, pidgins, variétés véhiculaires*. Paris: CNRS, 1995.

MARANTZ, A. No scape from syntax: don't try morphological analysis in the privacy of your own lexicon. *Penn Working Papers in Linguistics*, 1977, v. 4, n. 2, pp. 201-25.

MARTEN, L. Locative inversion in Otjiherero: more on morphosyntactic variation in Bantu. *ZAS Papers in Linguistics 43*, 2006, pp. 97-122.

MATTOSO, K. Q. *Être esclave au Brési*: XVᴱ-XIXᴱ siècle. Paris: Hachette, 1979.

_____. *Família e sociedade na Bahia do século XIX*. Trad. J. AMADO. São Paulo: Corrupio, 1988.

_____. *Ser escravo no Brasil*. Trad. J. AMADO. São Paulo: Brasiliense, 2001.

MEEUSSEN, A. E. Bantu Grammatical Reconstruction. *Annales du Musée Royale de l'Afrique Centrale*, n. 61, 1967, pp. 81-121.

_____. *Bantu lexical reconstructions*. Tervuren: MRAC, 1969.

MEEWIS, M. *Lingala. Languages of the world: materials 261*. München; Newcastle; Lincom Europa, 1998.

MEINHOF, C. *Grundzüge einer vergleichenden Grammatik der Bantusprachen*. Berlin: Reimer, 1906.

_____. Das Ful in seiner Bedeutung für die Sprachen der Hamiten, Semiten und Bantu. *Zeitschrift der Deutschen Morgenländischen Gesellschaft*, n. 65, 1911, pp.177-220.

_____. *Die Sprachen der Hamiten*. Hamburg: Friederichsen, 1912.

_____. *An Introduction to the study of African languages*. London/Toronto/New York: J. M. Dent & Sons, 1915.

MELO, G. C. *A língua do Brasil*. Rio de Janeiro: Padrão, 1981 [1946].

MENDONÇA, R. *A influência africana no português do Brasil*. Rio de Janeiro: Sauer, 1933.

MENENDEZ, L. *Estudios afro-cubanos*: Selección de lecturas. Havana: Faculdade de Artes y Letras, Universidad de la Habana, 1998.

MILLER, J. Slave prices in the Portuguese Southern Atlantic – 1600-1830. In: LOVEJOY, P. (ed.) *Studies in slavery and the slave trade*. Madison: African Studies Program, University of Wiscosin-Madison, 1986, pp. 43-77.

MOÑINO, Y. Les tons du 'Bozom. In: GUARISMA, G. (ed.) *Tons et accents dans les langues africaines*. Paris: SELAF/ LACITO. Documents AFRIQUE 7, 1981, pp. 111-16.

MOURA, Gloria. Educação quilombola. *Salto para o futuro*. Boletim 10, MEC, Secretaria de educação a distância, 2007.

MOUS, M. A grammar of Iraqw. *Cushitic Studies*. Hamburg: Helmut Buske, 1993, v. 9.

_____. Ma'a or Mbugu. In: BAKKER, P.; MOUS, M. (orgs.) *Mixed Languages - 15 case studies in language intertwining*. Amsterdam: Institute for Functional Research into Language and Language Use (IFFOTT), 1994.

MOXLEY, J. Semantic structure of Bantu noun classes. In: MADDIESON, I.; HINNEBUSH, T. J. (eds.) *Language history and linguistic description of Africa*. Trenton-NJ e Asmara: Word Press Inc., 1998.

MUFWENE, S. *The Ecology of Language Evolution*. Cambridge, New York: Cambridge University Press, 2001.

_____. Pidgin and Creole languages. In: SMELSER, N. J.; BALTES, P. B. (eds.) International encyclopedia of the social and behavioral sciences. *Elsevier*, 2002.

_____. What do Creoles and Pidgins tell us about the evolution of language? In: LAKS, B.; CLEUZIOU, S.; DEMOULE, J. P.; ENCREVÉ, P. (orgs.) *The origin and evolution of languages*: approaches, models, paradigms. London: Equinox, 2007.

_____. *Language Evolution*. Contact, competition and change. London: Continuum, 2008.

_____. What African Linguistics can contribute to Evolutionary Linguistics. In: ORIE, Olanike Ola; SANDERS, Karen W. *Selected Proceedings of the 43th Annual Conference on African Linguistics*. Somerville, MA: Cascadilla Proceedings Project, 2013, pp. 52-67.

MUKAROVSKY, H. G. *A Study of Western Nigritic*. Wien: Institut für Äegyptologie und Afrikanistik, Universität Wien, 1966-1967.

MÜLLER, Friedrich. *Grundriss der Sprachwissenchaft*. I. Band, II. Abteilunf: Die Sprachen der wolhrigen. Rassen. Wien: A. Hölder, 1877.

MUNANGA, K. *Origens africanas do Brasil contemporâneo*: histórias, línguas, culturas e civilizações. São Paulo: Global, 2009.

MYERS-SCOTTON, C. *Social Motivations for Code-Switching*: Evidence from Africa. Oxford: Clarendon Press, 1993.

_____ *Contact linguistics: bilingual encounters and grammatical outcomes.* Oxford: Oxford University Press, 2002.

N'DIAYE-CORRÉARD, G. *Études fca ou balante (dialecte ganja).* Publié avec le concours du Centre National de La Recherche Scientifique et du CEDEV de l'Université de Liége, 17, 1970.

NARO, A.; SCHERRE, M. M. Duas dimensões do paralelismo formal na concordância de número no português popular do Brasil. *DELTA*, v. 3, n. 1, 1993, pp. 1-14.

_____. *Origens do português brasileiro.* São Paulo: Parábola, 2007.

NDAMBA, J. Préalables à l'élaboration des politiques linguistiques en Afrique noire. In: JUILLARD, C.; CALVET, L. J. *Les politiques linguistiques, mythes et réalités.* Beirute: FMA, as – Actualités Scientifiques, Universités Francophones, Bibliothèque nationale du Québec, Bibliothèque nationale du Canadá, Bibliothèque nationale de France, 1996.

NDONGA, M. *Systématique grammaticale du kisikongo (Angola).* Thèse de doctorat. Paris: Universidade René Descartes, 1995.

NEGRÃO, E.; VIOTTI, E. Estratégias de impessoalização no português brasileiro. In: FIORIN, J. L.; PETTER, M. (orgs.) *África no Brasil:* a formação da língua portuguesa. São Paulo: Contexto, 2008, pp. 179-203.

_____. Epistemological aspects of the study of the participation of African languages in Brasilian Portuguese. In: PETTER, Margarida ; VANHOVE, Martine (orgs). *Portugais et langues africaines*: études afro-brésiliennes. Paris: Karthala, 2011.

NEWMAN, P. Syllable weight as a phonological variable. *Studies in African Linguistics*, 3, 1972, pp. 301-23.

_____. *The Classification of Chadic Within Afroasiatic.* Leiden: Universitaire Press, 1980.

_____. *Nominal and Verbal Plurality in Chadic.* Dordrecht: Foris, 1990.

_____. Chadic languages. In: BRIGHT, William (ed.) *International Encyclopedia of Linguistics.* Oxford: Oxford University Press, 1992, v. 1, pp. 251-54.

_____. Comparative Linguistics. In: HEINE, B.; NURSE, D. (orgs.) *African languages*: an introduction. Cambridge, New York: Cambridge University Press, 2000.

_____. *The Hausa Language.* New Heaven: Yale University Press, 2000a.

NGUNGA, A. *Elementos de gramática da língua yao.* Maputo/Moçambique: Imprensa Universitária/Faculdade de Letras e Ciências Sociais, 2002.

_____. *Introdução à linguística Bantu.* Maputo: Imprensa Universitária, 2004.

NGUNGA, A. et al. *Educação bilíngue na Província de Gaza: avaliação de um modelo de ensino.* Maputo: Centro de Estudos Africanos (CEA) – UEM, 2010, v. 2 (Colecção: As Nossas Línguas).

NGUNGA, A.; BAVO, N. *Práticas linguísticas em Moçambique*: avaliação da vitalidade linguística em seis distritos. Maputo: Centro de Estudos Africanos (CEA) – UEM, 2011.

NGUNGA, A.; SIMBINE, M. C. *Gramática descritiva da língua changana.* Maputo: Centro de Estudos Africanos (CEA) – UEM, 2012, v. 5 (Colecção: As Nossas Línguas).

NICOLAÏ, R. *Parentés linguistiques (à propos du songhay).* Paris: CNRS, 1990.

NOONAN, M. *A grammar of Lango.* Berlin: Mouton de Gruyter, 1992.

NURSE, D. 'Historical' classifications of the Bantu Languages. In: SUTTON, J. E. G. (org.) *The Growth of Farming Communities in Africa from the Equator Southwards.* Nairobi: British Institute in Eastern Africa, 1996.

_____. *Tense and aspect in Bantu.* New York: Oxford University Pres, 2008.

NURSE D.; PHILIPPSON, G. (eds). *The Bantu Languages.* London; New York: Routledge, 2003.

NURSE, D.; HINNEBUSH, T. *Swahili and Sabaki*: A Linguistic History. Berkeley: University of California Press, 1933.

ODDEN, D. Adjacency parameters in phonology. *Language*, v. 70, 1994, pp. 289-330.

O'DWYER, Eliane Cantarino. *Quilombos*: identidade étnica e territorialidade. Rio de Janeiro: FGV, 2002.

OKOUDOWA, B. *Descrição preliminar de aspectos da fonologia e da morfologia do lembaama.* São Paulo, 2005. Dissertação (Mestrado em Linguística) – FFLCH/USP.

_____. *Morfologia verbal do lembaama.* São Paulo, 2010. Tese (Doutorado em Linguística) – FFLCH/USP.

OLDEROGGE, D. A. Migrações e diferenciações étnicas e linguísticas. In: KI-ZERBO, J. (dir. do vol.) *História geral da África* – Metodologia e pré-história da África. Brasília: UNESCO, 2010, v. 1, pp. 295-316.

OLIVEIRA, M. D. S. *Perguntas de constituinte em Ibibio e a teoria do tipo oracional*: aspectos da periferia à

292 Introdução à Linguística Africana

esquerda com ênfase em foco. München: LINCOM EUROPA, 2005.

_____. Línguas africanas – breves considerações sobre seu conhecimento e pesquisa e sua relação com o português do Brasil. *Revista Guavira*, n. 6, ano 4, março de 2008, pp. 53-65.

OLIVER, R. *A experiência africana*: da pré-história aos dias atuais. Rio de Janeiro: Jorge Zahar, 1994.

OMAR, H. *Éléments de description de l'Oromo*. Mémoire de maîtrise. Grenoble: Université Stendhal, 1988.

PAL, D. C. *Descrição e análise de construções seriais em baulê*. São Paulo, 2010. Tese (Doutorado em Linguística) – FFLCH/USP.

PALMIÉ, S. Creolization and its discontents. *Annual review of anthropology*, v. 35, 2006, pp. 433-56.

_____. *The cooking of history*: How not to study the Afro-Cuban religion. University of Chicago Press, 2013.

PAULME, D. *As civilizações africanas*. Lisboa: Publicações Europa-América, Coleção Saber, 1977.

PEDRO, J. D. *Étude grammaticale du kimbundu*. Thèse de Doctorat. Paris: Université René Descartes, 1993.

PETTER, M. Línguas africanas no Brasil. In: CARDOSO, S. A. M.; MOTA, J. M.; MATTOS E SILVA, R. V. (orgs.) *Quinhentos anos de história linguística no Brasil*. Salvador: Secretaria da Cultura e Turismo do Estado da Bahia, 2006.

_____. *Variedades linguísticas em contato*: português angolano, português brasileiro e português moçambicano. São Paulo, 2008. Tese (Livre Docência em Linguística) – FFLCH/USP.

_____. A influência das línguas africanas no português brasileiro. In: MELLO, H.; ALTENHOFEN, C.; RASO, T. (orgs.) *Os contatos linguísticos no Brasil*. Belo Horizonte: Editora da UFMG, 2011.

PETTER, M.; VANHOVE, M. (orgs.) *Portugais et langues africaines*: études afro-brésiliennes. Paris: Karthala, 2011a.

PIKE, K. *Tone languages*: A technique for determining the number and type of pitch contrasts in a language. Ann Arbor: University of Michigan Publications in Linguistics, n. 4, 1948.

PLATIEL, S. Les langues d'Afrique subsaharienne. *Faits de langues – Revue de linguistique*, n. 11-12. Paris: OPHYRS, 1998.

POSTEL, A. G. *Linguarum duodecim characteribus differentium alphabetum*: introductio, ac legendamodus longè facilimus: linguarum nomina sequens proximè pagela offeret. Paris, 1538.

PÓVOAS, R. C. *A linguagem do candomblé*: níveis sociolinguísticos de interação afro-portuguesa. Rio de Janeiro: José Olympio, 1989.

PULLEYBLANK, D. *Tone in lexical phonology*. Dordrecht: D. Reidel, 1986.

QUEIROZ, S. M. M. *A língua do negro da Costa*: um remanescente africano em Bom Despacho (MG). Belo Horizonte ,1983. Dissertação (Mestrado) – FALE/UFMG.

_____. *Pé preto no barro branco*: A língua dos negros da Tabatinga. Belo Horizonte: Editora da UFMG, 1998.

QUINT, N. *Phonologie de la langue koalib*: Dialecte réré (Soudan). Paris: L'Harmattan, 2006.

RAIMUNDO, J. *O elemento afro-negro na língua portuguesa*. Rio de Janeiro: Renascença, 1933.

RANDLES, W. G. L. *L'ancien royaume du Congo*: des origines à la fin du XIXe siècle. Paris: La Haye, Mouton & Co, 1968.

RENAN, E. *Histoire générale et système compare des langues sémitiques*. Paris: Imprimerie Impériale, 1955.

RIALLAND, A.; SANGARÉ, M. Réanalyse des tons du bambara: des tons du nom à l'organisation d'ensemble du système. *Studies in African Linguistics*, v. 20, n. 1, 1989, pp. 1-27.

RIBAS, O. *Dicionário de regionalismos angolanos*. Matosinhos: Ed. Contemporânea, 1997.

RICHARDS, J. *Exercícios de análise gramatical*. Brasília/DF: Summer Institute of Linguistics, 1981.

RODRIGUES, J. C. *Pequena história da África negra*. São Paulo: Globo, 1990.

RODRIGUES, N. *Os africanos no Brasil*. Revisão e prefácio de Homero Pires. Notas biobibliográficas de Fernando Sales. São Paulo: Nacional, 1977 [1890-1905].

ROGER, Jacques François [Baron]. Recherches philosophiques sur la langue ouolofe, suivies d'un vocabulaire abrégé français-ouolof. Paris: Dondey-Dupré, 1829.

ROSA, M. C. *Uma língua africana no Brasil colônia de Seiscentos*: o quimbundo ou língua de Angola na Arte de Pedro Dias, S. J. Rio de Janeiro: 7 Letras, 2013.

ROWLANDS, E.C. *Teach Yourself Yoruba*. London: English University Press.

ROULON-DOKO, P. Le statut des idéophones en gbaya. In: VOELTZ, F. K. E.; KILIAN-HATZ, C. *Ideophones*. Amsterdam: John Benjamins, 2001.

Bibliografia **293**

RUHLEN, Merritt. A Guide to the Word's Language. *Classification*. Stanford: Arnold, 1987, v. 1.

RUTTENBERG, P. *Lexique yaka-français, français-yaka* (Mimeograph). Kinshasa, 1970.

SACHNINE, M. *Dictionnaire yorùbá-français*. Paris: Éditions Karthala, 1997.

SAINT-HILAIRE, A. *Viagem ao Rio Grande do Sul (1820-1821)*. Trad. de Leonam de Azevedo Pena. Col. Brasiliana. São Paulo: Companhia Edit. Nacional, 1939.

SAPIR, J. D. *A grammar of Diola-Fogny*. Cambridge, New York: Cambridge University Press, 1965.

SASSE, H. J. The consonant phonemes of Proto-East Cushitic (PEC): a first approximation. *AfroasiaticLinguistics* v. 7, n. 1, pp. 1-67.

SAVÀ, G. A grammar of Ts'amakko. *Cushitic language studies*, v. 22. Cologne: Rüdiger Köppe Verlag, 2005.

SCHADEBERG, T. *A survey of Kordofanian* – The Heiban group. Hamburg: Buske, 1981, v. 1.

SCHAEFER, Ronald P.; Egbokhare, Francis O. Topic and focus construction asymmetry. In: FIEDLER, I.; SCHWARZ, A. (eds.). *The expression of Information Structure*: A documentation of its diversity across Africa. Amsterdam: John Benjamin Publishing, 2010.

SCHAPERA, I. *The Khoisan Peoples of South Africa*: Bushmen and Hottents. Londres: Routledge & Kegan Paul, 1930.

SCHERRE, M. M. P.; CARDOSO, C. R; NARO, A. J. Inacusatividade, ordem e concordância verbal. *Caderno de resumos do congresso internacional da ABRALIN*, v. 5. Belo Horizonte: Faculdade de Letras da UFMG, 2007, pp. 777-78.

SCHUH, R. G. Tones rules. In: Fromkin, V. (ed.) *Tone*: a Linguistic Survey. New York: Academic Press, 1978, p. 221-257.

_____. *Changes in obstruent voicing in Bade/Ngizim*. Unpublished ms. University of California, Los Angeles, 1997.

SEBBA, M. *The syntax of serial verbs*: An investigation into serialisation in sranan and other languages. Amsterdam/Philadelphia: John Benjamins Publishing Company, 1987.

SEIDEL, F. *A grammar of Yeyi*: a Bantu language of Southern Africa. Köln: Rüdiger Köppe, 2008.

SELLIER, J. *Atlas des Peuples d'Afrique*. Paris: La Découverte, 2003.

SERRANO, C. Símbolos do poder nos provérbios e nas representações gráficas mabaya manzangu dos bawoyo de Cabinda-Angola. *Revista de arqueologia e etnologia*, 3, 1993, pp. 137-146.

SIETSEMA, B. *Metrical dependencies in tone assignment*. Doctoral dissertation. Massachussetts: Massachussetts Institute of Technology, 1989.

SILVA NETO, S. *Introdução ao estudo da língua portuguesa no Brasil*. Rio de Janeiro: Presença, 1963 [1950].

SILVA, V. G. *Candomblé e umbanda*: caminhos da devoção brasileira. São Paulo: Ática, 1994.

SINGLER, J. V. The configuration of Liberia's Englishes. *World Englishes*, v. 16, 1997, pp. 205-31 (Special Issue: Pidgin-to-English continua).

SOUZA, P. C. La syllabe en portugais du Brésil et en langues africaines. In: PETTER, M.; VANHOVE, M. (orgs.) *Portugais et langues africaines*: études afro-brésiliennes. Paris: Karthala, 2011.

SOUZA, S. M. C. Lingoa Geral de Minna: descrição das características fonológicas. *ENAPOL II*. São Paulo: USP, 1999.

SOW, A. I.; ABDULAZIZ, M. H. Língua e evolução social. In: KI-ZERBO, J. (dir. do vol.) *História geral da África I – Metodologia e pré-história da África*, 8, Brasília: UNESCO, 2010, pp. 631-662.

SPENCER, A. *Morphological theory*: An introduction to word structure in generative grammar. Oxford/UK; Cambridge/USA: Blackwell, 1991.

STEWART, J. M. Tongue root position in Akan vowel harmony. *Phonetica*, v. 16, 1967, pp. 185-204.

TARALLO, Fernando. Sobre a alegada origem crioula do português brasileiro: mudnaças sintáticas aleatórias. In: KATO, Mary; ROBERTS, Ian (orgs.). *Português brasileiro:* uma viagem diacrônica. Campinas: Editora da Unicamp, 1993, pp. 35-68.

THOMASON, S. G.; KAUFMAN, T. *Language contact, creolization and genetic linguistics*. Berkeley: University of California Press, 1988.

THOMASON, S. G. (ed.) *Contact languages: a wider perspective*. Amsterdam: John Benjamins, 1996.

THORNELL, C.; NAGANO-MADSEN, Y. *Preliminaries to the phonetic structure of the Bantu language Mpiemo. Asia and Africa*. Gothenburg: Department of Oriental and African Languages, University of Gothenburg, v. 4, 2004, pp. 163-80.

294 Introdução à Linguística Africana

TOURÉ, A. *Éléments de phonologie et de morphologie de la langue sosso*. Mémoire de DEA. Grenoble: Université Stendhal, 1989.

TRUBETZKOY, N. *Principles of phonology*. Berkeley: University of California Press, 1939.

TUCKER, A. N. *A grammar of Kenya Luo (Dholuo)*. Ed. by C. A. Creider, with the collaboration of T. Okelo Odongo, E.D. Jakeyo Ang'ina & J. N. Olum Oludhe. Köln: Rüdiger Köppe Verlag, 1993.

TUCKER, A. N.; MPAAYEI, J. T. O. *A Maasai grammar with vocabulary*. London: Longman/Green, 1955.

UN-Habitat. *The State of African Cities. Governance, Inequality and Urban Land Markets*. Nairobi: United Nations Human Settlements Programme, 2010.

VANHOVE, Martine. Le bedja. In: BONVINI, E. et al.(orgs.). *Dictionnaire des langues*. Paris; PUF, 2011.

VERGER, P. F. *Notas sobre o culto aos orixás e voduns na Bahia de Todos os Santos, no Brasil, e na antiga costa dos escravos, na África*. Trad. C. E. M. Moura. São Paulo: EDUSP, 2000.

_____. *Orixás deuses iorubás na África e no Novo Mundo*. Trad. M. A. NÓBREGA. Salvador: Corrupio, 2002.

VOELTZ, F. K. E.; KILIAN-HATZ, C. *Ideophones*. Amsterdam: John Benjamins, 2001.

VOGT, C.; FRY, P. GNERRE, M. "CAFUNDÓ : uma comunidade negra no Brasil que fala até hoje uma língua de origem africana. *Revista Estudos Linguísticos*. Bauru: FAFIL & GEL, 1978, v. 2, pp.11-19.

_____. Mafambura e Caxapura: na encruzilhada da identidade. *Dados: Revista de Ciências Sociais*. Rio de Janeiro, 1981, v. 24, n. 3, pp. 373-89.

VOGT, C.; FRY, P. Las lenguas secretas de Cafundó. *Punto de Vista: Revista de Cultura*. Buenos Aires, 1980, v. 9, pp. 26-32.

_____. Rios de cristal: contos e desencontros de línguas africanas no Brasil. *Cadernos de Estudos Linguísticos*, v. 18, 1985, pp. 109-128.

_____. *Cafundó – A África no Brasil: linguagem e sociedade*. São Paulo: Companhia das Letras, 1996.

VOSSEN, Rainer. Die Khoe-Sprachen. Ein Beitrag zur ERforschung der Sprachgeschichte Afrika. *Quellen zur Khoisan-Forchung*, v. 12. Colônia: Köppe, 1997.

WATTERS, J. Syntax. In: HEINE, B.; NURSE, D. (orgs.) *African languages*: an introduction. Cambridge/New York: Cambridge University Press, 2000.

_____. Grassfields Bantu. In: NURSE, D; PHILIPPSON, G. (eds.) *The Bantu languages*. New York: Routledge. 2003.

WATTERS, J.; LEROY, J. Southern Bantoid. In: BENDOR-SAMUEL, J. (ed.) *The Niger-Congo languages*: A classification and description of Africa's largest language family. Lanham/New York/London: University Press of America, 1989, pp. 401-20.

WEINREICH, U.; LABOV, W.; HERZOG, M. I. *Fundamentos empíricos para uma teoria da mudança linguística*. Trad. M. BAGNO. São Paulo: Parábola, 2006 [1968].

WELMERS, W. Tonemics, morphotonemics, and tonal morphemes. *General linguistics*, v. 4, 1959, pp. 1-9.

_____. African language structures. Berkeley: University of California Press, 1973.

_____. *A grammar of Vai*. Berkeley: University of California Publications in Linguistics, 84, 1976.

WESTERMANN, D. *Die Sudansprachen*. Hamburg: Friederichsen, 1911.

_____. *Die westlichen Sudansprachen und ihrer Beziehungen zum Bantu*. Hamburg: Reimer, 1927.

WESTERMANN, D; BRIAN, M. A. *The Languages of West Africa*. Handbook of African languages, part 2. London: Oxford University Press for the International African Institute, 1952.

WILLIAMSON, K. Niger-Congo – Overview. In: BENDOR-SAMUEL, J. (org.) *The Niger-Congo languages*: A classification and description of Africa's largest language family. Lanham/New York/London: University Press of America, 1989.

WILLIAMSON, K.; BLENCH, R. Niger-Congo. In: HEINE, B.; NURSE, D. (orgs.) *African languages*: an introduction. Cambridge, New York: Cambridge University Press, 2000, pp. 11-42.

WOLFF, H. E. Language and society. In: HEINE, B.; NURSE, D. (orgs.) *African Languages*: an Introduction. Cambridge/New York: Cambridge University Press, 2000, pp. 299- 347.

XAVIER, F. S. *Segmental and suprasegmental phonology of Kimbundu* – Regiolects of Luanda, Bengo, Cuanza Norte and Malanje. Saarbrücken: LAP Academic Publishing, 2012.

ZURARA, G. E. *Chronique de Guinée*. Prefácio e tradução de Léon Bourdon, Dakar-IFAN, Mémoirees de l' IFAN, 60, 1960 [1448].

Endereços eletrônicos de organizações, institutos, periódicos e eventos científicos relacionados à Linguística Africana

Institutos ou centros de pesquisa

Bayreuth International Graduate School of African Studies-BIGSAS
http://www.bigsas.uni-bayreuth.de/en/index.html

LLACAN - Langage, langues et cultures d'Afrique Noire
http://llacan.vjf.cnrs.fr/

Musée Royal de L'Afrique Centrale
http://www.africamuseum.be/home

SOAS
https://www.soas.ac.uk/

Universidades

University of Michigan – http://www.ii.umich.edu/asc
University of California, Berkeley – http://africa.berkeley.edu/
Boston University – http://www.bu.edu/africa
Stanford University – http://africanstudies.stanford.edu/
Leiden University – http://www.ascleiden.nl/

Periódicos

Proceedings of the acal – http://www.lingref.com/cpp/index.html
Journal of African Languages and Linguistics – http://www.degruyter.com/
Journal of West African Languages – http://journalofwestafricanlanguages.org/
Studies in African Linguistics – http://sal.research.pdx.edu/
Africana Linguistica – http://www.africamuseum.be/museum/research/publications/rmca/journals/AL/
Linguistique et Langues Africaines – http://llacan.vjf.cnrs.fr/lla/

Eventos científicos

WOCAL – http://www.ura-sw.nansei.kyoto-u.ac.jp/WOCAL8/
http://www.wocal.rutgers.edu/

ACAL – http://blogs.uoregon.edu/acal2015/

Os autores

Ana Stela Cunha é professora adjunta na Universidade Federal do Maranhão (UFMA). Fez mestrado e doutorado em Linguística Africana na USP. Tem pós-doutorado em Antropologia pelo Universidade Nova de Lisboa (CRIA/FCT) e pelo Instituto de Ciências Sociais, Universidade de Lisboa (ICS). Foi leitora na Universidade de Havana entre os anos de 2006 e 2008 e pesquisadora convidada do Musée Royal de l'Afrique Centrale (Bruxelas) no ano de 2010. Desde 1996, trabalha com os quilombos do Maranhão, elaborando, o Projeto Educacional "Falando em Quilombo" (Petrobras Cultural, 2005) e "O Boi Contou" – Programa Petrobras Cultural (2007). Possui projetos na área da Antropologia Visual, tendo realizado os videodocumentários *João da Mata falado* (Etnodoc) (1º lugar no Prêmio Crespial Unesco patrimônio imaterial), *Boi de zabumba é a nossa tradição!*, *Caboclos Nkisis* e *Mandou me chamar, eu vim!* (Ibram).

Bruno Okoudowa é originário do Gabão, com bacharelado e licenciatura em Letras, mestrado e doutorado em Linguística pela Universidade de São Paulo (USP). É pesquisador de línguas africanas do grupo banto; atua principalmente na descrição fonética, fonológica, morfológica e sintática dessas línguas. Foi professor adjunto no Instituto de Humanidades e Letras (IHL) da Universidade da Integração Internacional da Lusofonia Afro-Brasileira (Unilab). Com dois colegas, organizou e publicou alguns livros. Atualmente, é membro do GELA-USP (desde sua criação) e vive no Canadá.

298 Introdução à Linguística Africana

Cleonice Candida Gomes foi professora do curso de Letras da Universidade Católica de Brasília. Atualmente, é professora do curso de Letras da Universidade Federal de Mato Grosso do Sul. Graduada em Letras e mestre pela Universidade de Brasília, na área de sintaxe da língua balanta, uma língua do sul do Senegal. É doutora em Linguística na área de morfossintaxe de línguas africanas pela Universidade de São Paulo (USP) em cotutela com o Institut National des Langues et Civilisations Orientales, Paris. É membro do Grupo de Estudos de Línguas Africanas da USP.

Dayane Cristina Pal é mestre e doutora em Linguística pela Universidade de São Paulo (USP). No mestrado, pesquisou construções sintáticas iniciadas pelo verbo pegar em comunidades quilombolas do Vale do Ribeira, em São Paulo, sob a perspectiva da gramaticalização. No doutorado, analisou construções seriais na língua baulê, falada na Costa do Marfim. Fez estágio de doutorado no Centre National de la Recherche Scientifique, em Paris, e participa do Grupo de Estudos de Línguas Africanas da USP como pesquisadora da língua baulê. Atua como docente no ensino superior, é professora-orientadora da Uniafro/Ufop (Universidade Federal de Ouro Preto) e professora de língua portuguesa da rede particular de ensino básico de São Paulo.

Iya Monadeosi é doutora em Linguística pela Universidade de São Paulo. Investiga as línguas africanas transplantadas para o Brasil, coletando textos orais e escritos nas comunidades tradicionais de candomblé. É professora aposentada e, desde 2002, atua na formação de professores sobre a temática proposta pela Lei 11.645/08, no que diz respeito à História e Cultura Afro-brasileira. Em 2004, participou da implantação do Projeto "Do Afro ao Afro-brasileiro: língua, história e identidade" no CEU Aricanduva. Atualmente, tem proferido palestras, realizado oficinas e vivências sobre as línguas e as culturas de alguns povos africanos: iorubá, fon, bacongo, ambundo, ovimbundo, luba, dentre outros em instituições de ensino, ONGs e Pontos de Cultura.

Francisco da Silva Xavier é mestre e doutor em Linguística pela Universidade de São Paulo (USP). Sua tese de doutorado é a descrição fonológica mais atual sobre o quimbundo e examina um dos aspectos mais desafiantes para a pesquisa linguística na atualidade: o funcionamento da estrutura prosódica de uma língua africana. Foi professor na Universidade Sorbonne Paris IV, onde ensinou língua, cultura e civilização brasileiras. Esteve em Angola, onde realizou pesquisa de campo em comunidades isoladas a fim de descrever os aspectos gramaticais de línguas bantas e do português angolano. É membro do Grupo de Estudos de Línguas Africanas da

USP, colaborando com a pesquisa de línguas africanas e seu contato com o português brasileiro. Desde 2013, é membro pesquisador do Projeto Libolo para o qual investiga os aspectos gramaticais das variedades regionais do quimbundo faladas no Libolo, em Angola.

Margarida Petter é professora livre-docente do Departamento de Linguística da Universidade de São Paulo (USP), onde ministra cursos de graduação e pós-graduação de Linguística Geral e Africana. Fez mestrado na Universidade de Abidjan, na Costa do Marfim, e doutorado na USP. Dirige o Grupo de Estudos de Línguas Africanas (GELA) da USP. Coordenou o projeto de cooperação internacional "A participação das línguas africanas na constituição do português brasileiro" (2005-2008). Foi uma das organizadoras do livro *África no Brasil*, publicado pela Editora Contexto; publicou também, pela mesma editora, capítulos nos livros *Introdução à Linguística* (volumes I e II). Seus interesses de pesquisa atuais são as línguas africanas do grupo banto e o contato dessas línguas com o português brasileiro. Desde maio de 2013, é diretora do Centro de Estudos Africanos da Faculdade de Filosofia, Letras e Ciências Humanas da USP.

Paulo P. Araújo é doutor em Linguística pela Universidade de São Paulo (USP) e em Linguística Africana pela Bayreuth International Graduate School of African Studies (BIGSAS), na Alemanha. Faz pós-doutorado no Departamento de Letras Clássicas e Vernáculas (DLCV-USP) com bolsa Fapesp (Processo 2013/20567-5). Foi professor substituto atuando na graduação no DLCV e professor convidado na pós-graduação do mesmo departamento. Trabalha na área de descrição e análise linguística e da linguística do contato, principalmente do português em contato com outras línguas.

Leia também

ÁFRICA NO BRASIL
a formação da língua portuguesa

José Luiz Fiorin e Margarida Petter (orgs.)

E studar o encontro do português com línguas, povos e culturas africanas e indígenas é fundamental para a compreensão do chamado português brasileiro. *África no Brasil* tem por objetivo identificar os traços linguísticos atribuídos ao contato do português com as línguas africanas que aqui aportaram no período da colonização. As palavras de origem africana que se perpetuaram no território brasileiro constituem uma maneira de conceituar e categorizar a realidade. É isso que esse livro – escrito por renomados especialistas na área – demonstra através da abordagem de questões que ajudam a entender melhor a formação do português brasileiro, como a apropriação do léxico de origem africana, a contribuição semântica no vocabulário, o exame da sintaxe e outros processos linguísticos. Mais que um livro de linguística, essa obra revela um sentimento de profundo respeito pelos povos africanos e pelas suas línguas, cristalizações de sua maneira de ver o mundo.

CADASTRE-SE
EM NOSSO SITE,
FIQUE POR DENTRO DAS NOVIDADES
E APROVEITE OS MELHORES DESCONTOS

LIVROS NAS ÁREAS DE:

História | Língua Portuguesa
Educação | Geografia | Comunicação
Relações Internacionais | Ciências Sociais
Formação de professor | Interesse geral

ou
editoracontexto.com.br/newscontexto

Siga a Contexto
nas Redes Sociais:
@editoracontexto